✝

烹팽金금錄록
무쇠를 삶다

석우

서 문

육조 스님이 이르기를 "선지식아, 법(法)은 돈점이 없으나 사람은 영리하고 둔함이 있어 어리석은 사람은 점점 들어가고 깨달은 사람은 단박 닦는다.[頓修] 자기 본심을 알면[識] 견성이다. 깨달음은 원래 차별이 없으나 깨닫지 못하면 많은 세월을 윤회한다." 또 이르되 "자기 성품을 미혹하면 곧 중생이요, 미혹을 벗어나면 곧 깨달음이고 이 사람을 부처라고 한다." 또 이르되 "선지식아, 나의 법문은 옛부터 무념(無念)으로 종(宗)을 삼고 무상(無相)으로 체(体)를 삼고 무주(無住)로서 본(本)을 삼느니라."1) 라고 했다.

육조 문하의 수행자들은 즉시 깨닫고 [頓悟] 마음속에서 한 생각도 일어나지 않아야 선법(禪法)은 물론이거니와 불법(佛法)을 바르게 신행하는 것이다.

황벽 스님은 『완릉록』에서 다음과 같은 질문에 대답을 한 것이 있다.

"만약 무심(無心)을 행하면 이 도(道)를 얻게 됩니까?"

"무심(無心)이 바로 도(道)를 행하는 것인데, 다시 무슨 얻음과 얻지 못함을 말하는 것인가? 만약 잠깐이라도 한 생각을 일

---

1) 『六祖壇經』 ; 善知識 法無頓漸 人有利鈍 迷(明)即漸契(勸) 悟人頓修 識自本[心] 是見本性 悟即元無差別 不悟 即長劫輪迴...自性迷即是衆生 離迷即覺 覺即是佛... 善知識 我自法門 從上已來 [頓漸] 皆立無念爲宗 無相爲體 無住爲本

으키면 바로 경계에 떨어진 것이며, 만약 한 생각이 없다고 해
도 경계에 떨어진 것이다. 망령된 마음(妄心)이 스스로 없어지면
다시 또 쫓아가 찾을 것이 없다."2)

황벽 스님은 수행자들이 도(道)를 행하는 것은 곧 무심을 행
하는 것이라고 선명하게 말했다. 아울러 한 생각도 일어나지 않
는다 해도 옳지 않다고 했으므로 향상인(向上人)들은 깊이 참구
해보아야 한다.

무념무심의 도를 행하는 사람은 사물도 무심이고 나도 무심
이므로 비로소 사물과 내가 하나가 된 것이므로 내면이 고요하
고 평화롭다. 이런 사람은 어떤 직업을 가져도 어떤 재능을 가
져도, 어느 정도의 성취가 있거나 없거나 부끄러워하거나 자랑
할 것이 없다. 일상생활에 있고 없는 모두가 다 평등이므로 낱
낱이 조사의 법령에 맞고 부처의 행에 맞는다.

보고 듣는 것에 유혹되지 않아야 진정한 자유인이고 부처이
다. 말 한 마디나 한 생각에라도 이끌려 자기를 잃어버린다면
그 사람은 자유인이라고 할 수 없다. 무엇을 보아도 무념이고,
무엇을 들어도 무념인 사람은 매사 행동하고 말하는 것 또한
자유자재하게 할 수 있다.

화두공안은 선사들이 내방자가 들은 즉시 깨닫기를 희망하면
서 던진 말이나 사건이다. 깨달음은 수행의 이력을 묻지 않는
다. 중생은 본래 누구나 선사의 말을 즉시 알아들을 수 있는 역
량을 선천적으로 갖추고 있다. 이것에 준해서 선사는 '말 떨어
지자마자 즉시 알 수 있는 것'을 말했다.3) 그래서 운문스님은

---

2) 『宛陵錄』 ; 問 若無心行 此道得否 師云 無心便是行此道 更說什麽得與
　不得且如瞥起一念便是境 若無一念便是境 妄心自滅 無復可追尋

“말해줘도 보지 못하면 곧 잘못되어버린다. 머뭇거리며 생각하면 어느 세월에 깨닫겠는가?”4)라고 말했던 것이다.

실제 방거사처럼 첫 내방 순간에 말 한 마디나 주장자를 맞고 깨달았던 사례는 무수히 많다. 첫 대면에서 즉시 알아채고 깨닫는 것, 이것이 선법이다. 다만 즉석에서 깨닫지 못한다면 선사가 말한 뜻에 대한 것을 약간의 시간을 갖고 참구하면 결국 알게 되어있다. 한번 깨닫고 그리고 일평생 무념무심의 삶을 살아간다면 그가 바로 대평안을 얻은 사람이다.

그런데 말하지 않고 생각하지 않는다면 어떻게 농사를 짓고 직장을 다녀서 생계를 이어갈 수 있을까? 당연히 그런 ‘생계적 궁리’나 ‘일을 하는데 생각’을 말하는 것이 아니다. 여기서 무념무심은 진리를 추구하는 측면이나 본질을 논하는 측면, 그리고 일상적 인간관계에서 망념(妄念)이 없는 것을 말한다.

당·송 시대에 수백 년 동안 선학이 하나의 큰 물결, 큰 사조와 같이 일어나서 선법이 융성했다. 그때에 완성된 선법은 1천여 년이 지난 오늘날에도 별로 달라진 것 없이 그대로 수행자의 기본 지침이 된다.

이미 유포되어 있는 공안집 『벽암록』과 『종용록』은 매우 유용한 선서이다. 불교의 기본 상식 정도만 알면 누구든지 읽을 수 있그 선문의 기승전결을 알 수 있는 안내서이다. 원오 스님과 만송 스님은 그동안 선사들이 구술로만 전해오던 선법을 화두 거량을 통해 자세하게 설명하면서도 선사들의 공안에 흠이 되지 않도록 안배했기 때문에 매우 절도가 있다. 가히 칼을 다

---

3) 『碧巖錄』제25칙 ; “驗人端的處 下口便知音”
4) 『碧巖錄』 제7칙 ; “不見雲門道 擧不顧 卽差互 擬思量 何劫悟”

치지 않고 상대를 감복하게 하는 일등 선사들의 기량을 가지고 쓴 글이라고 할만하다.

아쉬운 것은 두 스님은 자비가 지나쳐서 상세하게 설명하느라 문답과 주가 뒤섞이고 수시·평창의 옛 관례를 따른 것이 오늘날에는 번다한 것이 되었다. 또 간혹 설명이 장황하여 길이 많아지는 바람에 양(羊)을 잃어버릴 우려가 있게 되었다. 본래 조사들의 문답은 잎 따고 가지 쳐버리고 몸통을 보이려했던 것인데, 번잡함이 되레 조사의 뜻을 아는 것에 장애가 된 것이다.

본 『팽금록』은 『벽암록』과 『종용록』에서 선법의 기본 규칙과 핵심이 될 만한 시중·평창 많은 부분을 선별 인용했다.5) 인용하면서 번다함을 삭제하고 간략하게 한 것은 일견에 조사의 의지를 파악케 하고자 함이었다. 아울러 필요한 공안 여러 개를 추가했고, 한국 선사들 태고 스님, 경허 스님, 호은 스님 문답까지 넣어서 101칙으로 묶었다.

101칙 중에 36칙 앙산의 마하연법, 41칙 암두의 말후구, 46칙 낭월당공, 50칙 병정동자 등은 필자의 해부가 길게 기술된 곳이다. 이중 46칙 낭월당공은 그동안 학계에서 계속 논의되어 왔던 '오매일여'에 대한 필자의 관점(觀點)을 대혜 스님 어록을 통해서 그 실상을 밝히고, 또 여러 조사들의 견해를 넣어서 돈오보임(頓悟保任)이 진정한 선문의 이정표라는 것을 증명 제시했다.

백장(百丈) 스님은 "일체의 말(言)과 산하대지를 낱낱이 자기에게 돌이키라"라고 했다. 1천 7백 공안과 선사들의 많은 말과 설법이 있으나 그 어느 것도 자기와 관련되지 않는 것은 없다.

---

5) 장경각에서 출판한 『벽암록』『종용록』 번역물을 상당부분 참고함.

그러므로 낱낱이 자기와 결부시켜보아야 어디가 시작이고 어디가 낙처인지 알 수 있는 것이다.

조사의 의지를 묻는가?

"백일홍 나뭇가지 끝에 백화(百花)가 만발한다."

2024년 12월 석우石羽

나의 화두공부

내가 여기에 기록을 남기려고 하는 것은 뒤에 선을 연구하는 후배 학자들을 위해서이다. 이것이 하나의 작은 자료가 될 것이므로 선불교의 발전을 위해서 조금도 보태거나 빼지 않고 있는 그대로 서술한다.

10대 후반에 출가한 나는 조주 '무無'자 화두를 행주좌와어묵동정 간에 하루도 들지 않은 적이 없었다. 1983년경 (27세경) 평소 안면이 있는 해인사 성철 스님에게 질문했다.

"요즘 부석사 주지 스님이 신묘하다고 하는데 스님께서는 어떻게 생각하십니까?"
"몰라, 몰라."
"옛 선사들에 대해서는 어떻게 생각하십니까?"
"몰라, 몰라."
"선지식께서 그렇게 해서야 되겠습니까?"
"선지식을 모욕하지 마라."

그 전에 송광사 구산 스님을 참례한 적이 있었다. 그 당시 내가 구산 스님에게 했던 질문은 다음과 같다.

"큰스님들은 왜 전해오는 옛 화두를 그대로 스님들에게 내려줍니까?"

“네가 들고 있는 화두는 무엇인가?”

“무(無)자입니다.”

“조주 스님이 무라 했으니, 그럼 부처님의 말씀이 틀렸단 말인가?”

“틀린 것은 아니지만 조주 스님은 나름…”이라고 말하는 순간, 키 작은 구산 스님은 주장자를 들고 성큼성큼 걸어오더니 나의 목과 어깨 등을 5번 내리쳤고, 나는 나도 모르게 “악!”하고 고함을 치고 물러나왔다.

한바탕 조실이 시끄러웠고 내가 조실 마루를 걸어 나올 때 마침 선방은 방선을 했는데, 도반 돈각(頓覺) 스님이 나를 발견하고 쫓아오므로 우리는 몇 년 만에 반갑게 손을 마주 잡았다.

그 뒤 42세 가을에도 여전히 무자 화두를 들고 옥상에서 포행하던 나는 홀연히 무자 화두의 뜻이 드러났고 나는 곧 선서를 보았다. 그 중에서도 『임제록』과 『조주록』을 세밀히 읽어나갔다. 무(無)자의 뜻은 없다는 곳에 그 뜻이 있는 것이 아니었다. 무(無)를 통하여 전혀 다른 것을 보아야 한다. 이것으로 임제 스님과 조주 스님의 뜻을 간파하니 과연 무(無)라는 화두에 모두 녹아있음을 확인했다.

활발발한 『임제록』을 읽고 『조주록』을 읽어나가다가 몇 장을 넘기지 않았을 때 문득 객승이 조사의 뜻을 묻는데, 조주 선사가 답한 정전백수자(庭前伯樹子)에서 그 뜻이 확연히 들어오지 않았다. 한동안 정전백수자 화두를 들고 생각해보다가 일단 넘기고, 어려운 용어가 있으면 자전을 찾고 체크하면서 몇 개월이 지나갔다. 드디어 『조주록』 전체를 다 읽었을 때 여전히 확실히 들어오지 않는 것은 정전백수자였다. 그 후 나는 다시 정전백수 자 화두를 들면서 정진하기 시작했다. 여전히 나의 일상은 똑같았다. 기도하고 강의하고 화두정진하고 운동하고, 그저 나의 삶을 살면서 화두정진은 나의 일상 중에 하나였다.

이즈음 나는 내가 화두의 뜻을 진정으로 알려면 철저하게 나를 버려야 한다고 생각하고 있었다. 그 중에서도 스님이라는 상은 깨달음을 막는 아주 커다란 장애물이라고 생각했다. 이 상을 절대적으로 버리기 위해서는 평범한 보통 사람으로 돌아가서 하심행을 해야 한다고 생각했고, 어찌하든 나를 내세우지 않으려고 부단히 노력했다.

그러던 중 2000년 경진(庚辰)년이 되었고 내 나이도 44세가 되었다. 나라에서는 대통령이 새로운 세기 2000년을 맞이하여 행사를 하고 있는 것이 방송에 나왔다. 나는 불현듯 이 공부를 마저 마치지 않으면 안 되겠다는 생각이 들었다. 그날부터 다시 자리에 앉아 정전백수자 화두를 들기 시작했다.

나는 천성적으로 한번 의심이 불같이 일어나면 오로지 그것만 생각한다. 다른 것은 나의 인생에서 그리 중요한 것이 아니다. 옆 사람이 뭐라고 말하는지, 오늘이 며칠인지, 기도 날짜가 다가왔는지, 오늘 사람들과 면담 약속이 있었는지도 모르고 오직 정진하고 또 정진했다.

그렇게 20일쯤 지나갔다. 화두는 대체로 성성했고 간혹 잡념이 들었으나 대낮에 반딧불정도 밖에 안 되고 화두에 몰두되어 있는 시간이 더 많았다. 오로지 아침에 일어나서 저녁 잠자기 전까지 좌선하면서, 일하면서, 걸으면서, 기도하면서 화두 하나에만 하루 종일 몰두했다. 간혹 간헐적으로 화두 드는 꿈을 꿨다. 그러나 곧 다른 것들이 들어왔으므로 몽중일여는 아니었다.

그러던 어느 날 잠자리에 들어서도 의심을 들고 잤는데, 잠 속에서도 의심이 계속 연결되었다. 아침에 벌떡 깨어나서 생각해보니 지난밤 내내 의심을 들고 있었다는 것을 알았다. 아주 짧은 시간이었다고 생각했는데 6시간이 지났다. 2일째 날도 하루 종일 일여하더니 잠잘 때도 일여했다. 그때서야 나는 '아, 몽중일여는 실제 있는 것이구나' 하고 생각했다. 연속해서 4일 정도를 잠 속에서도 의심을 들고 낮에도 의심을 드는 것이 자동으로 지속되었다.

나의 이 몽중일여 체험이 화두를 드는 꿈이 아니고 자면서도 화두를 들은 것이 확실하다고 생각한 이유는 화두를 의심하는 것이 깰 때와 똑같았기 때문이다. 즉 의심하는 의식이 생생하게 잠 속에서도 살아있었던 것이다. 오히려 낮에는 간혹 한번 끊어지던 화두가 잠 속에서는 전혀 끊어지지 않고 계속되었다.

그렇게 낮과 밤에 화두가 지속된 지 5일째 아침에는 일어나 정신이 유독 선명해져 오랫동안 화두를 들고 앉아있었다. 그때 문득 한 생각 툭 터져서 정전백수자 뜻이 드러났다. 무자 화두를 들고 공부하기 시작한 지 23년째였다.

다시 전삼삼후삼삼(前三三後三三)의 화두를 타파하고, 다시 또 덕산탁발화(德山托鉢話)를 들었는데 이것도 몇 개월 후 드러나 버렸다. 대략 4개월 전후해서 내가 의심하고 있던 화두들의 뜻이 다 드러났다. 최종 선서로 확인하고 비로소 옛 선사가 이제 나를 흔들지 못한다는 것을 알았다. 그때 나의 심경을 말하자면, '사람이 죽으면 흙으로 돌아가지만 흙과 허공은 부합하지 않는다'는 것이다. 그때서야 비로소 구산 스님이 나에게 주장자를 들이댔던 이유를 알게 되었다. 주장자를 맞은 지 15~6년이 지난 뒤였다.

그후 지금까지 오매일여를 여러 번 체험했지만 매일 그러한 것은 아니다. 처음 정전백수자 화두를 들고 연속 4일간 일여하기 시작 한 뒤에도 화두일여는 자동으로 계속되었다. 약 2년 정도 화두가 따라다녔는데, 점점 희미해지더니 어느 순간부터 간헐적으로 일여했다가 나중에는 정진 시간에만 선명해졌다. 그 뒤 무엇엔가 몰두할 때는 최소한 1~2일간 잠속에서도 그것에 몰두하는 습관이 생겼다.

지금 주장자 맞은 뜻을 안지 20여년이 넘었다. 아직까지 그때 안 것이 바뀌지 않고 있다. 제방의 납자들이여, 이마에 점찍지 말고 나에게 와서 새로운 주장자 일방을 줄 사람 있는가?

곤륜산 높은 곳에 있는 옛 보검은 아침저녁으로 울고
깊은 바다 거북이 등에 쓰인 문자 어찌 모를 수 있을까?
거슬러 올라간 어용(魚龍)의 역린을 만나면 재빨라야 한다.
바람도 없는 산골짜기의 바위도 물도 나무도 다름이 없다.
하하, 웃음 속에 뼈와 칼이 오랜만에 인사를 한다.

2023년 10월
무불선원   석우6)

---

6) 출처 : 다음카페 '무불선원'

차 례

1
세존의 침묵 [世尊良久]

외도(外道)가 부처님께 여쭈었다.
"말이 있는 것도 묻지 않고, 말이 없는 것도 묻지 않겠습니다."
세존께서 말없이 한참 계시니 [良久]
외도가 찬탄하며 말했다.
"세존께서 대자대비하시어 저의 미혹한 구름을 열어 주시고 저로 하여금 도를 얻게 하시었습니다."
외도가 떠난 뒤에 아난(阿難)이 부처님께 여쭈었다.
"외도는 무엇을 얻었기에 도에 들어갔다 말했습니까?"
부처님은 말씀하셨다.
"훌륭한 말은 채찍 그림자만 보아도 달리는 것과 같다."

擧 外道問佛 不問有言 不問無言 世尊良久 外道讚歎云 世尊大慈大悲 開我迷雲 令我得入 外道去後阿難問佛 外道有何所證 而言得入 佛云 如世良馬見鞭影而行

세존께서 묵묵하셨는데 다시 무슨 말이 필요하겠는가? 세존의 양구에 외도가 도(道)를 얻었는데 그때 외도는 무엇을 알았을까? 그대는 어찌 외도보다 더 나아가거나 더 늦을 수 있겠는가?

세존이 말하길 "일체 중생은 본래 성불했노라" 하고 말했다. 그대는 틀림없이 우주의 주인이다. 훌륭한 말[馬]이다. 그대는 외도가 알기 전에 즉시 알고 있다. 이제 의심을 끊어라. 그리고 자, 말해보라. 무엇이 세존의 뜻인가?

석우 송

만경창파
붉은 섬의 보물을 찾아
회귀선(迴歸船)에서 친구의 다리를 찌르고
비로소 진귀한 보물을 얻었네.
3겁이 지난 후
외도에게 말하지 않는 것은
부끄러워서가 아니다.
외도보다 먼저 그대는 알고 있구나.

2
달마의 모름 [達磨不識]

달마스님이 처음 양무제(梁武帝)를 알현하자 무
제가 물었다.
"짐은 많은 사찰을 짓고 사경하고 스님들에게 도
첩을 내렸는데 무슨 공덕이 있습니까?"
"공덕이 없습니다. [無功德]"
"무엇이 가장 성스런 진리[第一義諦]입니까?"
"텅 비어 [廓然] 성스럽다 할 것도 없습니다."
"나와 마주한 그대는 누구입니까?"
"모르겠습니다. [不識]"
무제가 이를 깨닫지 못했다.
달마 스님은 마침내 양자강을 건너 위(魏) 나라
에 이르렀다.

擧 梁武帝問 達磨大師 朕卽位已來 造寺寫經度僧不可勝紀 有何
功德 師曰 竝無功德 帝曰 如何是聖諦第一義 磨云 廓然無聖 帝
曰 對朕者誰 磨云 不識 帝不契 達磨遂渡江至魏

이 내용에는 두 가지 공안이 있다. 무제가 불교의 성스러운
제일의제(聖諦)를 묻는데 왜 성스러움이 없다 했고, 또 달마는

왜 자신을 모른다 [不識] 했는가이다. '세존의 양구良久' 이후 달마는 중국에 선법을 전한 선사인 만큼 초창기 선사들의 뜻을 알 수 있는 화두이다.

여기서 '무無'나 '불식不識'을 단순히 '없음'이라거나 '모른다' 라는 뜻으로만 알면 안 되고 조사가 그렇게 말한 의지를 알아야 한다. 쉬운 듯해도 막상 선사 앞에 가서 이 뜻을 설명하기는 쉽지 않는 화두이다.

말이 많으면 더욱 찾지 못하는 법이므로 여러 말이 필요치 않다. 말이나 생각에서 답을 찾으려 한다면 1천7백 공안 중에 단 하나도 알지 못할 것이고, 그렇다고 해서 아무 생각이 없는 곳에 가서 안주해도 그 또한 조사의 뜻과 멀어진 것이다. 오직 투철하게 벗어난 곳에서 얻은 무화과(無花果)를 선사에게 내놓고 주장자를 맞으면 그때 문득 깨어나리라.

석우 송
있고 없음을 버렸다던 나그네여
얼마나 많은 세월 갈 길을 잊었는가.
산골짜기 맑은 물도 무無를 알지 못하니
집에 돌아와 늘 푸른 소나무를 만져보라.

3
마조의 일면불 [馬祖日面佛]

마조 도일(馬祖道一) 스님의 몸이 편치 못하자
원주(院主)가 물었다.
"스님, 요즈음 몸이 어떠하십니까?"
"일면불(一面佛) 월면불(月面佛)이야."

擧 馬大師不安 院主問 和尙近日尊候如何 大師云 日面佛月面佛

마조 스님이 죽음 직전에 있었던 일이다. 이 공안은 납자들이 함정에 빠지기 쉬운 화두로 알려져 있다. 예컨대 누가 이를 잘못 이해하고 눈을 부릅뜨면서 "왼쪽 눈은 일면(日面)이고, 오른쪽 눈은 월면(月面)이다"라고 한다거나, "낮에는 해 부처님과 같고 밤에는 달 부처님과 같이 여여하다"는 등의 견해를 낸다면 이것은 모두 토끼에 뿔이 나듯 어긋날 뿐이다. 그렇게 이해한다면 당나귀 띠 해가 되어도 조사의 의지는 꿈에도 보지 못한다.

이 공안의 핵심을 안다면 높은 하늘[丹霄] 위에 홀로 걷게 되지만 핵심을 모른다면 반드시 마른 나무 바위 앞[枯木嵓前]에서 길을 잘못 들어 거칠고 외로운 길을 가게 된다. 오직 본분의 경지에 이르러서 농부의 소를 빼앗고 주린 자의 밥을 훔쳐 먹는 수완을 갖추어야 비로소 마조스님의 법을 보게 된다.

　원오 스님이 수시하길 "한 기연[一機], 한 경계[一境], 한 말씀[一言], 한 구절[一句]에서 깨달아 들어갈 곳을 찾으려는 것은 멀쩡한 살을 깎아 부스럼을 만들고 고정된 틀[窠窟]을 만드는 것이다. 큰 쓰임[大用]이 목전에 나타남에는 일정한 법칙이 존재하지 않는데 나아가서 향상사(向上事: 한 단계 윗자리)를 알려고 한다면 온 천지를 뒤져봐도 찾을 수 없다.

　이래도 되고 이러지 않아도 되지만 이는 지나치게 자잘한 것이다. 이래도 안 되고 이러지 않아도 안 되지만 이는 몹시 고준하여 접근할 수 없다. 그렇다고 양쪽[二塗]의 어디에도 매여서는 안 된다."라고 했다.

　설두 스님은 자신이 20년간 생각의 굴속에서 답을 찾았던 것을 회상하면서 송한 것이 있다.

　일면불 월면불이여!
　오제 삼황(五帝三皇)은 무슨 물건인고?
　20년 동안 괴로움을 겪으면서
　그대를 위해 푸른 용이 사는 동굴을 몇 번이나 내려갔던고?
　억울하도다.
　뭐라고 말할 수가 없구나!
　눈 밝은 납승이여, 가벼이 굴지 말라.

　중생을 위해 푸른 동굴에 여러 번 내려갔다고 말은 하나, 사실은 자신이 생생한 동굴 속에서 20년 동안 논리 속에서 답을 찾았던 어리석음을 술회한 것이다. 이것을 제단(制斷: 끊어버림)하고 바르게 이끌어 줄 수 있는 사람은 눈 밝은 선지식뿐이므

로 이 일을 가벼이 여기지 말라했다. 설사 알았다 해도 말하기
는 어렵다는 것이다.

　　법원(法遠) 스님이 흥양(興陽)의 부시자(剖侍者)에게 질문했다.
"사갈용왕이 바다에서 출현하면 천지가 진동하는데, 얼굴을
마주하고 서로 만나면 어떠하겠습니까?"
"금시조왕(金翅鳥王)이 하늘에 있는데 어느 누가 거기에 머리
를 내밀 수 있겠는가?"
"갑자기 나오면 어떠합니까?"
"매가 비둘기를 낚아채듯 하겠지만 그대는 믿지 않을 것이
다. 죽음에 직면해서야 비로소 진실을 알게 된다."
"그렇다면 싹 움츠려 두 손을 가슴 위에 얹고 세 걸음 뒤로
물러나겠습니다."
"수미산 아래의 검은 거북이 자꾸만 이마에 점 찍히기를 또
기다리는구나."[7]

　　법원 스님이 뒤로 두 세 걸음 물러나겠다고 말했으나, 그렇
게 말했다고 해서 인정을 받는 것은 아니다. 그렇게 움츠러들어
서는 결국 거듭해서 머리에 점이나 찍히고 남의 의심이나 사는
너저분한 것일 뿐이라고 지적해준 것이다. 현묘한 말인 듯해도
그 말의 옳고 그름은 선사가 아니면 판가름하기 어렵다.

석우 송
일면불 월면불이여!

---

7) 신수대장경본에는 "須彌座下烏龜子, 莫待重遭點額回"라고 되어 있으나,
　　여기에서는 삼성본(三省本)을 따랐다.

남북의 거리가 얼마인가.
비단 이불을 걷어내고 척척 걸어가라.
선사의 뒤를 보아야 우뚝 서게 될 것이다.

4
조주구자 (趙州狗子)

어떤 승이 조주(趙州)에게 물었다.
"개[狗子]도 불성이 있습니까?"
조주 "있다. [有]"
일승 "이미 있다면 어찌하여 도리어 저러한 가죽
주머니에 들어가 있습니까?"
조주 "그가 알면서도 짐짓 범했느니라."
또 어떤 승이 묻되
"개도 불성이 있습니까?"
조주 "없다. [無]"
일승 "일체 중생이 모두가 불성이 있는데 어찌하
여 개에는 없습니까?"
조주 "그가 업식(業識)이 있기 때문이니라."

擧 僧問趙州 狗子還有 佛性也無 州云 有僧云 旣有 爲甚麽却撞
入這箇皮袋 州云 爲他知而故犯 又有僧問 狗子還有佛性也無 州
曰 無 僧云 一切衆生皆有佛性 狗子爲什麽却無 州云 爲伊有業
識在

조주 스님은 '평상심이 도' 라는 말을 듣고 깨달은 선사이다.

때문에 평소 조주 스님이 하는 말은 다 이유가 있다. 한 마디 한 마디 흘러나온 말은 모두 중생을 깨닫게 하고자 하는 말이지, 그냥 문장을 내기 위해서 하는 말은 단 한마디도 없다.

만일 개에게 분명히 불성이 있다고 하려하면 나중에는 없다 했고, 분명히 없다고 하려하면 전에는 또 있다고 했다. 조주 스님이 있다거나 없다고 말한 것은 당시 상황과 근기에 부응해서 한 말이라 각각 도리가 있다. 그래서 전하는 말에 "눈 밝은 납자는 고정된 격식[窠臼]이 없다"고 한 것이다. 또 끝에 조주가 설명한 말은 수파축랑[隨波逐浪]이다. 즉, 현재 상황에 맞추어준 대답인 것이다.

중요한 점은 개가 불성이 있다는 것인가, 없다는 것인가이다. 앞으로 나아가지도 못하고 뒤로 물러서지도 못하고 제자리에 있는 것도 허락하지 않는 여기서 어찌해야 조사의 의도를 알아챌 수 있을까?

일승이 물은 곳에서 견문(見聞)을 넓혀야 된다. 조주는 병을 치료하기 위해서는 본분(本分)에 구애되지 않고 시설하기 때문에 있다고 말한 것은 독으로써 독을 제거하고 병으로써 병을 고치려는 것이다. 그런데 그 승이 또 이르되 "이미 불성이 있다면 어찌하여 그런 개가죽에 들어갔습니까?" 했으니, 이것은 갈구하는 마음이 아직 쉬지 못한 것이고, 그로인해 자기의 생명이 이미 개 뱃속에 들어가 버린 줄도 알지 못한 것이다.

석우 송
곧은 낚시는 맹용[猛龍]8)을 낚기 위함이지

---

8) 맹용(猛龍); 강태공이 위수에서 72세까지 곧은 낚시질로 주나라 문왕을

두꺼비나 개구리[蝦蟆]를 원하는 것이 아니다.
부명어(負命魚)9)여!
스스로 솟아올라 곧은 낚시[直釣]를 물어라.
끈질기게 물고 있는 이빨이 다해지면
천하가 태평해지지라.

낚아 군사가 되어 천하를 통일했다. 또 다른 방면에서 보면 강태공은
스스로를 낚기 위해 곧은 낚시질을 한 것이다.
9) 부명어(負命魚); 명命을 짊어진 고기. 출처: 강태공이 스스로 말하길
   "목숨을 버릴 놈만 위로 올라오라[負命者上鉤來]"라고 했다. 〈무왕벌주
   평화武王伐紂平話〉

5

조주의 잣나무 [趙州栢樹]

어떤 승이 조주 스님에게 물었다.
"무엇이 조사께서 서쪽에서 오신 뜻입니까?"
조주가 이르되
"뜰 앞의 잣나무니라."

擧 僧問趙州 如何是祖師西來意 州云 庭前柏樹子

만송 스님이 시중하길 "뜰 앞의 잣나무는 장대 끝의 깃발과 바람이다. 한 송이의 꽃으로 끝없는 봄을 이야기하고, 한 방울의 물로 큰 바닷물을 설명한다. 오랜만에 태어난[間生] 옛 부처[古佛 :조주]가 예사 무리를 훨씬 뛰어넘어서 말과 생각의 경지에 떨어지지 않으니 어떻게 말해야 할까?"라고 했다. 깨닫고 난 다음, 후대들을 깨닫게 하는 새로운 일구를 잘 시설하는 것도 종문을 멸망시키지 않게 하는 중요한 일이다.

본록에는 다음과 같이 되어있다.

"어느날 조주가 상당하여 말했다. 이 일은 분명해서 뛰어난 큰 사람도 그 속을 벗어날 수 없다. 노승이 위산에 이르렀을 때, 어떤 승이 묻기를 '어떤 것이 조사께서 서쪽에서 오신 뜻입니까?' 하니, 위산이 이르기를 '나에게 그 의자를 갖다다오' 했다. 만일 본분종사일진대 모름지기 본분의 일로 사람을 제접해야 한다.

어떤 승이 물었다.
일승 '어떤 것이 조사께서 서쪽에서 오신 뜻입니까?'
조주 '뜰 앞의 잣나무니라.'
일승 '화상께서는 경계를 가지고 사람에게 보이지 마소서.'
조주 '경계를 가지고 사람에게 보이지는 않는다.'
일승 '그렇다면 어떤 것이 조사께서 서쪽에서 오신 뜻입니까?'
조주 '뜰 앞의 잣나무니라.'"

양주(楊州) 성동(城東)의 광효사(光孝寺) 혜각(慧覺)선사가 법안(法眼)에게 갔더니 법안이 묻되 "어디로부터 오는가?" 했다. 혜각이 대답하되 "조주에게서 옵니다" 했다. 법안이 다시 묻되 "들으니, 조주에게 잣나무 화두가 있다고 하던데, 사실인가?" 하니, 혜각이 대답하되 "그런 일 없습니다" 했다. 법안이 다시 묻되 "오가는 사람들이 모두 이르기를, '어떤 승이, 어떤 것이 조사께서 서쪽에서 온 뜻이냐고 물으니 조주가 뜰 앞의 잣나무니라' 했다는데, 그대는 어찌하여 없다고 하는가?" 하니, 혜각이 이르되 "스승(先師)께서는 실로 그런 말씀을 하신 적이 없습니다. 화상께서는 선사(先師)를 비방치 않으시면 좋겠습니다" 했는데, 제방에서는 그를 두고 각철취(覺鐵觜10) : 쇠부리 혜각)라 부

---

10) 광효혜각(光孝慧覺); 조주종심(趙州從諗)의 법을 사사(法嗣). 제방에서 각철취(覺鐵觜(쇠부리)라고 호칭함. 어떤 선비가(俗士)가 묻되 모갑(某甲)이 평생 소를 죽였는데 도리어 죄가 있습니까 아닙니까? 스님(慧覺)이 가로되 죄가 없느니라. 가로되 무엇 때문에 죄가 없습니까. 스님이 가로되 한 개를 죽이고 한 개를 돌려주었느니라 (殺一箇還一箇) [五燈嚴統卷三 慧覺章].

르게 되었다.

승묵(勝默) 화상은 사람들에게 본 공안 '잣나무'로 잘못된 소견을 씻어주었는데 일찍이 이르되 "삼현(三玄)과 오위(五位)가 모두 그 가운데 있느니라" 했다.

진여 방(眞如方)선사가 본 공안을 깨닫고 곧장 방장에 들어가서 낭야 광조혜각(瑯琊廣照慧覺)11)선사를 뵈니, 광조가 묻되 "그대는 어떻게 이해했는가?" 했다. 진여가 이르되 "밤새도록 잠자리가 따뜻했는데, 한 번 깨고 보니 먼동이 텄습니다 [夜來床薦煖一覺到天明]" 하자, 광조가 옳다고 했다.

이에 대해 만송 스님이 말하길 "진여가 이 화두를 깨친 과정이 참 좋다."라고 했는데 깨달음도 깨달음이지만 깨닫고 난 다음 느낀 바를 한마디로 응축해서 터트리는 것도 중요하다 하겠다. 말해보라. 뜰 앞의 잣나무가 무슨 뜻인가?

석우 송
거울에다 산과 들과 잣나무를 그리니
거울인지 잣나무인지 알 수가 없다.
뒤집으면 거울이고, 뒤집으면 잣나무인데
무엇이 참인고?

---

11) 낭야혜각瑯琊慧覺 ; 북송(北宋)의 임제종승. 서락(西洛) 사람. 예주(澧州) 약산고사(藥山古寺)를 지나는데 전부터 여기에 거주한 것 같아 출가했고 분양선소(汾陽善昭; 首山省念을 이었으니 임제하 5세)에게서 법을 얻었음. 후에 저주(滁州) 낭야산(瑯琊山)에 머물며 임제의 종풍을 크게 진작(振作)했다. 동시대(同時代)에 명주(明州)의 설두중현(雪竇重顯; 운문하 3세)이 운문의 법도(法道)를 제창(提唱)했는데 당시 사람들이 이 두 사람을 2감로문(甘露門)이라 일컬었음. 생졸(生卒) 미상(未詳). [석씨계고략4. 연등회요12. 속전등록3. 선종정맥12].

콧구멍 없는 소가 밥을 먹고 4일 만에 죽었다.
봄에는 초록이고 가을 하늘은 맑고 맑구나.

봄에는 초록이고 가을 하늘은 맑고 맑구나.

6

호국본래심 (護國本來心)

일승이 호국(護國)12) 스님에게 물었다.
"무엇이 본래심(本來心)입니까?"
호국 스님이 이르되
"무소[犀]가 달구경하면 뿔에서 문채가 생기고,
코끼리가 우뢰에 놀라면 꽃잎이 어금니에 들어간
다."

護國因僧問 如何是本來心 師云 犀因翫月紋生角 象被雷驚花入牙

본래심은 볼 수 없고 알 수 없다고 하나 영원히 알 수 없는
것은 아니다. 그것은 깨달아서 안다. 초생달을 보면 보름달을
알 수 있고, 풀잎을 보면 여름인지 가을인지 알 수 있듯 화두공
안을 보면 본래심을 알 수 있다. 보지 못하기 때문에 영원히 알
지 못한다는 우를 범하지 말라. 이 법은 한번 알면 다시는 아는
것을 세우지 않으므로 다만 모르는 사람과 같을 뿐이다.

---

12) 수주(隨州) 호국(護國) 수징정과선사(守澄淨果禪師) ; 오대 후진 조동
    종승. 이름은 정과(淨果)며 호는 수징(守澄). 소산광인(疏山匡仁)을 法嗣
    하니 청원하 6세이다. 수주 수성산 호국원에 주(住)했음 [오등회원13.
    전등록20].

말해보라. 물소는 무엇이고 코끼리는 무엇인가? 아무리 고귀한 보물이라 해도 초탈 장부에게는 한낱 이름도 없는 풀잎처럼 본다.

백장 스님은 코를 비틀리는 아픔을 당하고 깨달았고, 임제 스님은 주장자 세 번을 맞고 깨달았으며, 암두 스님은 할 일성에 깨달았고, 원오 스님은 닭 우는 소리에 깨달았다. 또 종치는 소리를 듣고 깨달은 스님이 있고, 대나무 부러지는 소리나 자다가 목침이 굴러가는 소리를 듣고 깨달은 스님이 있고, 경허 스님은 콧구멍 없는 소[無鼻空牛]라는 말을 듣고 홀연히 깨달았다.

본래심을 깨닫는 것은 본래 나에게 있는 것을 깨닫는 것이기 때문에 오랜 기간 수행이나 혹독한 수행 끝에 이루는 것이 아니고 언제 어디서나 즉시 깨달을 수 있다. 다만 깨닫지 못하면 깨달을 때까지 시간이 걸리는 것이고 그 기간에 수행하는 것일 뿐이다.

조사들이 빠르게 들어가는 길을 가리켜 준 것이 화두공안이므로 화두는 들은 즉시 알아야 한다. 알지 못하면 화두 삼아 얼마간 참구할 필요는 있지만, 10년, 20년 세월을 보내면서 막연히 깨달을 날을 기다리는 어리석은 짓은 하지 말라. 늦으면 2년, 3년이고 정상적인 사람이라면 하룻밤이나 수개월이면 족하다.

이때 올바른 선사를 만나는 것이 무엇보다 중요하고, 인연 맞는 선사를 만나는 것이 중요하다. 대혜 스님이 담당 문준(湛堂文準) 선사 아래에서는 7년을 지내면서도 깨닫지 못하고 있다가 원오 스님을 만나고서는 6개월 만에 깨달았던 것을 종문의 거울로 삼아야 한다. 깨닫고 난 다음에도 갈 길은 멀다.

천동각(天童覺) 선사가 상당해서 이 화두에 대해 말했다.

"즉(卽; 붙다)하지도 않고 이(離;떨어지다)하지도 않고, 취(取)하지 않고 사(捨)하지도 않는다. 스스로 동(東)이며 스스로 서(西)이거늘 누가 오르며(上) 누가 내리는가(下). 왜곡(委曲)하면 속(俗)스러워져서 공(功)이 없고, 곧바로 나아가면 참[眞]에 이르러 어그러지지 않는다. 말해보라, 어떻게 체득하겠는가? 구슬 속에 불[火]이 있음을 그대들은 꼭 믿을지니 하늘에 올라가서 태양에게(火) 구함을 그쳐라."

천동각 선사가 말한 '구슬 속에 불[火]이 있음을 그대들은 꼭 믿을지니 하늘에 올라가서 태양에게 불을 구하지 말라.'라고 한 이 한 마디는 중요한 말이다. 여기서 큰 믿음을 내야 한다.

본 공안을 깨달은 사람이라면 있음·없음·미움·사랑[有無憎愛]에 떨어지지 않고 자신의 생각에 유혹되지 않는다. 이 사람은 일평생 평안한 경지를 얻었다 하리라.

하루는 법안스님이 법좌에 오르자 어떤 스님이 물었다.
"어떤 것이 조계 근원의 한 방울 물입니까?"
"이것이 조계 근원의 한 방울 물이니라. [是曹源一滴水]"

그 스님은 어찌할 바를 모르고 물러났으나, 천태 덕소(天台德韶 : 891~972) 스님은 대중 속에 있다가 그 말을 듣고서 홀연히 크게 깨달았다. 그후 천태산(天台山)의 주지가 되어 법안 스님의 법을 잇고 송(頌)을 지어 바쳤다.

통현봉의 정상은	通玄峰頂
속세가 아니다.	不是人間
마음 밖에 법이 없고	心外無法

청산은 눈(目)에 가득하다.   滿目靑山

　법안스님이 이것을 인가하고 말하길 "이 게송 하나만으로도 나의 종풍을 계승할 만하다. 그대는 훗날 제왕의 존경을 받으리라. 나는 그대만 못하다."13)했는데 과연 국사(國師)가 되었다.

---

13) 一日法眼陞座　有僧問　如何是曹源一滴水　法眼云　是曹源一滴水　其僧惘
　　然而退　韶在衆聞之忽然大悟　後出世　承嗣法眼　有頌呈云　通玄峰頂　不是
　　人間　心外無法　滿目靑山　法眼印云　只這一頌　可繼吾宗　子後有王侯敬重
　　吾不如汝

7

태고의 향상사 [太古向上巴鼻]

태고 보우(太古普愚) 스님이 떠나려할 때 석옥 청공(石屋淸珙)화상이 물었다.
"무엇이 평상시 수양의 일(養事)이고, 무엇이 향상의 일[向上事]인가?"
태고 스님이 직하에 병의 물을 쏟아내듯
"이 밖에 다른 도리가 있습니까?"하니
석옥 화상이 깜짝 놀라면서
"노승 또한 이와 같고 삼세 불조 또한 이와 같다. 장로는 따로 도리가 있다는 것인가?"
태고 스님이 예배한 후
"옛부터 부자지간에도 전하지 못하는 묘리(妙理)가 있어서 그랬을 뿐입니다. 제자가 어찌 감히 화상의 은혜를 저버리겠습니까?"
석옥 화상이 크게 웃고
"장로여, 그대는 3백6십 골절 8만4천 모공이 오늘 타통 되었느니라."

師之歸也 屋申之以問 云何是日用涵養事 云何是向上巴鼻 師答瓶

瀉趣而前曰　未審此外　更有事否　屋愕然曰　老僧亦如是　三世佛祖
亦如是　長老　脫別有道理　烏得無說　師作禮云　古有父子不傳之妙
故爾耳　弟子　何敢辜負和尙大恩　屋呵呵大笑　云　長老　汝之三百六
十骨節　八萬四千毛孔今日盡打開了

　　태고 스님은 13세에 양주 회암사에 출가하여 머리를 깎았다.
1337년 37세 10월 전단원(栴檀園)에서 조주 무자 화두를 들면
서 오매일여(寤寐一如)에 이르렀으나 무자 화두를 깨트릴 수 없
어서 완전히 죽은 사람과 같이 지내다가 38세 1월 7일 오경(五
更)에야 활연히 깨달았다. 그후 3월에 양근(揚根)의 초당에서 부
모님을 모시고 있으면서 1천7백 공안을 점검하다가 암두밀계처
(巖頭密啓處)에서 더 나아가지 못하고 묵묵히 있다가 갑자가 크
게 깨닫고, "암두 스님이 활을 잘 쏘기는 하지만 이슬에 옷 젖
는 줄은 몰라구나" 했고, 또 이르기를 "말후구를 아는 사람이
천하에 몇 사람이나 있겠는가" 했다. 20년 동안 고심했던 것이
여기서 끝이 났다.

　　1346년 연도(燕都)에 들어가 대관사에 머물렀는데, 도가 높
다는 소문이 천자의 귀에까지 들려서 그해 11월 태자 생일날
태고 스님을 청해서 반야경을 강설하게 했다. 1347년 7월에 하
무산 천호암(天湖庵)에 가서 석옥 청공(石屋淸珙)14) 스님을 찾아
뵙자 석옥 화상이 '대매법상 선사에게 물은 인연'을 들면서 다
음과 같이 말했다.

　　"조그만 빛이라도 있으면 그것을 진실이라 생각하는 사람은
빛 속에 떨어져 살림을 꾸려 가는 이들이오. 그러므로 옛 조사

---

14) 석옥청공(石屋淸珙) ; 임제 下 18대 손이다.

들이 이런 사람의 병(病)을 보고 어찌할 수 없어 멀쩡한 데다 관문을 만들어 놓고 '결박'한 것이오. 그러나 진실로 투철한 사람에게는 다 소용없는 도구일 뿐이오. 그런데 그대는 어떻게 사람 없는 경계에서 혼자 그처럼 분명하게 갈림길을 가려내었소?"

태고 스님이 말했다.

"부처님과 조사님이 가르치신 방편이 구비해 있었기 때문입니다."

"어질도다. 숙세에 정인[正因]을 심지 않았던들 삿된 그물을 벗어나지 못했을 것이다. 노승은 비록 이 깊은 산에 있지만 조사의 문을 열어 놓고 그 아손(兒孫)을 기다린 지 오래되었다."

"선지식은 여러 겁을 지나도 만나기 어렵습니다. 결코 곁을 떠나지 않겠습니다."

그리고는 자기도 모르게 큰절을 하니 석옥화상이 말했다.

"노승은 그대와 함께 이 고요함을 즐기고 싶으나 다음에 갈 길이 막힐까 염려되는 바이고 또한 법(法) 만나기 어려운 것이니 반달만 머물면서 이야기하다가 돌아가라."

반달 후 석옥 화상을 떠나려하자, 본 공안처럼 석옥 화상이 재차 질문을 했던 것이다. 이 화두의 핵심은 석옥 화상이 '향상사'를 묻는데 태고 스님이 '병의 물을 쏟아내듯' 망설이지 않고 설파한 '이것'은 무엇인가이다. 임제의 적손 석옥 화상이 놀라 감탄하면서 인정했으니 정법을 설파한 것은 분명하다.

태고 스님은 하룻밤을 더 지내었고, 석옥 화상은 '태고암가'에 발문을 써주면서 물었다.

"우두(牛頭) 스님이 사조(四祖)를 만나기 전에는 무엇 때문에 온 갓 새들이 꽃을 입에 물고 왔던가?”

“부귀하면 사람들이 다 우러러보기 때문입니다.”

“사조를 만난 뒤에는 무엇 때문에 입에 꽃을 문 새들을 찾아볼 수 없었던가?”

“가난하면 아들도 멀어지기 때문입니다.”

“공겁(空劫) 이전에도 태고(太古)가 있었던가, 없었던가?”

“허공이 태고 가운데서 생겼습니다.”

석옥 화상은 미소를 지으며

“불법이 동방으로 가는구나.”

하고 다시 가사를 주어 신(信)을 표하며 말했다.

“비록 옷은 오늘날의 것이지만 법은 영산회상으로부터 지금으로 이어져 내려온 것이오. 오늘 그대에게 이것을 부촉하니 그대는 잘 보호하고 지켜 끊기지 않게 하시오.”

그리고 또 주장자를 들고 당부했다.

“이것은 노승이 평생을 써도 다 못 쓴 것이오. 오늘 그대에게 주니 그대는 이것으로 길잡이를 삼으시오.”

태고 스님은 절하고 받은 뒤에 물었다.

“지금은 그러하거니와 마지막[末後]에는 어찌하리까?”

“스승보다 지혜로운 사람은 천 년을 가도 만나기 어려울 것이오. 만일 그런 사람을 만나거든 그에게 전해 주시오. 무엇보다도 지금까지 내려온 불조의 명맥을 끊이지 않게 해야 하오.”

태고 스님은 절하고 하직한 뒤에도 못 잊어하는 빛이 있었다. 석옥 화상은 수십 걸음 밖에까지 따라 나와 다시 태고스님을 불렀다.

“장로여, 우리 집에는 본래 이별이란 것이 없으니 이별이라 생각하지 마시오. 이별이니 이별이 아니니 하는 생각은 다 옳지 못하오. 부디 노력하시오.”

태고 스님은“네, 네.” 대답하고 길을 떠났다.

원오 스님은 조주 스님에 대해 말하길 “조주스님은 묻는 스님의 눈동자를 바꿔버리면서도 들고 있는 칼끝은 조금도 흠을 내지 않았으며 사량분별을 하지도 않고 저절로 딱 들어맞게 했다. 여러분은 이것을 보고 말을 했다고 해도 안 되고, 말을 안 했다고 해도 안 되며, 말을 하지도 않았고 안 하지도 않았다고 해도 안 된다. 사구(四句)를 여의고 백비(百非)를 끊은 것이다.

무엇 때문인가? ‘이 일’은 번뜩이는 전광석화 속에서 단박에 알아들을 수 있다. 그런데 머뭇거리거나 주저(躊躇) 한다면 목숨을 잃게 될 것이기 때문이다.”라고 했는데 태고 스님의 대답이 마치 조주 스님의 말처럼 틈이 없었으므로 선법이 동방으로 가도 좋다고 생각한 것이다.

석우 송
고려인들 옷깃 속에 진보(珍寶)가 왜 없을까.
육조 대사의 발끝에서 나온 법
수천 리 연도(燕都)에 가서 버리다니
조사의 명맥이 끊어지지 않는 이유구나.
석옥 화상이 물은 향상사여
꼬리에 물을 묻이지 마라.
문을 열고 나서면 굶주린 자들 사라진지 오래이다.

8
유 거사의 옛 거울 [劉居士古鏡]

유劉 거사가 운거 스님에게 물었다.
거사 "옛 거울을 닦지 않았을 때는 어떻습니까?"
운거 "옻칠처럼 새까맣습니다."
거사 "닦은 후엔 어떻습니까?"
운거 "하늘을 비추고 땅을 비춥니다."
유 거사는 두 손을 모아 읍(揖)하고서
"스님은 산으로 속히 돌아가십시오."
하고 소맷자락을 떨치며 집안으로 들어가 버렸
다.

雲居舜老夫 時年少 聰使乞食鄂渚 有居士問 古鏡未磨時如何 曰
黑如漆 曰磨後如何 曰照天照地 居士笑曰 道人不自洞山來耶

　판사[侍御] 벼슬을 지내는 유(劉) 거사가 마음을 깨치는 종지
에 대해 앙산 스님에게 물으니 앙산 스님이 말했다. "마음을 깨
달으려면 무심(無心)해야 한다. 깨달으려는 마음조차 없는 것이
참된 깨우침이다." 유 거사는 마음속에 깊이 닿는 것이 있었다.

　운거雲居 스님의 법명은 효순(曉舜)이다. 동산 효총(洞山曉聰)
스님의 법제자로 서주(瑞州) 사람이고 속성은 호씨(胡氏)이다. 처

음 동산 스님을 찾아뵈었을 때, 하루는 무창(武昌) 땅에 시주를 나갔다가 맨 먼저 유(劉) 거사의 집을 찾아갔는데 유 거사가 말했다. "이 늙은이에게 한 가지 질문이 있는데 만일 맞추면 나에게 설법을 하셔도 좋지만 맞추지 못한다면 산으로 돌아가십시오." 그리고는 마침내 본칙 공안을 물은 것이다.

유거사는 수행이 높은 사람으로 당시에 존경을 받았는데, 특히 스님들이 시주를 나오면 질문을 해서 맞으면 시주를 했었다. 그러나 운거 스님은 당시 나이가 어리고 아직 이 일을 모르고 있는 터라 유 거사의 질문에 대답을 제대로 하지 못했던 것이다.

운거 스님은 부끄러워하며 돌아왔는데 동산 스님에게 그 일을 말하니 동산스님이 말했다. "나에게 물어 보아라. 네게 말해 주겠다." 했다.

운거 스님이 물었다.
운거 "옛 거울을 닦지 않았을 때는 어떻습니까?"
동산 "여기서 한양까지는 멀지 않다."
운거 "닦은 후엔 어떻습니까?"
동산 "황학루 앞에 앵무주로다."[15]
운거 스님은 여기서 깨달았다.

舜默憨 馳歸擧似聰 聰代前語曰 此去漢陽不遠 代後語曰 黃鶴樓 前鸚鵡洲 舜因悟其旨 『仰山錄』, 『五家正宗賛下』, 『禪林僧寶傳 十一 洞山聰』

---

15) 황학루(黃鶴樓); 우한시 장강(양쯔강) 강변에 있는 유명한 역사적 누각, 중국 삼대 명원 중에 하나이다. 누각 앞에 작은 모래섬이 있는데 이름이 앵무주(鸚鵡洲)이다.

9

경허의 자벌레 [鏡虛尺蠖蟲]

경허(鏡虛) 스님이 고봉(高峯)의 선요(禪要)를 들어 설법했다.

"어떤 것이 진실히 참구하고 진실히 깨닫는 소식입니까? 하니 '남산에 구름이 일고 북산에 비가 내린다' 했느니라."

일승 "그것이 무슨 뜻입니까?"

경허 "자벌레가 한 자(尺)를 갈 적에 한번 굴러가는 것과 같다."

승이 또 물었다.

일승 "어떤 것이 견성하는 법입니까?"

경허 "가서 허공이 능히 말할 때를 기다려라."

일승 "이 이치가 어떠합니까?"

경허 "내가 귀먹은 줄 아는가, 알겠는가?"

일승 "알지 못하겠습니다."

경허 "그럼 조용히 해라."

擧《禪要》云 如何是實叅實悟之消息? 云 南山起雲 北山下雨 問 是甚麼道理? 答 譬如尺蠖蟲 一尺之行一轉 問 "古云 如何得見性去? 待虛空能言時 此理如何? 答 患我重聽麼? 還會麼? 曰 不

會 答 更低聲着

생도 없고 멸도 없으며 더러움도 없고 깨끗함도 없으며 늘어남도 없고 줄어듦도 없다. 그렇다고 없다는 것에 떨어져도 아직 멀리 있는 것이다. 놔주되 거두어가고 거두되 놔주는 것을 자유자재로 하는 평범한 사람은 누구인가? 설사 그렇다고 해도 아직 이쪽에 있으니, 이쪽 저쪽을 벗어나서 이마에 난 뿔을 자유자재로 휘둘러 천하를 평정케 할 사람 그 누구인가?

자벌레는 애벌레가 나뭇가지에서 허리를 절반 정도 위로 둥글게 굽히면서 기어가는 벌레를 말한다. 마치 사람이 엄지와 검지를 가지고 자를 재는 모습과 같다해서 자벌레라고 한다. 여기서 1자는 애벌레 키만큼을 뜻한다.

남산에 구름이 일고 북산에 비가 내리는 이치는 ‘자벌레가 한번 가는 것이 한번 굴러가는 것과 같다’고 말한 것이다. 이 화두는 여름날에 자벌레가 나뭇가지를 타고 가는 것을 본다면 경허 스님이 말한 말뜻은 알 수 있다. 다만 경허스님이 말한 의도는 일반적인 말뜻이 아닌 단번에 깨닫게 하는 직절일구이다. ‘한번 가는 것이 한번 구르는 것과 같다’는 뜻이 무엇일까?

경허 스님은 조선 말기, 겨우 선맥을 유지하고 있을 때에 갑자기 혜성처럼 나타나서 한국에 선풍을 일으킨 근대의 증흥조이다. 동학사에서 강사 생활 8년째 접어든 1879년 여름, 당시 전염병 콜레라가 만연하여 죽어나가는 사람이 부지기수라 인심도 흉흉하고 생사에 대한 두려움도 벗어나지 못한 자신을 한탄하면서 학인들을 떠나보내고 참선에 몰두했다. 화두는 여사미거 마사도래(驢事未去馬事到來)였다. 즉 ‘나귀 일[事]이 가기 전에 말일[事]이 도래한다'는 영운 선사의 공안이었다. 졸음이 오면 턱 밑에 송곳을 놓고 정진하길 3개월째 11월 15일에 그 절의 학명 도일(學明道一) 스님이 출타했다가 이 진사라는 처사를 만났다. 이 진사가 말하길

"스님, 요새 중노릇을 어떻게 하십니까?"
"경 읽고 염불 주력하고 가람 수호하는 일과의 연속입니다."
"그래요, 그렇게 중노릇 잘못하면 소가 되고 맙니다."
"아이구, 그러면 어떻게 해야 소가 안 됩니까?"
"그렇게 말해서야 되겠습니까? 소가 되어도 고삐 뚫을 구멍이 없다고 해야지요."
학명 스님과 동행자 동은 사미는 무슨 뜻인지 모르고 절에 돌아와서 여러 대중 앞에서 물어보았다.
"중노릇 잘못하면 소가 된다고 하는데… 소가 되어도 고삐를 뚫을 구멍이 없다는 것은 무슨 뜻인가요?"
그러나 좌중에 아무도 대답하는 사람이 없자, 학명 스님은 정진 중인 경허 스님 방에 찾아가서 물어보았다. 경허 스님은 '콧구멍 없는 소[無鼻空牛]'라는 말을 듣는 순간 활연대오 했다. 31세 때의 일이다. 보림 이후 56세까지 제방에 다니면서 만공, 보월, 제산, 수월, 한암과 같은 제자를 길러내고 유유자적하게 살다가 64세 4월 25일 갑산 도화동에서 입적했다.

일승이 견성하는 법을 물으니 경허 스님은 "허공이 말할 때를 기다려라" 했다. 이 대답은 질문자의 대답을 파고들어가 깊은 곳의 영혼을 흔들어 깨우는 한 마디이다. 들은 즉시 바로 알아야 하고, 즉시 알지 못했다면 조용히 귀를 기울이고 허공이 말할 때를 기다려 보라. 조심해야 하는 것은 쉬운 것이라는 생

각이 들수록 거기에 함정이 있어서 백이면 백 진흙구덩이에 빠짐을 면치 못한다는 것이다.

보복, 장경, 경청은 모두 설봉 스님의 제자들이다. 하루는 보복(保福) 스님과 장경(長慶) 스님이 유산을 갔을 때 보복스님이 손으로 가리키며

"저것이 바로 묘봉정(妙峰頂)이다."
라고 말하자, 장경스님이 말했다.
"옳기는 옳지만 애석하다."
그후 이것을 경청(鏡淸) 스님에게 말하자 경청 스님이 말했다.
"손공(孫公: 장경 스님)이 아니었다면 온 들녘에 해골이 가득 널려 있었을 것이다."

장경 스님은 도대체 무엇을 보고 애석하다 했으며, 또 경청은 무엇을 보았기에 장경의 손을 들어준 것일까? 그렇다고 보복스님의 말이 틀렸던 것일까?

어떤 스님이 조주 스님에게 물었다.
일승 "어떤 것이 묘봉고정(妙峰孤頂)입니까?"
조주 "노승은 그대의 말에 대답하지 않겠다,"
일승 "무슨 까닭에 이 말에 대답하지 않으십니까?"
조주 "내가 너에게 대답하면, 아무것도 아닌 것에 괜히 집착할까봐 염려스럽기 때문이다."

묘봉고정이 아무것도 아니라면 조주스님이 직접 대답하지 못할 이유가 어디에 있을까? 이에 대해서 석우는 "옛 조사는 사람의 혼을 빼먹는 여우혼령이 씌운 사람들이다. 조사들이 작당해서 사람의 혼을 빼앗아가기에 충분하기는 하나, 납자가 신발 신는 자태를 보면 범상치 않음을 알 수 있다"고 말하리라.

묘봉고정(妙峰孤頂)은 덕운비구(德雲比丘)가 있는 산이다. 선재동자(善財童子)가 묘봉고정에 가서 7일 동안 찾아보았지만 찾지 못했는데, 다른 산봉우리에서 그를 만나게 되었다. 덕운 비구는 선재를 보자마자, 일념삼세(一念三世)와 모든 부처님의 지혜광명과 보현법문(普見法門)을 말해주었다. 선문에서 묘봉고정은 모든 납자들이 들어가려는 향상처(向上處)를 말한다.

원오 스님은 "본성(本性)에 딱 들어맞는 곳에 이르러서는 눈으로도 보지 못하고 귀로도 듣지 못하며, 손가락을 가리키지 못하고 칼로 자르지 못하며, 불로 태우지 못하고 물로 씻지 못한다. 다만 교학에서는 노파심으로 보살펴준 것일 뿐이다.

그 때문에 가냘픈 한 가닥 길을 터놓고 제이의문(第二義門)에서 손님[客]과 주인[主], 기틀[機]과 경계[境], 물음[問]과 답[答]을 만든 것이다. 그러므로 다음과 같은 말이 있는 것이다. '모든 부처님은 세간에 나타나지도 않았고 열반도 없으나, 방편으로 중생을 제도하고자 이 같은 일을 나타낸 것이다.'"

경허스님의 이 화두에 대해서 석우는 "마른 나무 가지에서 난 영지(靈芝)는 독버섯이다. 치명적 독을 개의치 않는 사람이라면 와서 한번 만져보라. 즉시 흔적도 없이 죽어나갈 것이다. 그렇다고 가만히 있으면 살아나겠는가? 제불조사와 자심불을 믿는다면 풀 앞에 풀이고, 물 건너 물이지만 그 다음에 반드시 평지가 있으리니 다만 포기하지 말라." 라고 말하리라.

석우 송
이산 저산에 들려오는 소쩍새 울음소리
무엇을 위해 늦은 밤을 잊었는가.

콧구멍 없는 소에 납자의 갈 길을 잃었다.
허공을 무너뜨려 천신의 목을 자르고
금강산을 쳐부수어 가루를 만들고도
거센 바람은 그칠 줄 모르는구나.
6월 연암산 아래에서 태평가를 부르다니
매년 봄이 되면 잊혀진 소식을 전해온다.

10
운문의 자기 [雲門自己]

운문 스님이 대중 법문을 했다.
"약과 병은 서로 다스린다.
온 대지가 약이다. 무엇이 자기인가?"

擧 雲門示衆云 藥病相治16) 盡大地是藥 那箇是自己

원오 수시

눈 밝은 사람은 구태의연한 틀[窠臼]에 빠지지 않는다. 때로는 고봉정상(孤峰頂上)에서 자욱하게 교화하기도 하고 때로는 저자 속에 살면서도 발가벗은 듯이 반연을 털어내 버린다.

홀연히 성난 아수라처럼 세 머리에 여섯 개의 팔을 나타내기도 하고, 갑자기 일면불 월면불(日面佛月面佛)처럼 두루 자비의 광명을 놓아 포섭하며, 한 티끌에서 일체의 몸을 나타내어 갖가지 인간들의 수준에 맞추어주느라 흙투성이가 되기도 한다.

홀연히 향상의 구멍을 열어젖히면 부처의 눈으로도 엿보지 못하며, 설령 많은 성인이 출현한다 해도 반드시 3천 리나 거리가 멀다. 이를 함께 얻고 함께 깨친 자가 있느냐?

---

16) 治: 수리, 평정, 다스림의 뜻이다. 상치相治는 서로 받아들인다로도 볼 수 있다. 장자 제물론(齊物論)에 "신하와 첩은 '서로 다스리기'가 힘들다. 其臣妾不足以相治乎"라고 했다.

원오 평창

운문 스님이 처음 목주(睦州) 스님을 참방할 때 목주 스님은 기연(機緣)을 움직임이 번개치듯 하여 참으로 접근하기가 어려웠다. 평소 사람을 맞이함에 문에 들어서자마자 문득 멱살을 움켜쥐고는 "말해보라, 말해보라"고 했으며, 그가 머뭇거리면서 말하지 못하면 바로 밀어제쳐 쫓아내면서 "진(秦)나라의 탁력찬(轆轢鑽)17) 같은 무용지물이로구나" 했다.

운문 스님이 만나러 갔다가 세 번째 가서 겨우 문을 두드리니, 목주 스님이 "누구냐?"고 물었다. "문언(文偃)입니다"라고 말하고서 문을 열고 들어가니, 목주 스님이 멱살을 움켜쥐고는 "말해보라, 말해보라" 했다. 운문 스님이 머뭇거리자 바로 밀어제쳐 쫓아내었다. 운문 스님의 한쪽 발이 아직 문지방 안에 있는데 목주 스님이 갑자기 문을 닫는 바람에 운문 스님의 다리가 부러졌다. 운문 스님은 아픔을 참지 못하고 고래고래 소리를 지르다가 완전히 깨달았다. [忽然大悟] 운문 스님은 후일 말로써 사람을 가르침에 있어 하나같이 목주스님을 닮았다.

그 후 상서(尙書) 진조(陳操)의 집에서 3년을 머물렀는데, 목주 스님은 운문에게 설봉의 처소로 가도록 했다. 설봉 스님의 처소에 이르러 대중 속에 있다가 나와서 설봉 스님에게 물었다.

"무엇이 부처입니까?"
"잠꼬대하지 마라."

---

17) 秦時轆轢鑽; 탁력찬(轆轢鑽), 수레를 빌려 잡아 돌려서 이를 사용해 물건을 뚫는 큰 송곳임. 진시황이 아방궁(阿房宮; 일설엔 만리장성)을 건립할 때 일찍이 거대한 송곳을 만들었는데 그 후에 이 큰 송곳이 이미 쓸 데가 없었음. 선림에서 드디어 진시탁력찬으로써 쓸데없는 사람에 비유함.

운문 스님은 바로 예배하고 줄곧 3년을 지냈는데, 어느 날 설봉 스님이 물었다.

"그대의 경지는 어떠한가?"

"저의 경지는 예로부터 내려오는 성인들과 더불어 실낱만큼 도 틀리지 않습니다."

그 후 영수(靈樹)의 여민(如敏: ?~920) 스님의 배려로 광주 (廣州)의 왕 유은(劉隱 : 874~911)이 운문 스님에게 세상에 나와 영수의 주지가 되어주기를 청해서 운문의 주지가 되었다.

운문 스님은 평소 세 글자로 선(禪)을 말하기 좋아했는데, 즉 "살펴보아라[顧], '비추어보아라[鑑],' '아이쿠[咦]'"가 그것이다. 또 한 글자로 선을 말하기도 했는데, 어느 스님이 묻기를 "아비 를 죽이고 어미를 살해한 자는 부처님 앞에 참회하겠지만, 부처 와 조사를 죽이면 어느 곳에서 참회를 해야 합니까?"라고 하자, 운문스님은 "노(露: 드러내라)"라고 말했으며, 또한 "무엇이 정 법안장(正法眼藏)입니까?" 라고 묻자, "보(普: 어디에나 있다)"라 고 했다. 참으로 머뭇거리는 것을 용납하지 않았다. 알기 쉬운 것에 대해서도 사람을 꾸짖었으나 만일 한 구절의 말을 했다 하면 마치 쇠말뚝과 같았다.

그 밑에서 네 사람의 철인(哲人)이 나왔으니 동산 수초(洞山 守初)·지문 사관(智門師寬)·덕산 연밀(德山緣密)·향림 징원(香 林澄遠) 스님이다. 그 모두가 대종사(大宗師)였다.

향림 스님이 18년 동안 운문의 시자를 했는데, 운문이 그를 가르침에 다만 "원 시자(遠侍者)야!" 라고 부르면, 원 시자는 "네." 하고 대답했고, 운문 스님은 "이 무엇인가?" 라고 말할 뿐 이었다. 이렇게 하기를 18년 만에 어느날 갑자기 "제가 이제 알았습니다.” 하니, 운문 스님이 말하기를 “왜 향상(向上)을 말하지 않느냐?” 하므로 3년을 더 있었다. 그뒤 향림원에 나아가 40년간 주석하다가 80세에 시적했다. 향림 스님이 교화할 때에 어떤 스님이 묻기를 “무엇이 조사가 서쪽에서 온 뜻입니까?” 하니 “오랫동안 앉아있노라니 피곤하구나.” 라고 대답했는데 향림 스님의 이 말은 ‘꾸밈이 없는 진국’이라 할 수 있다.

운문 스님은 평소 사람을 가르침에 있어 목주 스님의 솜씨를 많이 썼다. 그것은 접근하기 어렵지만 우리를 속박하는 못과 문설주를 뽑아내는 펜치나 망치[鉗鎚]와 비슷했다. 설두 스님이 말하기를 “나는 소양(韶陽: 운문 스님)의 참신한 기용(機用)을 사랑한다. 그는 일생 동안 사람들에게 속박의 못과 문설주를 뽑아주었다”고 했다.

운문 스님이 말하기를 “약과 병이 서로 다스린다. 온 대지가 약인데 무엇이 자기인가?”라고 했는데, 여러분은 이 말에서 벗어날 수 있는가? 하루 종일 확실하게 천 길 벼랑 위에 서 있는 것처럼 해보라.

덕산 스님은 비 오듯 방망이를 쳤고, 임제 스님이 우레처럼 일갈(一喝)을 질렀던 것은 그만두기로 하자. 석가는 스스로 석가이고, 미륵은 스스로 미륵이다. 이 귀착점[落處]을 모르는 자는 자주 약과 병이 서로 딱 들어맞는 것으로 알고 있다. [往往喚作藥病相投會去]

세존께서 49년간 3백여 회 당면한 문제에 따라 설교했다. 이는 모두가 병에 따라 약을 베푼 것이다. 이는 꿀처럼 단 과일을 쓴 외[瓜]와 바꾸는 것처럼 그대의 업근(業根)을 없애주어 말끔하고 고고하게 한 것이다.

“온 대지가 약이다”라고 했는데 여러분은 어느 곳에 입을 대겠는가? 만약 입을 댈 수 있다면 그대가 몸을 비껴 숨을 쉴 곳이 있는 것이므로 운문 스님을 친견했다고 인정하겠다. 만일 그대가 고개를 돌리고 주저해서 입을 대려 해도 댈 수 없으면 운문 스님이 그대의 발밑에 있을 것이다.

“약과 병이 서로 들어맞는다”는 말은 일상적으로 쓰는 말이다. 그대들이 ‘유(有)’에 집착하면 ‘무(無)’를 말해주며, ‘무(無)’에 집착하면 ‘유(有)’를 말해주며, 여러분이 ‘유’도 아니고 ‘무’도 아니라는 데에 집착하면 그대에게 똥더미 위의 장육금신(丈六金身)으로 출현해서 자유롭게 나타낸다.

이제 온 대지의 삼라만상과 자신까지 동시에 모두 약이다. 이러할 경우 무엇을 자기라 하겠느냐? 그대가 ‘약’이라고 부르면 [爾一向喚作藥] 미륵불이 하생한다 한들 꿈속에서도 운문 스님을 알지 못할 것이다. 결국은 어떻게 해야 취지를 파악하여 저울눈금을 잘못 보지 않을까?

하루는 문수보살이 선재(善財)에게 약을 캐러 보내면서 말했다.
“약이 아닌 것을 캐어 오너라.”
선재는 두루 돌아다녔지만 모두가 약이었다. 다시 되돌아와 아뢰었다.
“약 아닌 것이 없더이다.”
“약을 캐어 오너라.”
선재가 한 줄기 풀을 집어 문수보살에게 건네주자, 문수보살은 이를 대중에게 들어 보이면서 말했다.

“이 약은 사람을 죽일 수도, 살릴 수도 있다.”
“약과 병이 서로 들어맞는다”는 화두는 가장 깨닫기 어렵다.
운문 스님은 방장실에서 평소 이렇게 사람을 제접했다.

하루는 금아 장로(金鵝長老)가 설두 스님을 방문했다. 그는
영리한 작가로서 임제 스님 회하의 존숙이다. 설두 스님과 함께
“약과 병이 서로 들어맞는다”는 화두를 가지고 밤새도록 의론하
고 잘 끝내었다. [善盡] 여기에 이르러서는 학문으로 이해한다거
나 사량계교(思量計較)하는 것은 전혀 쓸모가 없다. 그뒤 설두
스님이 그를 전송하면서 다음과 같이 송을 주었다.

설두 송
‘약과 병이 들어맞는 화두’ 가장 어렵다.
만 겹의 관문 전혀 단서가 없다.
금아 수도자가 찾아와
하룻밤을 지새우며 학문바다를 말려버렸네.

藥病相治見最難　萬重關鎖太無端　金鵝道者來相訪　學海波瀾一夜
乾

11
운문의 날마다 좋은 날 [雲門好日]

운문(864~949) 스님이 말했다.
"15일 이전[十五日 以前]에 대해서는 그대들에게
묻지 않겠지만
15일 이후[十五日 以後]에 대하여 한마디 해보아
라."
스스로 대신 말했다.
"나날이 좋은 날이로다."

擧 雲門垂語云 十五日已前不問汝 十五日已後道將一句
來 自代云 日日是好日

원오 평창

운문 스님이 질문을 던져서 대중에게 설법하기를 "십오일 이
전에 대해서는 그대에게 묻지 않겠지만, 십오일 이후에 대하여
한 구절을 말해보아라" 했으니 이는 대뜸 천 가지 차별을 끊어
버린 것이며, 범부이건 성인이건 관계없다. 그러므로 스스로 대
신하여 "나날이 좋은 날이다"라고 했다.

저 운문 스님이 종풍(宗風)을 세운 이유는 남들을 일깨워주
기 위해서였다. 설법을 끝내고서는 스스로 대신하여 "나날이 좋

은 날이다" 했으니, 이 말은 고금을 관통하여 예로부터 훗날까지를 일시에 꼼짝달싹 못하게 했다.

산승(원오)이 이처럼 말하는 것 또한 말을 따라서 알음알이를 낸 것이라 하겠다. 다른 사람을 죽이는 것은 자신을 죽이는 것보다 어렵지 않다. 이러니저러니 말하자마자 구덩이에 떨어질 것이다.

운문 스님의 한 구절 속에는 3구[三句]가 갖춰 있으니, 이는 모두 그의 종지(宗旨)가 이와 같기 때문이다. 한 구절의 말일지라도 모름지기 근본으로 귀결되어야 한다. 만일 그렇지 못하면 그것은 두찬(杜撰)18)일 뿐이다. 이 일은 많은 말이 필요 없지만, 투철하게 알지 못하면 이렇게 해야 한다. 만약 투철하게 깨닫게 되면 곧 옛사람의 뜻을 알아차릴 것이다.

설두 송
하나[一]를 버리고 일곱을 드러내니
상하 사방에 견줄 것이 없다.
천천히 걸으면서 흐르는 물소리를 밟아버리고
내키는 대로 바라보며 나는 새의 자취도 그려내노라.
풀은 더부룩하고 연기는 자욱하다.
수보리가 좌선하던 바윗가에는 꽃이 가득한데
손가락을 퉁기며 슬픔을 가누는19) 순야다신(舜若多神)이여!
꼼짝하지 말라. 움직이면 삼십 방망이다.

---

18) 杜撰; 시문(詩文)이나 저작 가운데 있어 망령(妄靈)되이 논술을 지어 터럭만·큼도 근거가 없는 정형(情形)을 가리킴.
19) 가누다; 말이나 행동, 감정 등을 가다듬어 바르게 하다.

去却一拈得七　上下四維無等匹　徐行踏斷流水聲　縱觀寫出飛禽跡
草茸茸　煙羃羃　空生巖畔花狼籍　彈指堪悲舜若多　莫動著　煙羃羃　空
生巖畔花狼籍　彈指堪悲舜若多　莫動著　動著三十棒

원오 평창

무엇이 제일구(第一句)인가? 그대는 위로는 부처가 있다고 알아서도 안 되고 아래로는 중생이 있다고 알아서도 안 되며, 밖으로는 산하대지가 있다고 알아서도 안 되고 안으로는 견문각지(見聞覺知)가 있다고 알아서도 안 된다. 마치 완전히 죽었던 사람이 다시 살아난 것처럼 길고 짧음과 좋고 나쁜 것을 하나로 이루어, 낱낱이 드러내어 끝내 다른 견해가 없도록 하라. 그런 뒤에 적절하게 응용하여야 비로소 그가 말한 **"하나를 버리고 일곱을 드러내니, 상하 사방에 견줄 것이 없다"**는 것을 알게 되리라.

만일 이 구절을 확철히 알면 "상하 사방에 견줄 것이 없다"는 것을 바로 체득하여, 삼라만상과 초목·인간·축생들이 뚜렷이 자기의 모습을 완전하게 드러내리라.

수보리가 바위에 앉아 선정에 들어 있노라니 하늘 신들이 꽃비를 내려 찬탄하자 수보리존자가 말했다.

"공중에서 꽃비를 내리며 찬탄하는 자는 대체 누구인가?"

"나는 제석천왕(帝釋天王)입니다."

"그대는 어찌하여 찬탄하는가?"

"나는 존자께서 반야바라밀다를 훌륭하게 말씀하시는 것을 존중하기 때문입니다."

"나는 반야에 대하여 일찍이 한 글자도 말하지 않았는데 그대는 무엇 때문에 찬탄하는가?"

“존자께서는 말씀하심이 없고, 저는 들을 바 없으니, 이것이 참된 반야입니다.”

이에 또다시 땅이 진동하며 꽃비가 내렸다.

범어(梵語)인 순야다(舜若多: sunyata)는 여기 말로는 허공신(虛空神)이다. 이것은 허공으로 몸을 삼아 몸에 감각이나 촉감이 없고, 부처님의 광명이 비춰야만이 비로소 몸이 나타난다. 그대가 만일 순야다신처럼 된다면, 설두 스님은 바로 손가락을 퉁기며 슬픔을 가눌 것이다.

또 “꼼짝하지 말라” 했는데, 움직이면 어떻게 될까? 백일청천(白日靑天)에 눈 뜨고 조는구나.

12

엄양의 한 물건 [嚴陽一物]

엄양 존자(嚴陽尊者)20)가 조주(趙州)스님에게 물었다.

엄양 "한 물건도 가지고 오지 않았을 때는 어떠합니까?"

조주 "놓아버려라[放下着]."

엄양 "한 물건도 가지고 오지 않았는데 놓아버릴 것이 무엇입니까?"

조주 "그렇다면 짊어지고 가거라."

擧 嚴陽尊者問趙州 一物不將來時如何 州云 放下著 嚴云 一物不將來 放下箇甚麽州云 恁麽則擔取去

만송 시중

그림자를 희롱하기 위해 몸뚱이를 수고롭게 하는 것은 몸뚱이가 그림자의 근본임을 알지 못하기 때문이요, 소리를 지르면서 메아리를 멈추게 하려는 것은 소리가 메아리의 뿌리임을 알

---

20) 嚴陽尊者; 당대 승. 휘(諱)는 선신(善信)이며 조주종심의 법을 사사. 처음에 무녕 신흥 엄양산에 오두막집을 엮었고 천우(904-907) 간 명심사에 거주했음 [전등록11. 오등회원4].

지 못하기 때문이다. 이는 소를 타고 소를 찾는 바보짓이 아니라면 갈뚝으로 말뚝을 뽑으려는 짓임이 분명하다. 어찌해야 이런 허물을 면할 수 있을까?

만송 평창

홍주(洪州) 무령현(武寧縣) 신흥사(新興寺)의 엄양존자(嚴陽尊者)가 처음으로 조주에게 가서 묻되 "한 물건도 가지고 오지 않을 때가 어떠합니까?" 했는데, 이것은 어떤 승이 보자(報慈)에게 묻되 "망정이 생기면 지혜가 막히고 모습이 변하면 본체가 달라지거니와 망정이 생기기 전에는 어떠합니까?" 보자가 말하길 "막혔느니라." 한 것과 같다.

바보스러운 무리[暮故底]들은 이르되 "망정도 생기지 않았는데 막힐 것이 무엇인가?" 하는데, 이는 "한 물건도 가지고 오지 않았는데 버릴 것이 무엇입니까?" 한 것과 똑같다. 다 맹팔랑(孟八郎)들이다.

엄양 선사는 가는 곳마다 항상 뱀 한 마리와 범 한 마리에게 손바닥에다 먹이를 주었다. 이런 것은 마치 과위를 얻은 사람과 같았으므로 존자라 불렀다. 옛 부처로 불리는 조주와 존자는 범부인지 성인인지 헤아리기 어려운 사람이니 한 말씀을 토하거나 한 가지를 물으면 천추를 두고 만인의 귀감이 되었다.

천동 송

섬세한 움직임을 막지 못해 선수(先手)에 졌으니
마음이 거칠었음을 스스로 깨닫고 고개를 숙였네.
판이 끝나자 허리에 찼던 도끼자루가 썩으니

범인(凡人)의 뼈를 깨끗이 씻고 신선과 함께 거닌다.

不防細行輸先手 自覺心麾塊撞頭 局破腰間斧柯爛 洗淸凡骨共仙
游

13

설봉의 쌀 한 톨 [雪峰栗米粒]

설봉(雪峰: 832~908) 스님이 대중법문을 했다.
"온 대지를 움켜 쥐어드니 마치 좁쌀만 하구나.
이를 면전에다 던져도 새까만 칠통은 알지 못하
네.
북을 쳐서 운력이나 하라."

擧　雪峰示衆云　盡大地撮來如粟米粒大　拋向面前　漆桶
不會　打鼓普請看

원오 수시

무릇 으뜸가는 가르침을 펴려면 모름지기 영특한 놈이어야
한다. 사람을 죽이고서도 눈 하나 깜짝하지 않을 수단[手脚]이
있어야만 비로소 그 자리에서 부처를 이룰 수 있다. 이 때문에
관조(觀照)와 활용(活用)이 같으며, 일신(一身)을 나투어 설법함
[卷]과 다신(多身)을 나투어 설법함[舒]이 같으며 이치[理]와 현상
[事]이 둘이 아니며, 방편[權]과 진실[實]이 동시에 행해지는 것
이다.

한 수 물러나 제2의문(第二義門)을 세우니, 갑자기 언어문자
를 끊어버리면 처음 배우는 후학들이 경지에 이르기 어렵다. 그
러나 지난날 이렇게 했던 것은 어쩔 수 없는 일이라 하지만, 오

늘도 이렇게 하니 그 죄가 하늘에 가득하다. 눈 밝은 사람이라면 조금도 속아 넘어가지 않겠지만 혹 그렇지 못하다면 범의 입 안에 몸을 가로 눕혀 몸을 잃고 목숨을 버리게 될 것이다.

원오 평창

장경(長慶: 854~932) 스님이 운문(雲門: 864~949) 스님에게 물었다.

"설봉 스님이 이처럼 말했는데, 우리 앞에 나서지 못하는 이유라도 있습니까?"

"있지."

"무엇입니까."

"절대로 불여우 같은 견해를 지어서는 안 된다. 설봉 스님이 말하기를 '위쪽에다 견주면 부족하고 아래쪽에다 견주면 남는다. 내가 끝내는 그대에게 말해버리고 말았네' 라고 했다.

운문이 주장자를 들고서 말을 이었다.

"설봉 스님을 보았느냐? 쯧쯧! 왕의 법령이 점점 엄하여지니 저잣거리에서 폭리를 취하지 못하리라."

대위 철(大潙喆: ?~1095) 스님은

"내가 끝내 그대들에게 땅 위에 진흙을 바르는 것 같은 쓸데없는 소리를 한마디 하겠다" 하고서 주장자를 들고 말했다.

"보아라, 보아라. 설봉 스님이 사람들 앞에서 똥을 누었구나! 쯧쯧, 어찌하여 똥냄새도 모르는고?"

옛사람이 사람을 제접하고 중생을 이롭게 하는 이면에는 남다른 것이 있었으니 그것은 참다운 고행이었다. 설봉은 투자산(投子山)에 세 번 오르고 동산(洞山) 스님을 아홉 차례 찾아갔으나 칠통(漆桶)과 목작(木杓)처럼 속이 컴컴하여 깨치지 못해서,

이르는 곳마다 밥 짓는 소임을 맡아본 것도 '이 일'을 깨치기 위함이었다. 동산에 이르러 공양주 소임을 하던 어느날 동산 스님이 설봉 스님에게 물었다.

"무엇을 하느냐?"

"쌀을 씻습니다."

"모래를 씻으며 쌀을 버리느냐. 쌀을 씻으며 모래를 버리느냐?"

"모래와 쌀을 모두 버립니다."

"대중들은 무얼 먹으라고?"

설봉 스님이 문득 항아리를 뒤엎어버리자, 동산 스님은

"그대는 덕산 스님과 인연이 있다."

하고는 덕산(德山見性)을 찾아가도록 가르쳐주었다. 설봉 스님이 덕산에 도착하자마자 곧바로 덕산 스님에게 물었다.

"옛부터 내려오는 종승(宗乘)의 일이 제게도 있습니까?"

덕산 스님이 일방(一榜)을 때리고서는 "뭐라고 말했지?"라고 했는데, 이로 인해 깨침이 있었다.[因此有省]

덕산에서 4년을 지낸 뒤 암두 전할(巖頭全豁: 828 ~887) 스님과 함께 예주(澧州) 오산진(鼇山鎭)에 이르렀는데 눈으로 길이 막혀 그곳에 묵게 되었다. 암두 스님은 매일 잠만 자고 설봉 스님은 오로지 좌선만 했다. 그러다가 하루는 설봉 스님이 암두 스님을 부르면서

설봉 "사형! 사형! 좀 일어나 보시오"

암두 "무슨 일이오?"

설봉 "나는 금생에는 틀렸나 봅니다. 전에 문수(흠산 문수 스님)란 작자와 함께 행각을 할 때는 가는 곳마다 그 친구가 귀찮게 굴더니, 이번에 여기 와서는 사형은 노상 잠만 자고

있지 않소."

암두 스님이 악! 하고 할을 하고는 말했다.

설봉 "잠이나 실컷 자두시오. 매일 선상에 앉아있는 꼴이란 꼭 촌구석의 토지신 같구려. 훗날 사람들이나 홀릴 것이오."

설봉 스님은 가슴을 짚으며 말했다.

설봉 "나는 이 속에 답답한 것이 남아 있습니다. 감히 내 스스로를 속일 수는 없지 않습니까?"

암두 "나는 그대가 훗날 우뚝한 봉우리에 띠집을 짓고 부처님의 큰 가르침을 펴리라 생각하고 있었는데 고작 그따위 말이나 하고 있는 것이오?"

설봉 "나는 정말 답답합니다."

암두 "정 그렇다면 그대가 본 경계를 그대로 하나하나 나에게 말해보게" 하자, 설봉이 염관 제안 스님과 동산 스님을 만난 인연을 말하자, 낱낱이 지적해 주었다. 마지막으로 덕산 스님을 만나 깨달은 인연에 대해서는 암두 스님이 악! 할을 하고 말을 해주었다.

암두 "그대는 듣지 못했는가. 문으로 들어오는 것은 가보(家寶)가 아니라는 말을."

설봉 "앞으로 어떻게 하면 됩니까?"

암두 "훗날 그대가 부처님의 큰 가르침을 널리 펴려 한다면 하나하나를 자기 가슴속에서 흘러나오는 그대로 남에게 보이시오. 그렇게 하면 하늘을 뒤덮고 땅을 뒤덮을 것이오."

설봉 스님은 이 말끝에 깨닫고[師於言下大悟] 암두 스님에게 큰절을 올리고는 일어나 연거푸 소리쳤다.

설봉 "사형! 오늘에야 비로소 이곳 오산진에서 도를 이루었소!"

요즈음 사람들은 그저 "옛사람은 일부러 만들어서 후세 사람들에게 그 법규를 따르도록 했다"고들 말한다. 만일 이와 같다면 이것이야말로 옛사람을 비방하는 것이니, 이것을 두고 부처의 몸에 피를 내는 것이라고 한다.

옛사람들은 요즈음 사람처럼 구차하지 않았다. 일상수행에서 일언반구조차도 쓰지 않았다. 으뜸가는 가르침을 세워 불교 수명(壽命)을 이어간다면, 한마디 말, 반 글귀[一言半句]를 내뱉어도 자연히 천하 사람의 혀를 꼼짝 못하게 한다. 사량분별하거나 이러쿵저러쿵할 여지가 없다.

그의 이 대중법문을 살펴보니, 그는 일찍이 작가(作家)의 도리를 알아차렸으므로 작가의 겸추(鉗鎚: 망치와 집게)를 가지고서, 아무리 일언반구를 내뱉어도 알음알이로 헤아려 귀신 굴속에서 살림살이를 하지 않고, 많은 사람 중에 뛰어나 고금의 모든 이를 꽉 거머쥐고 머뭇거리는 것을 용납하지 않았다. 그들의 하는 일이란 모두 이와 같았다.

하루는 설봉 스님이 대중에게 법문했다.

"남산에 코가 자라처럼 생긴 뱀 한 마리가 있다. 너희들은 잘 살펴보도록 하라." 그때에 능도자(稜道者, 長慶慧稜)가 대중 가운데서 나와 말했다. "그렇다면 오늘 이 집안에서 분명히 목숨을 잃을 사람이 있을 것입니다." 설봉이 또다시 말했다. "온 누리가 이 사문(沙門)의 외눈[一隻眼: 진리를 아는 눈]이니 너희들은 어디에다 똥을 누려는가?" 또 말했다. (설봉산에 있는) "망주정(望州亭)에서도 오석령(烏石嶺)에서도 승당(僧堂) 앞에서도 너희들을 인도해줬다."

이때 어떤 스님이 앞으로 나와서 물었다. "승당 앞에서의 제접 해줌은 곧 그만두고라도, 망주정·오석령에서 제접해준 것은 무엇입니까?" 설봉 스님은 종종걸음으로 방장실로 돌아가 버렸다.

그는 평소에 이러한 말들을 들어 대중에게 설법했다. "그런데 온 대지를 움켜쥐어들면 좁쌀알 만하다"고 말한 바로 이 상황을 말해보라, 정식(情識)으로 헤아릴 수 있겠는가? 모름지기 그물을 타파해버리고 득실시비를 일시에 놓아버리고 깨끗하고 해맑아 자연히 그 울타리를 꿰뚫어야만 비로소 그의 용처(用處)를 알게 될 것이다.

말해보라, 설봉스님의 뜻이 어디에 있는가? 많은 사람들이 알음알이를 지어 말하기를, "마음은 모든 법의 주인이므로 온 대지가 일시에 나의 손 안에 있다"고 하지만 좋아하시네! 이와는 아무런 관계가 없다. 여기에 이르러서는 모름지기 진실한 놈이라야 그저 귀뜸만 해줘도 골수까지 사무쳐서 투철히 알아차려 알음알이에 떨어지지 않을 것이다. 진정한 행각납자라면 그가 이렇게 한 것은 이미 어쭙잖게 사람을 가르쳤다는 것을 알게 되리라.

설두 송
소머리[牛頭] 귀신이 죽으니
말머리[馬頭] 귀신이 돌아온다.
조계(曹溪)의 거울 속에 티끌이 없네.
북을 쳐보아도 그대는 보질 못하는데
봄날의 온갖 꽃 누굴 위해 피는가?

牛頭沒馬頭回　曹溪鏡裏絶塵埃　打鼓看來君不見　百花春至爲誰開

“소머리 귀신이 죽으니 말머리 귀신이 돌아왔다”하니, 말해 보라, 무엇을 말하는가? 투철히 알아차린 놈에게는 아침에 죽 먹고 점심 때 밥을 먹는 것처럼 일상적인 일일 뿐이다.

설두 스님은 자비로워 그 자리에서 한 망치로 쳐부수고 한 구절로 끝내버렸으니 참으로 고준(孤峻)하다 하겠다. 마치 번뜩이는 번개불빛[電光石火]처럼 칼끝을 드러내지 않아 접근할 수 없다. 말해보라, 의근(意根: 뜻)으로 헤아려서 알 수 있을까? 이 두 구절로써 일시에 다 말해버렸구나.

14
운문육불 (雲門六不)

어떤 스님이 운문 스님에게 물었다.
"무엇이 법신(法身)입니까?"
"여섯으로는 알지 못한다."

擧 僧問雲門 如何是法身 門云 六不收

원오 수시

하늘이 어찌 말을 하랴마는 사계절은 운행하고, 땅이 어찌 말을 하랴마는 만물을 자라게 한다. 사계절이 운행하는 속에서 본체[本體]를 볼 수 있고 만물이 생장하는 곳에서 오묘한 용[妙用]을 볼 수 있다. 말해보라, 어느 곳에서 납승을 볼 수 있는가? 어언동용(語言動用) 내지는 행주좌와에 의존하지도 말고, 말에도 의존하지 말고, 그러고도 분별할 수 있겠는가?

원오 평창

운문 스님이 "여섯으로는 알지 못한다"고 했는데, 이 말은 참으로 뭐라 하기가 어렵다. 조짐이 나눠지지 않은 때에 뭐라고 할 수 있다 해도 벌써 제2의 속제이고, 조짐이 생긴 뒤에 알면 제3의 자리에 떨어지며, 언구로 분별하고 밝히려 했다가는 끝내 찾을 수 없다. 그렇다면 결국 무엇을 법신이라 해야 할까? 작가라면 듣자마자 거량할 줄 알고 바로 가버리지만, 생각하거나 기연에 매였다가는 엎드려서 틀렸다는 처분을 듣고야 말 것이다.

　　태원(太原)의 부 상좌(孚上座)21)는 본디 강사였는데 하루는 법좌에 올라 열반경 강의를 하던 즈음에 법신에 대해 말하게 되었다.

　“법신은 시간으로는 과거·현재·미래에 두루 하고 공간으로는 시방(十方)에 뻗쳤다”고 하자, 어느 한 선객이 그곳에 있다가 피식 웃어버렸다. 부상좌는 법좌에서 내려와 말했다.

　“제가 조금 전에 무슨 잘못이 있었습니까? 선승은 말씀해보십시오.”

　“좌주(座主)께서는 법신을 헤아리는 일만을 강의했을 뿐 법신을 토지는 못했습니다.”

　“어떻게 해야 되겠습니까?”

　“잠시 강의를 그만두고 고요한 방에 앉아 참선을 해보시오. 반드시 스스로 알게 될 것입니다.”

　부 상좌는 그의 말을 따라서 하룻밤을 고요히 좌선[一夜靜坐]하다가 오경(五更)을 알리는 종소리를 듣고 문득 크게 깨달았다.[忽然大悟] 마침내 선객이 머무는 곳의 문을 두드리며 말했다.

　“나는 알았습니다.”

　“어디 말해보시오.”

---

21) 태원 부 상좌(太原 孚上座): 부 상좌(孚上座) 오대승(五代僧). 태원(지금 산서에 속함) 사람. 처음에 양주 광효사에 있으면서 열반경을 강설했고 후에 제방을 편력하며 환우(寰宇; 천하)에 이름이 알려졌음. 일찍이 절중(浙中)을 유람하다가 경산에 올랐고 다시 고산(鼓山)에 이르러 설봉의존(雪峰義存)을 참알해 사자(師資)의 도(道)가 계합했다. 설봉의 법을 이음. 이후 다시는 다른 곳을 떠돌지 않았음. 스님은 출세하지 않았고 저방에서 명목해 태원 부 상좌라 했음. 후에 유양에서 시적했음. [연등회요24. 오등회원7. 전등록19]

"나는 오늘 이후론 다시는 부모가 낳아준 이 콧구멍[鼻孔]을 가지고 재주를 뽐내지[扭揑] 않겠습니다."
그 뒤 설봉 스님에게 이르렀는데, 하루는 설봉 스님이 부를 보자 손가락으로 해를 가리켰는데, 부 스님은 손을 흔들고 지나가버렸다. 설봉이 물었다.
설봉 "그대는 나를 인정하지 않는가?"
태원 "스님은 머리를 흔드셨고 저는 꼬리를 흔들었습니다. 어디가 스님을 인정하지 않은 곳입니까?"
설봉 "가는 곳마다 그대를 두려워하겠구나.[到着須諱卻]"
라고 인정했다. 이후 설봉의 법을 이었다.

석우 착어 "부 상좌가 겨우 하룻밤 화두를 들고 있다가 종치는 소리를 듣고 문득 홀연대오(忽然大悟)한 것이 진정한 깨달음인가, 아닌가? '나는 오늘 이후론 다시는 부모가 낳아준 콧구멍을 가지고 재주를 뽐내지 않겠습니다.'라고 대답한 것이 과연 법신과 관련이 있는가, 없는가? 남의 말을 듣지 말고 스스로 알아보라."

또 교학[敎中: 금광명경]에서는 말하기를,
"부처님의 참 법신은 마치 허공과 같아, 사물을 따라 형태를 나타내니 물속에 어린 달과 같도다"라고 했다.

또 어떤 스님이 협산 스님에게 물었다.
"어떤 것이 법신입니까?"
"법신은 모습이 없다."
"어떤 것이 법안입니까?"

“법안은 티가 없다.”

운문 스님이 말한 “여섯으로는 알 수 없다”는 공안에 대하여, 어떤 사람은 “이는 6근·6식·6진이다. 이 여섯이 모두 법으로부터 생겨나므로 6근으로는 법신을 알 수 없다”고 한다. 이처럼 망정으로 헤아린다면, 좋아하시네! 전혀 이와는 관계가 없다. 나아가 운문 스님에게 누를 끼치는 일이다. 보려면 바로 보아라, 천착해서 알 수 있는 것이 아니다. 듣지 못했느냐, 법화경에 “이 법은 사량이나 분별로써 헤아릴 바 아니다.”라고 했다.

본 공안의 운문 스님 대답은 많은 사람들에게 알음알이를 야기 시켰다. 그러나 이 한 구절 속에는 반드시 삼구(三句)가 구비되어 있어 그 스님의 물음을 저버리지 않았다. 나아가 상황에 딱 들어맞아 한 말씀 한 구절과 한 점 한 획에서도 몸을 벗어나는 곳이 있었던 것이다. 그러므로 “한 구절에서 깨치면 천 구절 만 구절을 일시에 깨친다.”고 했다.

석우 착어 “그러하니, 멀리 갈 것 없다. 여기서 바로 끝마쳐 보라. 무엇이 법신인가? 조상님 기일(忌日) 속으로 들어가라. 알겠는가?”

설두 송
하나, 둘, 셋, 넷, 다섯, 여섯,
푸른 눈 달마가 셈해도 다하지 못하리.
소림(少林)에서 신광(神光)에게 부촉했다고 부질없는 말들을
하더니만

옷을 걷어붙이고 또다시 천축(天竺)으로 되돌아갔다고 말하
네.
천축은 아득하여 찾을 곳이 없는데
간밤에 유봉(乳峰)을 건너다보면서 잠을 잤네.

一二三四五六 碧眼胡僧數不足 少林謾道付神光 卷衣又說歸天竺
天竺茫茫無處尋 夜來却對乳峰宿

15

청원의 쌀값 [清源米價]

어떤 승(僧)이 청원 스님에게 물었다.
"어떤 것이 불법의 대의입니까?"
청원이 대답했다.
"여릉(廬陵)의 쌀값이 얼마나 되는가?"

擧 僧問淸源 如何是佛法大意 源云 廬陵米作麼價

만송 시중

사제(闍提)가 살을 베어 어버이에게 공양했으나[22] 효자전(孝子傳)에는 들지 못했고, 조달(調達)이 산을 밀어 부처님을 억누를 때 어찌 갑자기 우짖는 우레를 두려워했겠는가? 가시덤불도 다 지나가고, 전단 숲도 다 베어 넘긴 뒤, 해가 다하기를 기다렸으나 초봄은 여전히 싸늘하기만 하다. 부처님의 법신은 어디에 있을까?

만송 평창

길주(吉州)의 청원행사(淸源行思) 선사가 처음으로 6조에게 참문(參問)하여 문득 물었다.
청원 "무엇에 힘써야 계급(堦級)에 떨어지지 않겠습니까?"

---

22) 수제 태자의 이야기

육조 "너는 일찍이 무엇을 했었느냐?"

청원 "성스러운 말[聖諦]도 하지 않았습니다."

육조 "어떤 계급에 떨어졌었느냐?"

청원 "성스러운 말도 하지 않았는데 무슨 계급이 있겠습니까?"

6조가 매우 갸륵히 여겨 회중에 아무리 대중이 많아도 선사를 항상 우두머리에 있게 했다. 이는 마치 2조가 아무 말도 하지 않았는데 소림(少林: 달마)은 그에게 골수를 얻었다[得髓]고 한 것과도 같다 하리라.

그 승이 불법의 대의를 물은 것을 보건대 진짜 처음으로 총림에 들어온 납자답게 문수를 따라서 철위산(鐵圍山)을 구경하려 했지만, 청원은 과연 성스러운 진리도 말하지 않는 사람이어서 도리어 예사로이 접견하는 태도로 돌아보면서 이르되 "여릉의 쌀값이 얼마나 되는가?" 했다. 어떤 이는 이르되 "여릉의 쌀값을 따질 문제가 아니다"라고 하는데, 이것은 이미 곡[斛]과 말[斗]에 들어가서 팔러 다니는 것인 줄을 모르고 하는 소리다. 이런 떼거리에 들지 않기를 바라노라.

천동 송
태평세계의 치적(治績)은 형상이 없으니
촌노[野老]의 가풍은 지극히 순박하다.
그저 시골 장단과 농주[社飮]만 있다면
순(舜)의 덕(德), 요(堯)의 인(仁)이야 어찌 아랑곳 있으랴?

太平治業無象　野老家風至淳　只管村歌社飮　那知舜德堯仁

16

백장의 들오리 [百丈野鴨]

마조(馬祖) 스님과 백장 스님이 함께 길을 가다
가 들오리가 날아가는 모습을 보았다.
마조 "저것이 무엇인가?"
백장 "들오리입니다."
마조 "어디로 가는가?"
백장 "날아가 버렸습니다."
마조 스님이 드디어 백장 스님의 코를 비틀자,
백장 스님이 고통을 참느라 신음했다.
마조 "뭐 날아가 버렸다고?"
백장 스님은 언하에 깨달았다.

擧 馬大師與百丈行次 見野鴨子飛過 大師云 是什麽 丈云 野鴨
子 大師云 什麽處去也 丈云 飛過去也 大師遂扭百丈鼻頭 丈作
忍痛聲 大師云 何曾飛去 丈言下有省却

원오 수시
온 세상 어디에도 감추지 못하고 완벽한 기봉을 드높이 드러
내며, 어디에도 막힘이 없어 한수 한수마다 몸을 벗어날 기틀이
있으며, 말마다 사심이 없고 사물마다 살인의 뜻이 있다. 말해

보라, 옛사람이 필경 어느 곳에서 쉬었는가?

원오 평창

바른 안목으로 살펴보면 백장 스님은 정인(正因: **佛性**)을 갖추었고 마조 스님은 바람이 없는 곳에서 풍랑을 일으켰다고 하겠다. 여러분이 불조와 동등한 스승이 되고저 한다면 백장 스님을 참구해야 하고, 자신마저 구제하지 못하려거든 마조 스님을 참구해야 한다. 옛사람들을 살펴보면 하루 종일 '여기'에 마음을 두지 않은 적이 없었다.

백장 스님은 어린 나이에 세속을 떠나 삼학(三學)을 두루 연마했는데 때마침 대적(大寂: 마조 스님의 시호)이 남창(南昌) 지방에서 교화하고 있다는 소식을 듣고, 이에 마음을 다하여 그에게 귀의하여 20년간 시자를 했다. 그런 뒤에 다시 참방했을 때의 일할(一喝)에 처음으로 크게 깨달았다.

요즈음 어떤 사람이 "본디 깨달을 것이 없는데도 깨닫는 문을 괜히 만들어 이런 짓을 했다"고 말들 하는데, 이러한 견해는 마치 사자 몸에 있는 벌레가 사자의 살을 갉아먹는 것과 같다. 듣지 못했느냐, 옛사람[管子]이 말하기를, "원천이 깊지 않으면 멀리까지 흐르지 못하고 지혜가 크지 못한 자는 멀리 보지 못한다"고 한 것을. 만일 깨침이 없는 데서 괜히 이런 일을 만든 것이라 한다면 어떻게 오늘날까지 불법이 전해올 수 있었겠는가.

살펴보면, 마조 스님과 백장 스님이 길을 가다가 날아가는 들오리를 보았는데, 마조 스님인들 들오리임을 왜 몰랐겠는가? 그렇다면 무엇 때문에 '저것이 무엇인가' 물었을까? 말해보라,

그의 의도가 어디에 있었을까?

석우 착어
이 공안의 요점은 '날아가 버렸다'는 것에 있다. 날아간 것이
맞는가?

1943년 만공 스님과 혜암 스님(당시 61세)이 지금은 육지가
된 서산 간월도로 가는 배 위에서 나눈 법담은 유명하다.
만공 "저 산이 가는가, 이 배가 가는 것인가?"
혜암 "산이 가는 것도 아니고 배가 가는 것도 아닙니다."
만공 "그러면 무엇이 가는가?"
혜암 스님은 아무 말 없이 손수건을 들어보였다.
만공 스님이 "자네 살림살이가 언제 이렇게까지 되었는가?"
라며, 혜암 스님의 경지를 크게 칭찬했다.

배를 타고 가는데 산이 가는가, 배가 가는가? 그런데 배가
가면서 산이 가는 것이 아닌 것으로 생각하기 쉽던가? 생각이
움직이면 진실이 보이지 않는다.

백장 스님은 오로지 그의 뒤를 따라 걸었을 뿐이다. 백장이
'날아가 버렸다'는 말을 듣고 마조가 마침내 백장의 콧구멍을
비틀자 백장 스님이 고통을 참지 못하고 신음하니 마조스님은
말했다.
"뭐 날아가 버렸다고?"
이에 백장 스님은 단박에 깨달았다. 지금도 어떤 사람은 이

를 잘못 이해하고 이 이야기를 물어보면 '아야, 아야!' 하고 소리를 지르는데 좋아하시네. 이런 건 뛰어넘지 못하는 소식이다.

종사가 사람을 지도함에는 모름지기 철저하게 가르친다. 그가 깨치지 못했음을 알고서는 자기 칼날을 상하게 하고 손을 다치면서도 그만두질 않았다. 요는 백장 스님이 '이 일'을 깨치도록 지도하는 데 있다. 깨치기만 한다면 언제 어디에서나 마음대로 사용하겠지만 깨치지 못하면 세속 이치[世諦]에 말려들게 되는 것이다.

그 당시 마조스님이 코를 비틀지 않았더라면 세속 이치[世諦]에 계속 말려들게 되었을 것이다. **모름지기 경계와 외연을 만나면 확 뒤집어서 자기에게로 귀결시켜 온종일 조금도 흐트러짐이 없도록 해야 한다.** 그것을 '성품의 자리[性地]가 명백하다'고 한다. 다만 풀에 의지하고 나무에 붙거나, 종처럼 나귀 앞에 섰다가 말 뒤에 섰다가 하는 지견[用處]이 대체 무슨 쓸모가 있단 말인가.

마조 스님과 백장 스님의 이와 같은 기용(機用)을 살펴보면 밝고 밝으며 신령하고 신령한[昭昭靈靈] 듯하나, 그렇다고 밝고 밝으며 신령하고 신령한 곳[昭昭靈靈]에 안주하지도 않았다. 백장 스님이 아픔을 참느라 신음소리를 냈다. 만일 이것을 알아차리면 온 세상 어디에도 감추지 못하고 사물마다 그대로 나타날 것이다. 그러므로 "한 곳에 투철하면 천 곳 만 곳이 일시에 뚫린다"고 한 것이다.

마조 스님이 그 이튿날 상당 법문을 했는데, 대중들이 모이자마자 백장 스님이 나와서 방석을 말아버리니 마조 스님은 곧 법좌에서 내려와 방장실로 돌아가면서 백장에게 물었다.

“내가 아까 상당 설법도 하지 않았는데 너는 무엇 때문에 방
석을 말아버렸느냐?”
“어제 스님에게 코끝을 비틀린 아픔을 당했기 때문입니다.”
“너는 어제 어느 곳에 마음을 두었느냐?”
“오늘은 코끝이 아프지 않습니다.”
“너는 ‘오늘의 일’을 훤히 알았구나.”
백장 스님이 이에 절을 올리고, 곧장 시자실로 돌아가 통곡
을 했다.

마조가 어제 일을 묻는데 대한 백장의 대답을 그냥 넘기지 말
라. 또 백장이 통곡한 것은 그동안 이 일을 알기 위해서 집을 떠
나 산을 넘고 강을 건너면서 수년간 짚신을 내다버린 갯수를 생
각했기 때문이다. 크게 깨달을수록 마음의 울림이 큰 법이다.

그때 함께 일하는 시자가 물었다.
“그대는 왜 통곡을 하느냐?”
“자네가 큰스님을 찾아가 물어보아라.”
시자가 마조 스님을 찾아가 묻자, 마조 스님이 말했다.
“너는 백장에게 가서 물어보도록 하라.”
시자가 다시 시자실로 돌아와 백장에게 물으니, 백장이
갑자기 껄껄대며 큰 소리로 웃었다.

백장이 마조에게 물어보라 하고, 마조는 백장에게 물어보라
고 한 것은 마조가 은연중에 백장을 인정한 것이다. 백장이 알
것이니 가서 물으라 한 것을 듣고 백장은 재차 인정을 받은 것
같아 마음을 한시름 놓았다. 그리고 깔깔대고 웃은 것이다.

이에 동료인 시자가 말했다.

"조금 전에는 통곡을 하더니만 지금은 무엇 때문에 웃는 거냐?"

"조금 전에는 통곡을 했었지만 지금은 다시 웃는다."

이것을 살펴보면 그는 깨친 뒤에 자유자재하여 얽매임에서 벗어나 자연히 영롱하게 빛났던 것이다.

설두 송
들오리여, 알 수가 없구나!
마조 스님이 와서 말을 걸었네.
산·구름·바다·달 등 온갖 것들에 대해 모두 말했으나
여전히 모르고서 도리어 날아가려고 했다.
날아가려는 순간 잡아들였네.
말해보라, 말해보라!

野鴨子 知何許 馬祖見來相共語 話盡山雲海月情 依前不會還飛去
欲飛去 却把住　道道

17

장삼 7근 [布衫七斤]

어떤 스님이 조주 스님에게 물었다.

"만법이 하나로 돌아가는데 그 하나는 어느 곳으로 돌아갑니까?"

"내가 청주(靑州)에 있을 때 무명 장삼 한 벌을 만들었는데, 그 무게가 일곱 근이었어."

擧 僧問趙州 萬法歸一 一歸何處 州云 我在靑州 作一領布衫 重七斤

원오 수시

말하고자 하면 바로 말을 하나니 온 세상에 둘도 없는 사람이요, 행하려고 하면 곧 행하나니 전기(全機: 온전한 솜씨)를 휘두름에 사양이 없다. 이는 마치 전광석화와 같아 기염보다도 빠르고 바람보다 빨라서 세찬 물결에서도 칼을 통과 시킨다. 향상(向上)의 겸추(鉗鎚)를 들더라도 쇠몽둥이도 소용없고 혀가 묶이는 것을 면하지 못하리라.

원오 착어

예상했던 대로 종횡무진이로구나. 하늘을 뒤덮는 그물을 쳤다. 조주 스님의 뜻을 보았느냐? 일찍이 납승의 급소[鼻孔]를 움켜쥐었다. 조주 스님의 귀착점을 알았느냐? 이를 볼 수 있다면 천상천하에 나 홀로 존귀할 것이다. 물이 흘러 강이 만들어지고 바람이 가는 길에 풀들이 쓰러진다. 진실로 그리되지 않는다면 노승은 그대 아랫사람이리라.

만일 일격(一擊)에 대뜸 갈 곳을 알면, 천하 큰스님들의 급소[鼻孔]를 일시에 뚫어버리더라도 그대를 어찌할 수 없으리라. 물이 흐르면 자연히 강을 이루는 법이다. 그렇지 않다면 조주 노승이 발밑에 있을 것이다.

불법의 핵심은 번잡한 언어 속에 있지 않다. 이는 마치 그 스님이 조주 스님에게 "만법이 하나로 돌아가는데 그 하나는 어느 곳으로 돌아가느냐?"고 묻자, "내가 청주에 있으면서 무명 장삼 한 벌을 만들었는데 그 무게가 일곱 근이었어"하고 말한 것과 같아서 간단하고도 맑아서 탁함이란 전혀 없다.

만일 어구(語句)에서 이를 분별한다면 저울 눈금을 잘못 읽은 것이며, 그렇다고 어구에서 분별하지 않았다면 어떻게 이처럼 말을 할 수 있었겠는가?

석우 착어 "조주선사는 은유적 표현을 즐겨 쓰나 나중에 알고 보면 이치에도 맞는 말이 많다. 이 공안도 이치를 벗어났으나 또한 이치를 떠난 것이 아니다."

이 공안은 보기[見]는 어려워도 알기[會]는 쉽고, 알기는 쉬워도 보기는 어렵다. 어렵기로는 은산철벽이요, 쉽기로는 곧바로 뚜렷하여 계교한다거나 시비할 수 없다.

본 공안은 보화(普化) 스님이 "내일 대비원(大悲院)에서 재

(齋)가 있다”23)라고 했던 말과 전혀 다를 바가 없다.

  하루는 어떤 스님이 조주스님에게 물었다.
  “조사가 서쪽에서 오신 뜻이 무엇입니까?”
  “뜰 앞의 잣나무니라.”
  “스님께서는 경계를 가지고 설명하지 마십시오.”
  “노승은 경계를 가지고 설명한 적이 없어.”

  조주 스님이 이처럼 말한 것을 살펴보면, 궁극의 꼼짝할 수 없는 자리에서 한 번 꿈쩍하여 자연스럽게 천지를 덮은 것이라고 하겠다. 만일 몸을 비끼지 못한다면 이르는 곳마다 막히게 될 것이다.
  말해보라, 불법이 이러니저러니 하고 헤아린 것이 조주 스님에게 있었는가? 만약 그가 불법을 헤아렸다 한다면 그는 무엇 때문에 심성(心性)을 말하고 현묘(玄妙)를 말했겠는가? 조주 스님이 만약 불법이니 종지니 하는 헤아림이 없다고 한다면, 조주 스님은 결코 그대의 물음을 저버리지 않은 것이다.

  어떤 스님이 목평(木平)스님에게 물었다.
  “어떤 것이 불법의 대의입니까?”

---

23) 보화 스님은 임제 스님의 접화를 도와주고 있었다. 항상 거리에서 요령을 흔들면서 말했다. “밝음이 오면 밝음으로 치고, 어둠이 오면 어둠으로 치며, 사방팔면으로 오면 회오리바람으로 치고, 허공으로 오면 도리깨질로 연거푸 친다.” 임제 스님이 시자를 보내면서, 그렇게 말하는 것을 보면 바로 움켜잡고 “앞의 어느 것처럼도 오지 않을 때는 어찌하십니까?” 하고 묻게 했다. 그대로 하자, 보화 스님은 시자를 밀쳐버리면서 “내일 대비원에서 재(齋)가 있느니라”고 했다.

"동과(冬瓜)24)가 이토록 크구나."

또 어떤 스님이 고덕(古德: 歸宗)스님에게 물었다.
"깊은 산, 가파른 벼랑처럼 전혀 사람의 자취가 끊긴 곳에도 불법이 있습니까?"
"있지!"
"어떤 것이 깊은 산속에 있는 불법입니까?"
"돌멩이가 큰 것은 크고 작은 것은 작지."

이러한 공안을 살펴보라. 어려운 점이 어느 곳에 있는가?

납자들이 한 짐의 선(禪)을 짊어지고 조주 스님 처소에 이르나, 조주는 납자가 한 수도 두어보지 못하게끔 하므로, 짐을 일시에 치우게 해서 맑기가 그지없고 준절해서 조금의 일삼음도 없게 했다.

사람들은 이를 두고 "깨달음은 깨닫지 못함과 같다"고 말하면서, 요즈음 사람들은 모두가 일 없는 것으로 알고 말아버리는 경향이 있다. 또 어떤 사람이 말하길 "혼미함도 없고 깨침도 없으니 결코 구할 필요가 없다. 부처님이 세상에 출현하지 않았을 때와 달마 스님이 이 땅에 오지 않았을 경우도 마찬가지다. 부처님이 세상에 출현한들 무엇 하겠으며, 조사 또한 서쪽에서 와서 무얼 하겠다는 것이냐?" 하고 말하고 마니, 이것이 어찌 조금이라도 해당되는 말이겠는가?

하지만 모름지기 완전히 사무치고 완전히 깨달으면[大徹大悟]

---

24) 오이과에 속하는 열매, 색은 박처럼 하얗고 크기는 큰 참외만하다. 맛은 달고 담담하며 성질은 시원하다. 씨는 이뇨 작용에 좋다. 여름 약용 과일.

여전히 **산은 산, 물은 물이다. 일체의 만법이 모두 있는 그대로 드러나야 비로소 할 일 없는 사람(無事底人)이 되는 것이다.**

용아(龍牙) 스님이 말했다. "도를 배우려면 먼저 깨달아야 한다. 그로 말미암아 마치 용의 여의주(龍舟)를 빼앗듯 경쾌해야 한다. 비록 옛 전각(殿閣) 같은 한가한 경지에 있다 하더라도 한 번은 고지에 올라갔다 와야[贏來] 비로소 쉬게 된다"고 했다.

설두 송
치밀한 물음으로 오래된 송곳[老古錐]25)을 찔렀지만
일곱 근 장삼 무게 몇이나 알았을까?
이제 서호(西湖)에 던져버렸으니
맑은 바람을 누구에게 실어 부촉할까?

編辟曾挨老古錐　七斤衫重幾人知　如今拋擲西湖裏　下載淸風付與
誰

---

25) 노고추(老古錐) : 조주 스님

18

수산의 신부 [首山新婦]

어떤 승이 수산(首山)26)에게 물었다.
일승 "무엇이 부처입니까?"
수산 "신부(新婦)는 나귀를 타고 시어머니[阿家]
가 끄느니라."

擧 僧問首山 如何是佛 山云 新婦騎驢阿家牽

만송 시중
타타(吒吒)하고 사사(沙沙)하며, 박박(剝剝)하고 낙락(落落)하며, 도도(刀刀)하고 궐궐(蹶蹶)하며, 만만(漫漫)하고 한한(汗汗)해서 물어뜯을 수도 없고 접근하기도 어렵다. 일러보라, 이 무슨 이야기인고?

만송 평창
여주(汝州) 보응(寶應)의 수산 성념(首山省念)선사는 채주(蔡州) 사람으로, 성은 적(狄)씨였다. 풍혈(風穴)에게 참문했더니, 풍혈이 이르되 "옛날에 세존께서 푸른 연꽃 같은 눈매로 가섭을 돌아보셨다. 그때에 어떤 도리를 말씀하셨을까?" 하니, 수산은

---

26) 首山省念(926~993); 宋代臨濟宗僧省念 風穴을 사사한 후 汝州首山
　　에서 開法. 號首山

문득 물러가버렸다.

시자가 주지실에 들어가 여쭙되 "염법화(念法華, 수산)가 어찌하여 화상께 응답하지 않습니까?" 하니, 풍혈이 이르되 "염법화가 알았느니라念法華會也" 했다.

다음날 수산이 진원두(眞園頭: 汝州 廣慧院 眞先師)와 함께 올라가서 뫼시고 섰는데, 풍혈이 이르되 "어떤 것이 세존이 말하지 않은 말인가?" 하니, 진원두가 대답하되 "비둘기가 나무 끝에서 우는 뜻은 곡식 밭에 뜻이 있기 때문입니다" 했다. 풍혈이 이르되 "그대는 그렇게 많은 '어리석은 복'만 지어서 무엇을 하자는 것인가? 어찌하여 본체를 참구한 말을 하지 못하는가?" 하고는, 이어 수산에게 묻되 "그대는 어찌 생각하는가?" 했다. 수산이 대답하되 "움직임이 옛길을 드날리니 고요[悄然]에도 떨어지지 않습니다"27) 했다. 이에 풍혈이 진원두에게 이르되 "그대는 어찌하여 염법화의 말을 귀담아 듣지 않는가?" 했다.

수산이 나중에 출세(出世)해서 상당(上堂)하여 이르되 "정확히 알자면 물음을 가지고 나서지 말라. 물음은 대답에 있고 대답은 물음에 있다. 만일 물음을 가지고 온다면 노승은 그대들의 발밑에 있게 될 것이요, 그대들이 망설여 헤아린다면 끝내 어찌해볼 길이 없다" 했다.

어느날 죽비(竹篦)를 들고 이르되 "그대들이 이것을 죽비라 부르면 집착함[觸]이 될 것이요, 죽비라고 부르지 않으면 등지는 것[背]이 될 것이다. 그대들은 무엇이라 부르겠는가?" 하니, 섭현(葉縣) 귀성(歸省) 화상이 빼앗아서 두 토막으로 꺾어 섬돌 밑으로 던져버리고는 이르되 "이것이 무엇인고?" 했다. 수산이 이

---

27) "動容揚古路 不墮悄然機" 향엄지한 스님의 오도송 중 일부이다.

르되 "할!(瞎; 눈이 멀었구나)"하니, 섭현이 문득 절을 했는데,
제방에서는 이 일을 일러 "등지느냐, 집착하느냐의 관문[背觸關]
이라"고 한다.

석우 착어 "신부(新婦)는 나귀를 타고 시어머니[阿家]가 끌고
간다는 말뜻에 뜻이 있는 것이 아니고 수산 스님이 그렇게 말
한 의도에 뜻이 있다. 여기서 머뭇거리고 헤아린다면 불조佛祖
의 안전에서 고질적 설사병을 면치 못할 것이다."

천동 송
신부가 나귀를 타고 시어머니가 끄는 모습이여,
풍경이 멋스러워 자연스럽다.
우습구나, 이웃 아낙네가 찡그리는 흉내28)를 내다가
사람들 앞에서 추태만 더할 뿐 예뻐지지는 않는다.

新婦騎驢阿家牽　體段風流得自然　堪笑學顰隣舍女　向人添醜不成
妍

---

28) 서시(西施)가 속이 아파서 배를 움켜쥐고 찡그렸더니 그 아름다움이
　　더했는데 추녀들이 그를 본받아 찡그리니 못난 꼴만 더했다 한다.

19
임제대오 (臨濟大悟)

임제(臨濟)가 황벽(黃蘗) 스님에게 물었다.

임제 "무엇이 불법의 적적(的的: 확실함)한 대의(大意)입니까?"

황벽이 문득 주장자로 때렸다.

이렇게 세 번을 반복하고 황벽을 하직하고 대우(大愚)에게로 가니

대우 "어디서 왔는가?"

임제 "황벽에서 왔습니다."

대우 "황벽이 무슨 말[言句]을 하던가?"

임제 "제가 불법의 적적한 대의를 세 차례 물었는데 세 차례 다 주장자로 맞았는데, 허물이 있는지 없는지 모르겠습니다."

대우 "황벽이 그토록 그대를 위하여 노파심으로 애를 썼는데 다시 와서 허물이 있는가 없는가를 묻느냐?"

임제가 그 말끝에 크게 깨달았다.

擧 臨濟問黃蘗 如何是佛法的的大意 蘗便打 如是三度 乃辭蘗 見

大愚 愚問 甚麽處來 濟云 黃蘗來 愚云 黃蘗有何言句 濟云 某
甲三問佛法的的大意 三度喫棒 不知有過無過 愚云 黃蘗恁麽 老
婆爲爾得徹困 更來問有過無過 濟於言下大悟

만송 시중

구리 머리에 무쇠 이마요, 하늘 눈에 용의 눈동자라. 까마귀
의 부리[觜]에 물고기의 뺨이요, 곰의 심장에 이리의 쓸개라. 금
강검 밑에서는 계교가 용납되지 않고, 한 수[一籌]도 얻을 수 없
다. 어째서 그러한가?

만송 평창

임제 본록(本錄)에는 다음과 같은 뒷내용이 있다. 임제가 깨
달은 뒤 문득 이르되 "원래 불법이 몇 푼어치 안 되는구나!" 대
우가 이르되 "이 오줌싸개[尿牀鬼子]야, 조금 전에는 허물이 있
는가 없는가를 묻더니, 이제는 또 불법이 몇 푼어치 되지 않는
다고 하는구나! 너의 불법은 얼마나 되느냐?" 하고 멱살을 잡고
다그치되 "일러봐라, 일러봐라" 했다. 임제가 대우의 겨드랑이를
세 번 지르니, 대우가 풀어주면서 이르되 "너의 스승은 황벽이
다. 나와는 관계없다" 했다.

임제가 황벽으로 돌아오니, 황벽이 이르되 "갔다왔다 해서야
어찌 끝날 날이 있겠는가?" 하자, 임제가 이르되 "다만 노파심
간절 때문입니다" 하고는 앞의 일을 자세히 고하니, 황벽이 이
르되 "그 잔소리쟁이 대우 영감을 만나기만 하면 한 주먹 갈겨
주어야겠구나!" 했다. 이에 임제가 말하되 "무엇을 기다리십니
까? 지금 먹으십시오" 하고는 문득 황벽을 한대 쥐어지르니, 황
벽이 신음 섞인 웃음으로 이르되 "이 미친놈이 여기게 와서 범

의 수염을 잡는구나!” 했다. 임제가 문득 ‘할’을 하니, 황벽이 이르되 “시자야, 이 미친놈을 승당에 데려가라” 했다.

위산이 앙산에게 묻되 “임제는 대우의 힘을 얻은 것인가, 황벽의 힘을 얻은 것인가?” 하니, 앙산이 대답하되 “범의 수염을 잡아당겼을 뿐 아니라 범을 주저앉힐 줄도 알았습니다” 했다.

나중에 임제가 대중에게 보이되 “내가 스승[先師]에게 불법의 대의를 세 번 물었는데 세 번 맞았으나 마치 쑥대로 맞는 것 같았다. 지금 다시 한 대 맞고 싶은데 누가 손을 대주겠는가?” 하니, 어떤 승이 나서서 “제가 손을 대겠습니다” 했다. 임제가 방망이를 들어 건네주려 하니, 승이 받으려는 순간 임제가 때렸다.

설두가 이르되 “임제는 놓아주는 데는 위태로운 듯 하나 거두어들이는 데는 지나치게 날쌔다” 했는데, 천동은 그 부자(父子)가 예사롭지 않아서 황벽의 활용을 임제가 전해 받은 그 긴요하고 절실한 곳을 게송으로 읊었다.

만송 송고
아홉 가지 무늬의 봉황 새끼[鳳鶵][29]요,
천 리를 달리는 준마로다.
참 가풍을 일으키는 법도요,

---

[29] 서응도(瑞應圖)에 이르되 “봉에게는 아홉 가지로 싼 것이 있으니, 첫째 귀명(歸命)이요, 둘째 마음이 법도에 합함[心合度]이니 이른바 하늘의 법도요, 셋째 귀로 들음이 활달함이요, 넷째 혀가 굽혔다 폈다 함이요, 다섯째 채석이 빛남이요, 여섯째 벼슬이 짧고 붉음이 주색(朱色)이요, 일곱째 부리가 날카로움이요, 여덟째 울음소리가 거세고 유창함이요, 아홉째 복호(腹戶)라” 했다.

신령한 기계가 발동을 시작했다.
얼굴을 마주 보며 다가올 때는 번개처럼 급하고
미혹의 구름이 걷히는 곳에 태양이 오롯하다.
범의 수염 끄집는 모습이여,
그대 보았는가?
개개가 당당한 대장부 아니던가!

九包之鷄 千里之駒 眞風度蘥 靈機發樞 劈面來時飛電急 迷雲破
處太陽孤 捋虎鬚 見也無 箇是雄雄大丈夫

석우 착어 "설두는 날쌔다 했고, 천동은 번개 같이 빠르다고
했으니 이렇게 틈이 없는 속에서 무엇을 짓고 무엇을 부수었을
까? 말해보라! 공연히 세월을 죽이지 말고 즉시 해치워라. 그대
는 원래 대장부라고 하지 않았는가, 생각으로는 알 수 없다 했
는데 어찌 20년 30년을 생각의 동굴에서 세월을 보낸단 말인
가? 즉시 선사를 찾아가서 주장자를 맞으라!"

20

임제의 일장 [臨濟一掌]

정 상좌가 임제스님에게 물었다.
"무엇이 불법의 대의입니까?"
임제 스님이 선상에서 내려와 멱살을 잡고서 한
차례 때리고 대뜸 밀쳐버렸다.
정 상좌가 우두커니 서 있자,
곁에 있던 스님이 말했다.
"정 상좌야, 왜 절을 올리지 않는가?"
정 상좌가 절을 하다가 홀연히 크게 깨달았다.

擧　定上座問臨濟　如何是佛法大意　濟下禪床擒住　與一掌　便托開
定佇立　傍僧云　定上座何不禮拜　定方禮拜　忽然大悟

원오 수시
시방(十方)을 딱 끊어버리고, 일천 개의 눈이 단박에 열리고,
단 한마디로 수많은 말을 꼼짝 못하게 하니, 일만 기틀이 싹 사
라진다. 생사를 함께 할 사람이 있느냐? 고스란히 드러나 있는
공안을 처리하지 못하겠거든 옛사람들의 말을 들어보라.

원오 평창
임제가 이처럼 곧바로 출입하고 왕래한 것을 살펴보라. 임제

정종(正宗)이기에 이렇게 할 수 있었다. 이것을 깨칠 수 있다면 하늘을 훌쩍 뒤집어 대지를 만들고 스스로 수용할 수 있을 것이다.

정 상좌는 그러한 사람이었다. 임제 스님에게 한 차례 얻어맞고[被一掌] 절을 하고 일어나다가 문득 귀착점을 알았다. 그는 북방의 사람으로 기질이 아주 순박하고 강직했다. 법을 얻은 이후로 다시는 세상에 나오지 않았고, 그후 임제 스님의 대기(大機)를 활용했다. 그는 참으로 빼어난 인물이라 할만하다.

하루는 길에서 암두·설봉·흠산 세 스님을 만났는데, 암두 스님이 물었다. "어디에서 오시오?" 정 상좌는 말했다. "임제에서 옵니다." "화상(임제스님)께서는 안녕하십니까?" "이미 세상을 떠나셨습니다." "우리 세 사람은 일부러 찾아가 뵈올려고 했더니만 복이 없어 이미 돌아가시고 말았구려. 도대체 스님(임제)께서 살아 계실 때 무슨 말씀이 있었습니까? 상좌께서는 한두 칙(則)만 거량해 주십시오."

정 상좌는 마침내 다음과 같이 거량했다.

임제스님이 하루는 대중 설법을 했다.
"여러분의 몸뚱이 속에 한 무위진인(無位眞人)이 있다. 그는 항상 그대들의 얼굴을 통해 출입하고 있으니 아직 깨닫지 못한 자는 살펴보아라."
그때 어떤 스님이 나와서 물었다.
"무엇이 무위진인입니까?"
임제 스님은 대뜸 스님의 멱살을 잡고서
"말해보라, 말해봐."

했는데 중이 머뭇거리자, 밀어 제쳐버리고 말하기를
"무위진인이 이 무슨 마른 똥막대기냐?[乾屎橛]"
하고는 곧 방장실로 돌아가 버렸습니다.

이때 암두 스님은 자기도 모르는 사이에 혀를 쑥 빼물었다.
흠산 스님이 말했다.
"왜 '무위진인이 아니다'라고 말하지 않았을까요?"
정 상좌는 흠산의 멱살을 움켜잡고서
"무위진인과 무위진인이 아닌 것은 얼마의 차이가 있느냐?
빨리 말해라, 빨리!" 라고 하니, 흠산 스님은 아무런 말도 하지 못하고 얼굴만 누르락푸르락 했다. 암두 스님과 설봉 스님은 가까이 앞으로 다가서서 절을 올리고 말했다.
"수계한 지 얼마 안 되는 이 중이 좋음과 나쁨을 모르고서 상좌를 거슬렸으니[觸忤] 자비로써 용서해주시기를 바랍니다."
"두 노장만 아니었다면 오줌도 가릴 줄 모르는 이놈을 쳐죽여 버렸을 것이다."
또 한 번은 진주(鎭州)에 있을 때 재(齋)를 끝마치고 돌아오는 길에 다리 위에서 쉬다가 좌주(座主: 강사) 세 사람을 만났는데, 그중 한 사람이 물었다.

"선하(禪河)의 깊은 곳은 모름지기 밑바닥까지 궁구해야만 한다 하는데 무슨 뜻입니까?"
정 상좌가 멱살을 잡고서 다리 아래로 던져버리려고 하자, 두 좌주(座主)가 허둥지둥 말렸다.
"제발 그만두십시오. 이 사람이 상좌를 거슬렸으니, 자비를 베풀어주십시오.”

“두 좌주스님만 아니었다면 저 강바닥까지 처박아 넣었을 것
을…”

정 상좌의 이러한 솜씨를 살펴보면 모두가 임제 스님의 솜씨
이다.

자, 말해보라. 정 상좌가 무엇을 알았기에 묻기만 하면 이
난리를 치는가?

설두 송

단제(斷際)30)의 전기(全機)를 이어받으니
가진 것이 어찌 점잖을 리 있는가.
큰 정신[巨靈] 속의 일격에 살아난 자가 없다.
천만 겹의 화산(華山)이 부서지고 만다.

**斷際全機繼後蹤　持來何必在從容　巨靈擡手無多子　分破華山千萬
重**

『능엄경』에 말하길 “만일 내가 손가락을 튕기면 해인삼매(海
印三昧)의 광채가 나타나지만, 그대들이 잠깐이라도 마음을 쓰면
번뇌가 먼저 일어난다”고 했다.

---

30) 황벽단제

21

방 거사 낙설처 [老龐落雪處]

방 거사가 약산 스님을 하직하자, 약산은 열 명의 선객에게 문 앞까지 전송하도록 했다. 거사는 허공에 날리는 눈을 가리키며 말했다.

"잘도 내린다. 송이송이 딴 곳으로 떨어지지 않는구나."

그러자 곁에 있던 전(全) 선객이 말했다.

"어느 곳으로 떨어집니까?"

거사가 손바닥으로 한 차례 치자 선객들이 말했다.

"거사께서는 어찌 거친 행동을 하십니까?"

"그대들이 그래 가지고서도 선객이라 한다면 염라대왕이 용서해 주지 않을 것이다."

"거사라면 어떻게 하시겠습니까?"

거사가 또 다시 친 후 말했다.

"눈은 떴어도 장님 같고 입을 벌려도 벙어리와 같다."

擧 龐居士辭藥山 山命十人禪客 相送至門首 居士指空中雪云 好

雪片片不落別處　時有全禪客云　落在什麼處　士打一掌著　全云　居士也不得草草　士云　汝恁麼稱禪客　閻老子未放汝在　全云　居士作麼生　士又打一掌　眼見如盲　口說如啞　雪竇別云　初問處但握雪團便打

　　선어록에 선승들을 바보로 만들었던 많은 노파와 거사가 등장하고 있지만, 방 거사는 중국 선종의 역사에 거사로서 유일하게 어록을 남기고 있는 안목이 뛰어난 인물이다. 방 거사의 이름은 방온(龐蘊: ? ~808)이며, 자는 도현(道玄)이고 형주(호남) 형양현 출신인데, 부친은 이 고을의 태수였다.

　　원오 스님은 "방 거사가 석두희천 선사의 선법을 이었다"고 했다. 단하천연 선사와 과거시험을 보러 가다가 마조의 선원인 선불장(選佛場)으로 가서 참문하여 큰 깨달음을 얻고 더 이상 의심이 없어졌다.

　　그후 방 거사는 처와 딸 영조(靈照)와 함께 대나무로 조리를 만들어 팔면서 청빈하게 살았다. 가족이 모두 불법을 깨달아 독자적인 안목을 갖춘 재가불자 집안을 이루었다. 거사로서 제방의 훌륭한 선승들과 여러 번 문답을 나누었던 기록이 남아있다.

　　처음 방 거사가 석두 화상에게 물었다.

　　"만법과 짝을 삼지 않는 자는 어떤 사람입니까?"

　　질문이 채 끝나기도 전에 석두 화상이 손으로 방거사의 입을 틀어막는 바람에 느낀 바[豁然有省] 있어 다음과 같은 게송을 읊었다.

　　날마다 하는 일 별다른 것이 없네,

나 스스로 마주칠 뿐이다.
사물에 대하여 취하고 버리려는 망심이 없고,
곳곳마다 펴고 오무릴 차별심도 없으니
붉은 빛 자주 빛을 그 누가 분별하랴!
청산은 한 점 티끌마저 끊겼네.
신통과 묘용이란 물 긷고 나무하는 일이다.

그 뒤에 마조 스님을 방문하고 또 똑같이 물었다.
"만법과 짝을 삼지 않는 자는 누구입니까?"
"그대가 서강(西江)의 물을 한 입에 다 마실 때 대답해 주
마."
라는 말에 크게 깨달았다.[豁然大悟]

그 후 방 거사가 약산 스님을 찾아가자 약산이 방 거사에게
물었다.

약산 "일승(一乘: 최상의 단계) 가운데에도 이 일을 붙일 수
있습니까?"
거사 "저는 매일 한 두 흡 (쌀을) 구하는 데에 신경을 쓸 뿐
붙일 수 있는지 없는 지에 대해는 알지 못합니다."
약산 "거사는 석두를 보지 못했다는 겁니까?"
거사 "하나를 들고 하나를 놓아버리는 것은 좋은 솜씨가 아
닙니다."
약산 "노승이 주지 일이 바빠서…"
거사가 인사를 하고 바로 나가려 하자, 약산이 말했다.
약산 "하나를 들고 하나를 놓아버리는 것도 분명 좋은 솜씨
지요."

거사 "좋은 '일승(一乘)의 종지' 물음이었습니다. 오늘은 (제가) 실언했습니다."
약산 "옳다, 옳다.[是是]"

방 거사는 석두, 마조, 약산을 만나 법을 어떻게 보이고 거두는 지에 대한 고준한 법문을 듣고 마음이 크게 향상 되었다. 방 거사가 약산 스님을 하직하자, 약산은 열 명의 선객에게 문 앞까지 전송하도록 했다. 그때 허공에 날리는 눈을 가리키며 방 거사가 한 말 때문에 본 공안이 생긴 것이다.

이후 방 거사는 작가 선지식이 되었기 때문에 많은 총림에서 서로 우러러 바라보고 이르는 곳마다 다투어 칭찬했다.

방(龐) 거사가 앙산 스님에게 물었다.
"우러러 보는 산(仰山)이라고 오래전부터 들었는데 와서 보니 어째서 굽어보시오?"
앙산 스님이 불자를 세우니 방 거사가
"그럴듯하군요.[恰是]"
하자 앙산 스님이 말했다.
"그렇다면 이것은 우러러보는 것입니까, 굽어보는 것입니까?"
그러자 방거사는 노주(露柱)31)를 치면서 말했다.
"아무도 없으나 이 노주(露柱)가 증명하고 있소."
앙산 스님이 불자를 던지면서 말했다.
"제방에 찾아가 마음대로 말하는 것을 그대에게 일임하노

---

31) 노주(露柱): 한옥에 반쯤 드러나 있는 기둥과, 법당 가운데에서 천장을 받치고 있는 기둥을 노주라고 한다. 혹은 법당 앞 석등을 노주라고 하는 사람도 있다.

라.”

은정 잠(隱靜岑) 스님이 말했다.
“가엾게도 ‘작은 석가(앙산)’가 방 거사에게 한 번 밀리고서
는 그대로 정신을 못차리는구나. 방 거사가 노주(露柱)를 한
번 두들긴 뜻이 무엇인가? ‘고래가 바닷물을 모두 삼켜버리
고 이슬이 산호가지에 맺혔네.’”

방 거사는 친구 단하 스님과 여러 차례 대담을 했던 자료가
있다. 그 중에 하나는 다음과 같다.

하루는 단하 스님이 방 거사에게 물었다.
단하 “어제의 만남이 오늘과 비교하면 어떠한가?”
거사 “여법하게 어제의 일을 논하려면 종안宗眼을 갖추어야
해.”
단하 “그렇다면 방공께선 종안이 있으신가?”
거사 “나는 그대의 눈 속에 있네.”
단하 “내 눈은 좁은데 어디에 몸을 두겠는가?”
거사 “눈이 어째서 좁단 말인가? 몸을 어디에 두나?”
단하가 쉬었다.[休去]
거사가 말했다.
거사 “다시 일구를 말해보게. 그래야 이 일이 원만해지지.”
단하가 또 대답하지 않자, 거사가 말했다.
거사 “이 가운데 일구는 어느 누구도 말할 수 없는 거야.”

자, 말해보라. 눈[雪]이 어디에 떨어지는가?

설두 송
눈덩이로 쳐라, 눈덩이로 쳐라.
방 노인의 기관은 잡을 수 없다.
천상, 인간도 전혀 모르나니
눈 속, 귓속까지 끊긴 듯 맑고 시원해라.
씻은 듯 끊김이여.
파란 눈 달마라도 알아채기 어려우리.

雪團打雪團打　龐老機關沒可把　天上人間不自知　眼裏耳裏絶瀟灑
瀟灑絶　碧眼胡僧難辨別

22
운문의 두 가지 병 [雲門兩病]

운문(雲門) 스님이 말했다.

"광명이 벗어나지 못함[光不透脫]은 두 가지 병이 있어서이다. 모든 곳에 분명치 않아서 ①눈앞에 어떤 물건이 있다고 여기는 것과, 모든 법이 공한 경지까지 꿰뚫어 이르렀어도 ②은은히 어떤 물건이 있는 듯이 여기는 것이 또 하나의 광명을 벗어나지 못하는 일이다.

또 법신에도 두 가지 병통이 있으니, 법신의 경지에 이르렀으되 법집(法執)을 잊지 못해서 ①자기의 소견이 남은 채 법신 편에 떨어져 있는 것이 그 하나요, 설사 법신의 경지를 초월했더라도 ②놓아버리면 옳지 못하니, 자세히 점검해보아 아무 기척이 없다 해도 그것 또한 병이니라."

擧 雲門大師云 光不透脫 有兩般病 一切處不明 面前有物是一 透得一切法空 隱隱地似有箇物相似 亦是光不透脫 又法身亦有兩般病 得到法身爲法執不忘 已見猶存 墮在法身邊是一 直饒透得 放過即不可 子細點檢將來 有甚麼氣息 亦是病

만송 시중

몸 없는 사람이 병을 앓고, 손 없는 사람이 약을 짓고, 입 없는 사람이 음식을 먹고, 감정 없는 사람이 안락을 누린다. 일러보라. 고황(膏肓)32)의 병은 어떻게 다스릴까?

만송 평창

월주(越周)의 건봉(乾峰) 스님은 동산 오본(洞山悟本)의 법을 이었는데 운문이 두루 참문 하러 다닐 때, 일찍이 건봉(乾峰), 조산(曹山), 소산(疎山)을 뵈온 적이 있었다. 위의 이 공안(公案)은 전부터 흘러나온 근원이 있다.

어느 날 건봉이 대중에게 보이되
"법신(法身)에 세 가지 병과 두 가지 광명이 있으니, 낱낱이 벗어나야 하거니와 위로 향하는 한 구멍[向上一竅]이 있음을 다시 알아야 하느니라."
이때 운문이 나서서 묻되
운문 "암자[庵] 안의 사람은 어찌하여 암자 밖의 일을 알지 못합니까?"
건봉이 깔깔대며 크게 웃었다.
운문 "여전히 학인이 의심하는 경지입니다."
건봉 "그대는 지금 어떤 심사인가?"
운문 "화상께서 자세히 알게 해주시기를 바라고 있습니다."
건봉 "그렇게만 하면 비로소 평온한 경지를 얻을 것이니라."
운문 "네."

---

32) 고황(膏肓); 가슴, 약으로 치유할 수 없는 깊은 병. 고대 의사는 약이 미치지 못하는 곳을 고황병이라 했다.

건봉은 이르기를 "법신에 세 가지 병이 있다" 했고, 운문은 "법신에 두 가지 병이 있다" 했는데 만송이 행각할 때에 보니, 제방에서 논하기를

① 아직 이르지 못한 자는 달리고
③ 이미 이른 자는 머물러 집착하고
③ 모두를 뛰어넘은 자는 의지할 곳이 없으니

이것이 세 가지 병(病)이라 하더라. 이제 여기에서 두 가지 병이라 한 것엔 아직 이르지 못한 자는 달린다는 것 하나가 빠지고, 나중의 두 가지 병은 분명히 크게 같다.

불안(佛眼) 화상은 이르되 "나귀를 타고 나귀를 찾는 것이 그 하나요, 나귀를 타고서도 내리려 들지 않는 것이 또 하나의 병이다" 했으니, 이는 앞의 두 가지 병이 있고 나중의 한 가지 병이 없는 것이다. 종사(宗師: 師家)들이 특별한 계기에 병에 맞추어 처방을 베푼 것이어서 제각기 방편을 드리웠으니 그 두 가지 광명이란 것과 광명을 벗어나지 못함에 두 가지 병이 있다고 한 것과는 별다른 차별이 없다.

그리고 "모든 곳에 분명치 않으나 눈앞에 어떤 물건이 있다고 여기는 것이 그 하나니라" 한 것은 동산(洞山)이 이르되 "분명하게 얼굴을 마주보면 따로 진짜 제모습이라고할 것이 없거늘 머리를 잃은 자가 그림자만을 헛되이 보니 어쩌랴. 만일에 천지를 판가름하는 눈을 갖추어서 면면히 털끝만치의 소루함도 없을 수 있다면 바야흐로 조그만치 상응한다 하리라" 한 것과 같다.

또 이르기를 "모든 법이 공한 경지까지 꿰뚫어 이르렀어도 은은히 어떤 물건이 있는 듯이 여기는 것은 또 하나의 광명을

벗어나지 못하는 일이다” 한 것은 위산(潙山)이 이르되 “한 법도 가히 마음에 둘 것이 없더라도 소견은 아직 경계에 있다” 한 것과, 「능엄경(楞嚴經)」에 이르시되 “비록 견(見)·문(聞)·각(覺)·지(知)를 모두 멸하고도 안으로 그윽하고 한가함[幽閑]만 지키는 것은 오히려 법진(法塵)의 아물거리는 그림자일 뿐이다” 한 것과, 남원 옹(南院顒)이 이르되 “내가 그때 등불 그림자 속을 걷는 것과 같았다” 한 것과 같으니, 그러기에 “광명을 꿰뚫어 벗어나지 못했다” 했다.

동산[洞上]의 종풍에서는 ‘고요하면 죽은 물[死水]에 잠기고 움직이면 금시(今時: 신훈)에 떨어지는 것을 두 가지 병이라’ 하는데 그대들이 다만 ① 나가되 따라 응하지 않고 [出不隨應] ② 들어가되 공에 머무르지 않으며 [入不巨空] ③ 밖으로 잔 가지를 찾지 않고 안으로 선정에 머무르지 않으면 [外不尋枝內 不住定] 자연히 세 가지 병과 두 가지 광명을 동시에 벗어나게 되리라.

그러한 뒤에 벗어남과 벗어나지 못함을 한쪽으로 던져두고 자세히 점검해보아 아무 기척이 없다 해도 그것 또한 병이리니, 어찌하여야 안락할 수 있을까? 천동의 진맥[診候]을 보자.

천동 송

삼라만상이야 제멋대로 울퉁불퉁하지만
벗어남에는 방위가 없는데[無方] 눈동자가 가리우도다.
그 문정(門庭: 가문)을 쓸어내는데 누가 힘이 있더냐?
숨어사는 이의 가슴에 저절로 정감이 생긴다.
거룻배가 시골 나루터에 누워 가을 푸르름에 잠겼는데
노를 저어 갈꽃으로 들어가니 눈밭[雪]의 광명이 비춘다.

금빛 잉어를 낚은 늙은 어부는 저자로 갈 것을 생각했는가?
표표히 일엽편주는 파도 위를 미끄러져 간다.

森羅萬象許崢嶸 透脫無方礙眼睛 掃彼門庭誰有力 隱人胸次自成情 船橫野渡涵秋碧棹入蘆花照雪明 串錦老漁懷就市 飄飄一葉浪頭行

23

앙산의 오로봉 [仰山五峰]

앙산 스님이 어떤 스님에게 물었다.
"요즈음 어디에 있다 왔느냐?"
"여산(廬山)에서 왔습니다."
"오로봉(五老峰)33)에 가봤느냐?"
"아직 가보지 못했습니다."
"화상아, 아직 산놀이를 못했구나."
운문 스님이 말했다.
"이 말은 모두 자비 때문에 초심자를 위해서 한
말이다."

擧 仰山問僧 近離甚處 僧云 廬山 山云 曾遊五老峰麼 僧云 不
曾到 闍黎不曾遊山 雲門云 此語皆爲慈悲之故 有落草之談

앙산의 질문은 납자가 오로봉에 올라갔든지 가지 않았는지
그것을 중요하게 생각한 것이 아니다. 선사의 질문에 납자가 어
떻게 말하는가를 보려는 것이다. 원래 승이 "아직 가보지 못했
습니다."하고 말하면 쇄기를 뽑아주고 못을 뽑아주는 일구를 던

---

33) 五老峰; 여산(廬山) 가운데 오로 · 향로 · 한양 · 백운 · 쌍검 등 수십 봉
(峰)이 있음.

져야 하는 것이 원칙이지만, 말할 줄 모르는 초심자를 위해서 앙산 스님은 "화상아, 아직 산놀이를 못했구나" 하고 말했는데, 이 말도 그냥 평담이 아닌 납자를 깨닫게 하는 선어(禪語)인 것이다.

말해보라. "화상아, 아직 산놀이를 못했구나"라고 말한 것이 무슨 뜻인가? 본래 같은 말도 납자가 해서는 안 되는 것도 선사는 할 수 있다. 납자는 자기 것을 드러내어 인정을 받아야 하는 사람이고 선사는 지금 내방자를 깨닫게 하려는 것이 목적이기 때문에 무엇이든지 자유자재로 말하고 활용할 수 있기 때문이다.

운문 스님이 한 단계 낮춰서 말했다고 하는 것은 앙산의 말에 오점이 있지만 초심자를 위해서 낮추어서 한 말이기 때문에 인정이 될 수 있다는 것이다. 때문에 앙산의 말은 분명 향상사의 범주에 속한다. 그렇게 본다면 이 화두는 되레 험준한 면이 있다.

옛사람은 여기에 이르러서는 밝은 거울이 경대에 걸린 것과 같아서 오랑캐가 오면 오랑캐가 비치고 한족이 오면 한족이 나타나기 때문에 파리 한 마리도 거울을 피해 도망갈 수 없다고 했다. 이러한 경지에 이르러서는 모름지기 이와 같이 된 자라야만 비로소 말할 수 있다.

운문 스님이 염(拈)하여 말했다.
"이 스님은 여산에서 온 사람인데, 무엇 때문에 '화상아! 아직도 산놀이를 못 했구나'라고 말했을까?"
하루는 위산스님이 앙산 스님에게 물었다.

위산 "여러 총림에서 어느 스님이 찾아온다면 무얼 가지고 시험하려느냐?"
앙산 "제게 시험하는 수가 있습니다."
위산 "그대는 말해보라."
앙산 "저는 평소 승(僧)이 찾아오면 불자(拂子)를 들고서 그에게 '다른 곳에도 이것이 있더냐?'라고 묻습니다. 그의 대답을 기다렸다가 다시 '이것은 그만두고, 저것은 어떠냐?'고 말합니다."
운문 "이는 향상인(向上人)의 수단이다."

원래 선사의 불자는 들어올리기만 하면 그만이지, 거기에 말이 들어가면 탁해진다. 하지만 앙산 스님은 스승 위산 스님 앞에서 '이것', '저것'이라는 말을 했다. 운문 스님은 해서는 안 되는 말을 했는데도 이를 향상사라고 한 것이다. 중생 제도를 위해서 선사가 쓰는 활용처에는 제한이 없는 것이다.

마조 스님이 백장 스님에게 물었다.
마조 "어디에서 오느냐?"
백장 "산 아래에서 옵니다."
마조 "오는 길에 '한 사람'을 만났느냐?"
백장 "못 만났습니다."
마조 "왜 못 만났느냐?"
백장 "만났다면 스님께 바로 말씀드렸을 것입니다."
마조 "어디에서 이런 소식을 얻었느냐?"
백장 "제가 잘못했습니다."
마조 "내가 잘못했느니라."

앙산 스님이 일승에게 물은 것도 바로 이와 같다.

이 대담은 '**오는 길에 한 사람을 만났느냐**'는 말이 바로 핵심이다. '한 사람'이 누구를 말하는지 알아야 다음 대화가 나갈 상황이다. 앙산과 대담했던 일승과 달리 백장 스님은 '한 사람'이 누구를 뜻하는지 알았기 때문에 "못 만났다"고 말한 것이고. "왜 못 만났느냐?"는 질문에 "만났다면 스님께 바로 말씀드렸을 것입니다"라고 말한 것이다.

마조의 "어디에서 그런 소식을 얻었느냐?"는 질문은 네가 뭔가 안 것이 있는 것이 아닌가라는 시험이고, 백장과 마조가 둘 다 "잘못했다"는 것은 죄를 고백한 것이다. 이 또한 향상인의 대담이다.

앙산 스님이 "일찍이 오로봉에 가봤느냐?"고 말했을 때 영리한 자라면 "재앙입니다[禍事]"라고 말했어야 했는데34) "아직 가보지 않았다"고 했으므로, 이 스님은 작가 선지식이 아닌 것이다. 이때 앙산 스님은 법대로 시행해서 수많은 언어 갈등을 제거했어야 했는데 그렇지 않고 "화상아! 아직도 산놀이를 못 했구나"라고 말을 한 것은 이를 보고 운문 스님은 한 단계 낮춰서 말한 것이라고 한 것이다. 그런데 한 단계 낮췄지만 향상사를 말한 것이다.

여기에 이르러서는 실낱만큼도 범부에 속하지 않고, 성인에게도 속하지 않아야 한다. 온 법계에도 감추지 못하고 모두를 덮으려 해도 덮을 수 없다. 무엇이 이와 같은가? 추워도 차가운 줄 모르고 더워도 뜨거운 줄 모른다. 모두가 하나의 큰 해탈문

---

34) 『벽암록』 원오 평창 중에 원오 스님이 한 말.

이어서 왼쪽을 돌아볼 틈도 없고, 오른쪽을 쳐다보면 벌써 세월
은 지나간다.

나찬(懶瓚) 스님은 형산(衡山)의 석실(石室)에서 은거했는데,
당(唐) 덕종(德宗)이 그의 명성을 듣고 사신을 보내어 그를 맞이
하려 했다. 사신이 석실에 이르러 "천자의 조서가 내렸으니, 스
님은 일어나 성은에 감사하는 절을 올리시오" 라는 명을 했다.
나찬은 쇠똥불을 뒤척거리며 토란을 구어 먹고 추위에 떨며 콧
물이 턱까지 흘리면서 대답도 하지 않았다. 사신은 웃으면서,

"우선 스님께서는 콧물부터 닦으시지요."
라고 하자, 나찬 스님이 말했다.
"내가 어찌 속인을 위해서 콧물을 닦는 짓을 하리요."
그는 끝끝내 일어나지 않았다. 사신이 돌아와 이 사실을 아
뢰니, 덕종은 몹시 흠모하여 찬탄했다.

나찬 스님은 이처럼 맑고 고요하면서도 밝고 또렷하여 남의
휘둘림을 받지 않고, 확실히 잡아들여 마치 무쇠로 주조한 자와
같았다.

여기에 이르러서는 바보 같고 멍한 사람 같아야 이 공안을
알 수 있다. 이러한 경지에 이르지 못하면 언어 속에 치달리리
니 언제 끝마칠 날이 있겠는가.

설두 송
한 단계 낮추었는지, 아닌지를
누가 식별할 줄 알랴.
흰 구름은 겹겹이 쌓이고
붉은 해는 높이 솟았다.

왼쪽으로 돌아볼 틈도 없고
오른쪽으로 돌아보니 벌써 늙어버렸다.
그대는 보지 못했는가?
한산자(寒山子)가 너무 일찍 길을 떠나
십 년이 되도록 돌아오질 못하고,
왔던 옛길마저 잊어버렸구나.

出草入草 誰解尋討 白雲重重 紅日杲杲 左顧無瑕 右盼已老 君不
見寒山子 十年歸不得 忘却來時道

24
대수겁화 (大隨劫火)

어떤 승이 대수(大隨) 스님에게 물었다.
"겁화(劫火)가 활활 탈 때 대천세계가 함께 무너
진다는데 이것[這箇]도 무너집니까?"
"무너진다."
"그러면 남[他]을 따라 가버립니다."
"남[他]을 따라 가거라."
승이 용제(龍濟: 紹修山主) 스님에게 물었다.
"겁화가 활활 탈 때에 대천세계가 함께 무너진다
는데 이것[這箇]도 무너집니까?"
"무너지지 않는다."
"어찌해서 무너지지 않습니까?"
"대천세계와 같기 때문이다."

擧僧問大隨　劫火洞然　大千俱壞　未審這箇壞不壞　隨云壞　恁麽則
隨他去也　隨云隨他去也　僧問龍濟　劫火洞然　大千俱壞　未審這箇
壞不壞　濟云不壞　僧云爲甚不壞　濟云爲同大千

뒤의 용제 수산주 스님에게 찾아간 승은 앞의 승과 다른 승
이다. 이 공안은 원오 스님이 용제 스님의 답변 자료를 찾아서

『벽암록』에 기록했고, 만송 스님이 대수 스님의 답변과 용제 스님의 답변을 합해서 하나의 공안으로 만들어 『종용록』에서 제시한 것이다. 실참자들은 앞의 답변 '이것도 무너진다'를 먼저 참구하면 된다. 앞의 대화를 알게 되면 뒤의 대화도 알게 된다.

앞의 대수 스님에게 물었던 일승은 대수 스님의 말을 이해하지 못하고 이 일을 골똘히 생각하며 곧바로 서주(舒州)의 투자산(投子山)을 찾아갔는데 투자 스님이 물었다.

"요즈음 어디 있다 왔느냐?"
"서촉 대수산에서 왔습니다."
"대수 스님은 무슨 소리를 하던가?"
그 스님이 앞에서 주고받은 말들을 이야기하자, 투자 스님은 향을 올리고 절을 올리면서 이르기를 "서촉 땅에 고불(古佛: 훌륭한 부처님)이 출세했구나. 그대는 속히 돌아가도록 하라"고 했다. 이 스님이 다시 대수산에 이르렀을 때는 대수 스님은 벌써 돌아가신 뒤였다.

익주(益州)의 대수산(大隨山) 법진(法眞) 선사는 복주(福州)의 서원(西院)이라고도 하고 장경(長慶)이라고도 한다. 대안(大安)의 아들이며, 백장 대지(百丈大智)의 손자이다.

그는 일찍이 60여 명의 존숙(尊宿)에게 참문(參問)한 적이 있는데 위산(潙山) 회중에서 화두(火頭) 소임을 보았다.

어느날, 위산 스님이 묻되
"그대는 여기에 있은 지 몇 해가 되는데 아직도 청해서 묻는 법을 모르는가?"
"무엇을 물어야 되겠습니까?"
"그대는 '어떤 것이 부처입니까?'라고 물을 줄도 모르는가?"

대수가 손으로 위산의 입을 틀어막으니, 위산이 이르되 "그대는 뒷날 깨진 기와로 머리를 어지럽히는 자는 보아도 자네처럼 마당을 깨끗이 쓸어내는 사람은 찾을 수 없을 것이다. [你以後有片瓦蓋頭 覓箇掃地人也無]"라고 했다. 나중에 붕구로(棚口路)라는 곳에서 차를 달여 오가는 사람들에게 대접하기 3년 만에 대수산에 개원하여 주석했다.

겁화통연 운운은 「인왕호국경(仁王護國經)」 32구절 중에 "겁화가 활활 탈 때에 대천세계까지도 무너진다"는 말을 가져온 것이다. 교가에서는 삼천대천세계가 동일하게 이루어졌다 무너졌다 한다고 했다.

불과(佛果: 원오)가 이르되 "그 승(앞 승)은 원래 화두의 낙처[落處: 속뜻]를 알지 못했다. 일러보라. '이것'이라 했으니 도대체 무엇을 이르는 것인가?" 했다. '대수겁화' 화두를 알려면 우선 '이것'이 무엇을 뜻하는지 알아야 한다는 것이다. '이것'이 무엇인지 안다면 대수 스님이 '무너진다'고 했던 뜻을 알 수 있기 때문이다. 대수 스님은 정통 선가의 선사이기 때문에 허튼 소리를 할 리 없고, 또 방문한 납자가 깨닫기를 희망하면서 던지는 말이라 공연히 해본 소리도 아니다. 여기에 반드시 대수 선사가 사람을 일깨우는 뜻이 숨어있다.

만송 노인은 『종용록』에서 다음과 같은 말을 했다.

"대수가 '이것도 무너진다'고 한 것은 상례를 벗어났으나 도에는 부합되는 말이므로 음미하기가 매우 어렵다. 그런데 승이 '그러면 남을 따라 가버립니다' 했으니, 그 승은 웃기는 사람이다! 말고삐는 잡았으나 등자[鐙: 발 넣는 고리]가 떨어진 줄은 모른 지 얼마이던가?" 대수가 "남을 따라 가버린다"는 것에 대해 만송은 이르노니, "승이 대수를 따라갔는가? 대수가 승을 따라갔는가?" 하노라.

만송 노인은 1246년에 81세로 입적했던 행수 선사(行秀禪師)를 말한다. 『從容錄』의 저자이다. 선사들이 하는 일은 납자를 인도하여 굳게 닫혀 있는 문 안을 보여주어서 일평생 안온한 삶을 살아가게 한다. 그런데 실제 닫혀 있는 문을 최종 여는 사람은 납자 자신이지 선사가 아니다. 보물 창고는 각자 자신이 하나씩 가지고 있는 것이기 때문에 자기의 보물 창고는 자기가 열어야 한다. 선사는 다만 문고리를 잡고 이렇게 열어보라고 여는 법을 알려 줄 뿐이다. 선사가 아니면 거기에 문이 있는 줄도 몰랐고 또 열어 본 뒤에 인생이 이렇게 평온해지는 줄도 몰랐다. 그래서 이 일은 반드시 스승이 필요한 것이고 문 앞까지 데리고 들어가면 최후에 보배창고는 자기 스스로 열어야 한다.

문제는 보물 창고는 사면이 꽉 막혀 있고 투명해서 잘 보이지도 않는 바라 그 곁을 지나가도 모르고 손으로 만져 보아도 모르고 그 속에 들어가 있으면서도 거기가 어디인지도 모른다는 것이다. 누가 그곳을 찾아가면 꽉 막힌 것 같이 보이므로 아무리 더듬거리고 찾아도 문을 찾을 수도 없다. 가히 선사가 아니면 그곳의 문을 알지 못하므로 선사들은 할, 방, 격외구, 불자 등을 이용해서 들어가는 문을 보여주는 것이고 영리한 근기는 금방 문을 열고 들어간다.

선사들의 화두는 문을 여는 열쇠이다. 화두의 뜻을 아는 순간 문은 열리는 것이고 아주 오래전부터 자기에게 있는 보물을 얻는 것이다. 그런데 선사의 화두 또한 그리 만만하지 않은 숙제이다. 그래서 선사들은 이런저런 말들로 문이 있는 곳을 알려주는데 잘못하면 그 말[言]이 사람을 살리려다 되레 사람을 죽이게 할 수 있으므로 매우 조심스럽다. 때문에 대부분의 선사들은 화두를 던져주고 더 이상은 모른 척하는 것이 정상이다. 중생은 이미 완전한 부처이고 스스로 충분히 자기 자신을 발견할 수 있는 법인데 잘못하다간 되레 사람을 망치기 때문이다.

그러나 조사들은 지옥에서 구리쇠 물을 마시는 것을 감수하고 설법하고 또 설법한다. 그래서 선사의 삶은 암두꺼비의 삶과 같다. 선사들은 자신을 희생해서 다음 세대 붓다들을 길러내는 것이 의무이자 목표이기 때문이다.

일단 만송 노인이 '이것도 무너진다'는 말은 상례를 벗어난 말이라고 했으니 격식을 벗어난 말이라는 뜻이다. 본래 이것은 무너질래야 무너질 수 없는 것인데 무너진다고 했으므로 일반적 상식의 말은 아니다. 그러나 도에는 부합하는 말이라 했으니 이것은 최상승의 정신 체득을 갈망하는 납자들을 위해서 하는 말이지, 천지창조의 원인과 결과를 논하는 자연과학적 논의는 아니다. 만송 노인이 여기까지 설명했으므로 이제 납자들은 어째서 '이것도 무너진다' 했는지 그 뜻을 알아보면 된다.

또 만송 노인이 『종용록』에서 수시하길 "모든 상대적 개념을 끊어 두 끝을 주저앉혔다. 의심덩이를 깨뜨리니 어찌 한 구절인들 필요하겠는가? 장안(長安)이 한 걸음도 여의지 않았고, 태산(泰山)도 단지 세 근의 흙을 겹친 것이다. 일러보라. 어떤 영(令)에 의거하여 감히 이렇게 말할 수 있겠는가?"라고 하면서 이 화두에 대한 길을 밝혀주었다. 다른 것은 몰라도 **'모든 상대적 개념을 끊어 두 끝을 주저 앉혔다'**는 말은 심상치 않는 말이다.

또 원오 스님은 이 화두에 대해서 『벽암록』에서 수시하길

"물고기가 헤엄치면 흙탕물이 일어나고, 새가 날면 깃털이 떨어진다. 또렷이 주(主: 주인)·빈(賓: 손님)을 분별하고, 환하게 흑백을 구분한다. 이는 곧 밝은 거울이 대에 걸려 있는 듯하고, 밝은 구슬이 손아귀에 있는 듯하다. 한나라 사람이 거울 앞에 서면 한나라 사람이 비치고, 오랑캐가 서면 오랑캐가 비친다. 소리도 나타나고 모습도 비친다. 말해보라, 무엇 때문에 이러한가?"라고 했다.

'이것도 무너진다'는 말 한 마디의 여파가 멀리멀리 퍼진 것이다. 뭐라고 한 생각이라도 일어나면 흙탕물이 튀는 것이고, 손발을 좀 움직이다가 떠나도 어지러운 흔적을 남기는 것이므로 깔끔하지 않다는 것이다.

거울을 한번 보라. 거울은 동양 사람이 서면 동양 사람을 비추고 서양 사람이 서면 서양 사람을 비춘다. 아무런 가식이나 보탬이 없다. 이때 대수 스님이 말하고 싶은 것이 무엇인지 바로 알아차려라. 그리고 바로 선지식을 찾아가서 아는 바를 말해보라. 법에 맞으면 또 한 사람의 붓다가 태어난 것이니 이 혼탁한 세상에 대인이 나온 것이고 세계인의 경사가 아니겠는가.

'남을 따라 가버린다'는 것은, "선사의 말이 일반적 상식에 어긋나므로 그렇게 말하면 남들처럼 다 떠나버리게 될 것입니다" 라는 말이다. 승의 입장에서는 선사의 말이 부당하게 느껴진 것이다. 그러나 선문의 입장에서는 자기가 잘못보고는 남보고 잘못했다고 따지는 것과 같다. 그래서 만송 노인은 웃기는 놈이 방구 뀌고 남보고 방구 뀌었다고 말하는 것과 같다는 것이다. 실제 그런 놈이 많다. 대수 스님이 마지막으로 '남을 따라 가버려라'라는 일구는 최후의 주장자 일방을 날린 것이다.

그런데 용제 수산주 선사는 '이것은 무너지지 않는다' 했으니 이건 또 무슨 소리인가? 선사들의 뜻이 각기 다른 이유가 무엇인가? 누가 틀린 것인가? 그런데 선사들은 틀리지도 않았고 다른 목소리를 낸 것도 아니다. 다만 대수 스님은 '이것'을 좀 더 명명백백하게 밝히려했던 것이고 용제 스님 역시 '이것'에 주안점을 두고 말했을 뿐이다. 본래 선사들이 중생을 제도하는 데 쓰는 것은 일정한 형식이 없다. 병에 따라 약을 쓰는 것이지 하나의 약으로 모든 병을 치유하는 것이 아니다. 말이 다른 것은 병이 다르기 때문이고 약이 다른 것은 당시 상황에서는 다른 약이 필요했기 때문이다.

'이것은 대천세계와 같다'는 말 또한 만만한 말이 아니다. 대천세계를 지탱하는 것은 '이것'이고 '이것'이 없으면 대천세계도 없는 것은 분명하지만, '이것'과 대천세계는 엄연히 다르다. '이것'은 만물의 근원인 공(空)과 같은 것이고 '대천세계'는 물질의 세계이고 색계(色界)라고 한다. 공과 색은 현실적으로 엄연히 다른 존재이지만 부처님은 이미 색즉시공 공즉시색이라고 해서 색과 공이 같다고 선언한 바 있다. 이 말도 진리의 눈인 법안이 열려야 알 수 있는 것이지, 색계의 눈으로는 도저히 알 수 없다. 용제 스님은 부처님 말씀을 끌어와서 색즉시공을 말한 것이다.

그렇다고 해도 대천세계, 즉 우주가 무너져도 '이것'은 무너지지 않는 이유가 '이것'과 대천세계가 같기 때문이라 했으니, 결과적으로 대천세계는 무너져도 무너지는 것이 아니라는 뜻이 된다. 지금 대천세계가 와르르 무너지고 있는 판인데 무너지는 것이 아니라니, 이 무슨 뜬금없는 소리인가? 그런데 실체적인 논리로는 불가능한 일이지만 이 역시 선문에서는 도를 보이는 열쇠이다. ‘이것과 대천세계가 같다’는 말을 들을 때 바로 알아채야 하는 것이다. 용제 선사는 무엇을 말하고 싶은 것인가?

여기에 대해 만송 노인은 “같다고 해도 되고 같지 않다고 해도 되나니, 잘못으로 잘못에 맞추는 격이라 옳음도 옳지 않음도 없다”라고 했다. 같다, 같지 않다 이것은 잘못을 잘못으로 맞추려 하는 것과 같으므로 옳은 것도 없고 옳지 않음도 없다는 것이다. 다만 선사들은 내방객의 꽁꽁 닫혀있는 머리를 열어주기 위해서 필요에 따라 같다, 같지 않다는 말을 쓰는 것이지 그 말의 정·오를 따지는 것은 헛된 일이라는 말이다.

기타 스님들의 견해에 만송 스님이 착어한 글이 있다.

수산주는 또 이르되 “무너진다 했어도 사람을 막아주고 무너지지 않는다 했어도 사람을 막아준다” 한 것에 대해서

만송은 이르노니 “대수가 ‘무너진다’ 했어도 몸 빠져나갈 곳이 있고, 수산주가 ‘무너지지 않는다’ 했어도 몸 빠져나갈 곳이 있다” 하리니, 한결같이 무감각해서도 안 되고, 한결같이 정식(情識)으로 알려고 해도 안 된다.

운거(雲居)가 대중에게 보이되 “말이란 것은 마치 보습[鉆] 같고 집게[挾] 같고, 갈구리[鉤]나 자물쇠[鎖] 같다. 모름지기 서로 이어져 끊어지지 않게 해야 한다” 했던 거에 대해서

만송이 말하길, “지금 두 스승(대수·용제)의 답처(答處)를 송한 내용은 ‘곧장 빼앗아 주어서 먼지 하나 묻지 않게 하려고 한 것[直捷便與 不涉廉纖]’이건만 제방에서 이미 갈등의 밧줄에 얽혀 넘어졌으니 어찌하랴.”

천동 스님은 “내가 이렇게 분명하게 송했으니, 그대들은 알아듣겠는가, 못 알아듣겠는가? 만일 오랫동안 참구한 상사(上士)

라면 우리 가게에서 매매하는 대로 할지언정 흥정은 하지 말라"
라고 말했다. 이에 대해

만송은 이르노니 "오늘은 오직 집 떠난 이들만을 속이겠노
라" 하리라.

석우는 이르노니 "그래봐야 아무도 속을 사람 없다" 하리라.

대수겁화 화두는 마치 활활 타오르는 용광로와 같아서 이에
대해 이런저런 생각이 일어나면 그것은 용광로에 혀를 대는 것
과 같은 뿐이다. 때문에 역대 선사들은 이에 대해 단 한 마디의
말도 붙이지 못하는 것이고, 본 납자 또한 약간의 설명도 붙이
지 못하고 있다. 다만 구리쇠 물을 즐기는 옛 스님들이 해 놓은
말을 소개해서 큰길을 놔두고 가시덤불에 떨어지는 것을 막으려
할 뿐이다.

납자들이 뒷날 이 화두를 알게 되면 틀림없이 선사들이 말하
지 않았던 일에 대해 향을 올리고 감사의 절을 하게 될 것이다.

천동 송
무너진다, 무너지지 않는다 함이여,
남을 따라가라거나 대천세계라 했다.
구절 속에는 전혀 갈구리도 자물쇠도 없거늘
다리(脚)는 깊숙이 갈등(葛藤)에 걸려들었네.
안다 모른다 함이여,
분명한 일을 간곡하게 드러냈네.
마음 아는 이끼리 들추어 보이면 시비가 없으나
나의 이 가게에서 사고파는 격식에는 미치지 못하네.

壞不壞　隨他去也大千界　句裏了無鉤鎖機　脚頭多被葛藤礙　會不會
分明底事丁寧曬　知心拈出勿商量　輸我當行相買賣

25
백장대웅 (百丈大雄)

어떤 스님이 백장(749~814) 스님에게 물었다.
"무엇이 기특한 일입니까?"
백장 스님이 말했다.
"홀로 대웅봉(大雄峰)에 앉는 거야."
그 스님이 절을 올리자,
백장 스님이 대뜸 때렸다.

擧 僧問百丈 如何是奇特事 丈云 獨坐大雄峰 僧禮拜 丈便打

마조, 백장, 황벽은 마치 호랑이와 같은 솜씨가 있어서 재빠르게 잡아채고 놔주는 것을 자유자재로 하는 일세의 영웅들이었다. 따라서 이런 스님들에게 무엇인가 묻고자 할 때는 나름 약간의 안목이 있어야 한다. 때문에 이 물음 자체도 범상치 않았고 백장 스님의 답변도 평범하지 않은 답변이다.

용아(龍牙) 스님이 대중법문에서 "참선하는 사람은 반드시 조사와 부처를 뛰어넘어야 한다. 신풍(新豊)35) 스님이 이렇게 말했다. '불조의 말씀과 가르침을 숙생(宿生)의 원수처럼 보아야 비로소 참선할 자격이 있다. 만일 뛰어넘지 못한다면 불조에게

---

35) 동산 양개, 용아 스님의 은사.

속임을 당하게 된다'라고 했다."

그때 어떤 스님이 용아 스님에게 물었다.
"불조도 사람을 속이려는 마음이 있습니까?"
"그대는 말해보라. 강과 호수가 사람을 막아 세우려는 마음
이 있겠느냐?"
또 용아 스님은 말했다.
"강과 호수는 사람을 막아 세우려는 마음이 없지만, 사람 스
스로 지나가지 못해 강과 호수가 도리어 사람을 막는 격이
되었다. 그러므로 강과 호수가 사람을 가로막는다고 말할 수
없다. 조사와 부처가 사람을 속이려는 마음이 없지만, 사람
스스로가 뛰어넘지 못하기에 부처와 조사는 사람을 속이는
격이 되었다. 그렇다고 부처와 조사가 사람을 속이지 않았다
고 말할 수는 없다. 만일 불조의 가르침을 뛰어넘으면 이 사
람은 곧 불조를 뛰어넘은 것이다. 불조의 뜻을 체득해야 비
로소 향상(向上)의 옛사람과 같을 것이며, 뛰어넘지 못한다면
부처를 배우고 조사를 배운다 해도 만겁(萬劫)토록 깨달을
기약이 없을 것이다."
"어떻게 해야 불조에게 속임을 당하지 않겠습니까?"
"스스로 깨달아야 한다.[直須自悟去]"

불가에서 큰 영웅이란 무엇일까? 그것은 남의 말이나 행동
하나에 일일이 답변하고 해명하는 작은 그릇이 아닌, 한번 자신
이 부처임을 알고 부처의 길을 묵묵하고 우직하게 걸어가는 사
람을 말한다. 누가 욕을 하고 모욕을 주어도 바람 소리처럼 신
경 쓰지 않고, 남이 칭찬을 해 주어도 전혀 좋아하는 기색 없이

한 틈도 보이지 않고 담담하게 살아가는 소위 선문에서는 이를 일러 **'누가 이름을 불러도 고개를 돌리지 않는 자'**라고 한다.

부처님은 처음에 여러 명의 스승이 있었지만 정작 보리수나무 아래에서 깨달음을 얻을 때는 스승 없이 혼자 깨달았다. 이 일은 참으로 오묘해서 알기 어렵기 때문에 부처님 당시나 현재나 아는 사람이 그리 많지 않았던 것이다. 설사 알았다고 해도 남에게 말해주기도 어렵고 아주 적합한 말로 설명해주었다 해도 언제나 충분하지 않다. 때문에 남보다 뛰어난 영웅이라면 혼자 깨달을 수밖에 없는 것이다.

부처님도 혼자 깨달았고, 선학의 황금시대 당·송 대에도 현사 스님처럼 혼자 깨닫고 나중에 선사에게 인정을 받았던 납자들이 여럿 있었다. 종문의 사법(嗣法)이 끊어질 듯 이어오고 있는 것도 바로 이 법은 알기 어렵고 남에게 말하기도 어렵기 때문이다.

현사 스님은 36세에 출가한 이듬해 개원사(開元寺)에서 구족계를 받고 곧바로 부용산으로 돌아와 정진하고 있던 중, 오산진(鼇山鎭)에서 깨닫고 돌아온 설봉 스님을 처음 만났다. (현사 44세) 설봉 스님은 현사 스님보다 나이가 3살 많았고, 당시 설봉은 덕산·암두에게 이미 깨달음을 인정받은 상태였다.

그 당시 일반적으로는 행각을 다니면서 수행했는데, 현사 스님은 전혀 행각을 하지 않으므로 설봉 스님이 현사 스님에게 행각할 것을 권하며 어째서 행각하지 않느냐고 물었더니 "초조(初祖)도 동토(東土)에 오지 않았고 이조(二祖)도 서천(西天)으로 가지 않았습니다"라고 대답했다. 이런 말은 선에 대한 이해가 있어야 할 수 있는 말이었으므로 출가한 지 7년째인 현사 스님은 부용산에서 이미 깨달음이 있었다는 것을 알 수 있는 기록이다. 『종용록』 81칙에는 현사 스님이 『능엄경(楞嚴經)』을 보다가 깨달았다는 기록만 있고 자세한 설명은 없다.

설봉 스님이 상골산(象骨山: 설봉산)으로 옮겨간(870) 후 현사 스님도 그곳으로 가서(872 현사 48세) 총림 건설에 참여했다. 이후부터 설봉 스님과 현사 스님은 평생 도반겸 사제지간이 되었다. 현사 스님의 깨달음에 대한 대담기록은 없으나 『설봉록』에 설봉 스님은 기회 있을 때마다 현사를 인정했던 기록은 여러 번 나온다. 그중 하나는 다음과 같다.

하루는 현사 스님이 설봉 회하를 떠나려고 인사말을 했다.
"사람마다 다 자유자재하니 저는 지금 산을 내려가려고 합니다."
"누가 그렇게 말하던가?"
"스님께서 그렇게 말했습니다."
"그대라면 어떻게 말하겠나?"
"자유자재하지 않다고 말하겠습니다.[不自由自在]"
"알고 있구나.[知]"36)

이외 여러 번 현사와 대담을 해본 설봉 스님은 드디어 다음과 같이 현사 스님을 인정하는 말을 남겼다. "그대는 격식 밖의 안목이 있다. 훗날 어느 때고 자손이 번창해도 이 도리로 이와 같이 해나가면 된다.[汝是出格之見 佗時後日 子孫大興 依此理去 如今且與麽]"37)

---

36) 『설봉록』 下권, 법어 7.

현사 스님은 설봉과 10년간 살다가 57세(881)에 매계장(梅
溪場) 보응사(普應寺)에 주지겸 방장이 되어나갔고, 다시 복주
현사원(玄沙院)으로 옮겼다. 광화(光化) 원년(898·73세)에는 설
봉 스님과 함께 대궐에 들어가서 왕에게 불심인(佛心印) 법문을
한 내용이 오늘날까지 『현사록』에 남아있다.

908년 5월 2일 설봉 스님(87세)이 입적하자 상주가 되었고,
동년 11월에 현사 스님 (84세)도 안국원에서 입적했다. 같은 해
에 두 사람 다 사망한 것이다.

조선 말기, 경허 스님(1849)이 콧구멍 없는 소[無鼻空牛]라는
말을 듣고 깨달을 당시에도 조선의 선원은 겨우 맹맥만 유지하
고 있을 뿐이었다. 당시 어느 조실 스님이 조선의 선맥을 잇고
있었는지 자세한 기록도 없는 편이다. 경허 스님은 혼자 깨달아
독좌대웅이 되었지만, 그 누구에게도 찾아가 인정을 받을 사람
이 없었다. 다행히 강사 생활을 해서 글을 보는 눈은 있었기 때
문에 선서(禪書)를 보고 자신을 점검할 수밖에 없었다. 따라서
서산 천장원 등에서 몇 년간 보임을 마치고 중생 구제 활동에
들어갔다.

경허 스님에게서 만공, 수월, 혜월, 한암 등과 같은 여러 깨
달은 제자들이 나왔고 그들 제자들에서 나온 보월, 동산, 금오,
혜암, 전강과 같은 제자들이 활동하던 때에 해방이 되어 한국
선불교는 해방과 더불어 사자전승(嗣子傳承)의 선불교가 다시 이
어진 것이다.

---

37) 『설봉록』 下권, 법어 23.

　그런데 불가의 깨달음은 누구든지 가능한 것이고, 선사들이 누구든지 첫 대면에서 알고 깨달을 수 있는 말을 던진 것이 화두라고 하나, 실제는 불교에 대해서 전혀 일면식도 없는 사람이 깨달은 경우는 거의 없다. 위에서 말한 현사 스님과 경허 스님, 그리고 주장자 3번을 맞고 깨달았던 임제 스님, 대뜸 멱살을 잡히고 깨달았던 운문 스님, 마조와 문답에서 깨달았던 약산 스님, 일숙각 등도 모두 경전을 충분히 알고 있었던 스님들이었다. 육조 스님도 출가 전에 이미 금강경 말씀을 이해한 적이 있었고 8개월간 행자 생활 중에도 홍인 스님의 상당 법문을 여러 번 들었을 것이다.

　유일하게 방 거사가 석두에게 입막음을 당하고 깨달았다고 하나, 방 거사가 살았던 당시는 불교가 융성했던 시대라는 것을 생각해본다면, 방 거사 역시 불교와 깨달음에 대해 아주 문외한은 아니었다는 것을 추측해볼 수 있다. 그리고 또 부처님도 이미 출가 전 소년시절부터 힌두교의 베다 경전을 충분히 습득했었고, 아트만 사상과 깨달음에 대한 사전 지식이 풍부한 상태에서 출가했다.

　선가는 수행의 다과를 묻지 않고 ‘듣는 즉시 깨닫는 선법’으로 접화한다고 하지만 적어도 불교 기본 상식 정도는 알고 있는 사람들이 듣는 즉시 깨닫는 것이지, 불교를 전혀 알지 못하는 사람이 듣는 즉시 혹은, 경전이나 선서를 보는 즉시 깨닫고 독좌 영웅이 된 경우는 거의 없다는 것을 알아야 하겠다.

　백장 스님은 기본적으로 누구든지 영웅이라는 생각은 변함이 없었다. 모두 부처인 것이 확실하지만, 부처라고 말해주어도 자기가 부처인 줄 아는 사람은 그리 많지 않다. 자기를 깨닫는 것은 영특한 머리를 가지고 있어야 선사의 말 한마디에 금방 깨닫는 것이고, 우둔한 사람은 20년 30년 참구해도 될까 말까 하므로 이 일을 아는 사람은 영웅 중에서도 영웅, 즉 대웅이라는 것이고 그것이 종문의 기특한 일이라고 말한 것이다.

뿐만 아니라, 이 법을 알려면 스승을 넘어가는 지견을 가지고 있어야 하는데, 참구자가 참으로 이 일을 완전히 이해했다면 그는 저절로 스승을 넘어가는 지견을 가지고 있을 수밖에 없다. 그러하니 그 또한 홀로 대웅봉에 앉아있는 사람이라고 할 만한 것이다. 여기에 이르러서는 길흉을 구별하고 흑백을 구별하여 일천 봉우리의 정상에 올라선 사람이 되는 것이다.

그런데 여기까지 내용은 그런대로 웬만하면 알 수 있는 사항이다. 그래서 납자가 절을 했다. 그런데 백장 스님이 일승에게 주장자 일방을 준 것이 바로 종문의 공안이다. 백장 스님은 왜 객승에게 주장자 일방을 주었을까? 거기에 어떠한 조사의 의지가 있는가?

선사들이 납자를 제접할 때는 자유자재한 기봉(機鋒: 솜씨)을 쓴다. 때로는 용서해주기도 하고 때로는 처벌하기도 하고, 어떤 경우에는 용서는 하되 처벌은 하지 않고, 또 어떤 때는 처벌은 하되 용서는 하지 않는다. 나아가 어떤 때는 용서도 하지 않고 처벌도 하지 않는다. 그러므로 "같은 길을 가지만 발자국은 다르다"고 한 것이다.

남전 스님이 말했다.
"문수·보현보살이 어젯밤 삼경에 부처의 견해[佛見], 법의 견해[法見]를 일으켰기에 각각 이십 방망이씩을 쳐서 두 철

위산(鐵圍山)으로 귀양 보내버렸다.”
그때 조주 스님이 대중 가운데에서 나와 말했다.
“스님은 누구더러 한방 먹이라 할까요?”
남전 스님이
“나한테 무슨 허물이 있느냐?”
고 하자, 조주 스님이 절을 올렸다.

여기서 조주 스님이 “스님은 누구더러 한방 먹이라 할까요?”
라고 말한 것이 바로 앞에 나온 공안의 스님과 다른 기특한 한
마디이다. 남전 스님은 조주의 의도를 알면서도 짐짓 “나한테
무슨 허물이 있느냐?” 하고 반문해보았고, 조주 스님은 절을 했
고, 남전의 최후 일방은 없었다.
남전 스님은 조주와 같은 구참 납자들에게는 재점검은 필요
없다는 것을 이미 알고 있었던 것이다. 이런 것을 두고 종사들
은 동한[等閑: 게으름]해서 상대방의 근기에 맞춰주는 방편을 베
풀지 않는다고 하나, 이 말은 맞는 것도 있고 틀린 것도 있다.
문답에 대한 마무리가 종종 예상을 빗나가는 경우는 당시 선사
들의 상황이 다 다르기 때문이다. 그러나 혹 상대의 근기에 맞
도록 설명을 붙일 경우에는 당연히 생생한 경지가 있다.
오조선사(五祖先師)는 항상 말했다.
“이는 마치 전쟁터에서 승부를 내는 것과 같다. 그대는 항상
보고 듣는[見聞], 소리와 색깔[聲色]을 일시에 틀어막아 꽉 움켜들
어 주인이 되어야 비로소 백장(百丈) 스님을 이해하게 되리라.”

어느 스님이 마조 스님에게 물었다.
“무엇이 불법의 대의입니까?”

마조 스님은 대뜸 몽둥이로 치면서 말했다.

"내가 그대를 치지 않는다면 천하 사람들이 나를 비웃을 것이다."

일승이 다시 물었다.

"무엇이 조사가 서쪽에서 오신 뜻입니까?"

"앞으로 가까이 오너라. 너에게 말해주리라."

그 스님이 앞으로 다가오자, 마조 스님은 그를 치면서 말했다.

"세 사람이 함께 모의할 수 없느니라."

남을 가르칠 때는 있는 그대로 지시해야 한다. 설사 영리하고 탐이 나는 납자가 찾아왔다 해도 그럴수록 그에 대한 가르침은 냉정한 원칙을 고수해야 한다. 비록 이 스님은 여기서 깨닫지는 못했지만, 서기가 기록한 기록은 남았다. 마조 스님이 이렇게 지시했기 때문에 뒷날 황벽 스님은 임제의 이 똑같은 물음에도 이처럼 원칙을 고수했고, 그리하여 그때 임제 스님이 주장자를 맞고 깨달음으로써 또 한 사람의 영웅이 탄생한 것이다. 준마는 채찍의 그림자만 보아도 주인의 뜻을 알았던 것이다.

남전 스님이 암자에 주석할 때, 한 스님이 찾아오자 그에게 말했다.

"나는 산 위에 올라가 일을 할 터이니, 밥 때가 되거든 밥을 지어 너 먼저 먹고 한 그릇만 보내다오."

얼마 후 그 스님은 혼자서 밥을 지어 먹고는 그릇을 몽땅 박살내고 남전 스님의 침상에서 잠을 잤다. 남전 스님은 밥을 기다리다가 오지 않자 돌아와 보니, 그는 침상 위에서 잠을 자고 있는 것이었다. 남전 스님이 곁에 눕자 그는 일어나서 가버렸다.

뒷날 남전 스님이 말했다.

"내 지난날 암자에 있을 때 영리한 스님이 하나 있었는데 지금까지 소식을 알 길이 없다."

자, 말해보라. 남전 스님은 이 객승을 보고 왜 '영리한 스님'이라면서 보고 싶어 했을까? 이 객승은 현사 스님, 경허 스님과 더불어 우열이 있는가, 없는가? 누가 독좌 대웅인가?

암두 스님은 이르기를 "사물을 물리치는 것이 으뜸이요, 사물을 따르는 것은 하급이다. 전쟁으로 말한다면 곳곳에 몸을 비낄만한 곳이 있는 것과 같다" 했다.

설두 스님은 이르길 "상황에 딱 맞게 대처한 적이 없다. 상황에 딱 맞게 대처하면 반드시 양쪽으로 향할 것이다"라고 했다.

자, 이제 말해보라. 독좌 대웅은 누구인가? 그리고 백장 스님이 주장자 1방을 준 뜻이 무엇인가?

석우 송
봉황의 알을 닭 둥지에 넣으니
일구월심 품어서 애지중지 키운다.
봉황이 커서 매일 형제들을 잡아먹고
나중에 어미 닭을 잡아먹은 뒤
천 년의 하늘을 비상하는 봉황이 된다.
누가 독좌대웅인가?

26
운문의 뒤집은 말 [雲門倒一說]

어떤 스님이 운문 스님에게 물었다.
"목전(目前)의 기틀[機]도 아니고, 목전사(目前事)도 아닐 때는 어떠합니까?
운문 스님은 말했다.
"거꾸러진 일설(一說)이니라."

擧 僧問雲門 不是目前機 亦非目前事時如何 門云 倒一說

'목전의 기틀'은 눈앞의 도를 드러내는 방법을 말하고, '목전사'는 도와 관련된 일을 말한다. 이 두 가지 일이 아닌 것은 선문에서 별 의미 없는 일이라 해서 논외의 일로 치부한다. 그렇지만 이 두 가지에 해당하지 않더라도 질문이 들어오면 선사들은 뭐라고 말해야 하는 경우가 있다. 그 경우에 대해서 한 승(僧)이 운문 스님에게 질문한 것인데 운문 스님은 **거꾸러진 한 마디**"라고 했다.

목전의 기틀도 아니고 목전사도 아닌 것에 적합한 말은 '거꾸러진 한마디'라는 것인데, 여기에 운문 스님의 의지가 있다. 도대체 '거꾸러진 말'이 무엇을 뜻하는가?

본래 작가 종사는 밝은 거울이 경대에 걸려 있는 것과 같기 때문에 소년이 나타나면 소년을 비추고 노인이 오면 노인이 나타나는 것이므로 그때마다 지시하고 전달하는 것이 다르다.

수산 스님이 말하길 "자기가 간절하게 얻고자 한다면 물음을 가지고 묻지 말라. 왜냐하면 물음은 답에 있고, 답은 물음에 있기 때문이다"라고 했다. 예전의 성인들은 일찍이 한 법도 고정된 법을 남에게 준 적이 없다. 그때그때 시간도 다르고 상황도 다르기 때문이다. 선사들은 원래 말을 아끼는 법이다. 그런데도 선사가 이것이 선도(禪道)이다라고 말해주는 것이 어디에 있던가?

지옥의 업을 짓지 않으면 자연히 지옥의 과보를 부르지 않을 것이고, 천당에 갈 씨[因]를 만들지 않는다면 자연히 천당의 과보를 받지 않는다. 일체의 업연(業緣)은 모두가 자신이 짓고 자신이 받는 것이지 않는가, 여기서 착안하라.

운문 스님이 말했다. "이 일을 논한다면 언구(言句)에 있지 않다. 만일 언구에 있다면, 삼승십이분교(三乘十二分敎)에 어찌 언구가 없다 하겠는가? 더욱이 무엇 때문에 조사가 서쪽에서 오셔야만 했겠는가?"라고 했으니 납자들은 마음을 쉬고 또 쉬어 들어가서 참구해야 한다.

원오 스님이 말하길 "질문이 이미 어려웠기 때문에 대답 또한 이렇게 할 수밖에 없었다. 이는 실로 운문 스님이 도적의 말을 타고 도적을 쫓은 격이다." 라고 말했다. 그리고 또 말하길, "거꾸러진 한 마디라고 말한 것은, 사실은 멀쩡한 살갗을 긁어서 부스럼을 만든 격이라 하겠다. 무슨 말인가? 말의 자취가 일어나면 흰 구름이 천 리 만 리 덮인 것처럼 그로 인해서 길을 잃게 되기 때문이다. 설령 일시에 말과 언구가 없다 해도 노주(露柱)와 등롱(燈籠)이 어찌 말로서 알아듣겠는가? 알겠느냐? 만일 알지 못했다면 여기에 이르러서는 모름지기 시점을 바꾸어야만 비로소 귀착점을 알게 될 것이다."라고 말했다.

동산(洞山) 스님은 다음과 같이 말했다.

"향상인(向上人)의 진위(眞僞)를 알고자 한다면 삼루(滲漏)를 알아야 한다. 곧 망정이 새어나오는 것[情滲漏], 견해가 새어나오는 것[見滲漏], 말이 새어나오는 것[語滲漏]이 그것이다. 정삼루란 지혜에 항상 안정되지 못해 식견이 치우치는 것이며, 견삼루란 작용이 단계적인 지위를 떠나지 못하면 독바다[毒海]에 떨어진다는 것이며, 어삼루란 오묘함을 따르다가 종지를 잃어 언제나 상황판단이 어두운 것이다. 이 세 가지 삼루를 마땅히 알아야 한다."

또 삼현(三玄)이 있으니, 곧 체중현(體中玄), 구중현(句中玄), 현중현(玄中玄)이다. 옛사람들은 이러한 경계에 이르러 온전한 기틀[全機]과 완전한 작용[大用]으로 생을 만나면 그와 함께 살고, 죽음을 만나면 그와 함께 죽는다. 범의 아가리에 몸을 처넣고 내맡겨 천 리 만 리라도 그를 따라갔던 것이다. 왜냐하면 이 궁극의 한 수는 자기 자신이 얻도록 해줘야 하기 때문이다.

석우 송
똑바로 입었다고 하나 바르지 않다.
뒤집어 입어라, 뒤집어 입으라.
누가 바른 옷을 입은 자인가?
긴 칼 옆에 차고 흑토마를 탄 초인은
뒤집은 말(言)에 눈병 귓병을 고치고 돌아간다.

평전(平田)[38]화상 송

신령한 빛이 어둡지 않아
만고에 아름다운 도(道)이니
이 문에 들어와서는
알음알이를 내지 말라.

靈光不昧 萬古徽猷 入此門來 莫存知解

---

38) 평전(平田: 770~843): 평전 보안(普岸, 770-843) 당대 승. 속성은
채며 홍주(지금의 강서 남창) 사람. 어릴 적에 출가했으며 백장산(百丈
山)에서 회해(懷海)를 알현(謁見)하고 그 법을 이었음. 대중이 그 덕을
흠앙(欽仰)하여 평전원(平田院)을 건립해 그를 편안히 하였음 [송고승전
27. 전등록9. 조정사원7].

27
남양의 물병[南陽淨甁]

어떤 승이 남양 충(南陽忠) 국사에게 물었다.
일승 "어떤 것이 본래의 몸인 노사나입니까?"
국사 "내게 저 물병[淨甁]을 갖다 다오."
승이 물병을 갖다드리니,
국사 "다시 본래 있던 곳에다 두어라."
물병을 갖다 두고 승이 또 묻되
"어떤 것이 본래의 몸인 노사나입니까?"
국사 "옛 부처님은 과거 오래전 분이니라."

擧 僧問南陽忠國師 如何是本身盧舍那 國師云 與我過淨甁來 僧
將淨甁到國師云 却安舊處著 僧復問 如何是本身盧舍那 國師云
古佛過去久矣

만송 시중
바리때를 씻고 물병[淨甁]에 물을 채우는 것이 모두가 법문
이고 불사요, 장작을 나르고 물을 긷는 것이 묘용·신통 아닌
것이 없거늘 어찌하여 광명을 뿜거나 땅을 흔들 줄은 모르는가?

만송 평창
석상(石霜)이 도오(道吾)에게 묻되 "어떤 것이 눈에 뜨이는

모두가 보리인 도리입니까?" 하니, 도오가 사미를 불렀다. 사미
가 "네" 하고 대답을 하니, 도오가 이르되 "물병에 물을 좀 채
워다 다오" 했다. 그러고 조금 있다가 문득 석상에게 묻되 "조
금 전에 무엇을 물었지?" 하니, 석상이 입을 열려고 망설이거늘
도오가 문득 방장으로 돌아가 버리자, 석상은 비로소 깨달음을
얻었다.

이때 도오는 먼저는 말로는 통하지 않는 말[隔身句: 격신구·격
외구]을 썼고 나중에는 내던져버려지는 모양[拋身勢: 포신세]을 지
은 것인데, 칼끝을 상하지도 않고 손도 대지 않았는데 석상은 깨달
음을 얻었고, 국사는 자비가 깊어서 마지막에 풀밭을 헤매는 말씀
[落草之談]을 내린 것이다. 모두 은혜를 베픈 것이나 아는 이가 적
을 뿐이다.

천동 송
새는 공중으로 다니고
고기는 물에 있으나
강과 넓음을 잊는다.
구름과 하늘에서 뜻을 얻어라.
실올만치라도 헤아리면
얼굴을 대하고서도 천 리나 머나니
은혜를 알고 은혜를 갚는 이
인간 세상에 몇이나 될런가?

鳥之行空 魚之在水 江湖相忘 雲天得志 擬心一絲 對面千里 知恩
報恩 人間幾幾

　　백조(白兆) 통혜 규(通慧珪) 선사가 이르되 “비유컨대 허공을 나는 새는 허공이 자기의 집인 줄 알지 못하고, 물속에서 노는 고기는 물이 자기 목숨의 근원임을 잊는다” 했고, 규봉(圭峰)은 이르되 “고기는 물을 알지 못하고, 사람은 바람을 알지 못하고, 미혹하면 성품을 알지 못하고, 깨달으면 공을 알지 못한다” 했다.

28

대룡법신 [大龍法身]

어떤 스님이 대룡(大龍)39) 스님에게 물었다.
"색신(色身)은 부서지는데 어떠한 것이 견고한 법신(法身)입니까?"
"산에 핀 꽃은 비단결 같고 시냇물은 쪽빛처럼 맑구나."

擧 僧問大龍 色身敗壞 如何是堅固法身 龍云 山花開似錦 澗水湛如藍

원오 수시

장대 끝의 가느다란 실오라기는 안목을 갖추어야 알 수 있고, 격식 밖의 기틀은 작가여야 분별할 수 있다. 말해보라, 무엇이 장대 끝의 가는 실오라기이며, 격식 밖의 기틀인가?

원오 평창

이 일을 말[言]에서 찾는다면 방망이를 휘둘러 달[月]을 치는 것처럼 전혀 상관이 없을 것이다. 수산 스님이 분명히 말했다.

---

39) 大龍; 대룡지홍(大龍智洪), 송대승. 청원행사 계열 덕산선감(德山宣鑑)
   의 3세 백조지원(白兆志圓)을 이었다. 낭주(지금의 호남 상덕) 대룡산에
   거주했음. 서호(署號)가 홍제대사임. [전등록23]

"물음을 가지고 묻지 말라. 왜냐하면 물음은 답에 있고 답변은 물음에 있기 때문이다."

이 스님은 거친 짐을 한 짐 짊어지고 와서 한 짐이나 되는 어리석음과 바꾸듯이 물음의 실마리를 일으키니, 잘못이 적지 않다. 대룡 스님이 아니었다면 천지를 뒤덮을 수 있었겠는가?

그는 이처럼 묻고 대룡 스님은 이처럼 답변하여 하나가 되어 결코 한 실오라기만큼도 틀리지 않았으니, 마치 토끼를 보자마자 매를 풀어놓으며, 구멍을 보고 쐐기를 박는 것과 같았다. 3승 12분교(三乘十二分敎)에도 이처럼 상황에 딱 들어맞는 것이 있을까? 매우 기특하다 하겠다. 이는 언어가 무미(無味)하지만 사람들의 입을 틀어 막아버렸다 하리라. 다음과 같은 게송40)이 있다.

한 조각 흰 구름이 골짜기에 어려 있으니	一片白雲橫谷口
얼마나 많은 새들이 둥지를 헤맬까?	**幾多歸鳥夜迷巢**

어떤 사람이 대룡 스님의 이 공안을 보고 말하길 "나오는 대로 답한 것이다"고 한다. 그러나 이처럼 이해한다면 모두 부처의 종자를 멸망시키는 것으로서, 옛사람의 한 기틀[一機], 한 경계[一境]란 사량을 꽉 묶어두는 수갑이나 족쇄와 같고, 한 언구[一句], 한 말[一言]이란 가공하기 이전의 본래 순수한 쇳덩어리나 옥돌과 같은 것인 줄을 까마득히 모른 것이다.

만약 납승의 안목과 식견을 지녔다면 때로는 잡아두기도[把住] 하고, 때로는 놓아 행하기도[放行] 하며, 조(照)·용(用)을 동

---

40) 『선문염송』 947칙 어떤 승의 질문에 낙포(洛浦)가 대답한 것이다.

시에 행하고 인(人)·경(境)을 말하기도 하고 생략하기도 하여 때에 맞게 자유자재로 사용한다.

대용(大用)과 대기(大機)가 없다면 어찌 이처럼 하늘과 땅을 거머쥘 줄 알겠는가? 이는 경대에 걸려 있는 밝은 거울에 오랑캐가 오면 오랑캐가 나타나고, 중국인이 오면 중국인이 나타나는 것과 같다.

이 공안은 화약란(花藥欄)41) 화두와 한가지이지만 뜻은 다르다. 이 스님의 물음은 분명치 못하나, 대룡 스님의 답변은 매우 좋았다. 듣지 못했느냐,

어떤 스님이 운문 스님에게 물었다.
"나무가 시들하고 잎새가 떨어질 때는 어떠합니까?"
"가을바람이 통째로 드러난다."

이것은 화살과 칼끝이 서로 부딪혀 버티는 것 같은 절묘한 솜씨이다.

대룡스님이 "산꽃은 비단결처럼 피어나고, 시냇물은 쪽빛처럼 맑다"고 했는데 이것은 그대는 서쪽 진(秦) 나라로, 나는 동쪽 노(魯) 나라로 가는 것과 같다 하리라. 그는 이처럼 가지만 나는 이처럼 가지 않는다는 것이니, 운문 스님과는 갑절이나 상

---

41) 어떤 스님이 운문에게 묻되 "무엇이 이 청정한 법신입니까?" 운문: "화약란(花藥欄)이다." 승: "곧 이렇게 갈 때는 어떻습니까?" 운문: "금모사자(金毛師子)다" 설두 착어 "매우 무단(無端)하다." 雲門因僧問 如何是淸淨法身 師云 花藥欄 僧云 便恁麽去時如何 師云 金毛師子 雪竇着語云 大無端 〈선문염송 1017칙〉〈벽암록』 39칙〉 화약란花藥欄 ; 작약 모란 등의 화훼에 대나무로 사방을 두른 것.

반된다. 그가 이처럼 간 것은 그래도 알기 쉽지만 이처럼 가지 않은 것은 알기 어렵다. 대룡 스님은 매우 빈틈없는 말을 한 것이다.

설두 송
물어도 결코 알 수 없고
대답해도 알 수 없다.
달은 차갑고 바람은 드높은데
옛 바위의 쓸쓸한 전나무여.
우습다, 길에서 도인을 만나도
말로도 침묵[語默]으로도 대꾸하지 않았네.42)
백옥의 채찍을 손에 잡고
검은 용의 구슬을 모조리 부숴버렸다.
쳐부수지 않으면 흠집만 더하리라.
나라에는 국법이 있나니 3천 조목이다.

問曾不知　答還不會月冷風高　古巖寒檜　堪笑路逢達道人　不將語默　對　手把白玉鞭　驪珠盡擊碎　不擊碎　增瑕纇弄　國有憲章　三千條罪

---

42) 향엄(香嚴) 스님의 게송 "路逢達道人不將語默對"를 인용한 것임.

29
구지일지 [俱胝一指]

구지선사

**구지(俱胝) 스님은 누가 묻기만 하면
오로지 하나의 손가락만을 세웠다.**

擧 俱胝和尙 凡有所問 只竪一指

구지(俱胝) 스님은 무주(婺州) 금화(金華) 사람이다. 처음 암자에 주석하고 있을 때, 실제(實際)라는 한 비구니가 구지 스님의 암자에 이르러 곧바로 들어오더니, 삿갓도 벗지 않고 지팡이를 든 채 선상(禪牀)을 세 바퀴 돌면서 말했다.
"말할 수 있다면 삿갓을 벗겠소."
이처럼 세 차례 질문했으나 구지 스님은 아무런 대답이 없었다. 이에 비구니가 떠나가려 하자, 구지 스님은 말했다.
"날씨가 어두워지니 하룻밤 머물도록 하라."
"말할 수 있다면 하룻밤 쉬어가지요."
구지 스님이 또다시 아무런 대답이 없자, 비구니는 바로 떠나버리니, 구지 스님은 탄식했다.

"나는 장부의 모습을 가지고서도 장부의 기상이 없구나."

마침내 분발하여 '이 일'을 밝히기 위해 암자를 떠나 여러 총림의 선지식을 참방하여 법문을 청하려고 신변을 정리하고 행각을 다짐했는데, 그날 밤 꿈에 산신(山神)이 나타나 그에게 고했다. "이곳을 떠날 필요가 없다. 내일 육신보살(肉身菩薩)이 찾아와서 스님을 위하여 설법하실 것이니 부디 떠나지 마시오."

과연 그 이튿날 천룡(天龍) 스님이 암자에 이르렀다. 구지 스님이 예를 갖추어 맞이하고 전에 있었던 일들을 빠짐없이 말했다. 천룡 스님이 한 손가락을 세워 그에게 보여주자, 구지 스님은 갑자기 완전히 깨달았다. 그후로는 누가 묻기만 하면 오직 손가락을 세워 보일 뿐이었다.

깨달음은 반드시 많은 시간 수행 뒤에 오는 것은 아니다. 중생은 본래 부처이다. 많은 시간을 수행해도 깨닫는 시간은 오직 한 순간이다. 어느 때라도 한 순간 마음이 진리와 합치되면 깨달음은 일어난다. 다만 신심, 의심, 절박한 마음이 일어났을 때에 깨달을 가능성이 좀 더 크다. 이치가 온몸으로 받아들여지기 때문이다. 구지 선사는 당시 정중하고 절박하고 또 한결같은 마음이 가득했기 때문에 통 밑이 빠진 것이다. 일단 깨달으면 그후 인생은 일평생 평온하다.

이 화두에 대해 여러 사람이 평이 있다.

원오 스님은 말했다.

"산하대지는 아래로는 황천(黃泉)에 통하고, 삼라만상은 위로 하늘에 통한다. 말해보라, 어떠한 물건이 이처럼 기괴(奇怪) 한가? 이를 안다면 조금도 힘들일 필요가 없지만 알지 못한다면 자기 자신을 질식시킬 것이다."

원명(圓明) 스님이 말하기를,
"차가우면 온 천지가 모두 차갑고, 뜨거우면 온 천지가 모두
뜨겁다."
장경(長慶: 859~932) 스님은
"맛있는 음식도 배부른 사람에게는 소용없다."
현사(玄沙 : 835~908) 스님은
"내가 그 당시에 그 꼴을 보았더라면 손가락을 꺾어버렸을
것이다."
현각(玄覺) 스님은
"현사 스님이 이같이 말한 뜻이 무엇인가?"
운거 석(雲居錫) 스님은
"현사 스님이 이처럼 말했던 것은 그(구지스님)를 긍정한 것
인가, 아니면 그렇지 않은 것인가? 그를 긍정했다면 무엇 때문
에 그의 손가락을 꺾어버렸으리라고 말했으며, 그렇지 않다면
구지 스님의 허물은 어디에 있는 것인가?"
선조산(先曹山 : 840~901) 스님은
"구지 스님이 알아차린 것은 거칠다. 그것은 한 기틀, 한 경
계만을 알았을 뿐, 하나같이 손뼉을 친 것이다."
서원(西園)43) 스님은
"기괴하군."
현각 스님은 또다시 말했다.
"말해보라 구지 스님은 깨달았을까? 깨달았다면 무슨 까닭에

---

43) 삼성본에는 '西園'이 '西國'으로 표기되어 있다.

그가 안 것을 거칠다고 했으며, 깨닫지 못했다면 왜 또한 평생토록 한 손가락으로 선(禪)을 써도 다 쓰지 못했다고 말했을까? 말해보라, 조산 스님의 뜻은 어디에 있는가?"

원오 스님이 또 말하길

"요즈음 사람들은 묻기만 하면 손가락을 세우고 주먹을 불끈 드는데, 이는 망상분별일 뿐이다. 모름지기 뼛속에 사무친 투철한 견해가 있어야 한다."

구지 스님 암자에 한 동자가 있었는데, 동자가 바깥에 외출했다가 어떤 사람이 "너의 스님께서는 평소에 어떤 법으로 사람들을 지도하시느냐?"라는 질문을 받자, 손가락을 일으켜 세웠다.

동자가 되돌아와 자기가 한 행동을 구지 스님께 말씀드렸다. 구지 스님은 동자를 가까이 오라 해서 칼로 그의 손가락을 잘라버리니, 동자는 비명을 지르며 도망쳤다. 그때 구지 스님이 소리를 질러 동자를 부르니 동자는 머리를 돌렸다. 이에 구지 스님이 문득 손가락을 곧추세우니 동자는 훤히 깨닫게 되었다.

말해보라, 동자가 무슨 도리를 보았는가?

구지 스님이 입적하는 즈음에 대중들에게 말했다. "나는 천룡 스님의 한 손가락의 선(禪)을 깨치고서 평생토록 사용했으나 다 쓰지 못했다. 알겠느냐?" 하고, 손가락을 곧추세운 후 탈연히 입적했다.

후에 애꾸눈 명초 용(明超龍)이 국태 심(國泰深) 사숙(師叔)에게 "옛사람이 이르기를 '구지 스님은 단지 세 줄[三行]밖에 주문을 못 외웠는데도 그의 명성은 많은 사람들보다도 뛰어났다'고 했는데, 어떤 것이 그가 외운 세 줄의 주문[三行呪]입니까?" 라고 묻자, 심 사숙(深師叔) 또한 '한 손가락을 세우자' 명초 스님이 말했다. "오늘이 아니었다면 어떻게 먼 타국에서 온 과주객(瓜州客: 달마)을 알 수 있었겠는가?" 라고 말했다.

비마(祕魔: 817~888) 스님은 일생 동안 나무집게 하나만 사용했고, 타지(打地) 스님은 묻기만 하면 한 차례 땅을 내리쳤을 뿐이다. 그 후 어떤 사람이 그의 몽둥이를 숨겨버리고 "무엇이 부처이냐?"고 묻자, 그는 입을 쩍 벌렸는데, 이 역시 일생토록 실컷 쓰더라도 모두 다 사용하지 못한 것이다.

무업(無業 : 759~820) 스님이 말했다.

"조사께서 이 땅에 대승이 근기(根器)가 있음을 보시고 오로지 홀으로 심인(心印)을 전하여 미혹한 길을 열어주셨다. 이를 체득하는 데에는 어리석음과 지혜로움, 범부와 성인과는 관계없다. 모름지기 속 비고 많은 것은 적으나마 알찬 것만 못하다. 대장부라면 지금 즉시 쉬어서[休歇] 바깥의 모든 인연을 단박에 끊어버린다면 생사의 흐름을 초월하여 상격[常格: 희노애락]을 완전히 벗어나리라. 비록 따르는 무리가 많기를 원하지 않아도 저절로 그렇게 되리라."

무업 스님은 일생 동안 혹 누가 묻기만 하면 "망상을 피우지 말라"고 했을 뿐이다. 그리고 또 이르기를 "한 곳을 꿰뚫으면 천 곳 만 곳을 일시에 뚫고, 한 기연을 밝히면 천 기연 만 기연이 일시에 밝혀진다"고 했다.

석우 송
산하대지는 아래로는 황천(黃泉)에 통하고
삼라만상은 위로 하늘에 통한다.

자 말해보라.
어떤 물건이 이처럼 기괴(奇怪)한가?
지체하지 말고 얼른 노승을 찾아뵈어라.

30

경청줄탁 [鏡淸啐啄]

어떤 스님이 경청(866~937) 스님에게 물었다.
"학인(學人)이 줄(啐: 안에서 쪼는 것)을 하겠으니 스님께서는 탁(啄: 밖에서 쪼아주는 것)을 해주십시오."
"살아날 수 있겠는가?"
"살아나지 못한다면 사람들에게 비웃음을 받을 것입니다."
경청 스님은 말했다.
"역시 생짜배기로구나."

擧 僧問鏡淸 學人啐 請師啄 淸云 還得活也無 僧云 若不活遭人怪笑 淸云 也是草裏漢

깨달음은 몇 가지 경우가 있다. 선사와 대담 중에 선사의 말을 듣고 즉시 깨닫는 경우가 있고, 선사와 대담할 때는 모르다가 뒤에 활구화두를 들고 있다가 깨닫고 선사에게 인가를 받는 경우가 있다. 또 드물기는 하지만 혼자 수도하다가 스스로 깨닫는 경우도 있다. 이중 2번째 경우가 가장 많다. 이 2번째에서 선사와 납자가 뜻이 맞으면 그것을 줄탁동시(啐托同時)라고 한다.

줄탁동시는 깨달음을 병아리가 알을 깨고 나오는 것에 비유한 것이다. 경청(鏡淸) 스님이 처음 제창한 뒤로 여러 선사들이 응용해서 말했다. 줄(啐)은 병아리가 알 속에서 성장하여 주둥이로 껍질을 빨고 쪼는 것을 말하고, 탁(托)은 어미가 겉에서 알을 쪼아주어 비로소 알을 깨고 밖으로 나오는 것을 말한다. 병아리가 줄하면 어미 닭이 탁하는 것이 동시에 일어난다 해서 줄탁동시啐托同時, 줄탁동기啐托同機라고 한다.

도(道)는 팔만 세행과 삼천 위의 속에 있다. 선사의 일거수일투족, 행동 하나, 기침, 말을 하거나, 말을 하지 않거나 모두 예사롭지 않은 도의 모습이다. 납자가 입실해서 선사와 대담할 때 이 8만 가지 도(道) 중에 어떤 것을 들어내 보이고[照] 대담에 사용할지[用]는 당시 상황에 따라 다르므로 선사와 납자가 처음 만나면 일상적인 것을 따른다.

일단 찾아간 납자가 묻고 선사는 대답을 통해서 도를 드러내는 것이 통상적이지만, 대담 도중에 납자가 주(主)가 되고 선사가 빈(賓)이 되는 경우도 있다. 하지만 대부분은 선사가 주가 되고 납자가 빈이 되어 대담이 끝난다.

이 화두는 질문자체가 납자가 주가 되고 선사가 빈이 되는 대담으로 시작했다. 스님께서 한마디 탁(托)하고 던져주시면 제가 줄(啐)하고 대답할 준비가 되어있으니 스님께서 먼저 한마디 던지라는 것이다. 따라서 이제 선사는 자신의 기량을 먼저 보여야 하므로 주도권이 납자에게 넘어간 것처럼 보인다.

그러나 많은 납자들과 문답했던 백전 노승 경청 스님은 그리 만만한 스님이 아니다. 자연스럽게 "살아날 수 있겠는가?"하고 물었다. 어떻게 보면 이 질문은 본 대담을 하기 전에 준비 과정에서 오가는 대담처럼 들린다. 그런데 내방자는, 선사는 빈틈없는 작가 선지식이라는 것을 깜박 잊고 있었다. 선사의 한마디나 행동 하나는 모두 도이다. "살아날 수 있겠는가?"라고 묻는 것은 바로 선사가 날린 탁이었던 것이다. 하지만 납자는 알지 못하고 "살아나지 못한다면 사람들에게 비웃음만 받을 것입니다." 하고 가볍게 응수한 것이다. 제가 이렇게 탁을 요청했는데 대답을 제대로 못하고 끝난다면 사람들이 얼마나 비웃겠습니까? 라는 말인데, 아뿔싸! 선사의 화살 탁(啄)은 이미 날아왔고 내방자도 이미 대답[啐]을 해버린 것이 아닌가. 그런데 이 대답으로는 선사의 화살과 납자의 화살이 부딪치지 못하므로 줄탁동시가 아니다.

내방자는 선사의 접견실에 입실하면 이미 선도(禪道)는 시작된 것이므로 잠시도 방심하면 안 된다는 원칙을 잊어버린 것이다. 아울러 24시간 깨어있지 않으면 안 되는 선문의 원칙에도 벗어나는, 즉 납자의 "살아나지 못한다면 사람들에게 비웃음만 받을 것입니다."라는 말은 도에 부합하는 말이 아니다. 그래서 선사는 "역시 생짜배기로구나.[也是草裏漢]"하고는 대담을 끝낸 것이다.

한번 잘못 대답하면 다시 주워 담기 힘들다. 여기서 고참이라면 처음에는 실수해도 벗어날 계교가 있어 재차 한마디 던져서 선사의 입을 봉하겠지만, 처음부터 나온 이 대담의 향방으로 보아서는 실수를 만회할 정도의 그릇이 안 된다는 것을 알기에 경청 스님은 대담을 마친 것이다. 이제 내방자는 왜 '초짜배기'라는 평을 들어야 했는가에 대한 활구화두(活句話頭)가 생겼다.

당시 경청 스님이 "살아날 수 있겠는가?"라는 질문을 할 때 무엇이라고 대답해야 할까? 알을 사이에 두고 쪼는 것은 두 사람 다 죽었을 때만 가능하다. 병아리는 죽어야 알을 쪼을 수 있다. 그런데 어미 닭이 탁해주어 한 순간 병아리는 밖으로 나오지만 그렇게 다 죽은 상태로 나오면 얼마 살지 못하고 곧 죽는다. 먼저 나온 선배들과 모이 경쟁을 해야 하고, 고양이나 살쾡이 같은 바깥의 적으로부터도 살아날 계교가 있어야 한다. 병아리는 알에서 나온 순간부터 생생하게 살아있지 않으면 안 되는 것이다. 경청 스님이 "살아날 수 있겠는가?"라는 질문은 죽음과 삶, 둘 다 물어본 것이다. 알 밖으로 나오는 것 자체가 죽음과 삶이 동시에 일어나는 것이므로 당시 경청 스님에게 '살아나는 한마디'를 해야 답이 된다.

석우 착어 "녹두 꽃이 하늘을 덮은 뒤에 마을 사람들이 잔치를 벌린다."

이 공안에 대해서 원오 스님은 다음과 같이 수시했다.

"도란 지름길이 없고 그 자리에 들어서기가 매우 힘들다. 법이란 보고 들을 수 없으며 말과 생각과는 멀리 떨어져 있다. 만일 가시덤불 숲을 뚫고 불조(佛祖)라는 속박마저도 풀어 젖히고 은밀한 경지를 얻는다면, 모든 하늘이 꽃을 바치려 해도 바칠 길이 없고, 외도가 남몰래 엿보려 해도 엿볼 문이 없을 것이다.

종일토록 행해도 일찍이 행했다 할 것이 없고 종일토록 말해도 일찍이 말했다 할 바 없다. 그리하여 자유자재로 줄탁(啐啄)의 기틀을 펴고, 죽이고 살리는[殺活] 칼을 쓸 수 있게 된다.

설령 이와 같아도 모름지기 그것은 방편문[建化門] 가운데에서 한 번은 추켜올렸다가 한 번은 깎아내렸다 하는 것임을 안다면 그래도 조금은 나은 편이다. 그리해도 본분의 일과는 전혀 아무런 관계가 없다. 무엇이 본분의 일인가?"

석우 착어 "눈은 쌓이기 전에 밀어내야 한다."

경청 스님은 설봉(雪峰) 스님의 법을 이어받았다. 본인(本仁)·현사(玄沙)·소산(疎山)·태원 부(太原浮) 등과 같은 시대의 인물이다. 처음 설봉 스님을 뵙고 종지를 얻은 뒤 항상 줄탁(啐啄)의 기연으로 후학을 일깨우니 근기에 딱딱 맞춰 설법을 했다.

경청 스님이 대중 법문에서 이르기를 "무릇 수행하는 사람이라면 줄탁동시(啐啄同時)의 안목을 갖추고 줄탁동시의 작용이 있어야만 바야흐로 납승(衲僧)이라 일컬을 수 있다. 이는 마치 어미닭이 쪼면 병아리도 쪼지 않을 수 없고, 병아리가 쪼면 어미닭도 쪼지 않을 수 없는 것과 같다" 라고 말하니, 어떤 스님이 문득 앞으로 나와 물었다.

"어미닭이 쪼고 병아리가 쪼면 화상의 경지에서는 무엇이 되겠습니까?"
"좋은 소식이다.[好箇消食]"
"반대로 병아리가 쪼고 어미닭이 쪼면 학인의 경지에서는 무엇이 되겠습니까?"
"본래의 면목(面目)이 드러나지.[露箇面目]"
이 때문에 경청 스님의 문하에서는 줄탁의 기연이 있게 되었다.
학인의 본래 면목은 부처의 삶이 드러난 것이다.

뒤에 남원(南院) 스님이 대중 법문을 했다.

"여러 총림에서는 줄탁동시의 안목을 갖추었을 뿐, 줄탁동시의 작용은 갖추지 못했다"고 하자, 어떤 스님이 나오더니
"무엇이 줄탁동시의 작용입니까?"
하고 묻자, 남원스님이 말했다.
"작가 선지식이라면 줄탁을 하지 않는다. 줄탁을 하면 동시에 잃는다."
"학인에게 의심이 있습니다."
"어떤 것이 그대가 의심하는 점인가?"
"잃는 것입니다.[失]"
남원 스님은 갑자기 주장자로 쳤으나 그 스님이 수긍하지 않으므로, 그를 쫓아내버렸다. 그 스님이 뒤에 운문 스님의 회하에 이르러 여러 스님들에게 앞에 있었던 대화를 말했더니, 한 스님이 말했다.
"그때 남원 스님의 방망이가 부러졌습니까?"
그 스님은 이 말에 환히 깨달았다.
그 스님이 되돌아와 남원스님을 뵈려 했지만 남원 스님은 이미 죽은 뒤였다. 이에 풍혈(風穴: 896~973) 스님을 뵙고 절을 올렸더니 풍혈 스님은 말했다.
"당시에 선사(先師: 남원 스님)께 줄탁동시를 물었던 스님 아닌가?"
"그렇습니다."
"그대는 그때 어떻게 이해했느냐?"
"저는 처음엔 마치 등불의 그림자 속을 걷는 것과 같았습니다."
"그대가 알았구나."

이 스님이 말한 것이라고는 "저는 처음엔 마치 등불의 그림자 속을 걷는 것과 같았다"는 것인데, 무엇 때문에 풍혈스님이 바로 "그대가 알았구나"라고 말했을까?

남원 스님은 줄탁의 순간에 대해 말한 것이다. 둘 다 죽어있지 않으면 선사의 화살과 납자의 화살은 부딪히지 못한다. 그러나 알에서 나온 순간부터는 살아나는 계교가 있어야 한다는 것을 잘 보여준 것이다.

이 공안을 알아차린다면 경청 스님이 이 스님을 어떻게 인도했는지를 알게 될 것이다. 자, 여러분이라면 어떻게 해야 "생짜배기로구나"하는 소리를 면할 수 있겠는가?

석우 착어 "임제는 황벽을 때리고 암두는 덕산에게 할을 한다. "

설두 송
옛 부처는 가풍이 있어
거량하다가 깎아내림을 당했네.
새끼와 어미가 서로 모르는데
어느 누가 함께 줄탁을 할 수 있을까?
쪼았다. 알아차렸다.
아직도 껍질 속에 있도다.
거듭 얻어맞았는데
천하의 납승들이 부질없이 겉모습만 더듬네.

古佛有家風　對揚遭貶剝　子母不相知　是誰同啐啄　啄覺　猶在殼 重遭撲　天下衲僧徒名邈

31

목주할후 (睦州喝後)

목주(780?~877?) 스님이 어떤 스님에게 물었다.
"요사이 어디 있다 왔느냐?"
그 스님이 갑자기 할[喝: 소리침]을 했다.
"노승이 너에게 일할(一喝)을 당했구나."
그 스님이 또다시 할을 지르자
"서너 차례 소리 지른 다음에는 어찌하려는고?"
그 스님이 아무런 말이 없자,
목주 스님이 문득 치면서 말했다.
"이 사기꾼아!"

擧 睦州問僧 近離甚處 僧便喝 州云 老僧被汝一喝 僧又喝 州云
三喝四喝後作麼生 僧無語 州便打云 這掠虛頭漢

원오 평창

대체로 최고의 가르침을 세우려면 모름지기 본분종사(本分宗師)의 안목이 있어야 하고, 본분종사로서의 작용이 있어야 한다. 목주 스님의 솜씨[機鋒]는 번득이는 번갯불과 같다. 목주는 강사들을 감파(勘破)하길 즐겨했는데, 평소에 하는 일언반구는 가시덤불과 같아서 어떻게 손을 대볼 수 없었다.

목주 스님은 웬 스님이 오는 것을 보자마자 **"지금 이 장소가 바로 그대로 드러난 공안[見成公案]이다.** 그대에게 삼십 방망이를 때리리라"했다. 또 어떤 스님을 보고서는 "상좌(上座)야" 하고 부르고 그 스님이 머리를 돌리면 "외곬수야!"라고 했다.

또한 대중 법문에서는 "아직 깨달음을 얻지 못했으면 모름지기 깨달음을 얻어야 하며, 깨달음을 얻었으면 노승을 저버리지 말라"했다. 목주 스님은 사람을 가르칠 적에 흔히 이처럼 했다.

본칙의 이 스님도 잘 다듬어지기는 했으나 용머리에 뱀 꼬리가 된 것을 어찌하랴. 당시 목주 스님이 아니었더라면 승에게 한바탕 현혹 당했을 것이다.

임제(臨濟) 스님은 이르기를 "나는 그대들 모두가 나의 소리 지르는 것을 배운다고 들었다. 내 그대들에게 묻노니, 동당(東堂)에서 어느 스님이 나오고, 서당(西堂)에서 어느 스님이 나와 두 사람이 서로 소리를 지른다면 누가 손님[賓]이며, 누가 주인[主]이겠느냐? 그대들이 빈(賓)·주(主)를 분별하지 못한다면 앞으로는 나를 흉내내지 말라"고 했다.

또 임제 스님은 "어떤 때의 일할(一喝)은 일할로 쓰지 않기도 하고, 어떤 때의 일할은 일할로 쓰기도 하며, 어떤 때의 일할은 땅에 웅크리고 앉은 사자 같기도 하고, 어떤 때의 일할은 금강왕 보검과 같기도 하다"고 했다.

흥화(興化: 830~888) 스님은 "내가 그대들을 보니 동쪽 행랑에서 할을 하고 서쪽 행랑에서도 할을 하는데, 제멋대로 소리를 질러대지 말라. 설사 소리 쳐서 나를 삼십삼천(三十三天)에 올려놨다가 다시 처박아 가느다란 호흡마저 끊어지도록 하더라도 내가 다시 깨어 일어나 그대에게 말하리라. '아직 멀었다'라고. 무엇 때문인가? 나는 일찍이 붉은 비단장막 안에서 그대들을 위해 진주를 뿌려주지 않았기 때문이다. 그저 제멋대로 소리쳐서 무엇 하겠는가?"했다.

녹문(鹿門)의 지선사(智禪師)가 이 스님을 점검하여 이르기를 "법을 아는 자만이 법이 무서운 줄 안다"라고 했으며, 암두(巖頭) 스님은 "말로 따지면 모두가 달라져버린다" 했으며, 황룡 심(黃龍心) 화상은 "궁하면 변하고, 변하면 통한다"고 했다.

이 공안은 조사가 온 세상 사람들의 혀를 꼼짝 못 하게 해버린 것이다. 그대가 기연에 맞출 줄 안다면 거량하기만 하면 바로 핵심을 알 것이다.

설두 송
두 번째 질러댄 소리와 세 번째 질러댄 소리여.
작가 선객인지라 기연에 맞출 줄 알았다.
범 대가리에 올라탔다고 여긴다면
둘 다 눈먼 장님이 되리라.
누가 눈먼 장님인가?
온 세상에 들추어내어 사람들에게 보여주리라.

兩喝與三喝　作者知機變　若謂騎虎頭　二俱成瞎漢　誰瞎漢　拈來
天下與人看

32
암두의 항상한 이치 [巖頭常理]

서암(瑞岩)44)이 암두(岩頭)에게 물었다.
서암 "무엇이 근본 상리[本常理: 항상한 이치]입
니까?"
암두 "움직였다[動也]."
서암 "움직일 때는 어떠합니까?"
암두 "근본 상리를 보지 못하느니라."
서암이 우두커니 생각에 잠기니
암두 "긍정하면 근과 진[根塵]을 벗어나지 못하
고
긍정치 않으면 영원히 생사에 빠지느니라."
서암이 드디어 깨달았다.

擧 瑞巖問巖頭 如何是本常理 頭云 動也 巖云 動時如何 頭云
不見本常理 巖佇思 頭云 肯卽未脫根塵 不肯卽永沈生死 岩遂領
悟

---

44) 서암은 오대 후량승 사언(師彦)이니 암두전활을 이었고 대주(台州) 단
구 서암산(瑞巖山) 서암원에 거주(住)했음. 서암은 반석에 앉아 종일 어
리석은 듯했다. 매양 스스로 주인공을 부르고 다시 응낙했다. 곧 가로
되 "성성착(惺惺著)하라, 타후에 타인의 속임을 받지 말라."했다.

만송 시중

여여(如如)라고 불러도 벌써 변했다. 지혜로 이를 수 없는 곳이니 부디 말하려 하지 말라. 여기에도 참구할 몫[分]이 있겠는가?

만송 평창

태주(台州)의 서암산(瑞岩山) 사언(師彦) 선사는 민(閩) 지방 사람으로 성은 허(許)씨다. 처음에 암두(巖頭)에게 참문하여 이름과 자(字)를 청했더니, 본상리(本常理)라는 호를 내렸다.

암두는 때로는 놓쳐버리고는 그저 비추어 꿰뚫어주려는 생각만으로 이르되 "움직였다" 했으니, 서암은 운이 좋았는지라. 30방은 맞아야 좋을 것인데 다행히도 어떻게 벗어났을까? 그는 도리어 위태로움도 돌보지 않고 이르되 "움직일 때는 어떠합니까?" 했으니, 범의 머리를 껴안고 꼬리를 얽은 격이다. 암두는 반쯤 취하고 반쯤 깬 상태에서 또 놓쳐버리고 그저 비추어 꿰뚫어주려는 생각만으로 이르되 "근본 상리(常理)를 보지 못하느니라" 했으니, 사물을 용납하는 대가들의 아량이 이러한 것이다.

서암이 우두커니 생각에 잠겼으니 여기야말로 바로 마른 나무 바위 앞에 갈림길이 많다는 지점일 것인데, 암두는 이미 목숨을 아끼지 않는 터라 그에게 도망칠 길을 끊어서 양지 바른 장안길을 활짝 열어주고자 이르되 "긍정하면 근과 진을 벗어나지 못한 것이요, 긍정하지 않으면 영원히 생사에 빠지리라" 했으니, 중읍이 위산(潙山)에게 이르기를 "법굴(法窟) 안에서 사자의 발톱[爪牙]을 보였구나"[45] 한 것과 같아서 산 채로 잡고 산 채로 붙들어서 조금도 틈이 없는 공부를 보인 것이다.

협산(夾山)의 회상에 있던 어떤 승이 석상(石霜)에게 가서 문에 들어서자 문득 이르되 "안녕하십니까[不審]" 하니, 석상이 이르되 "그럴 필요가 없느니라, 사리(闍梨)야" 했다. 승이 다시 이르되 "그러시다면 안녕히 주무십시오[珍重]" 했다.

그 승이 다시 암두에게 가서 전과 같이 하니 암두가 "허허" 하고 두 마디 소리를 냈다. 승이 이르되 "그러시다면 안녕히 주무십시오" 하고는 이내 돌아서려는데 암두가 불러 세우고 이르되 "비록 후생(後生)이지만 제법 갈무리할 줄 아는구나!" 했다.

승이 돌아와서 협산에게 이 일을 이야기해 바치니 협산이 이튿날 상당하여 그 승을 불러 앞의 일을 법답게 사뢰게 하고는 협산이 다시 이르되 "대중이여, 알겠는가? 만일 이르는 이가 없다면 노승이 두 줄기 눈썹을 아끼지 않고 말하리라" 하고, 이어 이르기를 "석상은 살인도(殺人刀)는 있으나 아직 활인검(活人劍)이 없고 암두는 살인검도 있고 활인검도 있다" 했는데 임제 문하에서 일곱 가지 일이 몸을 따른다[七事隨身] 한 것에서 연유한다.

암두는 서암이 지성으로 청해 묻는 것을 보았으나 예리한 기봉(機鋒)으로 감변(勘辨)할 계제는 아님을 알고 그를 가엾이 여겨 자비를 드리워 도안(道眼)으로 만나주었는데 서암이 말을 따라 깨닫고는 뒷날 스스로가 "주인공아! 남의 속임에 빠지지 말

___

45) 法窟爪牙; 앙산이 수계한 후 중읍 스님에게 인사하러 갔다가 중읍과 대화에서 앙산이 "졸던 원숭이가 밖의 원숭이를 만났을 때는 어떠합니까?" 하고 묻자, 중읍이 "기특하다. 진사자가 법굴에서 발톱을 드러내었구나." 하고 선상에서 내려와 앙산의 손을 잡고 춤추면서 이르되 "성성이와 너가 만났다" 했다. 更有一事 只如內獼猴瞌睡 外獼猴欲相見時 如何 奇哉 眞師子兒便露法窟爪牙 邑不覺自下禪床 執仰山手 作舞云 狌狌與爾相見了也

라" 했으니, 대체로 독수(毒手)를 만났던 일은 영원히 잊을 수 없기 때문일 것이다.

천동 송고
둥근 구슬은 구멍을 내지 않고
큰 옥돌은 쪼지 않는다.
도인을 귀히 여기는 바는 모가 나지 않는 것이니
긍정의 길을 뽑아버리면 근진(根塵)이 공해지고
온 전체가 의지하는데 없으면 살아서 우뚝우뚝하다.

圓珠不穴 大璞不琢 道人所貴無稜角 拈却肯路根塵空 脫體無依活卓卓

33
기우멱우 (騎牛覓牛)

최혜암 스님이 박성월 스님에게 물었다.

"소를 타고 소를 찾는(騎牛覓牛)다는 것은 이 무슨 도리입니까?"

"찾는 소는 그만두고 탄 소나 이리 데리고 오너라."

혜암 스님은 말이 막혀 어리둥절하여 앉아있었고, 대중도 멍하니 앉아만 있었는데, 그때 호은(湖隱) 노장이 벌떡 일어나 덩실덩실 춤을 추면서

"대중 스님들은 몰라도 나 혼자만은 알았습니다."

라고 말하면서 "탄 소[牛]를 잡아 대령하였으니 눈이 있거든 똑바로 보시오."

하고 큰 소리로 외쳤다.

성월 스님이 방으로 따로 불러 불조(佛祖)의 공안에 대하여 차근차근 물어보니 하나도 막힘없이 다 대답하므로 성월 스님은 호은 스님의 깨달음을 인가했다.

기우멱우(騎牛覓牛)는 『전등록』에 유래가 있다. 복주(福州) 대안 선사(大安禪師)는 어릴 적에 황벽산에서 수업(受業)하고 율승(律乘)을 청습(聽習)했다. 뒤에 백장 스님에 이르러 예배하고 물었다.

대안 "학인이 부처를 알려고 합니다. 무엇이 곧 이것입니까."
백장 "소를 타고 소를 찾는(騎牛覓牛) 것과 매우 흡사(大似)하
구나."
대안 "안 후엔 어떻습니까."
백장 "사람이 소를 타고 집에 이름과 같다."
대안 "어떻게 보임(保任)해야 합니까."
백장 "소 키우는 사람이 지팡이를 가지고 그것을 감시(監視)
하면서 무덤가에 들어가지 않게 함과 같다."

대안 스님이 이로부터 깨닫고 다시 치달려 구(馳求)하지 않
았다. 동참(同參)인 영우 선사(靈祐禪師)가 위산(潙山)에 거하자,
대안 스님이 몸소 경작(耕作)하며 조도(助道)했고 영우 선사가
귀적(歸寂)함에 이르자 대중의 청으로 주지(住持)를 이었다.46)

조선 말기, 박성월 스님은 거지들 거처를 떠돌던 노숙자였
다. 수덕사 정혜사에 도착해서 공양대접을 받고 만공 스님의 눈
에 띄어 '무'자 화두를 받고 선방에 입실했다. 고래고래 소리를
지르며 정진하던 박성월 스님은 어느날 화장실에서 깨달음을 얻
어 제방의 조실이 되었고, 천은사 삼일암 선방의 조실로 초대되
었다.

호은(湖隱) 스님은 지리산 천은사에서 결혼한 승려로 살았는
데, 대중이 나이가 많다는 이유로 입실을 반대했지만 오직 조실
성월 스님만은 방부를 허락해서 입방했는데 참선을 하는 둥 마
는 둥하며 지내고 있던 노장이 한철 3개월도 못되어서 성월 스

---

46) 『전등록』 권9 대안선사(大安禪師)

님의 법문을 듣고 깨달음을 얻었던 것이다.

성월 스님이 탄 소[騎牛]를 대령하라는 말에 호은 스님이 "탄 소[騎牛]를 잡아 대령하였으니 눈이 있거든 똑바로 보시오."라고 소리쳤는데, 그때 무엇을 보라고 했던 것일까? 눈이 있는 사람이라면 똑 바로 볼 수 있다. 보이는가? 천길 벼랑에서 한걸음 앞으로 나아가는데 그렇게 많은 세월이 걸려야한단 말인가? 금생은 태어나지 않았다고 생각하고 즉시 한걸음 앞으로 내딛으라. 그리하면 곧 보일 것이다.

성월 스님은 호은 스님을 인가한 후 대중들에게 법상을 차리게 하고 높이 앉게 한 후 대중들 보고 3배하게 하니, 호은 노장이 툭 터진 목소리로 법당이 쩌렁쩌렁 울리도록 한 소리를 읊었다.

홀연히 소 타고 소 찾는다는 말을 듣고
즉시 자기의 주인공을 깨달았네.
오고 감이 없는 것이 법성신이고
늘지도 줄지도 않는 것이 반야봉이라.

忽聞騎牛覓牛聲　頓覺卽時自家翁　非去非來法性身　不增不減般若峰

이 첫 일성은 곧 호은 스님의 오도송(悟道頌)이 되었다. 이 소리를 들은 당시 젊은 최혜암 스님은 눈앞이 캄캄해지고, 사흘 동안은 먹는 밥이 마치 모래알 씹는 것 같았다고 했다. 또 그때 대중 가운데에 박추월(朴秋月)이라는 스님이 있었는데 그는 이것을 듣고 들어앉아 꼬박 16일 동안을 단식하며 지독하게 정진했는데도 불구하고 기어이 화두 통명(通明)은 못하고, 아래윗니가 모두 솟고 내려앉아 거의 죽게 될 지경에 이르렀다. 혜암 스님이 거의 백리 길을 다니면서 약을 구해 겨우 박추월 스님을 살렸다고 했다.

당시 공부 잘한다고 뽐내던 50명 선객들이 호은 노장이라면서 비웃고 업신여기던 그 스님이 그렇게 될 줄은 아무도 몰랐던 것이다. 그때 호은 스님이 조실 스님 앞에서 큰 소리로 "조실 스님께서 나를 붙들어 주시지 않았더라면 나는 영겁(永劫)으로 무명(無明) 속에서 헤맬 뻔했습니다." 하면서 흐느껴 우는 것을 혜암 스님이 직접 보았다고 했다. 그 뒤 해제하기도 전에 큰 사찰인 함경남도 안변군 석왕사 내원암 선방에 조실로 초빙을 받아가서 수많은 납자들을 제접했다.

『능엄경』에서 석존은 다음과 같은 말을 했다. "네가 돌려보낼 수 있는 것들은 당연 네가 아니지만, 돌려보내지 못하는 것은 네가 아니고 누구인가?" 이 말을 들었을 때 바로 깨달아야 한다. 나에게 있는 이 몸과 생각이 온 곳인 대자연에 다 돌려주어도 더 이상 돌려주지 못하는 것은 네가 아니고 누구란 말인가? 그런데 모두 다 돌려주었는데 무엇이 남아있는 것인가? 그렇다고 없다고 해야 할까, 있다고 해야 할까?

혜능 송
보리는 본래 나무가 없고
밝은 거울 또한 받침대가 없다.
본래 한 물건도 없는데
어찌 티끌 먼지가 있으리오.

菩提本無樹 明鏡亦無臺 本來無一物 爭得染塵埃

석우 착어 "그렇다면 무엇이 있어 말하고 걸어가는 것인가? 아이야! 오강에 오줌을 흘리지 말고 잘 누어라. 네."

34
동산의 더위와 추위 [洞山寒署]

어떤 스님이 동산오본(洞山悟本)47) 스님(807~869)에게 물었다.

"추위와 더위가 다가오면 어떻게 피해야 합니까?"

"왜 추위도 더위도 없는 곳으로 가지 않느냐?"

"추위와 더위가 없는 곳이 어디입니까?"

"추울 때는 살인 추위가 되고 더울 때는 살인 더위가 된다."

擧 僧問洞山 寒暑到來如何迴避 山云 何不向無寒暑處去 僧云 如何是無寒暑處 山云 寒時寒殺闍黎 熱時熱殺闍黎

---

47) 洞山悟本; 悟本은 시호이다. 동산양개(洞山良价 807-869), 조동종의 개조(開祖). 21세에 숭산(嵩山)에세 구족계를 받았으며, 남천보원(南泉普願)을 참알(參謁)해 그 지취(旨趣)를 깨우쳤음. 위산영우(潙山靈祐)를 방문해서 무정설법(無情說法) 공안을 참구했으나 여기서는 계합치 못했고, 운암담성(雲巖曇晟)찾아가서 고별(告別; 辭)하고 돌아갈 때 물을 건너면서 그림자를 보다가 대오하고 운암(雲巖)의 법을 이었다. 강서(江西)의 동산(洞山)에서 불법을 홍양(弘揚)했으며 오위군신(五位君臣)의 설을 선양하여(倡) 문풍(門風)을 자못 진작(振作)했음. 함통 10년(869) 63세 법랍은 42. 칙시(敕諡)가 오본선사(悟本禪師)이다. 저서에 보경삼매가(寶鏡三昧歌) · 현중명(玄中銘) · 동산어록 등이 있음 [동산양개선사어록. 송고승전12. 전등록15. 선학사상사상].

이 공안에 대해 여러 스님이 견해를 밝혔다.

투자 대동(投子大同) 스님은 말했다.

"하마터면 그리로 갈 뻔했군.[幾乎與麼去]"

낭야 혜각스님이 말했다.

"나라면 그렇게 하지 않겠다. '어디가 추위와 더위가 없는 곳입니까?' 한다면 '큰방으로 가라'고 했으리라."

운거 효순(雲居曉舜) 스님이 말했다.

"가엾은 낭야 스님은 이렇게 처신을 하지만 나는 그렇게 하지 않겠다. '어디가 추위와 더위가 없는 곳입니까?' 한다면 '삼동(三冬)엔 따뜻한 불을 쬐고 한더위[九夏]엔 시원한 바람을 쏘이라' 했으리라."

보봉 극문(寶峯克文: 1075~1102) 스님이 말했다.

"대중아! 알았다면 신통희유하면서 어느 때라도 추위와 더위를 개의치 않아도 무방하겠으나, 모른다면 추위와 더위 속에서 겨울과 여름을 보내도록 하라."

상봉 재(上封才) 스님은 말했다.

"동산 스님의 한 구절은 주인과 손님이 교대로 참례하고 정·편(正·偏)이 섭렵해 들어간다 할 만하다. 여러분은 지금 어디로 피하려느냐. 일 없이 산에 올라 한 바퀴 돌아보노라. 여러분에게 묻노니, 알겠느냐?"

늑담 문준(泐潭文準: 1061~1115) 스님은 말했다.

"다른 사람을 위할 때라면 물이라 해도 따뜻하지만 남을 위하지 않을 땐 불이라 해도 차갑다."48)

황룡 오신(黃龍悟新) 스님이 이를 염(拈) 했다.

---

48) 이상 洞山錄 32

"동산 스님은 소매 끝에 옷깃을 달고 겨드랑 아래 옷섶을 텄지만[49] 이 스님은 미치지 못한 데야 어찌하랴. 지금 어떤 사람이 황룡에게 묻는다면, 말해보라, 어떻게 응대하겠는가?"

한참 동안 말없이 있다가 말을 이었다.

"선(禪)을 함에는 굳이 산수(山水)를 필요로 하지 않는다. 마음이 사라지면 불은 저절로 시원해진다."

언젠가 어떤 스님이 동산 스님에게 물었다.

"문수[理]와 보현[事]이 찾아와서 참여할 때는 어떠합니까?

"물소떼 속으로 달려간다."

"스님께서는 쏜살처럼 지옥으로 들어가신 것입니다."

"모두 그의[물소떼] 힘 덕분이야.[全得佗力]"

원오 스님이 평창에서 말했다.

"여러분은 말해보라. 동산 스님의 올가미가 어디에 있는가? 이를 분명하게 알 수 있다면 동산 스님의 오위(五位) 및 정(正)·편(偏)으로 번갈아가며 사람을 제접하는 것을 알게 되리라. 이와 같은 향상의 경계에 이르러야만 요리조리 궁리하지 않고 자연히 잘 되는 것이다."

동산 스님의 "무엇 때문에 추위와 더위가 없는 곳으로 가지 않느냐?"는 것은 치우침 가운데 바름[偏中正]이며, 승이 "어느 곳이 추위나 더위가 없는 곳이냐"고 묻자, "추울 때는 스님을 춥게 하고 더울 때는 스님을 덥게 한다"는 말은 바름 가운데 치우침[正中偏]이다. 이는 정위(正位)이면서도 편위(偏位)이며, 편위이면서도 원위(圓位)이다. 이는 「조동록(曹洞錄)」에 자세히 실려 있다.

그런데 임제의 문하에서는 그런 잡다한 것이 없다. 이런 공

안은 대뜸 알아야 한다. 혹 어떤 자는 "추위와 더위가 없어서 좋다!"고 말하는데 핵심에서 벗어난 말이다. 옛사람이 말하길 "칼날 위에서 알아차리면 빠르지만 정식(情識)으로 헤아리면 늦는다"고 했다.

어떤 스님이 취미(翠微) 스님에게 물었다.

"조사가 서쪽에서 오신 뜻이 무엇입니까?"

"사람이 없거든 말해주리라."

취미 스님은 말을 마치고 밭으로 들어가 버렸는데 그 스님이 말했다.

"여기에는 아무도 없습니다. 스님께서는 말씀해주십시오."

취미 스님은 대나무를 가리키면서

"이 대나무는 이처럼 크게 자랐고 저 대나무는 저처럼 작구나."

라는 말에 그 스님은 크게 깨달았다.

또 한번은 조산(曹山) 스님이 어떤 스님에게 물었다.

"이처럼 무더운 날씨에 어디에서 피서를 하려느냐?"

"확탕·노탄 지옥에서 하겠습니다."

"확탕·노탄 지옥에서 어떻게 피서를 하겠느냐?"

"전혀 괴롭지 않습니다."

원오 스님이 말했다.

"무릇 묻는 것은 복잡할 것이 없다. 그대들이 밖으로는 산하 대지가 있다고 생각하거나, 안으로도 견문각지(見聞覺知)가 있다고 여기거나, 위로는 우리가 도달해야만 하는 부처님의 경지가 있다고 생각하거나, 아래로는 제도해야 할 중생이 있다고 생각한다면, 그런 생각은 모두 토해버려라! 그래야지만 하루 종일 행주좌와하는 가운데 한결같아지리라.

그리하면 비록 한 터럭 끝이라도 대천사계(大千沙界) 만큼이나 넓으며, 확탕·노탄 지옥에 있어도 안락국토에 있는 듯하며, 온갖 보배 속에 있어도 초라한 띠풀집에 있는 것과 같을 것이다. 이와 같이 툭 트인 작가 선지식이라면 옛사람의 참된 경지에 이르는데 자연히 힘들지 않을 것이다.“

설두 송
손을 드리우면 만 길 벼랑과 같다.
정위이니 편위이니 따질 것이 뭐 있는가.
옛 유리궁전에 비치는 밝은 달이여!
영리한 사냥개[韓獹]50)가 괜스레 섬돌을 오른다.

垂手還同萬仞崖　正偏何必在安排　琉璃古殿照明月　忍俊51)韓獹空上階

---

50) 한노(韓獹): 흑색의 사냥개, 전국책(戰國策)에 나온 이야기. 중산中山의 토끼는 교활해서 한씨(韓氏)의 개만이 토기를 잡을 수 있다고 함.
51) 인준(忍俊); 준발俊拔하고 영리靈利함.

35
설봉의 자라코 독사 [雪峰鼈鼻]

설봉(雪峰: 822~908) 스님이 대중 법문을 했다.
"남산(南山)에 자라코 독사가 있다. 너희들은 조심하라."
장경 혜릉(長慶慧稜) 스님이 말했다.
"오늘 대중들 중에 반드시 목숨을 잃는 사람이 있으리라."
어떤 스님이 이를 현사(玄沙) 스님에게 말하자 현사 스님이 말했다.
"능사형(慧稜師兄)이므로 이처럼 할 수 있다. 그러나 나라면 그렇게 말하지 않았을 것이다."
"스님은 어떻게 하시겠습니까?"
"남산이라는 말을 해서 무엇 하겠는가?"
운문 스님은 스승 설봉 스님 앞에 주장자를 던지면서 두려운 시늉을 했다.

擧 雪峰示衆云 南山有一條鼈鼻蛇 汝等諸人 切須好看 長慶云 今日堂中 大有人喪身失命 僧擧似玄沙 玄沙云 須是稜兄始得 雖然如此 我卽不恁麼　僧云 和尙作麼生 玄沙云 用南山作什麼 雲門以拄杖攛向雪峰面前 作怕勢

설봉 스님의 제자 세 사람이 스승의 법어에 대해 각각 평을 한 것이다. 세 사람은 나중에 모두 총림의 영웅들이었기 때문에 한마디 한마디가 범상치 않은 뜻을 가지고 있다.

그렇지만 사람은 매 순간 매번 군계일학과 같은 말을 던져서 남들에게 주목을 받을 수는 없는 것이고 당시 상황과 생각에 따라 때로는 평범한 말처럼 하고 그치는 경우가 있고, 그때 마침 유독 눈에 들어오는 한마디가 있는 경우가 있다. 이 공안이 발생된 시점에서는 당연 현사 스님 말이 눈에 띄는 한마디임이 분명하다. 진정(眞淨) 스님도 현사 스님이 유일하게 '자라코 독사' 법문을 알아들었다고 평했다. 진정(眞淨: 1025~1102) 스님이 읊은 게송은 다음과 같다.

"북을 두드리고 비파를 타며 두 명수(名手)가 서로 만났네. 운문은 노래할 줄 알았고, 장경은 삿된 곡조에 맞출 줄을 알았다. 옛 곡조에 가락이 없으니 남산의 자라 코 독사여. 어느 누가 이 뜻을 알까, 분명 그건 현사뿐이다."

원오 스님은 오조 법연(五祖法演) 스님의 "자라코 독사를 다치지 않고 잡을 수 있는 솜씨를 갖추어야 비로소 그 뱀의 (머리부터) 7촌(寸) 떨어져 있는 급소를 꽉 누를 수 있다. 그러면 노승과 함께 손을 잡고 갈 수 있을 것이다"라는 말을 인용하면서, 장경 스님과 현사 스님에게 그러한 솜씨가 있었다고 했다.

그러나 설두 스님은 운문 스님을 높이 추앙했다. 그것은 아마도 평소 운문 스님의 법이 나중에 그 누구도 따라오지 못할 독창성이 있었고, 운문 스님의 법어들은 모든 방면의 질문에서 답변까지 스스로 해서 납자들이 들어갈 숨구멍을 보여 주었을 뿐만 아니라, 운문의 법이 크게 융성했기 때문일 것이다.

이 공안의 핵심은 설봉 스님의 '자라코 독사'가 무엇을 뜻하는지 알아야 하고, 현사 스님은 왜 "남산이라는 말을 해서 무엇하겠는가?"라는 말을 해서 선사들의 동감을 얻어냈는지 참구하면 된다.

원오 스님은 수시에서 "아주 넓어서 밖이 없고 미세하기로는 티끌 같다. 잡고 놓아주는 것이 남에게 달려 있지 않으며 말[卷]고 펴는[舒] 것이 나에게 있다. 끈끈한 속박을 풀어버리고자 한다면, 모름지기 자취를 없애고 소리를 삼키고 각자가 핵심이라고 생각하는 나루터를 콱 닫아버리고 각자 천 길 벼랑 위에 서 있어야 한다. 말해보라. 이는 어떤 사람의 경계인가?"라고 말했다.

석우 송
천리 길 걸어서 강 앞에 고향이 보이나
뱃사공은 돈을 받지 않는다.
무슨 말을 해야 강을 건너갈 것인가?
사과나무 덩굴은 염라왕 앞에서 열매를 맺는다고
말해보지만, 귀[耳]가 있는 사공인지 의심스럽다.

36

앙산의 마하연법 [仰山摩詞衍法]

앙산 스님이 누워 있다가 미륵 내원중당(內院衆堂)으로 들어가는 꿈을 꾸었다. 자리가 다 찼는데 오로지 두 번 째 자리가 비어 있어 그 자리로 가니, 한 존자(尊者)가 백추(白槌)52)를 치면서 말했다.

"지금 두 번째 자리가 설법하시오."

앙산은 자리에서 일어나 백추를 치면서 말했다.

"대승의 가르침[摩詞衍法]은 4구(四句)를 여의고 100비(百非)가 끊어졌다. 자세히 들으라!"

하니 대중이 모두 흩어졌다.

잠에서 깨어나 위산 스님에게 이 사실을 말했더니

"그대는 이미 성인의 경지[聖位]에 들어갔구나."

앙산은 바로 절을 올렸다.

仰山慧寂禪師臥次　夢入彌勒內院　衆堂中諸位皆足　惟第二位空　師遂就座　有一尊者白槌曰　今當第二座說法　師起白槌曰　摩詞衍法離四句　絶百非　諦聽諦聽　衆皆散去　及覺擧似溈山　溈山曰　子已

---

52) 백추白槌: 선방에서 개당(開堂) 설법할 때에 추(椎)를 쳐서 대중에게 알리는 것.

入聖位 師便禮拜

　이 화두는 앙산 스님이 꿈속에서 설법한 것은 분명한데 설법을 바르게 했느냐, 아니면 잘못 말했느냐는 것이 초점이다.

　여기에 대해 천동각 선사는 송하길 "잠꼬대가 자신의 비밀을 누설할 줄 누가 알았으리요? 기다란 눈썹은 집안 흉 드러냄을 비웃으리라. 4구를 여의고 백비가 끊어짐이여, 마조의 자손들은 병들어도 의원을 찾지 않네." 라고 했다. 잠꼬대 하느라 선문의 비밀을 누설하고 만 것이라는 평이다. 이걸 깨어나 스승에게 고한 것도 잘못이고, 스승 위산도 제자를 긍정해준 것도 병이 깊다는 내용이다. 앙산 스님의 꿈 속 법문은

"대승의　가르침〔摩訶衍法〕은　4구(四句)를　여의고
100비(百非)가 끊겼다. 자세히 들으라!"

인데 이 법문이 잘못되었다는 것이다. 즉, '대승법은 사구백비가 끊어진 것'이라고 말한 것이 잘못이라는 것이고 앙산이 잘못했기 때문에 이 말을 듣자마자 대중이 흩어졌다는 것이다.

　납자라면 일면 부정할 수 없는 점이 있다. 앙산 스님이 만약 생시였다면 절대 이렇게 설법하지 않았을 것이다. 그런데 천동각 노인의 판단에도 실수는 있다. 사구백비가 끊어진 것이라는 앞 말은 들으면서도 "자세히 들어라"라는 뒷말은 왜 빼놓는단 말인가, 이 '앙산마하연법' 화두는 "자세히 들으라"와 '대중이 흩어졌다'는 두 구절이 핵심이다. "자세히 들으라"는 활구이고 대중이 흩어진 것은 모두 알아듣고 흩어진 것이다. "자세히 들

으라"는 직절일구요, 천하 노화상의 숨은 뜻인 것이다.

만송 노인은 『종용록』에서 꿈에 대해 다음과 같이 몇 가지를 소개했다.

"앙산은 오래전에 전도몽상(顚倒夢商)이 다했거늘 어찌하여 그러한 거취(去就)를 했을까? 「법화경」에는 이르되 '항상 좋은 꿈을 꾼다' 했고, 「금광명경(金光明經)」에는 '십지보살에게는 열 가지 꿈의 경계가 있는데 어떤 꿈은 더욱 아름답다' 했다."

자주(磁州) 대명전(大明詮) 대사는 평소 우스갯말을 좋아했는데 인산 항(仁山恒) 화상이 정(定) 시자에게 당부하여 항상 단속케 했다. 대명전 대사가 이르되 '인생은 한 판의 꿈이니 즐겁게 한세상 살면 좋은 꿈이요, 구속으로 한세상 살면 나쁜 꿈이다. 나는 차라리 좋은 꿈을 꾸리라' 했다.

다음날 정 시자는 방부를 떼면서 (거절하면서) 이르되 "앙산이 비록 꿈속에서 세 가지 마하연 법에서 노닐었으나 역시 성인 무리의 습기일 뿐이다." 했다.

선사가 꾸는 꿈에 대해서도 선사들의 의견은 엇갈린다. 만송 스님은 일부 불경에서는 십지 보살도 꿈을 꾼다는 것을 소개한 것은 만송 스님이 앙산의 꿈을 일부분 정상적인 신체활동으로 보려했던 것이고, 정 시자는 임제하에서 깨달은 이후 선의 안목이 있던 선사인데 앙산의 마하연 설법을 못마땅하게 여겼던 것이다.

단연코 사람이 꿈을 꾸지 않는다면 살아있는 자가 아니다. 인생이 한판 꿈이지만 깨달은 자는 늘 깨어있으므로 꿈에 살지만 꿈속에 사는 것이 아니다. 살아있는 사람은 꿈을 벗어날 수 없다. 다만 깨달은 사람은 꿈속에서도 유혹되지 않으니 꿈을 꾸나 또한 깨어있는 것과 마찬가지이므로 꿈을 꾸지 않는 것이다.

납자들은 말해보라. 앙산의 마하연 설법이 잘못 되었는가? 아니면 아무 문제가 없는 것인가? 만일 잘못이라고 본다면 무슨 말을 해야 천동각 선사를 만족케 하겠는가? 석우라면 "4구(四句)를 여의고 100비(百非)가 끊어진 대승의 가르침〔摩詞衍法〕을 설하리라. 자세히 들으라!" 라고 말하겠다.

선사들이나 과거 석가모니 부처님은 꿈을 꾸었는가, 꾸지 않았는가에 대해서 궁금할 수 있다. 그런데 인간으로서 꿈을 꾸는 것은 당연한 신체리듬이므로 꿈을 가지고 잘못이다 아니다 논박할 문제는 아니다. 사람은 낮에 무엇인가에 몰두하면 꿈속에서도 그 일을 계속하려는 꿈을 꾸는 것은 당연한 것이다. 또 잠을 자나 잠속에서도 하던 일이 계속 이어지는 경우가 있는데 소위 화두삼매 오매일여 경지이다. 이 경우 무엇을 열심히 생각하면 숙면 중에서도 생각이 이어지는 것은 분명한데, 이것조차도 실제는 꿈이라 해야할까, 아니면 꿈이 아니라 해야할까 의문이 있다. 왜냐하면 오매일여는 잠속이지만 깰 때와 같이 깨어있는 꿈일 수 있기 때문이다. 즉, 대낮에도 한 생각이 일어나면 그것은 꿈이듯이 잠속에도 화두 한 생각을 놓지 않고 있다면 그것이 꿈이 아니고 무엇이겠는가? 이에 대한 석우의 일구(一句)는 "**오매일여를 얻은 자는 매(昧)와 불매(不昧)를 상관하지 않는다**"는 것이다.

오매일여는 잠속에서 화두 하나에 몰두하고 주재(主宰)하는 것이므로 자기 무의식을 극복하고 있다는 것이 무엇보다 중요한 점이다. 하지만 평범한 사람은 꿈을 꾸게 되면 꿈속의 사건에 말려들어가서 당황하고, 놀라고, 슬퍼하고, 기뻐한다. 그러므로 이러한 속에서 깨달음을 얻은 선사들은 과연 꿈을 꾸면서 자신을 잃고 있는가, 아니면 꿈에서도 생시와 같이 깨달은 주인이 되어 일체에 유혹되지 않고 있는가가 참선 공부하는 사람들에게 궁금한 문제일 것이다.

그런데 그에 대한 대답은 선사들의 경지에 따라서 천차만별일 수밖에 없다. 당연 오래 수행한 노선사라면 꿈속에서도 즉, 무의식에서도 놀라거나 자신을 잃는 일은 없을 것이다. 그러나 이제 막 깨달음을 얻은 신입들은 간혹 꿈속의 사건에 휘말려 자신을 잃는 경우가 있을 것이다. 생시처럼 말이다. 깨달음은 찰라이나 깨달음처럼 되는 것은 어느 정도 시간이 필요하기 때문이다.

그런데 이처럼 마음공부가 덜 되었거나, 설사 깨달음조차도 없는 사람이라 해도 그들을 단순히 미숙한 사람이라고 저평가할 수만은 없다. 사람은 누구나 깨닫든지 못 깨닫든지 한 치의 오차 없이 그대로 부처이기 때문이다. 다만 **자신이 부처인 것을 모르면 중생이고 자신이 부처인 것을 알면 부처일 뿐이다.** 똑같은 사람을 한 사람은 부처라고 부르고 한 사람은 중생인 것이므로 사실상 우열은 없다.

선서에 나오는 꿈에 대한 자료들은 대부분 선사들이 꿈속에서도 생시와 같이 자유로운 경지를 보여 주었던 사례들이다. 이들 자료를 보면 선사라 해도 꿈을 꾸는 것은 분명하고 다만 꿈속에서 자신을 잃지 않고 주재(主宰)하는 것은 사람에 따라 다른 것도 분명하다.

인간으로 살아가면서 꿈을 꾸는 것은 정상적 신체활동이고 그리고 또 깨달음을 얻은 선사라면 꿈을 어떻게 주재하든지 말든지 꿈은 꿈이므로 그에 대해 집착할 것이 못된다. 살아있는 인생도 한편의 꿈인데 꿈속의 꿈까지 이렇게 저렇게 단계를 세워서 평가하는 어리석은 일을 할 필요가 뭐있겠는가.

황벽 스님

황벽 스님은 백장의 인가를 받은 제자이다. 백장의 제자 중에서도 황벽 스님은 당연 뛰어난 선승이다. 황벽은 임제라는 종문의 큰 인물을 만들어내었다. 어느 때 황벽 스님의 늙은 어머니가 아들 황벽 스님이 황벽산의 주지로 있다는 말을 듣고 특별히 찾아왔지만 황벽 스님은 만나주지 않았다. 이에 노모는 집에 돌아가다가 굶주림과 추위로 대의(大義) 강 나루터에서 발을 헛디뎌 넘어져 죽었다. 그 후 모친이 꿈에 나타나 천상에 태어났다면서 다음과 같은 말을 했다.

"내가 그때 쌀 한 톨이라도 가져갔더라면 나는 지옥에 떨어졌을 것이니, 어찌 오늘이 있을 수 있었겠느냐?"

하고는 두 번 절하고 사라졌다. 황벽 스님이 꿈에도 의지를 가지고 법문을 한 것은 아니고 보통 사람처럼 그냥 꿈을 꾸었다는 기록이다. 물론 스승의 말을 듣고 제자가 기록한 것이겠으나, 당시 선가에서는 선사가 꿈을 꾸는 것을 가지고 왈가왈부하지 않고 그냥 꿈을 꾸는 것은 당연한 것으로 여기고 들은 그대로 기록했다는 것을 알 수 있는 자료이다.

위산 스님

하루는 위산 스님이 낮잠을 자다가 앙산 스님이 오는 것을 보고 벽 쪽으로 돌아누우니 앙산 스님이 말했다.

"스님, 왜 그러십니까?"

위산 스님은 일어나 말했다.

"내 마침 꿈을 꾸었는데 네가 해몽 한번 해 보아라."

앙산 스님이 세숫대야 가득히 물을 떠다 주자, 위산 스님은 그 물로 세수했다. 얼마 후 향엄 지한(香嚴智閑: ?~898) 스님이 찾아오자 위산 스님이 말했다.

"내 조금 전에 꿈을 꾸었는데 앙산이 나를 위해 해몽해 주었다. 너도 한번 해몽해 보아라."

향엄 스님이 차 한 잔을 달여 오니 위산 스님이 말했다.

"두 사람 다 사리자보다도 신통하구나."

위산 스님은 백장의 제자이다. 위산 스님은 꿈을 꾸어도 꿈에 집착하지 않고 꿈을 이용해서 제자들이 어떻게 해몽하는가를 보기 위해서 "네가 해몽 한번 해 보아라."라고 말하므로 해서 앙산 스님, 향엄 스님은 각자의 방식대로 해몽을 했다. 제자들의 해몽은 얼굴에 찬물 한번 끼얹고 차를 한잔 마시는 것이었다. 이거야말로 해몽하는 좋은 방법이 아니겠는가.

마당을 쓸다보면 옷깃이 이리저리 펄렁거리지만 그것에 신경 쓰는 사람은 거의 없다. 일을 하려면 옷깃이 펄렁이는 정도는 신경 쓸 일도 아닌 것이다. 그처럼 인간으로 살아가려면 꿈을 꾸지 않고 살아갈 수는 없다. 일평생 꾸는 그 많은 꿈을 일일이 해석하고 마음 쓸 필요가 뭐 있겠는가. 세수하고 차 한 잔 마시고 꿈에 대한 끈을 날려버리는 것이 진정한 해몽 아니겠는가.

석두 스님

석두 스님은 청원 행사(青原行思: 육조 스님 제자) 스님의 법을 이었다. 법명은 희천(希遷)이다. 석두 스님이 청원 스님을 시봉하던 즈음에 청원 스님은 남악 회양 스님(육조 스님 제자)에게 보내는 편지를 전하도록 하면서 말했다.

"그대는 이 편지를 전하고 속히 돌아오도록 하라. 작은 도끼 하나를 그대에게 주어 이 산사에 살게 하리라."

석두 스님은 그곳(남악)에 이르러 편지를 드리기 전에 불쑥 남악스님에게 물었다.

석두 "많은 성인을 우러러보지 않고 자기의 신령함도 중히 여기지 않을 때는 어떻습니까?"

남악 "그대의 물음은 너무나 고상하다. 낮은 곳에서 묻지 그러느냐?"

석두 "차라리 영겁을 윤회할지언정 성인의 해탈은 구하지 않겠습니다."

남악 스님은 더 이상 말하지 않았다.

석두 스님이 돌아오자 청원 스님이 물었다.

청원 "간 지 얼마 되지도 않았는데… 보낸 편지는 전했는가?"

석두 "소식도 통하지 못하고 편지도 전하지 않았습니다. 제가 떠날 때 스님께서 작은 도끼를 준다고 하셨는데 그것을 주십시오."

이에 청원 스님이 한 쪽 발을 늘어뜨리자 석두 스님이 절을 올렸다.

석두 스님은 어느 날 밤 육조대사와 함께 거북이 등에 타고서 깊은 연못에서 헤엄치는 꿈을 꾸었는데, 깨고 나서 스스로 꿈풀이를 했다.

"거북이는 지혜이며 연못은 성인의 바다를 뜻한다. 내가 육조 대사와 함께 신령한 지혜를 타고서 성인의 바다를 노니는 꿈이로다.”

등은봉(鄧隱峰) 스님이 마조 스님을 하직하니 마조 스님이 물었다.
“어디로 가려 하느냐?”
“석두로 가려 합니다.”
“석두로 가는 길은 몹시 미끄러울 것이다.”
“지팡이 하나 달고 가다 적당한 곳을 만나면 한판 놀다 갈까 합니다.”
등은봉 스님이 석두 스님의 처소에 이르자마자 선상(禪床)을 한 바퀴 돌고는 지팡이로 바닥을 한 차례 내려친 뒤에 물었다.
등은 “이것이 무슨 종지[宗旨: 종문의 뜻]인가?”
석두 “창천! 창천!(蒼天蒼天: 맑고 푸른 하늘)”
등은봉 스님은 할 말을 잃고 마조 스님에게 돌아가 이야기하자 마조 스님이 말했다.
“다시 가서 묻고 그가 대답을 하거든 두 마디 ‘허허!’하는 소리를 내어라.”
등은봉 스님이 다시 석두 스님을 찾아와 전에 물은 대로 다시 묻자, 석두 스님은
“허허”
소리를 내었다. 이번에도 등은봉 스님은 할 말을 잃고 돌아가 말씀드리니 마조 스님이 말했다.
“석두로 가는 길이 미끄럽다 하지 않았더냐.”

등은봉 스님이 하루는 흙 나르는 수레를 미는데 마조 스님은 다리를 쭉 펴고 길바닥에 앉아 있었다.
등은 "스님, 다리 좀 오므리세요."
마조 "이미 폈으니 오무릴 수 없네."
등은 "이미 가고 있으니 물러나지 못합니다."
이리하여 수레바퀴를 굴리며 지나가다가 마조 스님의 다리를 다치게 했다. 마조 스님은 법당으로 돌아와 도끼를 집어 들고 말했다.
마조 "조금 전에 바퀴를 굴려 내 다리를 다치게 한 놈은 나오너라."
등은봉 스님이 나와 마조 스님 앞에 목을 쓱 빼자 마조 스님은 도끼를 치웠다.

선방에 앉아 수개월 수년을 보내면서 참선 수행하는 것은 오로지 생사를 초월하고 옳고 그른 것에 유혹되지 않기 위함이다. 때문에 어떤 경우에도 선사들은 자기가 한 일에 대해서 그것을 안 했다고 발뺌하지 않는다. 선승은 어떤 순간에 설사 목이 떨어지는 찰나에도 전혀 아쉬움이나 억울함조차 없다. 선사는 제자들에게 항상 이것을 점검한다. 그리고 그 행위가 옳던 그르던 그것을 따지지 않고 당당하게 자신을 내보일 수 있는 사람을 재목으로 여긴다. 그런 사람은 다음 대를 이어갈 훌륭한 선사의 기질을 가지고 있기 때문이다.

부산 스님
부산 스님은 마침 큰 매를 얻어 기르는 꿈을 꾸고서 잠깬 후 길몽이라 생각하고 있던 차, 마침 투자 스님이 그곳에 와서

3년을 머물렀다. 하루는 부산 스님이 물었다.

"외도가 부처님에게 묻기를 '말씀하는 것도 묻지 않고 말씀 안 하는 것도 묻지 않는다'하니, 세존께서 양구(良久: 아무 말 없음)하신 일을 어떻게 생각하느냐?"

투자 스님이 무어라 말씀하려 하자, 부산 스님이 투자 스님의 입을 틀어막았다.

투자 스님은 여기서 깨닫고 절하고 일어서자, 부산 스님이 말했다.

"네가 현묘한 기틀을 깨쳤느냐?"

"설령 현묘한 깨침이 있다 해도 그것을 토해내야 할 것입니다."

이때 자(資) 시자가 곁에 있다가 말했다.

"청화엄(靑華嚴: 투자 의청스님의 별명)이 병을 앓다가 오늘에야 땀을 흘렸나 봅니다."

투자 스님은 그를 돌아보며 말했다.

"개 같은 소리 말아라! 다시 한 번만 구구한 소리를 지껄이면 구역질하겠다."

그러자 부산 스님은 대양 스님의 가죽신과 가사를 투자 스님에게 전하면서

"나를 대신하여 조동종을 이어가라." 했다.

선사들이 깨달을 때의 인연은 여러 형태로 기록되었는데 스스로 깨닫고 선사에 인정을 받는 경우, 선사를 참례하고 즉석에서 깨닫는 경우, 선사의 일구를 듣고 당시에는 깨닫지 못하나 어느 정도 시간을 지나서 깨닫는 경우 등이 있다.

이중 세 번째, 선사의 일구에는 깨닫지 못하다가 나중에 깨

닫는 경우가 가장 많다. 이때 선사의 마지막 일구는 화두가 되어 앉으나 서나 가나오나 화두 하나로 일관하게 되므로 이를 **활구화두(活口話頭)**라고 한다. 활구 아래에서 깨닫는 경우가 가장 많으므로 선문에서는 활구참선을 권장한다.

세존의 양구 설법은 선문에서 자주 거론되는 바이므로 투자 스님이 그 이야기의 전말을 모를 리 없었다. 그런데 막상 부산 스님이 '너는 그것에 대해 어떻게 생각하느냐'하고 물으면 자기도 모르게 평소 아는 바 즉, 평범한 견해든지, 아니면 격외구든지 뭐라도 말하려고 했는데, 그 순간 부산 스님이 불자로 투자 스님의 입을 틀어막은 것이다. 이때 투자 스님은 부산 스님의 뜻을 알고 여기서 종문의 일을 깨달은 것이다.

부산 스님은 이때 당연 투자의 깨달음이 진실인가 거짓인가 알아보려고 "네가 현묘한 기틀을 깨쳤느냐?"라면서 점검을 한 것이고, 투자 스님은 자 시자의 말 다음에 바로 쐐기를 박은 것이다.

"개 같은 소리 말아라! 다시 한 번만 구구한 소리를 지껄이면 구역질하겠다."

이 말이 깨달은 자의 첫 일성이다. 당시에 자 시자도 있었고, 스승 부산도 있는 자리지만 투자는 자신이 깨달은 '석존 양구'에 대한 견해를 숨기지 않고 적나라하게 보인 것이다. 이에 부산 스님은 투자를 인정했다. 선사들이 모두 차원 높은 어구들만 읊조리는 것이 아니고 이처럼 살아있는 생생한 말을 토해내서 스승에게 인정을 받는 경우가 간혹 있었던 것이다.

굉지 스님

굉지 스님은 단하 자순 스님의 법을 이었다. 단하 스님이 굉지 스님에게 물었다.

"무엇이 공겁 이전의 자기 모습인가?"

"우물 안 청개구리가 달을 삼키니 야반삼경에도 야명주 주렴을 빌리지 않습니다."

"아직은 안 된다. 다시 말해 보아라."

굉지 스님이 무어라 하려는데 단하 스님은 불자로 한 대 후려치며 말했다.

"빌리지 않는다고 다시 한번 말해 보아라!"

이 말끝에 굉지 스님은 크게 깨달았다.

그후 굉지 정각(宏智正覺) 선사는 원통사의 주지로 있을 때 어느 날 꿈속에서 시 한 구절을 지었다.

> 빽빽한 솔밭 길에 아름다운 문(門)이 있고
> 희미한 달 아래 황혼녘이 되어 이르렀네.
> 松徑蕭森窈窕門　到時微月正黃昏

이로부터 몇 해 동안 그 시를 까마득히 잊은 채 지내왔는데, 건염(建炎: 1127~1130) 연간에 오랑캐를 피해 삿갓 하나를 쓰고 절강(浙江) 동쪽을 지나 천동사에 이르니, 때마침 천동사는 주지가 물러난 뒤였다.

굉지 스님이 배에서 내려 첫 새벽을 뚫고 산에 들어가는데 마치 날이 밝은 때처럼 **빽빽한 솔밭길이 고요한데 가는 연기 아지랑이 속에 달빛이 싸여 있었다.** 이에 갑자기 지난번 꿈속의 시구(詩句)가 생각났다.

객사에 들어가 이름을 말하지 않았는데도 스님들 가운데 이미 자기를 알고 있는 사람이 있어 "장노사(長蘆寺) 노스님 아니십니까. 어떻게 여기에 오셨습니까?" 하고서, 주사(主事)에게 알리고, 주사는 그 고을 부사(府使)에게 알리니 부사는 기쁨을 감추지 못했다. 부사의 꿈에 신인(神人)이 나타나, 천동사의 주인은 바로 습주(褶州)의 고불이라고 알려주었기 때문이었다.

부사는 곧 첩지(帖紙: 임명장)를 내려 관리를 객사에 보내 천동사의 주지로 초빙했지만, 굉지 스님은 굳이 이를 거절하고 응하지 않았다. 객사의 스님들이 억지로 들쳐 메고 방장실로 들어가므로 그곳에서 30년 동안 주지하여 이로부터 조동의 종풍은 크게 떨쳤다.

굉지 선사가 몇 해 뒤에 꿈에 본 그곳을 지나게 되자 꿈에 지은 시가 생각났고 또 주지 자리가 비어 있어 천동사 주지를 한 것이다. 30년 동안 주지를 해서 평생 거처가 된 것인데 빽빽한 '소나무 숲 문(門)'과 '어스름한 달'을 꾼 것은 평생 거처를 잡을 것이라는 예지몽이었던 것이다. 선사도 예지몽을 꾸었던 것이다.

소흥 계해(紹興癸亥: 1143)년 겨울에 대혜 선사가 왕은(王恩)을 입어 15년간 유배 생활을 끝내고 북쪽으로 돌아오게 되었다. (衡陽에서 유배생활을 했었다) 마침 육왕사(育王寺)에 주지자리가 비어 있어서 굉지(宏智正覺) 선사가 대혜 스님을 그곳 주지로 천거했다. 굉지 선사는 대혜 선사가 오게 되면 대중이 많아져 반드시 식량이 바닥날 것을 미리 알고 소임자에게 이렇게 일러두었다.

"그대는 나를 위해 한 해 예산을 서둘러 준비하고 향적(香積:

창고)의 일용품은 모두 두 배를 비축해 두도록 하라.”

소임자는 분부한 대로 했다. 이듬해 과연 대혜 선사가 육왕사에 오니 따르는 대중이 천 명을 넘어 얼마 안 되서 창고가 바닥이 났다. 그리하여 대중은 갈팡질팡하고 대혜 선사도 어쩔 줄 몰라 했다. 이에 굉지 선사가 쌓아 두었던 물건을 모조리 꺼내서 도와주니 모든 대중이 구제를 받았다. 대혜 선사는 굉지 선사를 찾아가 “고불(古佛)이 아니면 어떻게 이와 같은 역량이 있겠습니까?” 하며 감탄해했다.

하루는 대혜 선사가 굉지 선사의 손을 잡고 말했다. “우리 두 사람 다 늙었소. 그대가 부르면 내가 대답하고 내가 부르면 그대가 대답하다가 하루아침 먼저 갑자기 죽는 사람이 있게 되면 남아 있는 사람이 장례를 치뤄 주도록 합시다” 했는데, 그 이듬해 굉지 선사가 입적하니 대혜 선사가 마침내 상(喪)을 주관하여 그 약속을 어기지 않았다. 「설창잡기(雪牕雜記)」

37
나산의 일어나고 멸함 [羅山起滅]

나산(羅山)이 암두(巖頭)에게 물었다.
"일어나고 멸함이 멈추지 않을 때는 어떠합니까?"
암두가 돌(咄!)하고, 이르되
"누가 일어났다 멸했다 하는가?"
나산이 이때 깨달았다.

舉 羅山問巖頭 起滅不停時如何 頭咄云 是誰起滅 山於此有省

만송 시중

환단(還丹) 한 알로 쇠에 점찍으면 쇠가 금이 되고, 지극한 진리 한마디가 범부를 고쳐 성인을 만든다. 만일 쇠와 금이 둘이 아니요, 범부와 성인이 본래 같은 줄 알면 과연 한 점도 쓸 수 없으리라. 일러보라. 그 한 점은 무엇인가?

석우 평창

나산(羅山) 스님이 먼저 석상(石霜)에게 묻되 "일어나고 멸함이 멈추지 않을 때는 어떠합니까?" 하니, 석상이 대답하되 "바로 마른 나무와 식은 재같이 되게 하고, 한 생각이 만 년을 가게하고, 함과 뚜껑이 서로 맞듯이 되게 하고, 순수히 깨끗하여 티가 없게 하라"53) 했다.

나산은 계합하지 못하고 암두에게로 가서 물었더니, 암두가 할을 하면서 이르되 "누가 일어났다 멸했다 하는가?" 하므로 나산이 이때 깨달았다.

이에 대해 만송 스님은 이 두 스님에 대해 평하길 "암두는 오직 소견이 명백함을 귀히 여겼고, 석상은 고목당(枯木堂)을 두어 직접 거기까지 한번 가서야 비로소 얻기를 요구했다."라고 했다. 만송 스님의 이 두 스님에 대한 평가는 종사가 사람을 제접하는 전래적 두 가지 방법을 그대로 소개한 것이다.

역대 조사들은 말한 즉시 알아듣기를 희망하면서 법문을 한 마디씩 던졌다. 이때 듣는 즉시 깨달았던 납자들도 많이 있으나 알아듣지 못한 납자들도 있을 수밖에 없다. 즉시 알지 못한 납자들은 선사의 일구가 활구 화두가 되어 머리에 꽂힐 것이고 그 뜻을 알 때까지 되뇌일 수밖에 없다. 그렇게 시간을 보내다 어느 날 뒤늦게 깨닫는 것이다. 그런데 얼마만한 시간이 지나야 깨닫게 되는지는 사람마다 천차만별이므로 일률적으로 말할 수 없다.

다만 조사의 뜻을 깨달았다 해도 수행이 완전히 끝난 것은 아니다. **깨달음은 찰라이나 깨달음처럼 되는 것은 어느 정도 시간이 필요하다**는 것에 조사들은 이구동성으로 찬성한 것이다. 이것을 **보임(保任)**이라고 한다. 보임기간 또한 일률적으로 정할 수 없다. 3년, 혹은 10년, 20년, 혹은 일평생이 될 수도 있다. 사람마다 차이기 있기 때문이다. 보임은 깨달음 이후의 수행이

---

53) 『종용록』 43칙; "直須寒灰枯木去　一念萬年去　函蓋相應去　純淸絕點去"

다. 수행형식이야 어찌되든 **깨달음 이후에도 일정 기간 수행정 진은 필요하다는 것이 선문의 정설이다.**[54]

깨달음 이후에도 수행이 필요하다는 것은 곧 초심자나 깨달 은 자나 선방에서 같이 수행한다는 것을 의미한다. 그렇기 때문 에 선문에서는 깨달음도 중요하지만 수행도 중요시될 수밖에 없 다. 인간의 기질이라는 한 측면을 바라본다면 깨달음보다 수행 이 더 중요하다 할 수도 있다.

특별히 수행을 강조했던 대표적인 스님이 바로 석상 스님이 다. 앞에서 말한 바처럼 석상 스님은 '마른 나무와 식은 재같 이' 나아가라고 설법했다. 실제 석상 스님의 뜻을 따른 제자들 은 고목당에서 40년간 기거한 스님들도 여럿 있었다. 불가의 수행은 깨달음 이전이나 이후나 똑같이 수행이 필요하다는 것에 부응한 것이다.

그렇다고 철저한 수행을 강조했던 석상 스님의 법만이 올바 른 선문의 정법은 아니다. 석상 스님의 법은 한 방법이다. 선가 는 돈오성불이 중심적 사상이다. 선가는 '중생은 본래 부처'라는 부처님의 가르침에서부터 출발한다. 때문에 수행의 다과를 묻지 않고 선사의 한 마디에 즉시 깨닫게 하는 것이 선문의 첫 번째 목적이다. 이때 만일 바르게 깨달았다면 세상을 보는 관점이 바 뀔 것이고 관점이 바뀌면 수행하지 않아도 바른 길을 갈 수 있 다. 예컨대 말똥이 먹는 것이 아닌 줄 한번 알면 그만이지 많은 세월 안 먹는 수행은 따로 필요치 않는 것과 같다.

우리는 한번 알면 아는 대로 실행될 뿐 더 이상 노력이 필 요치 않는 인지행동의 기질이 있다는 것을 역대 스승들은 알았

---

54) 46 낭월당공(朗月當空) 참고 바람.

던 것이다. 존재가 무아라는 것을 명철히 깨달았다면 그것이 진실인데 거기에서 어찌 분노가 일어나고 망정이 일어나겠는가?

그러나 다만 깨달음 초입에 있는 납자라면 부지불식간에 염정(染淨)에 집착할 우려가 있어 얼마간 보임 기간이 인정되는 것이다. 그리고 이 보임수행은 육조 스님이나 조주 스님, 그리고 대혜 스님처럼 일평생 이어가는 경우도 있다.55) 우리의 삶의 현장은 진리를 잃어버릴 아찔한 순간의 연속이기 때문에 평상시 생활이 곧 수행이 되는 것이다.

만송 평창

서암(瑞岩)이 암두에게 묻되 "어떤 것이 본래 항상한 이치입니까?" 하니, 암두가 이르되 "움직였다" 했다. 서암이 다시 묻되 "움직였을 때엔 어떠합니까?" 하니, 암두가 이르되 "본래 항상한 이치를 보지 못하느니라" 했다. 서암이 우두커니 생각하고 있으니, 암두가 이르되 "긍정하면 근진(根塵)을 벗어나지 못하고, 긍정하지 않으면 영원히 생사에 빠지느니라" 하니, 서암이 깨달았다.

암두는 영특함이 뛰어나서 학인들을 깨우쳐줌이 정확하고 정민(精敏)하여 덕산 못지않았는데, 나중에 나산법보를 배출했으니, 가히 얼음이 물보다 차다는 격이 되었다. 위산이 앙산에게 말하길 "다만 그대의 안목이 바르기만을 귀히 여기고, 그대의 지내온 길은 묻지 않겠다" 한 것과 같다.

나산이 물은 것은 천하 사람들의 본보기가 되거늘, 요즘 초학자들은 때때로 그 속에서 살아날 궁리를 하면서 마치 물 위

---

55) 46 낭월당공(朗月當空) 참고 바람.

에서 호롱박을 누르듯이 번뇌를 굴복시켜 끊으려 한다.

지각(智覺) 스님이 이르되 "마음과 짝을 하지 말라. 마음이 없으면 마음이 스스로 편안하다. 만일 마음으로 짝을 삼으면 움직하자마자 마음에게 속으리라" 했으니, **짝한다면 망심(妄心)과 짝하는 것이요, 없다면 망심도 없다.**

조사가 서쪽에서 온 것은 사람의 마음을 곧바로 가리켜서 성품을 보고 성불케 한 것이거늘, 어찌 보주(普州)56) 사람들로 하여금 도적떼를 쫓으러 보내고, 종놈을 서방님으로 잘못 알게 하려 했겠는가?

나산이 물은 경지는 진(眞)에 미혹하여 망(妄)에 집착한 것이요, 암두가 "돌(咄)"을 한 경지는 망(妄)에 나아가고 진(眞)에 나아간 것이거니와, 만송의 생각으로는 돌하고 꾸짖은 뒤에 문득 쉬었더라면 진과 망의 경지에서 위로 향할 길이 있었을 것이다.

「능엄경(楞嚴經)」에서 아난이 말하되 "여래께서 지금 마음 있는 곳을 물으시거니와 제가 마음으로써 추궁하고 찾아보건대 추궁하는 놈이 저의 마음이라 생각합니다" 하니, 부처님께서 이르시되 "돌!(咄, 애닲다) 이는 너의 마음이 아니니라" 했다. 아난이 깜짝 놀라 합장하고 일어나서 부처님께 사뢰되 "이것이 저의 마음이 아니면 무엇이라 이름 하오리까?" 하니, 부처님께서 아난에게 이르시되 "이것은 눈앞의 경계를 허망하게 생각해내어 너의 참 성품을 미혹케 하는 것이다. 네가 끝없는 옛부터 금생에 이르기까지 도적을 잘못 알아 자식으로 여겼기에 너의 원래 항상함을 잃고 윤회를 받느니라" 했으니, 부처님의 할은 금강왕 보검과 같은 것이요, 암두의 할은 사자가 땅에 버티고 앉은 것

---

56) 보주 사람들은 도둑질을 잘했다.

같아서 완전한 위엄과 큰 작용으로 남을 속이지 않는 힘이 있다.

방(龐)거사가 이르되 "한 무리의 여섯 도적이 날 적마다 사람을 홀딱 속인다. 나는 이제 너[6根]를 아노니, 너와 더불어 이웃하지 않으련다. 네가 내게 굴복하지 않으면 나는 가는 곳마다 말하여 사람들로 하여금 모두가 너[6根]를 알게 하여 너의 앞길이 끊기게 하리라. 네가 만일 나에게 굴복한다면 나는 더 분별치 않고 너와 한 곳에 살면서 함께 무생법을 증득하리라" 했다.

천동 송고
늙은 등과 칡덩굴을 끊어버리고
여우의 굴을 쳐부순다.
표범은 안개에 싸여 문채가 변하고
용은 우뢰를 타고 뼈를 바꾼다.
돌(咄)!
일어났다 멸했다 함이 분분하니
이 어떤 물건인고?

斫斷老葛藤 打破狐窠窟 豹披霧而變文 龍乘雷而換骨 咄 起滅紛紛是何物

양자(楊子)가 이르되 "성인은 범처럼 변하니 그 문채가 빛나고, 군자는 표범처럼 변하니 그 문채가 울창하다. 말재주꾼은 살쾡이처럼 변하니 그 문채가 빼어난다. 살쾡이가 변하면 표범이 되고, 표범이 변하면 범이 된다" 했다.

38
마조백비 (馬祖百非)

어떤 스님이 마조 스님에게 물었다.
"사구(四句)를 여의고 백비(百非)를 떠나서, 스님께서는 저에게 조사가 서쪽에서 오신 뜻을 곧바로 가르쳐주십시오."
"내, 오늘 피곤하여 그대에게 말해줄 수 없으니, 지장(智藏)에게 물어보게나."
스님이 지장 스님에게 물으니,
지장 스님은 말했다
"왜 큰스님에게 묻지 않았느냐?"
"스님에게 물어보라고 했습니다."
"나는 오늘 머리가 아파서 그대에게 말할 수 없으니 회해(懷海) 사형에게 물도록 하게."
그 스님이 회해 스님에게 여쭙자,
회해 스님이 말했다.
"나도 그것은 모른다."
그 스님이 이를 마조 스님에게 말씀드리자
마조 스님은 말했다.
"지장의 머리는 희고, 회해의 머리는 검다."57)

원오 평창

사구(四句)는 ①유(有), ②무(無), ③유도 아니고 무도 아님[非有非無], ④유 아님마저도 아닌 것[非非有]과 무 아님마저 아니다[非非無]이다.58) 이 4구를 여의면 오만가지 잘못된 생각이 끊어진다[百非]. 그렇지 않고 그저 말로써 이러쿵저러쿵하면 화두(話頭)를 모르고 핵심을 찾아볼 수 없다.

만일 산승이었다면 마조 스님의 첫 말이 끝나자마자 곧바로 좌구(坐具)를 펴고 세 번 절하고서 어떻게 말하는가를 보았을 것이다. 만일 내가 당시에 마조 스님이었다면 일승이 찾아와 "사구를 여의고 백비를 끊고서. 스님께서는 저에게 조사가 서쪽에서 오신 뜻을 곧바로 가르쳐 주십시오"라고 물었을 때, 방망이로 등줄기를 쳐서 내쫓아내고서 깨달았는가, 깨닫지 못했는가를 살펴봤을 것이다.

말해 보라, 무엇 때문에 한 사람은 머리가 아프다 했고, 한 사람은 모른다고 말했을까? 결국은 무엇일까?

마지막에 마조 스님이 "지장의 머리는 희고, 회해의 머리는

---

57) 후백(厚白)과 후흑(厚黑)은 진소유의 『회해집』에 나온다. 후백이란 유명한 도둑이 보따리 가득히 훔친 보물을 싸들고 길을 가는데 후흑이 우물 속을 들여다보고 있었다. 후백이 왜 그러고 있냐고 물어보니 후흑이 하는 말이 장사를 해서 돈을 많이 벌었는데 물을 마시려다 그만 돈 꾸러미를 우물 속에 빠뜨렸다. 누구든 이 돈을 찾아주는 사람에게 그 돈의 절반을 주겠다고 했다. 후백은 옷을 몽땅 벗고 우물 속으로 보물을 찾으러 들어갔다. 그 사이에 후흑은 후백이 도둑질한 물건뿐 아니라 후백의 옷까지 가지고 달아나 버렸다.

58) 『벽암록』 73칙 "離四句者 有 無 非有非無 非非有非非無 離此四句 絕其百非"

검다네”라고 했는데 이를 알음알이로 헤아린다면 세 스님이 돌아가면서 그 일승을 속인 것이라 할 수 있다.

어떤 사람은 “이는 서로가 떠맡겨버렸다” 하고, 어떤 사람은 “세 사람 모두가 그의 물음을 알았기에 답하지 않았다”고 말하지만, 이는 모두 눈먼 것이다. 이는 옛사람의 ‘으뜸가는 제호’에다 일시에 독약을 부어넣은 격이다.

그러므로 마조 스님은 방거사에게 “그대가 한입으로 서강의 물[西江水]을 다 마실 때 말해주리라”라는 말을 했는데, 이 공안과 한가지이다. 따라서 “지장 스님의 머리는 희고, 회해 스님의 머리는 검다”는 말을 알 수 있다면 바로 ‘서강의 물’ 화두도 알 수 있다.

일승은 한 짐 가득 어리석음을 짊어지고 있어 편안하지 못한 데다가 세 큰스님까지 괴롭히면서 진흙과 물속으로 끌고 들어갔지만 끝내 깨닫지 못했다. 그런데 비록 한결같이 이와 같이 했지만 세 종사는 이 외통수[擔板漢: 일승]에게 감파(勘破: 간파)를 당한 것이다.

요즈음 사람은 오로지 말만 가지고 따지며 “희다는 것은 밝음에 일치하고 검다는 것은 어둠에 일치한다”고 하면서 천착하여 헤아릴 뿐, **옛사람의 한 구절은 알음알이[意根]를 끊는 것**임을 몰랐다. 이는 반드시 핵심[正脈]을 꿰뚫어야만 온당함을 얻을 수 있다. 그러므로 “맨 끝의 한 구절이 비로소 견고한 관문에 이르렀다”라고 했는데, 이는 요새가 되는 나루터를 꽉 틀어막아 성인도 범부도 지나가지 못하게 한 것이다.

이 일을 논한다면 문 앞에서 한 자루 칼을 어루만지는 것과 같아서 머뭇거리면 목숨을 잃게 된다. 그리고 또 “비유하면 칼을 빼어 허공을 휘두르는 것과 같으니, 됐는지 안됐는지를 말하지 말라"고 했으니, 팔면이 영롱한 곳에서 알아야 할 것이다.

듣지 못했느냐, 옛사람의 말에

"이 깜깜한 먹통아!"
"여우같은 정령아!"
"장님아!"

라고 했으니 말해 보라, 이것들이 일방 일할(一棒一喝)과 같은가, 다른가? 천차만별이라 하나 한가지임을 알면 자연히 팔방에서 대적할 수 있다. "지장 스님의 머리는 희고, 회해 스님의 머리는 검다"는 말을 알고 싶은가? 이에 대해 오조(五祖) 스님은 "봉후선생(封后先生)59)이라"고 말했다.

설두 송
지장 스님의 머리는 희고 회해 스님의 머리는 검음이여,
눈 밝은 납승도 알 길이 없네.
망아지[馬駒]가 천하 사람을 짓밟으니
임제는 날강도가 아니었구나.
사구(四句)를 여의고 백비(百非)를 끊음이여.
천상 인간에 오직 나[我]만이 아노라.

藏頭白海頭黑　明眼衲僧會不得　馬駒踏殺天下人　臨濟未是白拈賊
離四句絕百非　天上人間唯我知

---

59) 백성을 잘 다스리는 어르신. 封은 風과 음이 통함.

39
운문호떡 [雲門餬餅]

어떤 스님이 운문 스님에게 물었다
"어떤 것이 부처와 조사를 초월하는 말입니까?"
"호떡이다!"

擧 僧問雲門 如何是超佛越祖之談 門云 餬餅

본 공안을 말한 직후 운문 스님이 다시 대중 법문을 했다.

"그대들은 조작으로 이해하려고 하지 말라. 사람들이 말하는 것을 보면 조사가 서쪽에서 오신 뜻이 무엇인가를 묻고, 부처와 조사를 초월하는 말이 무엇인가를 묻는다. 그대들은 무엇을 부처라고 하며, 무엇을 조사라고 여기기에 부처와 조사를 초월한 말에 대해 이야기를 하는 것인가?

삼계(三界)를 벗어난 것을 물었으니, 그대들은 삼계를 가져와 봐라. 무슨 견문각지(見門覺知)가 있기에 그대들에게 장애가 되었으며, 무슨 성색(聲色)과 불법(佛法)이 있기에 그대들을 깨쳐줄 수 있었으며, 무슨 장애가 있기에 차별적인 견해를 지었는가?

옛 성인들은 그대들을 어찌할 수 없어 몸을 가로누여 사람을 지도하면서 '전체가 모두 그대로 참다우며, 사물마다 고스란히 나타나 있다'그 말했지만, 진실은 그런 것이 아니다. 내 그대들에게 말하노라. 일삼음이 있다 하면 벌써 잘못되어버린다."

동산 수초(洞山守初·910~990) 스님이 처음 운문 스님을 참방하자, 운문 스님이 물었다.

"요사이 어느 곳을 떠나왔느냐?"

"사도(渣渡: 강남성에 있는 나루터)에서 왔습니다."

"여름에는 어느 곳에 있었는고?"

"호남 보자사(報慈寺)에 있었습니다."

"언제쯤 그곳을 떠나왔느냐?"

"8월 25일입니다."

"그대에게 세 방망이를 때리리니 승당으로 꺼져라.

동산 스님이 다음날 입실(入室)하여 바싹 붙어서 운문 스님에게 물었다.

"제가 뭘 잘못했습니까?"

"이 밥통아, 강서와 호남에서도 그렇게 했겠구나!"

동산 스님이 그 말에 크게 깨닫고서 말했다.

"제가 후일 인적(人迹)이 끊긴 곳에 암자를 세우고, 한 톨의 쌀도 저축하지 않고 한 포기 채소도 심지 않고서 항상 시방(十方)에 왕래하는 대선지식(大善知識)을 맞이하여 그들에게 못과 문설주를 모조리 뽑아주고, 기름때에 절은 모자와 노린내 나는 적삼을 훌훌 벗어버려, 그들 모두가 그지없이 청정[灑灑落落]한 경지에서 할 일 없는 사람이 되게 하겠습니다."

"몸은 야자(椰子)씨 만한데 주둥이는 커다랗게 벌리는구나."

동산 수초 스님은 호남 보자사에서 떠나온 날 '8월 25일'을 있는 그대로 말했는데 운문 스님은 동산의 경계를 금방 알아보고 냉담하게 "승당으로 꺼져라!"하고 쫓아냈다. 동산은 가라 하니 승당으로 가기는 했지만 난생처음 이유 없이 무시당한 이 기분을 잠재울 수 없었다.

방문 다음날 저녁, 동산은 운문에 바짝 다가가서 물었다. 사자의 자식이라면 당연 찾아가서 따져야할 것이다. 그런데 이 찜찜한 기분을 일으키게 한 당사자가 바로 운문 아니었던가. 운문은 후학을 깨닫게 할 기연을 만들어준 것이므로 이때 동산은 즉시 되돌아보아야 한다.

“제가 무엇을 잘못했습니까?”
“이 밥통아, 강서와 호남에서도 그렇게 했겠구나!”

따지러 갔던 동산 스님은 되레 따끔한 일침을 맞고서야 비로소 자신이 ‘8월 15일’이라고 말한 것이 잘못이라는 것을 알게 되었다. 동시에 평소 가지고 있던 화두의 뜻도 드러나 버린 것이다. 옛 선사들은 한 날 한시도 납자들의 방심을 허락하지 않고 교화했던 것이다.

동산 스님은 곧바로 운문을 하직하고 떠나갔다. 그리하여 운문이 만든 80명 선지식 중에 한 사람이 된 것이다. 그후 세간에 나와 납승을 지도했는데,
어떤 스님이 동산수초 스님에게 물었다.

“무엇이 부처입니까?”
“삼 세 근[麻三斤]이다.”

운문의 ‘호떡’과 동산의 ‘삼 세 근’ 화두는 그 스승의 그 제

자이듯 유사한 점이 있다. 즉석에서 알지 못했다면, 고목나무에서 우연히 말굽버섯이 피어나듯 생각이 마르고 말라서 빼빼마른 장작과 같은 심경에 들어가면 생각지 않게 '호떡'과 '삼 세 근'의 이치가 저절로 드러난다. 한번 죽지 않고 어찌 살아날 수 있겠는가.

원오 스님은 운문 스님에 대해 평하길 "운문 스님은 작가였다. 강물이 깊으면 배가 높이 뜨고, 진흙이 많으면 불상이 크게 마련이다. 그래서 운문스님은 '호떡!'이라고 대답했다. 도란 아무렇게나 행해지지 않고, 공이란 헛되이 베풀어지지 않는다" 라고 했다.

운문의 호떡은 호떡에 뜻이 있는 것이 아니고 그렇다고 해서 아주 호떡을 떠나서 따로 도리가 있는 것도 아니다. 선사들의 화두는 생각할 시간을 갖지 말고 곧바로 알기를 바라면서 던진 말이다. 호떡에 대한 잡다한 뜻에서 운문의 뜻을 찾지 말고 운문의 호떡을 듣는 순간 운문의 의도를 알아채야 한다. 면면히 참구하라.

설두 송
초월한 말을 묻는 선객이 매우 많은데
틈새가 여기저기 터진 것을 보았느냐?
호떡으로 틀어막았는데도 긍정하지 못하고
천하엔 지금까지도 잘못 알고 있네.

超談禪客問偏多　　縫罅披離見也麼　餬餅塞來猶不住　至今天下有諍訛

40

철마의 늙은 암소[鐵磨牸牛]

유철마(劉鐵磨)가 위산(潙山)에 이르자, 위산 스님이 그에게 말했다.
"늙은 암소야, 네가 왔느냐?"
"내일 오대산(五臺山)에서 큰 재(齋)가 있답니다. 스님, 가시렵니까?"
위산 스님이 벌렁 눕자
철마는 곧바로 나가버렸다.

擧 劉鐵磨到潙山 山云 老牸牛 汝來也 磨云 來日臺山大會齋 和尙還去麽 潙山放身臥 磨便出去

이 문답은 마치 전광석화(電光石火)와 같아서 순식간에 주고받은 일이 일어났다. 여기서 머뭇거리면 목숨을 잃는다. 선도(禪道)의 깊은 곳에 어찌 허다한 잡된 일이 있겠는가?

선지식 작가들이 서로를 알아보는 것은 마치 담장 너머의 뿔만 보고서 소인 줄을 알고, 산 너머에 연기가 피어오르는 것을 보고서 불이 난 줄을 아는 것 같다. 툭 건드리면 바로 움직이고 누르기만 해도 곧 몸을 비낀다.

위산 스님이 평소 말하기를, "노승이 죽은 뒤엔 산 아래 한

신도의 집에 암소로 태어날 것이다. 왼쪽 옆구리에 다섯 글자 '위산승모갑(潙山僧某甲) 이라고 쓰여 있을 것이다. 그때에 위산이라 불러야 되겠느냐, 암소라고 불러야 되겠느냐?" 라고 했다.

유철마는 비구니다. 비록 여승[尼]이지만 오랫동안 위산을 참문하다가 위산에서 십 리쯤 떨어진 곳에 암자를 짓고 살았다. 어느 날 자호(子湖) 스님을 찾아가서 참문하기도 했는데, 자호 스님이 물었다.

"유씨 쇠로된 맷돌[劉鐵磨] 아니냐?"
"과분합니다[不敢]."
"왼쪽으로 도느냐, 오른쪽으로 도느냐?"
"화상께서는 전도되지 마십시오."
자호가 문득 때렸다.

'화상께서는 전도되지 마십시오'라는 말은 철마가 이 일에 대해서 어느 정도는 알고 있고 또 질문할 줄도 안다는 것을 알 수 있는 내용이다. 이처럼 유철마는 오랫동안 참구하여 나중에 기봉이 높고 준험한 경계에 들어갔으므로 사람들은 그를 유씨 쇠 맷돌[劉鐵磨]라고 불렀다. 철마가 위산 스님을 찾아가서 위 공안처럼 물었을 때는 유철마가 이미 말과 행동이 일치된 때였다.

"늙은 암소야. 네가 왔느냐?"

위산은 자신을 '물 수소[水牯牛]'라고 하더니, 유철마에게는 늙은 암소[老牸牛]라고 불렀다. 그런데 철마보고 '늙은 암소'라고 했을 때 철마의 심경을 어떠했을까? 만일 이때 철마가 터럭만큼이라도 마음이 움직였다면 이 대담은 공안으로 뽑히지 않았을 것이다. 늙음 암소야! 했을 때 법은 시작되었다. 철마는 아무 반응 없이 하고 싶은 말을 했으므로 이 첫 일구는 양자가 다 평화롭다.

위산과 오대산과의 거리는 수 천리이다. 걸어서 며칠은 걸릴 것이다. 그런데 유철마는 무엇 때문에 위산 스님에게 머나먼 오대산 재에 가자고 했을까? 이것이 두 번째 관문이다. 말해보라, 분명 이유가 있다. 그 뜻이 무엇인가?

그런데 재에 가자는 철마의 말을 듣고 위산이 자리에 벌렁 드러누운 것은 또 무슨 일인가? 또 여기서 철마는 무엇을 보았기에 말없이 바로 돌아간 것일까?

이 대담에서는 양자가 한마디씩만 했을 뿐이다. 위산은 "늙은 암소야, 네가 왔느냐?"라고 했고, 철마는 "오대산 재에 참석하지 않겠느냐?"는 말을 했을 뿐이다. 그리고 위산은 벌렁 누웠고, 철마는 말없이 돌아가므로 해서 마치 아무 일 없었던 듯 대담이 끝났다.

그들은 마치 필요한 대화만 했다는 식이므로 이것은 선(禪)도 아니고, 도(道)도 아니다. 그런데도 여러 선사들은 이 부분에 대해서 앞 다투어 알아볼 것이 있다 했고 엄연히 종문의 화두로 자리를 잡았다.

이 철마자우 화두에 대해서 원오 스님은 다음과 같이 말했다.

"노파[철마]가 위산 스님의 말을 알아듣고 실오라기를 당겼다가 늦춰주듯 한 번은 놓아주고 한 번은 거둬가면서 번갈아가며 주고받았다. 이는 마치 두 거울을 마주 비추면 그림자를 찾아볼 수 없듯, 기연마다 서로가 맞고, 구절마다 서로 투합했다. 요즈음 사람들은 세 차례나 툭 쳐도 되돌아보질 않는다. 그러나 이 노파[철마]는 조금도 속일 수 없었다. 이는 세제(世諦: 세속)의 정견(情見: 끈적한 견해)이 아니다. 마치 밝은 거울이 경대에 걸려 있듯, 맑은 구슬이 손아귀에 있는 듯, 붉은 놈이 오면 붉게 보이고 검은 놈이 오면 검게 나타난 것이다. 그들은 향상(向上)의 일을 알았기에 이처럼 한 것이다."

향상의 일이란 한 단계 나아간 사람들의 수준 높은 말과 행동을 말한다. 유철마와 위산 스님 두 사람은 조금도 어긋남이 없었고 본분 작가와 본분 작가가 만나서 필요한 말 몇 마디를 주거니 받거니 하면서 확인하고 심인(心印)을 찍고 일없는 참사람의 모습을 그대로 보여 주었다는 것이다. 여기에서 착안하여 알아채면 그대도 일없는 참사람[無事眞人]이다.

설두 송
일찍이 철마(鐵馬)를 타고 겹겹이 쌓인 성을 쳐들어갔으나
여섯 나라가 이미 평정되었다는 칙명을 전해 들었네.
그래도 쇠 채찍 움켜쥐고 돌아오는 길손에게 묻건만
깊은 밤 뉘와 함께 대궐 앞을 거닐어볼까?

曾騎鐵馬入重城　勅下傳聞六國淸　猶握金鞭問歸客　夜深誰共御街行

원오 평창
총림에서는 설두 스님의 이 송을 최고로 여기고 있다. 설두

100칙의 송(頌) 중에 이 송이 논리가 가장 잘 갖추어졌고 특히 지극히 오묘하며 본질을 명확하게 송했다.

"일찍이 철마를 타고 겹겹이 쌓인 성을 쳐들어갔다"는 구절은 유철마가 그처럼 찾아간 것을 노래한 것이다.

"여섯 나라가 평정되었음을 알리는 칙명을 전해 듣게 되었다"는 구절은 위산 스님의 첫 질문을 노래한 것이다.

"그래도 쇠채찍을 움켜쥐고 돌아오는 길손에게 물었다"는 구절은 유철마가 내일 오대산에 큰 재가 있다 하는데, 화상께서는 가시렵니까?" 하고 물은 것을 노래한 것이다.

"깊은 밤 뉘와 함께 대궐 앞을 거닐까?" 라는 구절은 위산 스님이 편히 눕자, 유철마가 곧바로 나가버린 것을 노래한 것이다.

설두 스님은 이러한 재주가 있어, 급하고 절실한 곳에서는 급하고 간절한 곳을 노래했고, 느슨하게 여유 있는 곳에서는 느슨하고 여유 있게 노래했다.

풍혈(風穴) 스님도 일찍이 이 화두를 염송(拈頌)했는데, 설두 스님의 뜻과 같았다. 이 염송도 여러 총림에서 모두 찬미했다.

높고 높은 봉우리 위에 서 있노라니
마구니와 외도가 알지 못하고
깊고 깊은 바다 밑으로 가노라니
부처의 눈으로도 엿보지 못한다.

高高峰頂立　魔外莫能知　深深海底行　佛眼覷不見

한 사람은 편안히 눕고, 한 사람은 문득 나가버렸던 일을 살펴보아라. 만일 다시 어쭙잖게 번거로이 말했다면 그 자리에서 길을 잃었을 것이다. 설두 스님의 염송은 가장 훌륭하다. 이는 "일찍이 철마를 타고 겹겹이 쌓인 성 안에 들어간 경지"라 하겠다. 만일 똑같은 도를 얻고 똑같은 도를 깨치지 않았다면 어떻게 이와 같을 수 있겠는가? 말해보라, 무슨 뜻을 얻은 것일까?

어떤 스님이 풍혈스님에게 물었다.
"'늙은 암소야! 네가 왔느냐?'는 뜻이 무엇입니까?"
"흰 구름 깊은 곳에 황금빛 용이 뛴다."
"'내일 오대산에 큰 재가 있다는데 화상께서도 가시렵니까?' 라고 말한 뜻은 무엇입니까?"
"푸른 파도 가운데 옥토끼가 놀란다."
"위산 스님이 눕는 체 한 뜻은 무엇입니까?"
"늙어서 추저분하고 게으르고 할 일 없는 날에 한가하게 누워서 청산을 마주 대하고 있다."
이 뜻 또한 설두 스님의 뜻과 같다.

41

암두의 말후구 [巖頭末後句]

덕산 스님이 어느 날 공양이 늦어지자 손수 바리때를 들고 큰방에 이르렀다. 공양주이던 설봉 스님이 이것을 보고

"이 노장이 종도 치지 않고 북도 두드리지 않았는데 바리때는 들고 어디로 가십니까?" 했다.

덕산 스님은 머리를 숙이고 곧장 방장실로 돌아갔다. 설봉 스님이 이 일을 암두 스님에게 전하니 암두 스님이 말했다.

"보잘 것 없는 덕산이 말후구도 모르는구나."

덕산 스님이 그 말을 듣고 암두 스님을 불러 물되,

"네가 나를 긍정치 않느냐?"

암두 스님이 은밀히 그 뜻을 말했다. 그 다음 날 덕산 스님이 법상에 올라가 법문을 하는데 그 전과 달랐다. 암두 스님이 손뼉을 치고 크게 웃으면서,

"기쁘다. 늙은이가 말후구를 아는구나. 이후로는 천하 사람들이 어떻게 할 수 없으리라. 그러나

다만 3년뿐이로다."
했는데 과연 3년 후에 사망했다.

德山一日飯遲　自托鉢至法堂上　雪峯見云　這老漢　鐘未鳴鼓未響
托鉢向什麼處去　師便迴　峯擧似巖頭　頭云　大小德山　不會末後句
師聞擧　令侍者喚嵓頭至方丈　問　汝不肯老僧耶　頭遂密啓其意　師
至明日上堂　與尋常不同　頭到僧堂前　撫掌大笑云　且喜得老漢會末
後句　他後天下人不奈何　雖然如此　只得三年

　말후구는 선문답에서 선사나 선객이 대담의 주체가 되어 대담을 마무리하는 최종 일구(一句)를 말한다. 선문답은 주로 두마디 이상으로 이루어지고 질문과 답변으로 어떤 뜻을 전달하는데 대담의 마무리가 명확하지 않으면 이를 말후구가 빠졌다고 말할 수 있다.

　암두 스님이 말후구의 중요성을 강조한 것은 선대 선사들이 모두 대담의 마무리를 중요하게 생각하고 최후의 일구를 던져서 상대 두뇌에 각인시키는 일을 이미 해오고 있었기 때문에 후인들도 그 방식을 빼 놓으면 안 된다는 뜻으로 강조한 것이다.

　예컨대, 회양 스님이 마조 스님을 깨닫게 한 뒤에도 마지막에 심지게송을 전해주어 마조 스님이 평생 잊지 않게 했다. 그후 마조 스님은 제자 백장에게 최종 할을 해서 잊지 않게 했다.

　백장 스님이 들오리가 "날아가 버렸습니다"라고 말했다가 코를 비틀린 뒤 깨달음을 얻은 뒤 백장 스님은 다시 한 번 더 스승 마조 스님과 불자 운용 도리에 대한 대담을 나누게 되었다. 마조는 백장의 불자 운용의 도를 인정해주면서도 역시 최종적으로 백장의 귀 가까이에다 큰 소리로 할[喝]을 해 주었던 것이다. 백장은 그때 그 소리로 인해 3일간이나 귀가 먹먹할 정도였다. 이것은 마조가 백장에게 했던 최후의 당부였다. 백장은 스승 마조의 이 일구(말후구)를 절대 잊을 수 없게 된 것이다.

백장은 나중에 납자들을 접화하면서도 스승 마조의 당부를 잊지 않고 제자 황벽에게 그대로 전달해주었다. 그 이야기의 전말은 백장야호 화두와 관련이 있다. 한 스님이 선지식에게 묻기를 '대수행자도 인과에 떨어집니까?'라고 하니 선지식이 '인과에 떨어지지 않는다'라고 대답했다가 선지식은 여우의 몸을 받게 되었는데, 여우가 나중에 백장 스님에게 물으니 백장은 **'인과에 매하지 않는다'**라고 말했고, 여우는 이 말을 듣고 여우의 몸을 벗게 된 사건이다.

이 사건이 있은 후, 황벽 스님이 백장 스님에게 물었다.
"옛사람이 말 한마디 잘못(一轉語)해서 여우 몸에 떨어졌습니다. 오늘 어긋나지 않는 한 마디는 어떤 것입니까?[轉轉不錯 是如何]"
"가까이 오게. 그대에게 말해주겠네."
황벽 스님이 앞으로 다가가 손바닥으로 백장 스님을 한 대 치자 [打師一掌] 백장 스님이 박수를 치고 웃으면서 말했다.
"오랑캐의 수염이 붉다 했더니 여기도 붉은 수염 난 오랑캐가 있구나."
붉은 수염난 오랑캐는 특별한 재능이 있는 사람이라는 뜻으로 쓴 말이다. 인재임을 인정하는 말에 최후의 당부가 있다. 황벽에게 되레 일장을 맞고도 기뻐해서 한 '마무리 일구'인 것이다. 또 하나의 실례가 있다.

호구 스님

어느날 호구 스님(1077~1136)이 원오 스님에 입실했을 때 원오 스님이 말했다.

"보이는 것을 볼 때 그 보는 것은 옳게 보는 것이 아니며, 그렇다고 보이는 것을 떠나서 본다 해도 그 보는 것이란 완전할 수 없다."

말을 마치고 주먹을 들어 올리며 말을 이었다.

"이것이 보이느냐?"

호구 스님이 말했다.

"보입니다."

"머리 위에 머리를 얹고 있는 놈이로구나!"

이 말에 호구 스님은 순간 탁 깨달았지만, 원오스님은 말했다.

"무엇을 보았다는 말이냐?"

"대나무가 빽빽해도 물이 흐르는 데는 지장이 없습니다."

그때 원오스님은 머리를 끄떡거렸다.

호구 스님은 입실할 때만해도 깨닫지 못한 상태이므로 무심결에 "보입니다."라고 대답했지만, 이 대답은 인정을 받지 못하고 "머리 위에 머리를 얹고 있는 놈이로구나!" 라는 일침을 맞을 뿐이었다. 이 말이 말후구이다. 그런데 이 일침을 맞는 호구 스님은 순간 탁 깨달았지만, 마음속에서 일어난 일이라, 원오 스님은 그것을 알지 못하고 "무엇을 보았다는 말이냐?"하고 꾸중하듯 물은 것이다. 그뒤 호구 스님이 순간적으로 나온 대답이 걸작이었다.

"대나무가 빽빽해도 물이 흐르는 데는 지장이 없습니다."

　이것은 어떤 것에 대해 비유를 들어 대답한 것인데 깨달은 사람들이 볼 때는 이전 실수를 봉합하고 자신의 깨달은 경지를 그대로 잘 보여준 대답이라는 것을 알 수 있다. 원오 스님은 이 말이 무엇을 뜻하는 것인지 알아듣고 고개를 끄덕이면서 인정해 주었다. 이 대담으로 인해 호구 스님은 원오 스님의 법제자가 되었다.

용아 스님

　용아(龍牙)60) 스님이 행각할 때 덕산(德山) 스님에게 물었다.
"학인이 막야(鏌鎁)의 보검을 들고서 스님의 머리를 베려고 할 때는 어떻게 하시렵니까?"
덕산 스님이 목을 쑥 빼며 앞으로 다가서며 "얏!"하고 소리 지르자,
용아 스님이 말했다.
"스님의 머리는 떨어졌습니다."
덕산 스님은 방장실로 휙 들어가 버렸다.
　이 경우는 덕산 스님이 '말없이 방장실로 들어간 것'이 말후구이다. 여기에 덕산 스님은 찾아온 내방자를 위한 배려가 있

---

60) 龍牙居遁; (835-923) 당대 조동종 승. 무주 남성(강서) 사람이며 속 성은 곽이며 세칭이 용아거둔선사(龍牙居遁禪師). 14세에 길주(강서) 만전사에서 출가했고 후에 제방을 유력(遊歷)하다가 처음에 취미무학과 임제의현을 참했음. 다시 덕산을 알현하고 후에 동산양개(洞山良价)를 예알하고 그의 법을 이었음. 그 후에 호남 마씨의 예청(禮請)을 받아 용아산(龍牙山) 묘제선원에 주지했음. 호가 증공대사며 5대 후량 용덕 3년에 시적했음. 나이는 89 [오등회원13. 전등록17. 조당집8].

다.

　용아 스님이 그 뒤 이 일을 동산(洞山) 스님에게 얘기하자 동산 스님이 말했다.

　"당시에 덕산이 무어라고 말하던가?"

　"아무 말도 없었습니다."

　"그가 말이 없었던 것은 그만두고, 떨어진 덕산 스님의 머리를 나에게 가져와 보게."

　용아 스님은 이 말에 완전히 깨닫고[言下大悟] 마침내 향을 사르면서 멀리 덕산 스님을 바라보고 절을 올리며 참회했다.

　막야의 보검은 무엇이든지 잘라내는 오나라의 명검이다. 용아 스님이 이 보검을 들고 덕산 스님을 베려할 때는 어떻게 하시겠냐고 물은 것이다. 용아도 덕산도 여기서 칼은 '나'를 베어내는 것을 뜻한다는 것을 알고 있다.

　덕산 스님이 주저 없이 목을 쭉 내밀면서 "얏!"하는 소리, 목을 치는 기합소리를 내었다. 이 상황을 목도한 용아 스님이 어떻게 하는가 보기 위해서이다. 덕산 스님이 대응했으므로 다음은 용아 스님이 뭐라고 대응하는 것이 관례이다. 용아 스님은 "스님의 머리는 떨어졌습니다."라고 말했다. 이것은 용아의 실수이다. 이런 수준으로 선사와 문답할 자격은 없다. 덕산 스님은 접견실에서 바로 방장실로 들어가 버렸다.

　덕산은 이미 용아의 수준을 알아버렸기 때문에 용아에게 최종 가르침을 내려 주는 것만 필요할 뿐이다. **바로 방장실로 들어간 것은 '단도직입적으로 들어가라'는 말후구 가르침이었다.** 용아 스님은 이제 덕산 스님이 이런저런 말도 없이 방장실로 가버린 사건이 활구 화두가 된다. 용아 스님은 덕산 스님의 이

뜻밖의 직절일구가 영혼에 각인 되어 밥을 먹으나 길을 가나 의심에 몰두하게 된다.

그렇게 시간이 지나서 동산 스님의 처소에 이르러 자신의 화두를 털어놓았다. 이때 동산 스님은 "덕산이 당시에 무어라고 말하던가?" 하고 물었고, 용아는 "아무 말도 없었습니다."하고 대답했다. 이 대답 역시 미숙한 대답이다. 덕산 스님의 뜻을 전혀 모르고 있는 것이다. 이에 동산 스님이 말했다.

"그가 말이 없었던 것은 그만두고, 떨어진 덕산 스님의 머리를 나에게 가져와 보게."

순간, 용아는 번개 같은 생각이 스쳐지나갔다. 덕산의 머리 즉, 승리의 깃발, 잘라졌다는 생각을 가져오라 했는데 그것을 어디에서 가져 온단 말인가, 본래 없는 곳에서 일어난 한 생각 '잘라졌다'는 상념은 망상 아닌가, 그 망상이 무슨 대수라고 그것을 여지껏 갖고 다녔단 말인가 하는 생각이 들어 말끝에 대오했다. 실제 『벽암록』에는 언하대오[言下大悟]라고 기록되어있다. 용아 스님의 화두의 답이 드러나는 순간이다. 마치 3조 승찬 스님이 혜가 스님을 뵙고

승찬 "죄업이 많아 괴롭습니다."
혜가 "괴로움을 가져오너라."
승찬 "가져오려 해도 가져올 수 없습니다."
혜가 "내가 너의 죄를 사해주었노라."
라는 말에 승찬 스님이 크게 깨달은 것과 같다. 승찬 스님도, 용아 스님도 모든 것은 마음이 지은 것이고 그 마음이라고 할 당처조차도 눈으로 볼 수 있는 것이 아님을 한 순간 깨달은 것이다. 그 후 용아 스님은 향을 사르면서 멀리 덕산 스님을 향해

절을 올리며 참회했다. 덕산 스님이 아무 말하지 않고 방장실로 들어간 것에 대해 매우 감사해하고, 또 그때 깨닫지 못했던 자신의 어리석음을 참회한 것이다.

대담의 마무리는 분명한 것이 좋다. 말후구는 당시 상황에 따라 다 다르다. 깨달음, 칭찬, 질책, 담담, 지시, 할, 밀침, 나감 등 여러 방식이 있으나 어떤 식으로든 대담이 유효하게 마무리 되어야 제접을 잘한 것이다. 마무리가 제대로 안 되면 미적지근할 것이기 때문이다.

암두 말후구에 등장하는 스님은 암두, 덕산, 설봉 세 스님이다. 이 중에서 암두 스님이 이 화두의 주역이다. 암두 스님은 선종에서 유일하게 덕산 스님이 악! 하는 한마디를 듣고 바로 절을 해서 인정을 받았던 스님이다. 육조 스님도 일숙각이라는 구참 납자가 방문해서 몇 마디의 대담 끝에 깨닫고 돌아갔던 사례가 있었지만, 암두 스님도 여러 선방에 다니면서 참구하고 설법을 듣고 마음이 익을 대로 익어있던 상태였다.

암두 스님은 덕산 스님 방에 입실했을 때 문지방을 넘어서면서 물었다.
"이것이 범인입니까, 성인입니까?"
덕산 스님이
"악!"
하고 할을 하자 암두 스님은 절을 올렸다.

덕산 스님이 할을 하자마자, 바로 암두 스님이 절을 올린 것은 암두가 덕산 할의 뜻을 알아듣고 절을 올린 것이다. 이 대담에서는 덕산의 할이 말후구이고, 또 내방자 암두 스님의 절이 말후구이다. 이 덕산·암두의 말후구는 맑고 깨끗하다는 표현도 부족할 정도로 잡됨이 없다. 바로 알아들었으므로 깨달음도 필요 없고 깨달음에 집착할 필요도 없는 명쾌한 상황이다.

한 스님이 이 이야기를 동산(洞山良价 : 807~869) 스님에게 전하니,
"만일 암두 전할[巖頭] 스님이 아니었다면 그걸 알아듣기란 대단히 어려웠을 것이다"
라고 했는데, 암두 스님은 이 말을 전해 듣고 말했다.
"동산 노인이 좋고 나쁜 것도 모르고 말을 잘못 들먹였다. 나는 당시 한쪽 손은 위로, 한쪽 손은 아래로 내렸었다."

암두는 동산의 과찬을 지적하면서, **한쪽 손은 위로 한쪽 손은 아래로 내렸다**는 표현은 나는 그때 아무런 수준도 갖고 있지 않은 상태였다. 덕산 스님의 할을 듣고 문득 처음으로 법을 안 것이라는 뜻이다. 부처님이 태어날 때 한 손을 올리고 한 손은 땅을 가리키면서 천상천하유아독존이라고 했던 것을 그대로 인용하면서 그때의 심경을 이렇게 표현한 것이다. 그런데 동산 스님의 평에서 보듯 당시 암두의 정신 수준은 이미 상승 납자와 같았다고 할 수 있는 것이었다.

때문에 당시 암두의 말 한마디 행동 하나는 남다른 데가 있었다. 암두 스님은 덕산 스님과 살면서도 감히 스승 덕산의 문제점을 덕산탁발화에서 지적할 정도였고, 또 당시 초견성만 하고 있었던 설봉을 오산진에서 말 한마디로 재차 깊이 깨닫게 해서 깨달음을 마무리해줄 정도였다. 그때 암두가 설봉에게 한 말은 다음과 같다.

암두 "그대는 듣지 못했는가. 문으로 들어오는 것은 가보(家寶)가 아니라는 것을."
설봉 "앞으로 어떻게 하면 됩니까?"
암두 "훗날 그대가 부처님의 큰 가르침을 널리 펴려한다면 하나하나를 자기 가슴속에서 흘러나오는 그대로 남에게 보이시오. 그렇게 하면 하늘을 뒤덮고 땅을 뒤덮을 것이오."
설봉 스님은 이 말끝에 깨닫고[師於言下大悟] 암두 스님에게 큰절을 올리고는 일어나 연거푸 소리쳤다.
설봉 "사형! 오늘에야 비로소 이곳 오산진에서 도를 이루었소!"

설봉 스님은 덕산 스님을 대면하고 즉시 초견성은 했지만, 아직 확철대오는 하지 못하고 있었는데, 덕산 회상에서 4년을 보낸 뒤 암두 스님과 같이 덕산을 하직하고 오산진에 도착했을 때 44세에야 비로소 암두에 의해 확철대오했던 것이다.

그런데 이때 암두는 원래 깨달은 설봉에게 최종적으로 말후구를 던져주었어야 했다. 그런데 암두는 설봉에게 최종 부촉을 할 수 없었다. 그 이유는 설봉의 스승은 덕산이지 암두가 아니기 때문이다.

그러다 보니, 설봉은 한동안 말후구에 대한 개념을 모르고 있었다. 따라서 설봉이 깨달음을 얻고 어떤 암자에 거처할 때에도 말후구를 할 줄 모르고 있었다. 물론 설봉이 50세경 총림을 건설하여 방장이 된 뒤로는 자연스럽게 말후구를 쓰기 시작했다.

이상은 암두 스님이 깨달은 사연과 암두 스님이 설봉 스님을 재차 깨닫게 했던 인연이다. 이 두 건의 기연에서 보듯 암두 스님이 말후구를 제창할 당시 암두 스님은 이미 깨달은 상태였기 때문에 남다른 경계가 있었고, 또 덕산 스님이 스승이지만 선사와 선사가 대면할 때는 계급이 없는 것이고, 암두는 스승의 접화 방법에 문제가 있을 때는 지적해줄 줄도 아는 역량이 있는 선사였던 것이다. 제자는 스승을 넘어가는 지견이 있어야 스승의 은혜를 아는 자라 하는 말에 꼭 적용되는 실례였던 것이다.

덕산탁발화는 설봉이 덕산 회상에 있으면서 초견성만 한 상태였을 때 일어났던 일이다.

"종도 치지 않고 북도 치지 않았는데 바리때는 들고 어디로 가십니까?"

설봉의 이 말은 얼굴을 내밀고 나를 때려달라고 간청하는 말이나 마찬가지이다. 선사라면 이 기회를 절대 놓치지 말았어야 했다. 덕산은 이때 일구를 날려 설봉의 입을 틀어막아야 하는데, 그냥 고개를 숙이고 돌아갔으므로 이건 동생(同生)만 일어난 것이다. 질문은 일어났으나 적합한 결과가 없었다. 과거 선사들이 일구를 던져서 마무리를 했던 것과는 차원이 다른 양상이다. 이 폐해는 나중에 설봉이 암자에 살면서 납자를 제접할 때 그대로 드러났다.

즉, 어느 때 두 스님이 설봉 스님 암자를 방문했는데 설봉 스님이 문을 밀고 나오면서

"이것이 무엇인가?"

하니, 그 스님들도
"이것이 무엇인가?"
하므로 설봉 스님은 머리를 숙이고 돌아갔다.

이 문답에서 내방객이 '이것이 무엇인가?' 물으면 선사는 가슴에서 흘러나오는 자기 것을 내보여서 선객의 입천장이 바짝 마르게 했어야 했는데, 설봉이 고개를 숙이고 돌아감으로 해서 이것도 저것도 아닌 어정쩡한 마무리가 된 것이다.
두 스님 중에 한 스님이 이 일을 암두 스님에게 전하니, 암두 스님이 말했다.
"슬프다. 내가 당초에 설봉에게 말후구를 일러주지 않았음을 후회한다. 만약 그에게 말후구를 일러주었던들 천하 사람들이 설봉을 어떻게 하지 못했으리라."

암두 스님은 이미 덕산 스님에게는 말후구[巖頭密啓]를 들려준 바 있으므로 덕산 스님은 말후구를 잘 쓰고 있었으나, 덕산의 제자 설봉 스님은 덕산 스님에게 배운 바가 없어서 설봉은 스승과 같은 용두사미 방법을 쓴 것이다. 이것을 안 암두 스님이 안타까워했던 것이다.
그 스님이 결제 말에 말후구를 묻자 암두 스님이 말했다.
"왜 일찍 묻지 않았는가?"
"감히 용이(容易)치 않았습니다."
"설봉이 비록 나와 동조생(同條生: 같은 가지 출생)이지만 나와 동조사(同條死: 같은 가지 사망)는 아니다. 말후구를 알고자 한다면 다만 이것이니라."
암두 스님이 말한 "같은 가지에서 태어났지만 같은 가지에서 죽지 않는다.”는 말은 원래 문장 전후를 나누어서 생각하면 안되는 것이고 전체 구절의 뜻이 말후구이다. 마치 같은 옷을 입은 쌍둥이에게 ‘형은 잘 맞았고 동생은 잘 맞지 않는다’라고 말하는 것과 같다. 여기서 알았다면 암두 스님의 말후구 뜻을 안 것이다.

그런데 선사들이 말후구를 제창할 때 암두와 다른 의견이 나타나기 시작하면서 암두의 말후구는 앞 뒤 문장을 잘라서 생각해 보게 되었다. 즉 ‘동조생’은 같은 가지에서 태어난 것인데 선사와 내방객이 어떤 주제를 가지고 주객이 한차례씩 말을 던지기 시작하면 동생(同生)이다. 이때 동생만 있고 결론이 없으면 머리는 있고 꼬리가 없는 것과 같아서 말후구가 없는 것이다.

‘동조사가 아닌 것’은 제자의 상태를 보고 선사가 제자에게 보내는 최후의 일구이다. 이때 선사와 제자의 심경은 다르다. 제자는 스승의 말후구로 한발 더 나아가는 계기가 되는 것이다. 간혹 첫 마디 동생에서 제자가 깨닫는 경우도 있는데, 깨달음은 납자들이 원하는 최상의 경지이다. 하지만 **깨달음 이후 한발 더 내디뎌야 한다. 그리하여 통 밑이 몽땅 빠져 버려야 비로소 어디에도 걸림 없는 대자유인이 된다.** 앞에 거론했던 회양 스님 이하 선사들의 말후구들은 모두 ‘동사(同死)가 아닌 것’들의 전형적 예이다.

그런데 암두 스님이 ‘동사가 아닌 것’을 말후구라 한 뒤에 다른 선사들은 동생동사(同生同死), 즉 선사도 죽고 제자도 죽는 최종 일구가 있는데 이것도 말후구라는 견해가 나왔다. 초경 스님의 어록에 그 말이 있다.
초경(招慶) 스님이 어느날 나산(羅山) 스님에게 물었다.

“암두 스님이 이렇고 저렇다(같은 가지에서 태어나고…)고 하는데 이 무슨 뜻입니까?”

나산 스님이 “대사!” 하고 부르자 초경 스님이 “네!” 하고 대답하니, 나산 스님은 말했다.

“한편으로 밝기도 하고 한편으론 어두운 것이요.”

그러자 초경 스님이 감사의 절을 올리고 갔다가 사흘이 지난 뒤에 또다시 물었다

“전일에 스님께서 베푸신 자비를 입긴 했으나 간파하진 못했습니다.”

“마음을 다하여 그대에게 일러주었다.”

“스님께서는 분명하게 설명해주십시오.”

“그렇다면 대사가 의심하는 곳을 물어보라.”

“한편으론 밝기도 하고, 한편으론 어둡기도 한 것이란 무엇입니까?”

“같이 나기도 하고, 같이 죽기도 한 것[同生同死]이다.”

초경 스님은 그 당시 감사의 절을 올리고 떠나갔다.

그뒤 어떤 스님이 초경 스님에게 물었다.

“같이 나기도 하고 같이 죽기도 할 때는 어떠합니까?”

“개 주둥이 닥쳐라.”

“대사께서도 입 닥치고 공양이나 드시지요.”

그 스님이 다시 나산 스님에게 찾아와 물었다.

“같이 나서 같이 죽지 않을 때는 어떠합니까?”

“뿔 없는 소와 같은 격이지.”

“같이 나기도 하고, 같이 죽기도 할 때는 어떠합니까?”

“호랑이에게 뿔이 있는 것과 같다.”

　이 대담을 보면 동생동사의 경지를 쓰는 자는 범이 날카로운 발톱을 가지고 있는데다 이마에 뿔까지 돋아난 것과 같아서 좌충우돌 어디를 가도 이 범을 당해내지 못하는 것과 같다고 했다.

　그에 비해 '동사가 아닌 것'은 마치 소가 의지하던 소뿔마저 빠져 버린 것과 같이 순한 소 즉, 부처와 같아지는 경지이다. 언듯 생각하면 동생동사는 호랑이가 뿔을 얻은 것이므로 '동사가 아닌 것'보다 우월하다고 생각하기 쉬우나 실제는 그렇지 않다. 소뿔도 버린 경지는 대자유인의 경지이므로 이 경지도 납자들이 갈망하는 경지이다. '동사가 아닌 것'이나 '동생동사'는 우열이 없고 가장 이상적인 선문답의 마무리 방법임을 제시한 것일 뿐이다.

　실제 동생동사의 대담은 백장과 황벽의 호랑이 대담에서 그 예가 나온다.

백장 스님이 황벽 스님에게 물었다.
"어디 갔다 오느냐?"
"산 아래서 버섯을 따옵니다."
"산 아래에 호랑이 한 마리가 있는데 너도 보았느냐?"
황벽 스님이 호랑이 소리를 내자,
백장 스님이 허리춤에서 도끼를 집어 들고 찍을 기세였다.
황벽 스님은 백장 스님을 붙잡고 손바닥으로 쳤다.
백장 스님이 저녁에 상당하여 말했다.
"대중들아, 산 아래 호랑이 한 마리가 있으니 그대들은 드나들면서 잘 살펴 다녀라. 노승도 오늘 아침 한 입 물렸다."

이 대담에서 황벽의 일장(一掌)은 스승을 넘어가는 일장이다. 황벽은 일장(一掌)으로 스승 백장의 생각을 막았고, 백장은 이런 황벽을 인정할 수밖에 없었으므로 바로 대담이 끝나게 된다. 이 말후구는 스승도 죽고 제자도 죽는 동생동사의 한 전형이라고 할 수 있다. 선담에는 이런 경우가 있기 때문에 반드시 '동사가 아닌 것'만 말후구라고 할 수 없고, '동생동사'도 말후구라고 했던 것이다. 이에 대해서 선사들은 더 이상 반론이나 이론이 나오지 않고 있으므로 이후 말후구는 '동생동사', '동생이나 동사가 아닌 것'을 다 말후구로 인정하고 있다.

어찌 되든 두 사람의 대화에서 머리는 있으나 꼬리가 없으면 모두 말후구가 없는 것이다. 실제 덕산과 설봉의 '고개 숙임'은 모두 시작은 있으나 결론은 없는 상태로 마무리 되었다. 이것을 보고 암두 스님은 마무리를 잘해야 한다는 뜻으로 '말후구를 몰랐다' 하고 말한 것이다.

물론 이 두 사건에 대해서 일부 선사들은 '고개를 숙이고 돌아간 것'자체가 동생동사의 말후구라고 말하는 사람도 있다. 또 덕산의 '고개숙임'에 대해서 운운하는 자체가 평지풍파와 같다고 일갈한 스님도 있으므로 일방 타당한 측면이 있다. 선사들은 접화실에서 대담하다가 대담의 마무리로 선사가 대담을 중지하고 뜬금없이 방장실로 돌아가는 경우가 종종 있는 것이다.

그런데 그들 선문답을 보면 모두 귀거(歸去) 이유가 명확하고 또 무엇을 말하고 싶은 지도 명확하다. 그런데 위 이 두 사건처럼 조사의 뜻이 들어있는 것도 같고 아닌 것도 같고, 객에게 무엇을 보인 것도 같고 아닌 것도 같은 어중간한 경우는 거의 없다. 이것을 동생동사의 말후구라 보기도 애매하다. 그래서 암두 스님은 대소 덕산이 '말후구를 몰랐다'고 단도직입적으로 말했던 것이다.

선사의 최종 일구는 내방자가 깨닫던지, 의문을 가지고 돌아가던지, 나무람, 칭찬 등으로 이루어지는 것이 정례이다. 이 최종 일구로 두 사람의 정신이 같아지거나, 각기 다른 상태가 되어 마무리 된다. 육조 스님으로부터 다시 6대로 내려와서 암두 스님은 중국 선불교의 12대 조사이다. 그동안 여러 선사들의 대담이 스님들에게 알려져 왔고 또 앞으로도 많은 선문답이 시행될 것이므로 문답을 개진하는 선사들은 기본적으로 반드시 알아 두어야할 것이 말후구임을 새삼 강조한 것이다.

한편, 암두 스님의 이 말후구 법문은 선종에서 중요 화두로 취급되고 있다. 이 중 하나는 '덕산탁발화(德山托鉢話)'인데 설봉이 '종도 치지 않았는데 어디로 가십니까?' 라고 했을 때 뭐라고 해야 법에 맞느냐는 화두이다. 선사들은 이 화두를 물어 찾아온 납자들의 수준을 가늠해보기도 한다. 또 하나는 '암두밀의(巖頭密意)'이다. 암두 스님이 덕산 스님의 귀에다 대고 뭐라고 말했기에 덕산 스님이 다음날 법문이 달라졌는가이다.

실제 이들 화두를 들고 있다가 깨달은 스님들도 있고 깨달음 이후에도 암두의 말후구에 대한 법문을 반드시 할 정도로 이 말후구 화두는 선종에서 어려운 화두에 속하지만 또 누구든지 관심 갖는 화두이기도 하다.

보엽 스님

정수사(定水寺) 보엽(寶葉妙源) 스님은 사명(四明) 사람이다. 경산사(徑山寺) 허당(虛堂智愚: 1185~1269) 스님에게 공부했는데, 선문의 화두에 대해 깨닫지 못한 바 있으면 반드시 공부를 많이 한 이에게 물어서 깨닫기 전에 그만두는 일은 없었다.

어떤 스님이 허당 선사에게 물었다.

"바리때를 들고 방장으로 돌아간 뜻이 무엇입니까?"

"귀하게 사서 천하게 파느니라."

"말후구도 모른다 함은 또 무슨 뜻입니까?"

"시끄러운 시장 안에서 조용한 망치를 치느니라."

"은밀히 그 뜻을 말했다 함은 무슨 뜻입니까?"

"귀신이 방아를 찧고 부처는 담장을 뛰어넘느니라."

"그 다음날 전과 다르고 또한 말후구를 알아 기쁘다 함은 무슨 뜻입니까?"

"칼에 맞은 흉터는 없애기 쉬우나 악담은 없애기 어려우니라."

보엽 스님은 어느날 허당 스님을 찾아가 물었다.

"덕산(德山) 스님의 말후구(末後句)가 만일 있다고 한다면 어찌하여 덕산 스님께서 알지 못했으며, 만일 없다고 한다면 암두(巖頭) 스님은 어찌하여 덕산 스님은 알지 못했다고 말했습니까? 스님께서 자비로운 마음으로 가르쳐 주십시오."

"나는 모르니 그대는 운(雲) 수좌를 찾아가 물어보도록 하라."

이에 보엽 스님은 운 수좌에게 물어보러 갔는데, 마침 운 수좌는 산에서 돌아와 발을 씻으려고 물을 찾던 중이었다. 보엽 스님은 재빨리 물을 가져다 드리고는 몸을 굽히고 손을 내밀어 운 수좌의 발을 씻겨주면서 고개를 들어 물었다.

"덕산 스님의 말후구에 대하여 저는 있는 것인지 없는 것인지 모르겠습니다. 수좌께서 가르쳐 주시기 바랍니다.”

운 수좌는 느닷없이 발 씻으려던 물을 양손으로 그에게 끼얹으며 말했다.

“무슨 말후구가 있단 말이냐?“

보엽 스님이 그의 뜻을 알지 못하고 이튿날 허당 스님을 찾아보니 허당 스님이 물었다.

”내 그대에게 운 수좌를 찾아가 말후구를 물어보라 했는데 그가 무어라 말하던가?”

“화상의 말씀대로 물어 보았더니 그가 발 씻은 물을 나에게 끼얹었습니다.”

“다른 말은 하지 않던가?”

“무슨 말후구가 있느냐고 했을 뿐입니다.”

“그렇지! 내 너에게 말하여 주리라. 그는 깨달은 자다.”

보엽 스님은 이 말에 의심이 풀리게 되었다. 운 수좌는 바로 한극(閑極) 화상으로 허당 스님의 수제자이며 높은 수행을 닦아 호구사의 주지를 지내다가 사망했다.

종열 스님

석상사(石霜寺)의 청소(淸素) 시자는 자명(慈明) 선사의 제자이다. 노년에 상서(湘西)지방의 녹원사(鹿苑寺)에 은둔하여 한가로운 생활로 스스로를 다스렸다. 당시 도솔 종열(兜率從悅) 선사가 아직 세상에 나가지 않고 그의 옆방에 거처하고 있었다.

종열 스님이 청소 스님의 한 기틀을 보고 한가한 시간에 향을 가지고 와서 가르침을 청하니 청소 선사가 말했다.

“나는 복이 없고 인연이 적은 사람인데 어떻게 남의 스승이 될 수 있겠는가? 그러나 그대의 견해를 한 번 말해 보아라!”

종열 스님이 자기 생각을 모두 털어 놓으니 청소 선사가 말
했다.

"그것으로 부처 경계에는 들어갈 수 있지만, 마구니 경계에
는 들어갈 수 없다. '마지막 한마디[末後一句]라야 굳게 닫힌
관문에 이를 수 있다' 하신 옛 분의 말씀을 알아야 한다."

종열 스님이 대답하려는 찰라에 또 불쑥 물었다.

"무위(無爲)를 어떻게 설명하겠느냐?"

종열 스님이 대답을 하려는데, 또다시 청소 선사가 갑자기 크
게 웃었다. 이때 종열 스님은 환하게 터득했다.

무진 거사

무진 거사(無盡居士) 장천각(張天覺)은 일찍이 선(禪)공부를 했
다고 자부하는 사람이었으나 그래도 큰스님을 찾아가 의심을 풀
곤 했다. 급사(給事) 주세영(朱世英)과 이야기 하다가 강서(江西)
도솔사(兜率寺) 종열(從悅: 임제종 황룡파) 선사의 공부가 고매하
고 총민하여 남달리 뛰어나다는 말을 들었다. 원우 6년(元祐:
1091) 무진 거사가 강서의 조운사(漕運使)가 되어 분령(分寧)지
방까지 다스리게 되자, 그때 도솔사 종열 스님을 찾아가서 밤늦
도록 이야기 하다가 종문의 일에 대하여 말했다.

"요사이 전등록을 보니 천 칠백여 명 큰스님들 기연 중에서
오직 '덕산(德山) 선사의 탁발화두'에만 의심이 납니다."

"탁발화두가 의심난다면 그 나머지도 알음알이로 따지고 해석
한 것입니다. 그렇게 해서야 어떻게 큰 안락의 경지에 이르겠습
니까?"

무진 거사는 분한 마음에 잠을 이루지 못하고 계속 자리에서 일어났다 앉았다 했다. 새벽녘에 자기도 모르게 요강을 걷어차 엎어버렸는데, 그 순간 크게 느낀 바 있어 몹시 기뻐서 그 길로 종열 선사의 방장실 문을 두드리며

"도적을 잡았습니다!"

하고 소리쳤다. 종열 스님은

"도둑질한 물건은 어디 있느냐?"

그가 뭐라고 말하려는 차에 종열 스님이

"그대는 잠이나 자시오." 했다.

무진 거사(無盡居士)는 도솔 종열(兜率從悅) 선사를 만나 깨달음을 얻고, 회당 선사를 찾아뵈려고 종열 선사에게 회당(晦堂) 선사의 가풍을 물었다. 종열 선사는 "그 노스님에게는 오로지 주먹 하나가 있을 뿐이다" 하고 소개했다.

얼마 후 무진 거사는 황룡사(黃龍寺)에 가는 길에 서원(西園) 의 회당 선사를 방문하고 서서히 선문에 관한 일을 물으니 과연 회당 선사는 '주먹 화두'를 내보였다. 이에 무진 거사는 종열 선사의 생각을 못 벗어난다고 속으로 생각하고 이 일을 계기로 회당 스님을 깔보는 '무소뿔 송'을 짓기도 했다.

그 뒤 종열 선사가 입적하고 무진 거사는 재상이 되었다. 그 이듬해 선화(宣和) 신축년(1121) 2월, 황제에게 종열 스님의 시호를 청하고 윤허를 얻은 후 종열 선사의 제문을 지어 올렸다. 그 뒤 재상을 그만두고 귀종사 진정 스님을 찾아뵙고 밤늦게 이야기하다가 이 말후구 이야기를 하자 진정 스님은 버럭 화를 내며 말했다.

"이 무슨 피 토하고 죽을 놈의 헛소리냐! 어떻게 그런 헛소

리를 믿고 받아들일 수 있는가?”

무진 거사는 더 이상 그 이야기를 끝맺지 못했다.

그 후 형계(荊溪) 땅에 살 때 혜홍 각범(慧洪覺範: 1071~1128) 스님이 무진 거사를 찾아가니 무진 거사가 말했다.

“애석한 일입니다. 진정 스님이 이 일을 모르다니 말이 됩니까?”

“재상께서는 오로지 청소 시자의 ‘말후구’만을 알 뿐 진정 스님의 ‘좋은 약’이 눈앞에 나타났는데도 그것은 몰랐습니다.”

이 말에 무진 거사는 깜짝 놀라며 말했다.

“과연 그런 것이 있습니까?”

“정히 의심나거든 따로 참구해 보십시오.”

그러자 무진 거사는 진정 스님의 마음 쓰는 경계를 단박 보고 마침내 향을 올리면서 귀종사를 바라보며 후회하는 마음으로 참회했다.

깨달은 사람은 마음이 평평해서 무엇을 보아도 무엇을 들어도 무엇을 해도 고요하다. 그런데 종지를 깨닫고도 ‘주먹 화두’를 모르고 남을 무시하는 한 생각이 일어난 것은 아직 분별 망상이 다 끊어진 것이 아니라는 것을 알려준 사례이다. 이것은 당연 종문에서 인정받지 못한다. 그러나 깨달은 사람이 실수하는 것은 시간을 충분히 갖지 못해서 그렇다. 깨달았다 해도 알에서 막 나온 새는 날개가 튼튼해지는 시간이 어느 정도 필요한 것이다. 그때까지는 선사를 자주 참례하고 지도보호를 받는 것이 좋다.

때문에 무진 거사가 초견성을 하고도 회당 스님의 주먹 법문도 이해하지 못하고, 진정 스님의 말후구 법문도 이해하지 못했다가 뒤에 시간을 충분히 보낸 뒤 혜홍 각범(慧洪覺範) 스님의 말후구 법문을 듣고서야 비로소 완전한 확철대오를 이루게 된 것이다.

이 세 일화는 모두 암두의 말후구 법문에 의해 깨달음을 얻었던 두 스님과 한 거사의 이야기이다. 아울러 스승이나 제자나 던지는 말후구의 내용은 선의 진수를 보여주는 것이므로 제자는 가슴이 탁 막히고 천길 절벽을 대하는 것과 같은 암담함 속에서 한발 내딛고 나오는 한줄기 빛을 잡아채 보여주어야 비로소 깨달음을 인정받을 수 있다는 것을 알 수 있다.

암두의 말후구에 대해서 아직까지 알아채지 못한 납자들은 아래 세 스님의 견해를 보고 바로 알아차려라. 그리고 곧 선사를 참례해서 주장자를 맞을지니라.

노호(老胡)가 말하길 "알았다[知]고는 인정할 수 있으나 깨달았다[會]고는 허용할 수 없으니 반쯤 가리고 반쯤 막아서 새어나오는 허물은 모르는구나" 했다.

원오 스님이 말하길 "같은 가지에서 났다는 것은 그래도 알기 쉽지만, 죽음은 달리한다는 것은 전혀 알 수 없으니, 석가와 달마가 알려고 해도 알지 못할 것이다."라고 했다.

운문 스님이 이르되 "살인하려면 꼭 이 살인도(殺人刀)라야 하고 활인하려면 꼭 이 활인검(活人釰)이라야 한다."라고 했다.

42
법안지렴 (法眼指簾)

법안(法眼)이 손으로 발[簾]을 가리키자
두 승이 동시에 가서 발을 걷어 올렸다.
법안이 말하길
"하나는 얻고 하나는 잃었다."

擧 法眼以手指簾 時有二僧 同去捲簾 眼云 一得一失

만송 시중

스승이 많으면 법맥이 어지러워지고 법이 생기면 간교함이 뒤따른다. 병이 없을 때 병을 미리 치료함이 자비[傷慈: 傷은 悲]이고, 조칙이[條] 있으면 조칙[條]을 휘어잡으니 어찌 화두 내걸기[擧話]에 방해가 되겠는가.

만송 평창

법안이 재(齋: 공양) 전 상참(上參)에 손으로 발을 가리키니, 두 승이 함께 가서 발을 걷어 올리므로, 법안이 이르되 "하나는 얻고 하나는 잃었다"고 한 것이다.

동선 제(東禪齊)가 이르되 "'상좌(上座)들은 어떻게 생각하는가?' 하니, 어떤 이는 이르기를 '그들이 속뜻을 밝히지 못해서 문득 가서 발을 걷어올렸다' 했고, 또 어떤 이는 이르기를 '가리킴을 받고 간 쪽은 얻었고 가리키지 않았는데 간 쪽은 잃었다'라고 하는데 그렇게 이해해서야 되겠는가? 옳지 못하다. 이미 그렇게 알기를 허용치 않았으니 다시 상좌들에게 묻거니와 어느 쪽이 얻었고, 어느 쪽이 잃었는가?" 했다. 이에 대해 만송은 이르노니 "흙탕물 속에서 흙덩이를 씻는 격이다" 하노라.

이런 화두는 법안뿐 아니라 남전(南泉)에게도 있었다. 남전이 어느날, 승에게 이르되 "밤사이에 바람이 심했었지" 하니, 그 승도 이르되 "밤사이에 바람이 심했습니다" 했다. 남전이 다시 이르되 "바람이 문 앞의 한 그루의 솔을 꺾었느니라" 하니, 승도 이르되 "바람이 문 앞의 한 그루의 솔을 꺾었습니다" 했다.

남전이 다시 다른 승에게 이르되 "밤사이에 바람이 심했었지" 하니, 그 승이 이르되 "무슨 바람입니까?" 했다. 남전이 이르되 "바람이 문 앞의 한 그루의 솔을 꺾었느니라" 하니, 승이 다시 묻되, "무슨 솔입니까?" 하므로, 남전이 이르되 "하나는 얻고 하나는 잃었다" 했다.

발을 가리키는 화두는 사람을 위하는 계략이 뚜렷하게 있지만, 두 승이 발을 걷은 것은 자신들의 분수 위에 자연히 두 가닥의 길이 생긴 것이다. 법안은 우선 한 개의 도장을 찍어 주어 다시는 변동이 없게 하였으니, 법안의 분수에는 밝음과 어두움을 서로 섞어서 죽이고 살리는 기틀을 쓴 것이니, 큰 사람의 경계는 보현만이 알 수 있다.

제방에서 모두 생각하기를 "얻음과 잃음을 여의고, 옳고 그름을 잊음으로써 최상이 된다" 하거늘, 법안이 도리어 시비의 바다, 득실의 구덩이로 들어가서 살 계교를 했으므로 얻음과 잃음이 없는 사람이라야 천하의 얻음과 잃음을 평정시킬 수 있다.

천동 송고

솔은 곧고, 가시는 굽었으며
학의 다리는 길고, 오리의 발은 짧으니
복희씨와 황제 시절의 사람들은
평화도 어지러움도 모두 잊었다.
그 평안함이여, 숨은 용이 못 밑에 있고
그 초연함이여, 날아가는 새가 얽매임을 벗어났다.
어쩌다 조사께서는 서쪽으로부터 오셨던가?
그 속에 얻음과 잃음이 반반 있도다.
쑥 뭉치는 바람 따라 허공에 맴돌고
나룻배는 흐름을 가로질러 언덕에 이른다.
개중에 영리한 납승은
청량(淸涼: 法眼)의 수단을 눈여겨보라.

松直棘曲鶴長鳧短　羲皇世人俱忘治亂　其安也潛龍在淵　其逸也翔
鳥脫絆　無何祖禰西來　裏許得失相半　蓬隨風而轉空　舡截流而到岸
箇中靈利衲僧　看取淸涼手段

공자가 이르되 "서방에 큰 성인이 있으니, 다스리지 않아도
어지럽지 않다" 했다. 다스려짐과 어지러움은 곧 얻음과 잃음인
데 3조께서는 이르되 "얻음과 잃음, 옳음과 그름을 일시에 놓아
버려라" 했다.

'바람 따라 허공에 맴돈다'는 구절과 '흐름을 가로질러 언덕에
이른다'는 구절은 두 승의 얻음과 잃음을 지적해낸 것이니, 천동
선사에게 대단한 공부가 있었다 하더라도 그렇게 말하기는 쉽지

않았으리라. 만일 활인검이 없다면 어떻게 사람을 죽일 수 있겠는가? 그러므로 또 이르되 "그 안에 영리한 납승이 있다면 청량의 수단을 눈여겨보라" 했으니, 일러보라. 어떠한 법령에 근거하여 이렇게 할 수 있겠는가? 그대들이 방망이를 맞은 뒤에 그대들에게 말하리라.

43
지문연화 [智門蓮花]

어떤 스님이 지문(智門)61) 스님에게 물었다.
"연꽃이 물에서 나오지 않았을 때는 어떠합니까?"
"연꽃이니라.[蓮花]"
"물 위에 나온 뒤에는 어떠합니까?"
"연잎이니라.[荷葉]"

擧 僧問智門　蓮花未出水時如何　智門云　蓮花　僧云　出水後如何
門云　荷葉

원오 평창

지문 스님은 본디 절강(浙江) 사람이다. 멀리 사천(四川) 땅으로 가서 향림(香林) 스님을 참방했다. 도를 깨친 후 돌아와 수주(隋州)의 지문(智門)에 주석했다. 설두 스님은 그의 적자(嫡子)이다. 지문 스님의 이같은 대답을 살펴보면 천하 사람들이 그의 말의 맥락을 찾으려 해도 찾지 못한다.

말해보라, 이 연꽃이 물에서 나왔을 때와 나오지 않았을 때가 같은가 다른가. 만일 이렇게 참구해서 알아차린다면 그대에게 깨달을 곳이 있다 하겠다. 그런데 만약 이를 같다고 말한다면 불성(佛性)을 애매하게 하고 진여(眞如)를 모호하게 만드는

---

61) 설두 스님의 스승

것이며, 만일 다르다고 말한다면 마음과 경계[心境]를 잊지 못하는 것이다. 이렇게 알음알이로 치달리는 길 위에 떨어진다면 언제 쉴[休歇] 기약이 있겠는가? 말해보라, 옛사람의 뜻은 어떠했는가? 그들은 실로 이러쿵저러쿵하는 일들이 없었다.

투자(投子) 스님은 "그대들은 이름[名], 말[言], 법수[數], 글귀[句]에 집착하지 말라. **모든 일을 깨친다면 자연히 집착하지 않게 되어 곧 수행상의 잡다한 단계와 순서가 없어진다. 그대가 모든 법을 주무를지언정 모든 법이 그대를 간섭하지 못할 것이다.** 본래 얻고 잃음과 꿈과 허깨비 같은 많은 명목(名目)들이 없어, 그 명자(名字)를 억지로 세울 수 없는데, 많은 사람을 속일 수 있겠는가? 그대들이 묻기에 말이 생기는 것이니 그대들이 묻지 않는다면 그대들에게 무슨 말을 할 수 있겠는가? 모든 일이란 모두 그대들 자신이 불러일으키는 것으로 나와는 전혀 상관이 없다"고 했다.

백장 스님은 "불성의 의미를 알고저 한다면 상황 속에서 일어났던 인연을 살펴보도록 하라"고 했다.

운문 스님은 거량하기를 "어떤 스님이 영운(靈雲)스님에게 '부처님이 세상에 나타나시지 않았을 때는 어떠하냐'고 묻자, 영운 스님은 불자(拂子)를 곧추세웠다. 그 스님이 '부처님이 세상에 나타나신 뒤에는 어떠하냐'고 하자, 영운 스님은 또다시 불자를 곧추세웠다"라고 말하면서 이에 대해 착어했다.

"처음에 한 것은 적절했지만 그 다음에 한 행동은 적절치 못하다."

옛사람의 일문일답은 기연과 상황에 딱 들어맞아서 잡다한 게 없었다. 그대가 언구(言句)에서 찾는다면 끝내 관계가 없다.

그대가 말에서 말을 깨닫고, 뜻에서 뜻을 깨달으며, 기연에서 기연을 깨달아, 모든 것을 놓아버리고 한가롭게 된다면 지문이 대답한 뜻을 알게 될 것이다.

"부처님이 세상에 나오시지 않았을 때는 어떠합니까?"

"우두(牛頭) 스님이 사조(四祖) 스님을 뵙지 않았을 때는 어떠합니까?"

"반석(斑石)에 혼돈(混沌)이 나뉘지 않았을 때는 어떠합니까?"

"부모가 태어나지 않았을 때는 어떠합니까?"

운문 스님이 이에 대해 말했다.

"예로부터 오늘날까지 이는 한 가지 일일 뿐이다. 옳고 그름도 없고, 잘잘못도 없으며, 태어남과 태어나지 않음도 없다."

옛사람은 여기에 이르러 한 가닥 가는 길을 마련하여 사람들을 들이기도 하고 내치기도 했으나, 깨치지 못한 자들은 울타리나 벽을 더듬어서 앞길을 가기도 하고, 풀이나 나무에 빙의(憑依: 기대다)하기도 한다. 그러다가 혹 그것이 싹 없어지면 아득하고 황량한 곳으로 들어가고 마는 것이다.

그러나 **도를 깨친 사람은 하루 종일 한 물건도 의지하지 않는다.** 비록 한 물건도 의지하지 않지만, 만일 그가 한 기연과 한 경계를 드러내면 어떻게 그것을 찾아볼 수 있겠는가?

암두(巖頭) 스님이 말하기를 **"입을 열기 이전을 항상 귀하게 여겨야만 그래도 조금은 나은 편이다"**고 했다.

옛사람이 기연을 드러낸 그곳은 벌써 잘못을 드러낸 것이다. 요즈음 학자들은 옛사람의 뜻을 깨닫지 못하고 오로지 '연꽃이 물에서 나왔느냐 나오지 않았느냐'만을 가지고 이러쿵저러쿵하

는데 이와는 무슨 관계가 있겠는가? 만일 이 협산(夾山: 원오스님)이라면

질문 "연꽃이 물에서 나오지 않았을 때는 어떠합니까?"
원오 "법당 앞에 서 있는 기둥[露柱]과 등불[燈籠]이니라."
질문 "연꽃이 물에서 나온 뒤에는 어떠합니까?"
원오 "지팡이 끝엔 일월(日月)을 둘러메고 있으나 발은 깊은 진흙 속에 빠져있구나!"

말해보라, 연꽃이 물 위로 나왔을 때는 어떤 상황이며, 나오지 않았을 때는 어떤 상황인가? 여기서 알아차릴 수 있다면 그대가 직접 지문을 알았다고 인정하리라.

44
고불노주 (古佛露柱)

운문 스님이 대중 법문을 했다.
"고불(古佛)과 노주(露柱)가 사이좋게 지내는데,
이는 몇 번째 등급인가?"
스스로 대신해서 말했다.
"남산에서 구름 일어나니 북산에 비가 내린다."

擧 雲門示衆云 古佛與露柱相交 是第幾機 自代云 南山起雲 北山
下雨

원오 평창

운문 스님은 80여 명의 선지식을 배출했는데, 입적한 뒤 70
여 년이 지나 부도를 열고 살펴보니, 엄연히 예전의 살아 있던
모습과 다름이 없었다고 한다. 그의 견지(見地)는 명백하고 솜씨
[機]와 경계[境]는 신속하여, 수시[垂語], 별어[別語], 대어[代語]가
참으로 고준(孤峻)했다.

이 공안은 번뜩이는 전광석화와 같아 참으로 신출귀몰하다.
경장주(慶藏主)는 이에 대해서 "일대장교(一大藏教)에도 이같은
말씀이 있을 수 있을까?"라고 했다.

요즈음 사람들은 흔히 알음알이[情解]로 살림살이를 하면서
"부처님은 삼계(三界)의 길잡이시며, 사생(四生)의 자비로운 어버

이시다. 이미 옛 부처[古佛]이신데 무엇 때문에 노주(露柱)와 서로 사귀는가?"라고들 말한다. 이처럼 이해해서는 운문 스님의 말뜻을 끝내 찾을 수 없을 것이다.

어떤 사람은 이를 '무(無) 속에서 말한 것이다'라고 하나, 종사의 말씀은 의식(意識)이 없고 정량(情量)도 없으며, 생사(生死)가 없으며, 법진(法塵)이 없으며, 참된 진리[正位]에 들어가 다시는 한 법도 존재하지 않는다는 사실을 까마득히 몰랐던 것이다. 그대들이 말로써 이러쿵저러쿵한다면 바로 손발을 얽어매는 격이다. 말해보라, 운문 스님의 뜻이 무엇이었는가?

다만 마음과 경계가 하나가 되면[一如] 좋고 나쁨과 옳고 그름이 그를 흔들려 해도 흔들 수 없을 것이다. 그러한 그는 '유(有)'를 말해도 옳고 '무(無)'를 말해도 옳으며, 솜씨[機]가 있어도 되고 없어도 된다. 여기에 이르면 박자박자마다 조사의 법령이다.

오조 스님이 말하길 "상당한 운문 스님도 원래 담력은 작았다. 산승이 그 경우였다면 그에게 제8등급이라고 했을 것이다"고 했다.

원본 운문광록 중에는 운문 스님이 "고불(古佛)과 노주(露柱)가 사이좋게 지내는데, 이는 몇 번째 등급인가?"하니 대답이 없었다. 운문 스님이 "너희가 나에게 물어라, 너희에게 말해 주리라." 중이 곧 물었다. 운문 스님이 대답하되 "한 가닥의 끈이 삼십 문(文)이다." 또 앞의 말에 대신[代]해 이르되 "남산에 구름이 일어나고 북산에 비가 내린다." 중이 또 묻되 "무엇이 이 한 가닥의 끈이 삼십 문입니까?" 운문 스님이 이르되 "때려주겠다! [師云打與]" 했다.

운문 스님은 천지를 갈라놓는 안목이 있었다.

"남산에서 구름이 일어나니 북산에 비가 내린다."

이 말은 후학들에게 들어갈 수 있는 길을 열어준 것이다. 이리저리 헤아리고 칼끝을 드러내 보이면 그것은 곧 정면에서 빗나간 것이다.

설두 송

남산의 구름이여 북산의 비로다.

28대 조사와 여섯 명의 조사가 서로 마주 본다.

신라국(新羅國)에서는 상당(上堂)을 했는데

당나라(大唐國)에서는 아직 북도 치지 않았다.

괴로움 속의 즐거움이여, 즐거움 속의 괴로움이로다.

어느 누가 황금이 똥 같다고 말했는가.[62]

南山雲　北山雨 四七二三面相覰 新羅國裏曾上堂 大唐國裏未打鼓 苦中樂　樂中苦 誰道黃金如糞土

---

62) 선월(禪月) 스님의 '행로난(行路難)' 시구를 인용한 것.

45

동인청조 [東印請祖]

동인도의 어느 국왕이 27조 반야다라(般若多羅)
존자에게 재(齊)를 청했는데
왕이 묻되,
"어찌해서 경을 읽지 않으시오?"
조사가 이르되
"빈도(貧道)는 숨을 들여쉴 때 음(陰: 五陰)·계
(界: 八界)에 머무르지 않고, 숨을 내쉴 때에도
뭇 인연에 빠지지 않습니다. 항상 이와 같은 경
백천만억 권을 읽습니다."

擧 東印土國王 請二十七祖般若多羅齊 王問曰 何不看經 祖云 貧
道入息不居陰界 出息不涉衆緣 常轉如是經 百千萬億卷

만송 시중
겁(劫) 이전부터 나타나지 않은 소식[機]은 검은 거북이[烏龜]
가 불을 쬐는 격이요, 교(敎) 밖에 따로 전하는 일구는 맷손[碓
觜: 맷돌손잡이]에서 꽃이 피는 격이다. 일러보라. 도리어 수지
독송의 몫이 있는가, 없는가?

만송 평창

27조의 처음 이름은 영락동자(瓔珞童子)였다. 26조 불여밀다(不如蜜多)가 동인도의 견고왕(堅固王)과 함께 수레(輦)를 타고 가다가 한 동자를 보고 묻되 "지난 세상의 일을 기억하겠느냐?" 하니, 대답하되 "제가 기억하건대 지난 세상에 스님과 함께 산 적이 있는데 스님께서는 마하반야를 선양하시고 저는 매우 깊은 수다라(修多羅)의 법을 지녔었습니다. 이때 서로 교대하면서 바른 법을 폈었기에 여기에서 스님을 기다리는 것입니다" 했다.

조사가 왕에게 말하되 "이 사람은 작은 성인이 아니라 대세지보살의 응신(應身)입니다" 하니, 왕이 수레에 오를 것을 명하여 궁전에 이르러 공양을 올렸다. 삭발할 때에 조사가 반야의 수다라를 수지했던 사연에 의하여 '반야다라'라 이름 지었다.

당(唐)의 장종 황제(莊宗皇帝)가 화엄사의 휴정(休靜) 선사를 궁내의 재(齋)에 청했는데 여러 대덕들은 모두가 경을 읽었으나 선사의 일행만은 잠자코 있었다. 황제가 묻되 "어찌하여 경을 보지 않으시오" 하니, 휴정이 대답하되 "나라가 태평하니 천자의 영이 전해지지 않고 시국이 조용하니 태평가를 부르지 않습니다" 했다. 황제가 다시 묻되 "대사 한 사람만 경을 보지 않는 것은 가하거니와 권속들은 어째서 보지 않는가?" 하니, 휴정이 대답하되 "사자의 굴에는 딴 짐승이 없고 코끼리 다니는 곳엔 여우의 발자취가 없습니다." 했다. 황제가 다시 묻되 "다른 대덕대사들은 어째서 모두 경을 보시는가?" 하니, 휴정 선사가 대답하되 "수모(水母: 해파리)는 원래 눈이 없어서 먹이를 얻기 위해서는 고래에 붙어야 합니다" 하니 황제가 크게 기뻐했다.

천동 송

구름물소[雲犀]가 달구경을 하니
찬연히 광채를 머금었고
나무말[木馬]이 봄 구경을 하니
늠름해서 굴레를 씌울 수 없다.[63]
눈썹 끝 한 쌍의 싸늘하고 푸른 눈[眼]
경을 보면 쇠가죽을 뚫고 들어가라.

雲犀玩月璨含輝　木馬游春駿不羈　眉底一雙寒碧眼　看經那到透牛
皮

---

63) 굉지광록2.

46
낭월당공 (朗月當空)

한 스님이 조주 스님에게 물었다.
"깊은 것 가운데 깊은 것[玄中玄]은 무엇입
니까?"
"얼마만큼 오래 현(玄)하여 왔느냐?"
"오래되었습니다."
"노승을 만났기 망정이지, 하마터면 이 바보
[厮生]가 현(玄) 때문에 죽을 뻔 했구나."
또 한 승이 물었다.
"밝은 달이 중천에 걸려 있을 때[朗月當空]
는 어떠합니까?"
"아직 계단 밑에 있는 사람이야."
"원컨대 스님께서 끌어올려 주십시오."
"달이 지고 난 다음 오너라."

問 如何是玄中玄 師云 玄來多少時也 學云 玄來久矣 師云 賴遇
老僧泊合玄殺這厮生 問 朗月當空時如何 師云 猶是階下漢 云請
師接上階 師云 月落了來相見

화두가 한 생각으로 지속되고 망상이 터럭만큼도 일어나지 않으면 이를 삼매라고 한다. 염불을 그렇게 하면 염불삼매, 관(觀)을 그렇게 하면 지관삼매, 화두가 그러하면 화두삼매이다. 선서에서는 간혹 누군가 법에 맞는 일구를 던지면 일행삼매, 여여삼매라고 하기도 한다.

그런데 조주 스님은 현 중의 현에 들어간다거나 낭월당공, 즉 화두삼매에 들어간 것에 대해서 그것을 최상의 경지로 생각하지 않았다. 현 중의 현도 하나의 집착이고 상을 세우는 것이고, 낭월당공과 같은 적정삼매도 인위적인 경계를 내세우는 것이므로 그에 빠지는 것은 올바른 경계가 아니라는 것이다. 선가의 도(道)는 **한 생각이 일어난다 해도 옳지 않고 일어나지 않는다 해도 옳지 않다. 오로지 여기서 투철하게 벗어나야 무엇을 만나도 무엇을 보아도 자유로운 심경이 된다.**

삼매는 불가의 전통적 수행이다. 일단 화두삼매는 망상을 쓸어내 버리는 일이고 또 무의식을 극복한 경지이므로 누구나 할 것 없이 모든 수행자들은 삼매에 이르는 수행을 일상적으로 해야 한다. 하지만 깨달음은 반드시 삼매를 동반해야 하는 것은 아니다. 다만 아직 깨닫지 못한 사람은 화두삼매에 들어가는 것이 그래도 그 중 올바른 수행이다. 화두 삼매 즉, 동정일여, 숙면일여 등의 경지에 이른 것은 곧 깨달음의 문턱에 이른 것이기 때문이다. 이런 삼매에 들어갔을 때 선사의 말 한마디를 듣게 되면 즉시 깨닫게 된다.

그런데 육조 스님이나 마조 스님, 그리고 옛 조사들은 반드시 숙면일여 등으로 깨달음을 검증하지 않았다. 만일 누가 그런 경지를 체달해야만 깨달음이라고 한다면 그것은 되레 흠결이 되는 말이다. 선가는 앉아서 죽고 서서 죽는 신기를 얻었다 해도 조사의 뜻을 모르면 인정이 되지 않는다. 도란 무엇인가? 깨달음이란 무엇인가? 이것에 대한 답을 안다면 절대 그런 주장을 할 수 없다.

육조 스님은 『육조단경』에서 "자기 본래 마음을 아는 것[識]이 견성이다.[自識本心 是見本性]"라고 했고, 또 말하길 "자기 성품을 미혹하면 곧 중생이요, 미혹을 벗어나면 곧 깨달음이고 이 사람을 부처라고 한다.[自性迷卽是衆生 離迷卽覺 覺卽是佛]"라고 했다. 육조 스님은 '본래 마음을 아는 것[識]'이 곧 깨달음이고 부처라고 엄연히 말했던 것이다. 여기에는 어떤 어려움도 없고 조건도 설정하지 않았다. 오직 자기 본성을 아는가 모르는가가 관건이다.

아울러 육조 스님은 신회와 대담 중에 "나는 내 마음의 허물을 보고 타인의 허물은 보지 않는다"64)라고 말했다. 이것은 육조 스님이 스스로 오조 스님에게 깨달음을 인정받고도 계속 수행하고 있다는 것을 술회한 것이다. 그리고 또 신회에게 말하길 "네가 마음이 미(迷)하여 견성하지 못했으면 선지식을 찾아서 물어라. 네가 **마음을 깨달아 스스로 견성하면 법에 의거해서 수행하라.**[汝若心迷不見 問善知識覓路 汝若心悟 卽自見性 依法修行]" 라고 했다. 즉, 깨달음 이후에도 법에 의지해서 수행하라는 말을 자연스럽게 했던 것이다. 깨달음은 그것으로 끝이 아니고 계속 수행해야 함을 강조한 것이다.

그렇다면 돈오견성하면 부처인 것이 분명하다고 하면서도, 다시 또 수행하는 것은 어떤 상태인가? 이에 대해 육조 스님은

---

64) 『敦煌本六祖壇經』「參請」: "大師言 吾亦見 常見自過患 故云亦見 亦不見者 不見他人過罪"

법달과의 대화에서 명확하게 설명을 해서 마무리 지었다. 그 내용은 다음과 같다.

"법달아, 마음으로 행하면(心行) 법화경을 굴리고(轉法華), 마음으로 행하지 않으면 법화경에 굴리게 된다. 마음이 바르면 법화경을 굴리고 마음이 삿되면 법화경에 굴리게 된다. 부처의 지견을 열면 법화경을 굴리고 중생의 지견을 열면 법화경에 굴리게 되느니라."
대사가 말했다.
"힘써 법대로 수행하면 이것이 곧 경을 굴리는 것(轉經)이니라."
법달은 한 번 듣고 그 말끝에 크게 깨달아 눈물을 흘리고 슬피 울면서 스스로 말했다.
"큰스님이시여, 실로 지금까지 법화경을 굴리지 못했습니다. 7년을 법화경에 굴리어 왔습니다. 지금부터는 법화경을 굴려서 **생각생각마다 부처의 행을 수행(修行佛行)하겠습니다.**"
대사가 말했다.
"**부처의 행이 곧 부처이니라(佛行是佛).**"
그때 듣는 사람마다 깨닫지 않은 이가 없었다.65)

육조 스님과 법달과의 대화는 매우 중요하다. 법달이 깨닫고 부처의 행을 수행[修行佛行]하겠다고 한 말에 대해 육조 스님은 '부처의 행이 곧 부처니라'하고 인정하고 결론지었기 때문이다.

---

65) 『敦煌本六祖壇經』「佛行」: "大師言,法達,心行轉法華不行法華轉,心正轉法華心邪法法華轉,開佛知見轉法華開衆生知見被法華轉,大師言,努力依法修行即是轉經.法達一聞言下大悟,涕淚悲泣白言,和尚,實未會轉法華七年被法華轉,以後轉法華念念修行佛行,大師言,即佛行是佛 其時聽人無不悟者."

육조 스님은 '중생은 본래 부처'라는 부처님의 가르침을 전제했던 것이고, 자성을 알면 곧 부처이지만 깨달음으로 수행이 끝난 것은 아니고 자신도 노년까지 수행하고 있듯 부처의 행 수행은 계속 되어야 한다는 것이다.

즉, **깨달음 이후에 하는 수행은 '부처의 행[佛行]'을 익히는 것이지 부처가 되기 위해서 또 수행하는 것은 아니라는 것이다.** 규봉 스님이 말했던 돈오점수와 다른 돈오(頓悟) 사상인 것이다. 이후 육조 스님의 후대 스님들은 이러한 오후 수행불행을 보임(保任)이라는 말로 표현하기 시작했다. 이후 **돈오보임(頓悟保任)** 사상은 종문의 표준이다.

대혜 스님(1089~1163)은 16세에 출가해서 21세 때 담당문준 화상(湛堂文準和尙: 直淨克文의 법제자)을 찾아가 자기가 아는 바를 남김없이 토로하자, 담당준 선사는 대혜 스님에게 말했다.

"고 상좌(上座)여, 나의 선법을 그대가 일시에 이해하여 설법하라 해도 즉시 설법을 잘하고 뿐만 아니라, 염고송고(拈古頌古)나 소삼보설(小參普說)할 것 없이 잘한다. 그러나 한 가지 사실에 있어서 실오(實悟)가 아니다. **그대가 성성(惺惺)히 사량(思量)할 때는 문득 선(禪)이 있으나 겨우 잠들었을 때에는 문득 없어진다. 만약 이러할진대 어찌 생사를 당적하겠느냐?**" 대혜 스님이 대답하되, "참으로 이것이 저의 의심하는 바입니다."라고 하면서 정진에 임했다.66)

---

66) 『大慧語錄』 29, 『大正藏』 47, p.936.

이렇게 7년간 몽중일여를 목표로 정진했지만, 대혜 스님은 전혀 진척이 없었다. 27세에 문준 스님이 사망하고, 37세 4월, 문준 스님의 유언에 따라 천령사 원오 스님을 찾아가 지도를 받게 되었다. 대혜 스님은 원오 스님을 만나자 마자 물었다.

"제가 생각하니 이 몸이 아직 깨어있을 때는 주재(主宰)해도 자못 수면할 때는 캄캄하여 주재가 되지 않습니다. 그런데 지수화풍이 분산(임종시)하여 중고(衆苦)가 치연(熾然)히 일어날 때 어찌 회환전도(回換顚倒)되지 않겠습니까?"
원오 스님은 다만 손을 내 저으며 **"그만하고 그만 하라. 다만 망상을 쉬어라. 그대가 지금 말하는 허다한 망상이 단절 될 때에 그대 스스로 오매항일처(寤寐恒一處)에 도달하리라"** 했다.
처음 듣는 바이고 또한 믿어지지 않는 바이지만, 매일 스스로 발원하되 '내가 깰 때(寤)와 잠잘 때(寐)가 분명 둘이거늘 어찌 감히 입을 열어 선(禪)을 말하리오. 다만 오매항일이라는 부처님 말씀이 망령된 말이라면 내 병을 제거할 것이 없지만, 부처님 말씀이 과연 중생을 기만하지 않는다면 이것은 내가 아직 미달한 것이다.'
라고 반성했다.67)

원오 스님을 모신 지 42일이 경과한 5월 13일, (37세) 원오

---

67) 大慧, 『宗門武庫』, 『大正藏』47, p.953. 『大慧語錄』 29, 『大正藏』 47, p.936

스님의 승좌설법(陞坐說法)을 듣게 되었다. 원오 스님은 그 설법에서 "어떤 스님이 운문 스님에게 물었다. '어느 곳이 모든 부처님의 나온 곳입니까?' 운문 스님이 말하길 '동산이 물 위로 가느니라[東山水上行]' 라고 대답했다. 그런데 나라면 그렇게 말하지 않겠다. '어느 곳이 제불(諸佛)의 출신처입니까?' 하고 물으면 **'훈풍이 스스로 남쪽에서 불어오니 전각이 서늘하다[薰風自南來 展閣微凉生]'**라고 대답하겠다." 했다.

그때 대혜 스님은 이 말을 듣고 홀연히 앞뒤[前後際]가 끊어졌다. 마치 헝클어진 실타래를 예리한 칼로 한번 내리침에 막힌 물건이 모두 끊어져 제거한 것과 같았다.

가슴에 막힌 물건을 제거하고서야 바야흐로 꿈꿀 때(夢時)가 곧 깰 때(寤時)와 같고, 깰 때(寤時)가 곧 꿈꿀 때(夢時)와 같음을 알게 되어 오매항일(寤寐恒一)이라고 한 **부처님의 말씀에 대한 뜻을 알게 되었다.** 이 도리는 타인에게 내보일(拈出) 수도 없고, 비슷하게라도 들어낼(呈似) 수도 없으니 마치 몽중 경계와 같아 취할 수도 없고 버릴 수도 없는 것과 같다.68)

원오 스님은 대혜 스님에게 택목당(擇木堂)에서 기거하면서 일상사를 전폐하고 오직 정진에만 힘을 쏟게 했다. 대혜 스님은 움직이는 마음이 전혀 일어나지 않았고(不生) 티 하나 없고 고요한 마음 그 자체에 머물러 있었다. 그러나 원오 스님은 이것

---

68) 『書狀』 答向侍郎(伯恭) ; 礙膺之物既除 方知夢時便是寤時底 寤時便是夢時底 佛言 寤寐恒一 方始自知這般道理 拈出呈似人不得 說與人不得 如夢中境界取不得 捨不得

을 인가하지 않고 이것은 되레 무기(無記)에 빠진 것이라고 하
면서

　　"애석하다. 죽기는 했으나 다시 살아나지는 못했구나.
　　이때라도 언구(言句)를 의심하지 않는 것이 큰 병이다.
　　죽은 후에 다시 살아나야[死中得活] 모든 사람을 속이
　　지 않느니라."

라고 했다. 오매일여는 단 하루 만에 오는 경계가 아니다. 여러
날을 낮이고 밤이고 화두 하나만 의심 지어가다 어느 날 문득
마음이 화두 하나에 몰입되어 낮과 밤이 똑같이 화두가 성성한
경계가 오는 것이다. 보통 일주일 정도 이렇게 화두 하나에 머
물게 되면 알을 깨고 나오는 것이 정상이다. 그러나 수십 일이
나 수년을 오매항일에 집착해 있으면 이 또한 상(相)에 머물러
있는 것이므로 깨달음과는 멀어진 일이 된다. 선사들은 이런 삼
매는 오히려 죽는 일이라고 했다.

　오매일여는 수행도중에 나타나는 한 경계일 뿐, 오매일여 자
체가 선문의 최종 경지도 아니다. **진정한 오매일여는 자성(自性)
이다. 자성은 어디에 있어도 어떤 것을 만나도 물들지 않고 어
둡지 않고 잠들지 않는다. 초연한 상태로 사람을 주재(主宰)한
다.**

　역대 선사들은 오매일여를 체험하지 않고 깨달은 경우가 많
다. 때문에 선문에서는 오매일여를 묻지 않고 임제 스님처럼 다
만 바른 안목을 중히 여길 뿐이다. 그것은 중생은 본래 성불했
다는 부처님의 사상과도 일치하는 일이기 때문이다.

그리하여 대혜 스님은 매번 원오 스님 방에 입실하여 점검을 받았는데, 원오 스님은 다만 '유구(有句) 무구(無句)가 마치 등나무가 나무를 의지한 것과 같다(有句無句如藤倚樹)'[69]고 했는데 그 뜻이 무엇인가? 하고 물을 뿐이었다. 대혜 스님이 입을 열어 대답하면 아니라고만 말했다.

오매항일에 도달해도 화두의 뜻을 모르면 최종 경지가 아니다. 오매항일 자체를 깨달음이라고 할 수도 없다. 한 생각이 무량한 시간(一念卽是無量劫)이라고 했다. 수많은 시간 무념무심에 들어가 있어도 깨닫지 못하면 중생이다. 무념무심은 나무토막이나 돌덩이와 같이 된 것이다. 나무토막이나 돌덩이가 되는 것이 최종 목적이라면 지금 즉시 목에 칼을 그으면 된다. 불교는 나무토막이나 돌덩이가 되려고 수행하는 것이 아니다. 물론 그와 비슷하기는 하나 완연히 다르다.

따라서 매번 원오 스님이 '유구무구(有口無句)가 마치 등나무가 나무를 의지한 것과 같다'는 화두를 물어도 모를 뿐이었다. 이 말을 듣고 깨닫는 것은 대혜 스님의 몫이었다. 그런데 오매항일을 이해한 대혜 스님은 이 말에도 전혀 깨닫지 못하고 있었다.

대혜 스님은 비유를 들어 말하되 "이 도리는 흡사 개(狗子)가 뜨거운 기름 가마(熱油)를 보는 것과 같아서 핥으려 하나 핥을 수 없고, 버리려고 하여도 버려지지

---

69) 이 화두는 위산(潙山) 스님이 처음 제창했다.

도 않습니다" 하니 "비유가 좋기는 하구나" 하는 대답
만 들려올 뿐이었다.

그렇게 반년이 지나서 하루는 원오 스님이 또 '유구(有句) 무구(無句)가 마치 등나무가 나무를 의지한 것과 같다(有句無句如藤倚樹)'는 화두를 물음에, 대혜 스님이 드디어 원오 스님에게 되묻기를

"스님께서 오조 회상에 계실 때에 이 화두를 물었다 하셨는데 당시 오조께서 뭐라고 하셨습니까?"
원오 스님이 웃고는 답을 하지 않으시자
"스님께서 당시에 대중이 있는데서 물으셨는데 지금 설명한들 무엇이 방해롭겠습니까?"
원오 스님이 부득이 말하기를
"내가 오조께 '유구(有句) 무구(無句)가 마치 등나무가 나무를 의지한 것과 같다(有句無句如藤倚樹)라고 했는데 그 뜻이 무엇입니까?' 하고 물었다.
오조께서는 '본뜰래야 본뜰 수 없고 그릴래야 그릴 수 없다'고 달씀하셨느니라. 또 내가 묻기를 '나무가 넘어지고 등나무가 마를 때는 어떠합니까?'하니 오조께서 '서로 따라오느니라(相隨來也)' 라고 했느니라."
대혜 스님은 이 말을 듣자마자 확연이 알게(理會) 되어 이르되 "제가 이제 알았습니다!" 했다. 원오 스님이 "네가 공안을 통과하지 못할까 두렵구나." 라며 곧 여러 가지 선문(禪門)의 어려운 공안을 연이어 물었다. 세 번 구르고 두 번 구르면서(三轉兩轉) 묻는 것을 모두 다 절단하고 대답하니 마치

일없이 태평한 때에 대로를 만나 문득 가는 것과 같아 걸림이 없었다.

원오 스님이 비로소 기뻐하며 말하기를 "내가 너를 속일 수 없구나(吾不欺汝也)"라고 하며 인가했다. 원오 스님은 임제정종기(臨濟正宗記)를 지어주고 대혜 스님에게 기실(記室)을 맡게 하니 원오 스님의 입실 제자가 되었다.[70]

대혜 스님은 원오 스님 처소에 도착한지 반년이 지나도록 유구무구 화두를 알지 못했다. 그 반년동안 오매일여에 계속 있었는지도 명확하지 않다. 다만 이 납승의 경험에 비추어본다면 오매일여가 5일에서 7일 이상 지속되는 사람이라면 그 뒤는 자동적으로 한동안 밤에 잠을 자도 화두일여에 들어가게 된다. 본 납승은 화두 참구한지 23년 만인 2000년 2월경에 오매일여가 왔는데 4일간 지속되었다. 5일째 되는 날 아침에 비로소 '뜰 앞의 잣나무' 화두에 대한 조사 의지가 보였고, 이후 선서(禪書)로 확인했다. 그 뒤 화두일여 습관은 거의 2년 동안 지속되었다. 2년간 화두는 점점 간헐적으로 들리다 어느 날부터는 정진 시간만 화두가 성성했다.

대혜 스님이 오매항일을 알게 되었다고 하나 며칠간 그랬는지, 단 하루 동안 그런 체험을 했는지 등에 대해서는 명확하지 않다. 대혜 스님의 술회는 '**가슴에 막힌 것을 제거하고서 바야흐로 꿈꿀 때(夢時)가 곧 깰 때(寤時)와 같고, 깰 때(寤時)가 곧 꿈꿀 때(夢時)와 같음을 알게 되어 오매항일(寤寐恒一)이라고 한 부처님의 말씀에 대한 뜻을 알게 되었다.**'는 것이 전부이다. 만일 오매항일이 깨달음으로 들어가는 중요 관문이라면 대혜 스님

---

70) 이상 대혜선사 행장

의 성격상 반드시 얼마간 체험했다는 기한을 밝혔을 것이고, 또 상세하게 당시 체험을 서술했을 것이다.

그러나 대혜 스님의 술회 속에서는 원오 스님이나 대혜 스님이나 오매일여보다는 화두의 뜻을 아는지 모르는지가 더 중요한 주제가 되었을 뿐 진정한 오매일여의 진위 여부에 대해서는 별다른 화제가 없다.

대혜 스님은 유구무구 화두에 대해서 "서로 따라오느니라.[相隨來也]"라는 말을 듣고 깨달았는데, '서로 따라온다'는 이 말도 귀로 들을 수는 있으나 그 뜻을 알기는 어렵다. 이 말에 대한 진의도 참구하는 사람이 스스로 알아야 하지 남이 설명하는 말을 들으면 아는 것은 가능하지만 깨닫는 것은 더 멀어지기 때문에 본 납자도 더 이상 설명할 수 없다.

그런데 서로 따라온다는 말은 원오 스님이 아닌 도림 선사도 그런 말을 한 적이 있었는데 그것은 암두의 말후구 화두에 대해 누가 물었을 때이다. 어떤 스님이 도림 스님에게 묻기를,

"덕산 스님이 머리를 숙이고 방장으로 돌아간 뜻이 무엇입니까?"
"빠른 번개에 불이 번쩍거리느니라."
"말후구를 모른다 함은 무슨 뜻입니까?"
"서로 따라 오느니라."
"어떤 것이 암두의 은밀히 말한 뜻입니까?"
"만년 묵은 소나무가 축융봉에 서 있느니라."
"과연 3년 후에 돌아갔으니 참으로 깊은 뜻이 있습니까?"
"옴 마니 다니 훔 바타."

암두가 덕산과 설봉의 '고개숙임'을 듣고 '말후구를 몰랐다'라고 말한 것이 무슨 의미냐고 물은데 대해서 도림 스님이 '서로 따라 오느니라'라고 말한 것이다. 도대체 무엇이 서로 따라온다는 것인가? 오랫동안 참구한 납자라면 여기서 즉시 무엇이 따라오는지 안다.

열반경(涅槃經) 성행품(性行品)에 행복의 여신 공덕천(功德天)과 불행의 여신 흑암천(黑闇天) 자매에 대한 이야기가 있다. 그 경을 찾아서 읽어보면 '서로 따라온다'는 말에 대한 뜻은 알 수 있다. 하지만 '서로 따라온다'는 잡다한 뜻이 곧 공안의 뜻은 아니다. 실제 화두 일여에 몰입되어 일념즉시무량겁이 되었을 때 이 말을 들으면 전후좌우 밑동이가 타통되는 것이다.

38세경에 유구무구 화두를 통해서 깨달음을 얻은 대혜 스님은 그 뒤 운문암에서 지내다가 46세 3월에 장락(長樂) 광인사(廣因寺)에 머물었고 또 사법(司法)71)이 양서에 암자를 지어 대혜를 초대해서 머물게 했는데 이때 13인의 제자가 득법했다는 기록이 있다.

그런데 『오가정종찬』은 53세부터 15년간 68세까지 10월까지 형주, 매주를 옮겨다니면서 유배생활을 했는데 유배가 풀리기 직전 육왕사로 가기 전 여름, 매주에서 돌아오는 길에 복주(福州)에 도착해서 장참정(張參政)이 양서(洋嶼)에서 맞이했고, 이때 대혜 스님은 양서에서 잠시 사람들에게 참선을 지도했는데 13인이 화두를 타파했다고 했다. 그 기록은 다음과 같다.

---

71) 형법을 관장하는 벼슬 이름.

장락 양서 띠집[菴]에서 기거할 때 대혜 스님을 따라 도를
배우는 사람들이 53인이었는데 50여 일이 못되어서 13인이
도를 얻었다.72)

복주(福州)에 돌아오자 장참정이 양서에서 맞이했는데 한 해
여름에 13인이 화두를 타파[打發]했다. 이 중 귀산 미광(龜山
彌光) 스님이 가장 뛰어났다.73)

대혜 스님이 46세에 양서암 띠집[菴]에 기거할 때 대혜 스님
의 지도를 받는 사람이 53인이었고 50여일이 못되어 13인이
도를 얻었다는 이 기록은 매우 의미심장한 기록이다. 대혜 스님
자신은 21세부터 화두 공부하기 시작해서 16년간 오매항일에
들어가는 공부를 했으나 이루지 못했다. 원오 스님을 만난지
45일 만에는 오매항일의 뜻을 알게 되었고 거의 반년 만에 원
오 스님과 대담 중에 최종 깨달음을 얻었다. 21세부터 참선하
기 시작해서 18년 중 마지막 6개월 사이 38세경에 유구무구
화두 뜻을 안 것이다.

그런데 그에게 도를 배우던 50명 중74) 13명은 단 50여일
만에 도를 얻게 했으니, 이들 제자들은 상당히 빠른 시간 안에
체득한 것이다. 이것은 대혜 자신이 힘들게 다가갔던 경험을 문
제 삼지 않으면 있을 수 없는 일이다. 대혜 스님은 자신의 경험

---

72) 『大慧語錄』 연보 "菴居緣五十三人 , 未五十日 , 得法者十三輩"
73) 『五家正宗贊下』 "返至福州 張參政以洋嶼延之 一夏 打發十三人 龜山
    彌光首" 13인이 득법한 기록에 대해 『대혜어록』은 46세 때 일로 기록
    되나, 『5가정종찬』은 68세 전후 일로 기록했다. 같은 것인지 각기 다
    른 것인지는 명확하지 않다.
74) 『대혜어록』에는 열반에 들 때 제자는 84명이라고 했다.

을 전면 부인하고 아주 새로운 가르침을 전개해 가고 있었던 것이다. 그런데 그 신기에 가까운 가르침은 과연 무엇이었을까?

그 하나의 단서가 서장 이참정장에서 그 일면이 보인다. 대혜 스님은 『서장』 이참정장에서 이참정이 깨달음을 얻은 것을 칭찬하고 인정하면서 이참정이 질문한 내용에 대해 답하는 말미에

'이즉돈오 승오병소 사비돈제 인차제진[理卽頓悟　乘悟幷銷　事非頓除　因次第盡](능엄경)이라는 말을 좌우명으로 삼으라'고 했다.

즉, '이치는 단박에 깨닫는지라 잘못된 견해는 깨달음과 동시에 녹아 없어지지만, 일상사에서 나오는 습관은 금방 제해지는 것이 아니다. 순차를 밟아 다해진다.' 라고 『능엄경』 말씀을 인용하면서 깨달음 후에도 계속 진로(塵勞)를 제거해 나갈 것을 권하고 있는 것이다.

여기서 주목되는 것은 '이치는 단박에 깨닫는다'라는 말이다. 수년의 수행이나 오매일여와 같은 깊은 내공의 수행 조건을 내세운 것이 아니고, 돈오(頓悟), 즉 '즉시 깨닫는 것'에 초점이 있는 것이다. 닦음에 대한 말은 깨닫기 전이 아니고 깨달음 뒤에 깨달음을 튼튼하게 하는 방법으로 필요하다는 견해를 내었다. 대혜 스님이 깨닫기 전에 오매항일에 집착했던 것과는 다르게 무엇보다 먼저 즉시 깨닫는 '돈오'를 강조했고 또 육조 스님이 '깨달은 이후에 부처의 행을 수행하라'고 했던 수행불행의 조사 사상에 한발 다가간 가르침이었던 것이다.

또, 대혜 스님은 누추밀(樓樞密)에게 답서하는 내용에서 일용사 갖가지에 마음을 뺏기지 않고 있는지 묻고, 현재사(現在事)에 '집착하지 않아 마음이 흔들리지 않는 상태'로 인연 따라 나아가고 머무른다면 자연히 도리에 합하리라. 이렇게 노력하지 않고 무명업식을 간직한 채 세간에 있으면서 막연히 벗어나길 바란다면 증상만(增上慢: 오만함)만 자라날 것이라고 경고하고, 증상만을 버렸다는 생각도 일어나지 않아야 가히 역량이 있는 자라고 하면서

"이상 설한 바는 모두 본인[妙喜]이 평소에 경험한 바이며 지금 일상사에 또한 이와 같이 수행하노라.[已上所說 都是妙喜平昔經歷過底 卽今日用 亦如此修行]"

라고 말했다. 대혜 스님 행장(行狀)을 보면 대혜 스님은 3번에 걸쳐 깨달음을 얻었는데, 37세에 원오 스님 아래에서 훈풍자남래薰風自男來… 라는 말에 앞뒤 생각이 끊어졌고 그때 오매항일을 알게 되었으며, 더 정진하다가 6개월 후에 다시 '서로 따라 오느니라[相隨來也]'라는 말에 활연대오(豁然大悟)했다. 그 후 화엄경을 보다가 담당 스님이 제시했던 앙굴마라구산부 화두까지 밝히게[洞明]되었는데75) 그때 나이는 40세 전후였다.

그런데 누추밀에게 이 편지를 쓸 때는 15년간 유배 생활이 끝난 후 묵조선 일인자 굉지 선사의 장례식을 집행할 무렵인 69세였으므로 이때까지도 대혜 스님은 수행을 하고 있었음을 알 수 있다. 만약 오매일여가 한번 얻어서 평생 가는 것이라면 '나도 지금 이와 같이 수행하노라'라는 말은 하지 않았을 것이

---

75) 대혜선사 행장

다.

여기서 대혜 스님의 스승 원오 극근 스님의 '깨달음 이후 수행'에 대한 설명을 한 것이 있는데 중요한 내용이다. 『원오심요』 원수좌에게 주는 글에 그 내용이 있다.

옛 스님이 말하기를 '사람이 활쏘기를 배울 때 오래도록 쏘아야만 비로소 적중시키는 것과도 같다'라고 했다. 깨닫는 것은 찰나이나 공부를 실천해가는 데는 모름지기 긴 시간이 필요하다.[悟則刹那 履踐功夫 須資長遠] 마치 비둘기 새끼가 태어나서는 붉은 뼈가 허약하지만, 오랫동안 먹이를 주고 길러서 깃털이 다 나면 문득 높고 멀리 날 줄 아는 것과도 같다. 그러므로 **투철하게 깨닫는 요점은 다스림[調伏]에 있다.** 예컨대 모든 티끌 경계가 항상 흘러들어와 속을 꽉 막으나 체득한 사람에게는 완전히 뚫려 있으니, 모두가 자기의 큰 해탈문이다. 종일토록 무엇을 해도 한 적이 없고, 좋고 싫음이 전혀 없으며 권태도 없다.

원오 스님은 깨달음 하나로 모든 것이 끝나는 것이 아니고 깨달음 이후에도 철저하게 마음을 다스리는 것이 중요하다고 말하고 있는 것인데, 이것은 깨달음은 그것으로 끝이 아니고 깨달은 바를 가지고 마음 다스림이 더 중요하다는 것이다. 알에서 깨어난 새가 날개가 나고 튼튼해지는 시간은 새에 있어 그리 긴 시간은 아니다. 하지만 깨달음 초기에는 그 중심을 잡지 못하고 실수하고 갈등하기 쉬우므로 당분간은 어미새 옆에서 순숙해지는 시간을 가져야 한다는 것이다.

원오 스님은 저서 『원오심요』나 『벽암록』 어디를 둘러보아도 얼마만한 시간을 공들여야 깨달을 수 있다든지, 깨달음의 수행 조건 등은 전혀 내세운 바가 없다. 오히려 마조 스님처럼 방금 전까지만 해도 깨닫지 못했던 사람이 벽돌 가는[磨] 일구를 듣고 바로 깨달음을 얻었던 선사들의 거량 화두는 많이 나온다.

이것은 무엇을 뜻하는가? 부처님의 가르침은 **누구든지 현재 이대로 완전한 부처**라는 것에서부터 출발하기 때문이다. 선불교는 그 부처님의 사상을 그대로 이어받아 시작한 선사상이다. 따라서 수행의 이력이나 승려, 거사, 노파를 불문하고 지금 즉시 깨달을 수 있는 돈오 사상에 입각해서 선문답이 이루어진다.

때문에 깨달음을 얻는 원오 스님이나 대혜 스님은 깨달음의 전제 조건을 그리 중요하게 생각하지 않았다. 오직 지금 즉시라도 '화두를 통해서 깨닫는 것' 그것이 가장 중요한 주제였고, 깨달은 사람이 깨달음 이후에 다져야할 마음 자세에 대해서는 특별히 따로 『원오심요』에서 이처럼 보임(保任) 행을 강조하고 있었던 것이다.

한편 『원오심요』에서 이즉돈오 사요점수[理卽頓悟 事要漸修]라는 말을 했는데 여기서 **점수(漸修)라는 말은 일상사에서 마음 활용을 말하는 것이지** '마음을 점차로 닦는다'는 의미가 아니다. 마음은 닦을 것이 없다. 그러나 깨닫는 것은 있다. '이즉돈오 사요점수'란 **마음을 깨닫고 일상사에 부처의 행을 수행하는 것**을 말한다.

원오 스님은 오조 법연 스님의 법을 이었고 임제 문하의 11세 종사이고 육조 스님으로부터는 17세 조사이다. 원오 스님이 50세경에 저술한 『벽암록』은 가히 종문의 표준이 된다고 할 수 있다. 이 『벽암록』은 임제종의 정통 종지이고 선불교의 규범이고 모태이다. 그런 원오 스님이 『원오심요』에서 강조했던 깨달음 이후 마음 조복에 대한 경구는 종문의 표준이다. 이것을 곡해해서 해석하는 것을 조심해야 한다.

선가의 초창기 스님들의 생각을 들어보면 당시 스님들의 생각을 읽을 수 있다.

복주(福州) 대안선사(大安禪師)는 어릴 적에 황벽산에서 수업(受業)하고 율승(律乘)을 청습(聽習)했다. 뒤에 백장 스님에 이르러 예배하고 물었다.

대안 "학인이 부처를 알려고 합니다. 무엇이 곧 이것입니까."
백장 "소를 타고 소를 찾음(騎牛覓牛)과 매우 흡사(大似)하구나."
대안 "안 후엔 어떻습니까."
백장 "사람이 소를 타고 집에 이름과 같다."
대안 "어떻게 보임(保任)해야 합니까."
백장 "소 키우는 사람이 지팡이를 가지고 그것을 감시(監視)하면서 무덤가에 들어가지 않게 함과 같다."
대안스님이 이로부터 깨닫고 다시 치달려 구(馳求)하지 않았다.76)

대안스님과 백장스님의 대담 중에 대안 스님은 즉시 깨닫고 자연스럽게 보임(保任)에 대한 이야기가 나오고 있는 것을 보면, 육조 스님 이후 초창기 선가 마조·백장 스님 당시는 이미 보임

76) 『전등록』 권9 대안선사(大安禪師)

에 대한 사상이 자연스럽게 정착되었다는 것을 알 수 있다.

마조의 제자는 백장이고 백장의 제자는 위산이다. 어떤 스님이 위산 영우 스님에게 물었다.

"단박 깨달은 사람[頓悟之人]도 더 닦을 것이 있습니까?"
"참으로 근본을 체득한 사람이라면 닦는다느니 닦을 것이 없다느니 하는 것은 다 양두어(兩頭語)임을 깨닫는 순간 스스로 안다. 지금 처음 발심한 사람이 인연 따라 한 생각에 본래 이치를 깨달았으나[一念頓悟] 비롯함이 없는 여러 겁의 습기를 당장 없애지는 못하므로 그것을 깨끗이 없애기 위해서는 현재의 업과 의식의 흐름을 다 없애야 한다, 이것을 닦는다 하는 것이지 따로 닦게 하는 이치가 있다는 것은 아니다."

위산 영우 스님은 깨달음 후에 보임을 해서 전생의 습기를 제거하는 수행은 필요하다고 한 것이다.
또 『조주록』에서 한 스님이 조주 스님에게 물은 것이 있다.

일승 "들은 바에 의하면 화상께서는 '도(道)는 수행에 속하지 않는다. 다만 오염시키지만 말라' 라고 말씀하신 것으로 알고 있습니다. 오염시키지 않는다는 말은 어떤 것이옵니까?"
조주 "안팎을 점검해 보라."
일승 "스님께서는 점검하십니까?"
조주 "점검한다."
일승 "스님께서 어떤 허물이 있기에 점검하십니까?"
조주 "그대에게는 어떤 것이 있는가?"77)

---

77) 『趙州錄』; "問 承和尙有言 道不屬修 但莫染汚 如何是不染汚 師云 檢

조주 스님은 '평상심이 도'라는 말에 깨달음을 얻은 후 57세까지 스승 남전 스님을 보필하면서 수행하다가 남전 스님이 천화하자, 60세경부터 20년간 천하를 행각했고, 80세에 조주의 한 작은 암자 관음원에 도착해서 40년간 법을 펴다가 120세에 사망한 스님이다. 조주 스님이 사망하자 운문스님, 설봉 스님 등 모든 선사들이 조주 고불의 천화 소식을 듣고 매우 안타까워하며 향을 사르고 예배할 정도로 덕망 있는 스님이다.

조주 스님의 선문답 『조주록』은 80세 이후부터 납자들을 제접하면서 대담한 것을 기록한 선서인데 거기에서 조주 스님은 '스스로 점검한다'는 심경을 고백한 것이 위의 문답이다. 80세 이상 노선사도 아직 자신을 점검하고 있다고 말한 것을 두고 종문에서는 두고두고 생각해보아야 한다.

영명 스님

영명(永明) 스님은 28세에 화정진(華亭鎭)의 장수로 있던 사람인데, 취암 스님이 있는 용책산(龍冊山)을 오르내리면서 법을 듣다가 34세에 출가했다. 뒤에 천태 덕소 국사를 찾아갔는데 덕소 국사는 영명연수 스님을 보자마자 바로 큰 그릇이라 여기고 현묘한 종지를 은밀히 전수하고 법안종을 크게 빛내었다. 나중에 종경록(宗鏡錄) 100권을 지었는데 고려에서도 36명의 스님들이 와서 법을 묻고 인가를 받아가서 각각 한 지방의 교화를 담당했다는 기록이 있다.78) 영명연수 스님의 법문 일부는 다

校內外 云 還自檢校也無 師云 檢校云 自己有什麼過自檢校 師云你有什麼事"
78) 『五家正宗贊』 下 영명연수(永明延壽 904~975) 선사

음과 같다.

한 스님이 물었다.
"제가 오랫동안 영명도량에 있었으나 어찌하여 영명의 가풍을 알지 못합니까?"
"알지 못하는 곳에서 알아라."
"알지 못하는 곳을 어떻게 알 수 있습니까?"
"소의 뱃속에서 코끼리 새끼가 태어나고 푸른 바다에서 티끌먼지가 일어난다."

「종경록(宗鏡錄)」에 이르되 "나의 종(宗)에 들어온 이는 먼저 안[知] 연후에 보임(保任)을 해야 한다[先須知 有然後保任]" 했고, 또 이르되 "머리와 꼬리가 서로 맞아야 한다. 이치와 행에서 하나가 빠지거나, 마음과 입이 서로 어기게 해서는 안 되나니, 만일 종경의 문중에 들어오면 이치와 행이 모두 원만해진다" 했다.

영명연수 스님도 먼저 깨닫고 뒤에 보임하여 지행(知行)이 일치되도록 해야 한다고 강조했다.

고봉 스님

고봉(高峰) 스님(1238~1295)은 20세에 참구하기 시작해서 24세에 초견성을 얻고 34세에 확철대오 했다. 고봉 스님의 향상일로(고급자 수행) 법문은 다음과 같다.

"만일 불성을 분명하게 보았더라도 나의 점검에 의거해 본다면 아직도 생사 이 언덕의 일이다. 만일 향상일로를 말한다면 다시 청산 저 밖에 있는 줄 알아야 한다."
若據西峯　點檢將來　猶是生死岸　頭事　若曰向上一路　須知更在靑山外

"만일 이 일을 말하자면, 참구하려면 참구할 수 있고 깨달으려면 깨달을 수 있고 설법하려면 설법할 수 있고 행하려 해도 행할 수 있고 오고 감에 자유로울 수 있다. 비록 그렇기는 하나 다시 30년을 기다려야 된다. 왜냐하면 두 뿔과 네 발굽은 모두 지나갔으나 꼬리는 아직 지나가지 못했기 때문이다."
若謂此事　參也參得　悟也悟得　說也說得　行也行得　來也來得　去也去得　然雖　如是　更須三十年　始得何故　兩角四蹄都過了　尾巴過不得"

"설령 분명하게 깨달았다 하더라도 서봉의 저쪽, 다시 저쪽에서 사람을 위함과 위하지 않는 일착자(一着子)를 보려면 아직 30년을 기다려야 한다."
要見西峰　那邊更　那邊　爲人不爲人一着子　且待三十年後

당송 시대 선가에서는 깨닫지 못하면 법을 설하지 못했다. 설법 대상자는 주로 스님들이고 사대부는 소수이기 때문이다. 깨달음을 얻고 스님들 5백 명, 천 명이 모인 곳에서 설법도 하고 또 오고 감에 자유로움을 얻었다 해도 공부가 끝이 아니라는 것이다. 깨달음 이후에도 수십 년을 더 지나가야 진리와 같아짐을 스스로 알게 된다고 말했다. 고봉 스님 자신도 34세에

깨달음을 얻고도 적어도 4년을 더 용수사에서 정진했다. 다음은
고봉 스님의 설법이다.

"어떤 사람이 딴 지방에 멀리 갔다가 차츰차츰 길을 돌려 집
으로 돌아오는 것과 같으며, 쥐가 쇠뿔에 들어갈 적에 얼른
달려서 뾰쪽한 막바지에 이른 것과 같으며, 백척의 장대 끝
에 머무른 것 같아서 한 생각이라도 어긋나면 신명을 상실할
것이니, 구할(九)의 공을 이루더라도 아무쪼록 보임(保任)을
잘하여 온전히 이끌어야 한다."
遠行他方 漸漸回途 已至家 舍 又 如鼠入牛角 看看走至尖尖盡底
又如捉賊討賊 拷至情理俱盡 不動不退 無去無來 一念不生 前後
際斷 卓卓巍巍 孤孤逈逈 如坐萬 崖頭 又若停百尺竿上 一念乖
喪身失命 將至功成九 切須保任全提[79]

깨달음은 한 순간에 당처를 보는 것이다. 그러나 마음은 수
만 겁의 세월 동안 습관 되어진 습기에 둘러 쌓여있기 때문에
깨달아도 진리처럼 금방 바꿔지지 않는다. 깨달음은 자신이 가
야할 길을 분명하게 아는 것이다. 스스로 부처임을 알고 즉시
부처의 길을 가지만 때때로 마음대로 되지 않을 때가 있을 것
이다. 그러므로 차차 부처의 행을 익히면서 살아가다가 온전한
부처의 행이 된다.

깨달음 이후에도 쉬지 않고 수행하는 것을 보임(保任)이라고
한다. **보임은 '당처(當處)를 잘 보호하고 당처에 믿고 내 맡긴
다' 는 뜻이다.** 혹시라도 잘못 가지 않도록 잘 보호하지만, 때
로는 마음이 하는 것을 미덥지 않게 생각하지 않고 스스로 부

---

79) 이상 고봉의 『禪要』

처의 길을 가는 것에 믿고 내맡기는 것이다.

향엄 지한(香嚴智閑)[80)

향엄 지한 스님은 위산 영우 스님의 제자이다. 하루는 위산 스님이 "네가 본분사에 대한 일구(一句)를 가져와봐라" 하므로 향엄이 수차례 아뢰었으나 인정을 받지 못하므로 스승 위산이 말해주길 청했다. 그러자 위산이 가로되 "내가 말하는 것은 나의 견해이거늘 너의 안목에 무슨 이익이 있겠는가?" 하고 설해주지 않으므로 향엄이 드디어 귀당(歸堂)하여 모든 제방의 어구(語句)를 두루 검색(檢索)했으나 가히 선사에게 이를 일언(一言)은 없었다.

이에 스스로 탄식하며 가로되 그림의 떡은 가히 주림을 채우지 못한다. 이에 모두 불 지르고 가로되 차생(此生)엔 불법을 배우지 않으리라. 다만 저 죽이나 먹는 승[粥飯僧]으로서 정신을 수고롭게 하는 것을 면하고 살아가리라 하고 울면서 위산을 하직했다. 남양(南陽)에 이르러(抵) 충국사(忠國師)의 유적(遺迹)터에서 지내던 어느 날 산중에서 초목을 베다가 기와조각이 대나무를 치는 소리를 듣고 갑자기 실소(失笑)하고 확연(廓然)히 성

---

80) 香嚴智閑; (?-898) 당대 승. 청주(산동 익도) 사람. 처음엔 백장회해(百丈懷海)를 좇아 출가했고 뒤에 위산영우(潙山靈祐)를 참알(參謁)해서 여러 번 아뢰었으나 계합(契合)치 못하고 울면서 고별하고 떠나 충국사터에서 기거, 우연히 산중에서 풀을 베다가 와력(瓦礫)이 대나무에 부딪히며 소리를 짓자 확연하게 깨치고 그의 법을 이었음. 등주(鄧州) 향엄산(香嚴山)에 거주하면서 교화의 법을 크게 행했으며 정려(淨侶)가 천여 인이었으며 후세에 그를 일컬어 향엄선사(香嚴禪師)라 했음. 스님은 타고난 성품이 엄근(嚴謹)하고 말은 간직(簡直)을 좋아했음. 게송 2백여 수(首)가 있어 제방에 성행(盛行)함. 후에 칙시(勅諡)하여 습등대사(襲燈大師)라 했음 [전등록11. 송고승전13].

오(惺悟)했다.

급히 돌아와(遽歸) 목욕 분향하고 멀리 위산에 예배하고 찬운(贊云)하되 "화상의 대비(大悲)한 은혜가 부모를 넘습니다(逾). 당시에 만약 나를 위해 설해버렸다면 어찌 금일의 일이 있었겠습니까?" 그리고 게(偈)를 지어 올린 것이 바로 아래의 글이다.

한번 아는 것을 잊으니 다시 닦고 꾸밀 것이 없다.
움직일 때 옛 길을 드날리니 고요에 떨어지지 않는다.
처처에 종적이 없고 소리와 색깔 바깥에 위의(威儀)로다.
제방에 도를 이룬 자는 모두 다 최상의 근기들이다.
一擊忘所知 更不假修治 動容揚古路 不墮悄然機
處處無踪迹 聲色外威儀 諸方達道者 咸言上上機

『전등록』에 나오는 향엄 스님의 이 깨달은 기연에서 보듯 오매일여나 그와 유사한 깨달음의 어떤 조건도 기록되어 있지 않다. 이 게송에서 한번 깨달으면 '다시 닦고 꾸밀 것이 없다'는 문장은 깨달음 자체는 하자가 없는 완벽한 것임을 천명한 것이다. 이 외의 것을 깨닫는다면 혹 바른 깨달음이 아니라 할 수 있으나 불법을 깨닫는 것은 한순간 깨달음으로 족한 것이지 많은 시간을 닦아야 깨닫는 것은 아니라는 것이다.

깨달음 이후에 보임을 해야 한다면 돈오(頓悟)는 불안전한 깨달음이 아닌가하는 생각이 들 수 있는데 역대 조사들은 돈오는 완벽한 것이므로 깨달음 자체에 대해서는 더 이상 의심하지 않았다. 그러나 깨달음 이후 행은 어느 정도 시간을 보내야 불조와 같아진다는 것이 선사들의 공통적 관점인 것이다.

약산 스님

약산 유엄(藥山惟儼81): 745-828) 스님이 처음 석두희천 스님을 참례한 자리에서 물었다.

"3승 12분교(三乘十二分校)라면 제가 대략 압니다. 남방에서 '직지인심 견성성불(直指人心 見性成佛)'이라고 하는 소문은 늘 들었는데 정말 알지 못하겠습니다. 엎드려 바라오니 스님께선 자비로 가르쳐 주십시오."

석두 스님이 말했다.

"이렇게 해도 안 되고 이렇게 하지 않아도 안 되며, 이렇게 하거나 이렇게 하지 않음 둘 다 안 된다. 자 어떻게 하겠는가?"

약산 스님이 어찌할 바를 모르자 석두 스님이 말했다.

"그대의 인연은 여기에 있지 않으니 강서 마 대사의 처소로 가보게."

약산 스님이 명을 받들고 가서 마조 스님께 공손히 절을 하고 앞에 물었던 것을 그대로 묻자 마조 스님이 말했다.

"나는 어느 때는 그에게 눈썹을 드날리고 눈을 깜작이게 하며, 어느 때는 그에게 눈썹을 드날리고 눈을 깜짝이지 못하게 한다. 어떤 때는 그렇게 하는 것이 옳고 어떤 때는 그렇게 하는

---

81) 약산유엄(藥山惟儼); (751-834) 17세 출가. 대력 8년(773) 형산(衡山)의 희조에게 나아가 구족계를 받았으며 경론을 널리 통달했고 계율을 엄히 가졌음. 후에 석두희천(石頭希遷)을 참알(參謁)하고, 다음으로 마조도일(馬祖道一)을 참알해 언하에 계합(契合)해 깨치고 3년 동안 받들어 모시다가 뒤에 다시 석두로 돌아와 그를 법사(法嗣)함. 오래지 않아 예주(澧州)의 약산(藥山)에 이르러 법연(法筵)을 널리 열었음. 당 태화 8년(834)에 시적했으니 나이는 84세이며 일설엔 태화 2년 12월에 시적했으니 나이가 70이라 함. 칙시(敕諡)가 홍도대사(弘道大師). [송고승전17. 조당집4. 전등록14. 전법정종기7].

것이 옳지 않다. 그대는 어떠한가?”

약산 스님은 말끝에 깨닫고[言下契悟] 절을 하자, 마조 스님이 말했다.

“무슨 도리를 보았기에 나에게 절을 하느냐?”

“제가 석두 스님 처소에서는 무쇠소 등에 달라붙은 모기와도 같았습니다.[某甲在石頭處如蚊子上鐵牛]”

“그대가 이미 그렇다면 잘 간직하게.”

그 뒤 3년 동안 시봉을 했는데 하루는 마조 스님이 물었다.

“그대는 요사이 견처(見處)가 어떠한가?”

“껍데기는 다 벗겨지고 알맹이 하나만 남았을 뿐입니다.”

“그대의 경지는 마음[心體]이 순조로워 사지(四肢)까지 편안하다 하겠다. 그렇게 되었을진대 어째서 세 가닥 대테[篾]82)로 아랫배를 조르고 아무데나 가서 주지(방장)살이를 하지 않는가?”

“제가 무어라고 감히 주지 노릇한다 하겠습니까?”

“그렇지 않다네. 항상 다니기만 하고 머물지 말라는 법은 없고, 항상 안주하기만 하고 다니지 말라는 법도 없다네. 이익 되게 하고 싶어도 이익될 것이 없고, 위하려 하나 위할 것도 없다네. 자네 배[船]를 만들어야지. 이 산에 오래 머물지 말게.”

이리하여 약산 스님은 마조 스님을 하직했다.

약산 스님은 처음 마조 선사와 대면해서 아무런 조건도 없이 질문하고 답변하는 도중에 첫 깨달음을 얻는다. 그리고 깨달은 것을 마조 스님에게 말한 것도 어찌 보면 있는 것을 그대로 이

---

82) 대테[篾]: 중국의 한 은사는 아는 것이 너무 많아서 뱃속이 터질까 걱정하여 대나무 테로 배를 싸고 다녔다. 여기서는 공부가 완숙된 경계를 말한다.

르는 평범한 말이었다. 네가 무슨 도리를 알았느냐라는 말에

"제가 석두 스님 처소에서는 무쇠소 등에 달라붙은 모기와도 같았습니다.[某甲在石頭處如蚊子上鐵牛]"

라고 하면서 석두 스님에게 법문을 들을 때 심경을 고백했다. 그때 무쇠 소를 뚫고 들어가겠다고 주둥이를 내밀었다는 것이다. 백장 스님이 마조 스님에게 코를 비틀리고 깨달았을 때도 다음날 마조는 백장에게 "네가 어제 어느 곳에 마음을 두었느냐?" 하고 물은 적이 있었다. 백장 스님은 "오늘은 더 이상 코가 아프지 않습니다." 하니, 마조 스님이 "그대가 어제 일을 깊이 밝혔구나" 하고 인정했던 일이 있었는데, 마조 스님은 약산의 이 말을 듣고도 긍정한 것이다. 그래서 "그대가 이미 그렇다면 잘 간직하게" 하고 약산을 인정해준 것이다.

약산 스님은 깨달음을 얻고 3년을 더 마조 회상에서 머물렀다. 원오 스님의 말을 빌리자면 알에서 나온 새가 어미 새 곁에서 날개가 튼튼해지는 시간을 가졌던 것이다. 3년간 마조 스님의 설법, 접화 방법, 마조 선사와 백장, 남전, 지장 스님들과의 일화는 모두 약산 스님의 피가 되고 살이 되는 시간이었다. 그리고 3년이 지난 뒤 어미 새가 새끼를 쫓아내듯 마조 스님은 약산 스님을 보내었다. **이제 너의 배[船]를 만들어서 중생을 싣고 고해를 건너는 또 하나의 선장이 되라**면서 제자를 세상에 내보낸 것이다.

이때 마조 스님은 제자를 위한 최후의 일구를 잊지 않았다.

"항상 다니기만 하고 머물지 말라는 법은 없고, 항상 안주하

기만 하고 다니지 말라는 법도 없다. 이익 되게 하고 싶어도 이익될 것이 없고, 위하려 하나 위할 것도 없다.”

제자가 혹시 중생 제도하는 도중에 실망이나 포기할 수도 있고, 혹 ‘나는 이제 부처로구나’ 하고 자만할 수도 있는 것에 대한 마지막 가르침이었다. 약산 스님은 평생 이 일구를 잊지 않았을 것이다.

약산 스님의 깨달은 인연에서 중요한 것은 적어도 이 일을 밝히는 것은 그리 많은 시간이 필요치 않다는 것이고, 또 동중일여니 오대일여니 하는 조건도 없다는 것이다. 다만 선사와 내방자의 대담 중에 내방자가 깨달은 것이 있으면 점검해보고 법에 맞으면 인정하나 법에 맞지 않으면 인정하지 않아서 다음에 다시 참문토록 하는 방법을 쓴다는 것이다. 마치 10년 이상을 수행한 신수 스님은 인정을 하지 않아도 6개월 된 혜능의 안목은 인정하고 조사의 의발을 전수한 것과 같다.

이후 약산유엄 선사는 처음에 참문했던 석두희천 스님을 찾아가서 잠시 기거하면서 거기서도 석두의 인정을 받고 석두 스님에게 불위게(不爲偈)[83]를 받았다.

혜능 스님과 약산 스님의 깨달은 기연은 선가의 표준이다. 참선 공부하는 납자들이 얼마만한 시간 내에 깨닫고 또 어느 정도 수행한 후 한 지역을 교화할 자격이 되는지에 대한 참고 자료가 된다.

물론 3년 만에 오후 수행을 모두 끝내는 것은 아니다. 앞서

---

83) 不爲偈; “從來共住不知名 任運相將只麽行 自古上賢猶不識 造次凡流
     豈可明”『선문염송집』 권9 제325칙

대혜 스님의 서장 이참정 장에서도 나온 바처럼 노선사라고 해
도 선사의 수행은 일평생 계속 된다. 다만 일정한 보림 이후 3
년이 지나고 10년이 지나면 일정한 형식에 구애될 필요는 없
다. 다만 일상사를 하면서 한 순간에도 유혹되지 않는 자기 점
검은 해야 한다. 혹 죽는 순간까지 참선정진으로 자기 점검을
계속 할 수도 있다.

임제의 바른 안목

끝으로 임제 스님의 '바른 안목'에 대한 법문을 필히 음미할
필요가 있다. 임제 스님은 황벽 스님으로부터 주장자 3번을 맞
고 깨달았다. 처음 황벽 스님을 참문할 때는 무엇을 물어야 하
는 지조차도 모를 정도로 신참이었지만, 임제와 대우 스님을 만
나는 며칠 사이에 크게 깨달았고, 나중에 설법할 때 납자들은
무엇보다 '바른 안목'이 중요함을 역설했다.

> 부처는 무의無依에서 탄생한다. 만약 무의無依를 깨닫는다면,
> 부처 또한 얻을 수 없다. 이와 같이 보는 것이 바른 견해[眞
> 正見解]니라.
> 所以佛從無依生 若悟無依 佛亦無得 若如是見得 是眞正見解

선사들이 깨달음 이후 오후 수행의 과정이 남아있는 것은 분
명하지만, 그렇다고 해서 선사의 깨달음을 미숙한 상태로만 보
면 안 된다. 돈오(頓悟)의 순간은 본래 면목을 분명히 보는 것이
고 제불조사의 뜻도 명철히 체험하는 것이다. 따라서 선사들의
깨달음은 석가모니 부처의 깨달음과도 조금도 차이가 없다. 무
엇이 바르고 그른지, 어떻게 살아가야 하는 지에 대해서 한 치

의 오차 없이 바른 정도의 길에 들어서는 것이다. 때문에 깨달을 때 얻어지는 '바른 안목'은 일평생 이정표가 된다.

납자들이여! 법다운 견해를 터득하고 싶은가? 다만 남에게 끄달리지 않기만 하면 된다. 안에서나 바깥에서나 마주치는 대로 죽여라. 부처를 만나면 부처를 죽이고, 조사를 만나면 조사를 죽이며[殺佛殺祖], 나한을 만나면 나한을 죽이고, 부모를 만나면 부모를 죽이며, 친척 권속을 만나면 친척 권속을 죽여야만 비로소 해탈하여 사물에 구애되지 않고 투철히 벗어나 자유자재해 진다.
道流 儞欲得如法見解? 但莫受人惑 向裏向外 逢著便殺 逢佛殺佛 逢祖殺祖 逢羅漢殺羅漢 逢父母殺父母 逢親眷殺親眷 始得解脫 不與物拘 透脫自在

부처와 조사와 부모를 죽이라고 하는 것은 마음속에서 옳다 그르다 친하다 친하지 않다 등등 상대적 양 개념들을 말끔하게 씻어내야 하기 때문이다. 마음속에서 끈적한 상정(常情)의 지견이 약간이라도 남아있지 않아야 참다운 자유인이라고 할 수 있고, 또 부처와 조사와 부모를 더 잘 모실 수 있다.

오늘날 부처님 법을 배우는 이들은 반드시 바른 안목(眞正見解)을 갖도록 해야 한다. 바른 안목을 얻으면 나고 죽음에 물들지 않고, 언제나 자유로워서 뛰어남을 구하려하지 않아도 뛰어남이 저절로 다가온다.
師乃云, 今時學佛法者 且要求眞正見解 若得眞正見解 生死不染 去住自由 不要求殊勝 殊勝自至

깨달음을 얻으면 오후 수행의 장·단에 상관없이 나고 죽음에 물들지 않고, 오고 감에 자유롭다. 그 무엇보다 바른 안목이 생긴다. 돈오는 한번 깨달아서 다시는 어리석지 않는 것이다.

즉, 아무리 아름답게 포장해도 말똥이 못 먹는 것인 줄 한번 알면 그만이지 말똥을 안 먹는 고되고 오랜 수행을 해야 똥을 안 먹는 것이 아니다. 그러나 똥이 무엇이지 모르는 외계인이라면 속이고 먹으라 하면 혹 먹어볼 수 있을 것이다. 이처럼 깨달음과 미혹의 차이는 완연하다. 따라서 깨달은 사람은 보임 중이라 해도 말 한마디, 행동 하나가 군계일학처럼 어디에서나 돋보일 수밖에 없다. 구하려 하지 않아도 갖추어지기 때문에 가히 세계인의 스승이 되고도 남는다.

대덕들이여! 착각하지 말라. 나는 오로지 그대들의 진정한 안목만을 바랄 뿐이다. 大德 莫錯 我…唯要儞正見解 84)

임제 스님이 여러 번 강조하듯 선문의 수행 방법은 먼저 깨달아서 바른 안목을 갖추는 것이 무엇보다 중요하다. 바른 깨달음을 얻으면 평생 가야할 길을 분명하게 안다. 깨달음 이후 혹 아는 것과 행동이 일치하지 않는 것이 있으면 누구보다도 자기 자신이 더 명확하게 알 수 있다. 때문에 스스로 수정하고 또 수정하게 된다. 사람으로서 가야 할 길을 선명하게 알고 가는 것이 가장 이상적인 '부처의 행' 수행법이라는 것을 역대 조사들은 강조하고 있는 것이다.

---

84) 이상 『임제록』.

이상에서 보듯, 임제 스님 역시 일평생 수행자가 갖추어야 할 덕목으로 '바른 안목'을 강조했을 뿐 깨달음을 얻기 위한 전제 조건으로 오매일여에 도달해야 하는 것을 주장한 적이 없다. 실제 깨달음을 얻었던 임제 스님은 물론이고 많은 선사들은 오매일여와 상관없이 한 기를 한 빛을 투철히 뚫고 들어가서 깨달음을 얻었던 수많은 사례가 엄연히 그대로 기록으로 전해오고 있는 것을 규범 삼아야 한다.

사람이 깨닫는 기능은 누구나 선천적으로 갖추어진 것이다. 오매일여는 수행자가 수행할 때에 일시적으로 찾아올 수 있기도 하고 없기도 하다. 설사 오매일여를 얻지 못해도 확철대오는 가능하다. 또 오매일여를 얻었다 해도 그 경지에서 한발 더 나아가서 화두를 통명(通明)하는 것이 무엇보다 중요하다. 화두를 아는 것은 조사의 뜻을 관통하는 것이고 곧 불도에 들어가는 것이기 때문이다.

깨달음은 곧 깨어나는 것이다. 깨닫는 순간 부처의 마음으로 되돌아간다. 깨달음은 아는 것이 아니고 영혼에 각인 되는 것이다. 깨달음은 선사가 되는 것이 아니고 평범한 사람이 되는 것이다.

깨닫는 순간 부처의 경지 98%에 도달한다. 나머지 0.2%는 살아가면서 차차 달성한다. 만일 깨달음을 얻고 선사에게 인가를 받았다 해도 깨달음을 얻었다는 상이 있거나, 조그마한 일에도 마음이 움직인다면 그는 한낱 사기꾼일 뿐이다.

이 일은 100% 순금이 아니면 금으로 여기지 않는다. 깨닫고 욕심을 내는 것보다 깨닫지 못하고 평생 바르게 투타행을 행하는 수행자가 더 존중 받는 일이다. 그러므로 깨달은 자는 깨달음 이후에도 철저하게 마음 다스림을 평생의 과업으로 삼아야 하는 것임을 잊지 말아야 한다.

47
풍혈일진 (風穴一塵)

풍혈(風穴) 스님이 법어했다.
"한 티끌을 세우면 나라가 흥성하고,
한 티끌을 세우지 않으면 나라가 멸망한다."
설두 스님이 주장자를 잡고서 착어했다.
"생사를 함께 할 납승이 있느냐?"

擧 風穴垂語云 若立一塵 家國興盛 不立一塵 家國喪亡 雪竇拈
拄杖云 還有同生同死底衲僧麼

　본록[本錄]은 다음과 같다. "풍혈 스님이 상당하여 이르되 만일 한 티끌을 세우면 나라가 흥하지만 촌 노인은 이마를 찡그리고, 한 티끌을 세우지 않으면 나라가 망하지만 촌 노인은 평온해진다. 여기에서 밝혀내면 그대들에게는 몫이 없고 완전히 노승의 몫이요, 여기에서 밝혀내지 못하면 노승이 곧 그대들이니, 그대들과 노승은 천하 사람들을 깨닫게 하기도 하고 미혹하게 하기도 한다. '그대들은 알고자 하는가?' 하고는 왼쪽으로 손뼉을 한 번 치고 이르되 '이것이로구나!' 하고, '노승을 알고자 하는가?' 하고는 오른쪽으로 손뼉을 한 번 치고는 '이것이로구나!' 했다."

　이에 대해 운문이 이르되 "이것[這裏]이라면 쉽지만 저것[那

裏]이라면 어렵다!" 했고,

낭야 각(琅琊覺)은 이르되 "표주박 던지는 점[杓卜]으로 허공의 소리를 듣는다" 했다.

이 두 스님에 대해 만송 스님은 "운문은 화살 위에다 촉[尖: 화살촉]을 더하고 낭야는 뒤통수에서 말뚝을 뽑아낸 격이다"라고 했다.

나라를 일으켜 세우려면 모름지기 지모 있는 사람과 용맹한 장수를 얻어야 나라가 풍성하고 태평해진다. 그런데 나라가 풍성해지면 시샘 때문에 공자를 쓰지 않고 백성들은 심정(心正)을 잃고 피폐해지기 쉽다. 그래서 나라가 풍성하면 보살은 근심이 많고 나라가 가난하면 보살은 힘을 얻고 기뻐한다. 풍요는 가난한 사람들이 얻었을 때 진귀해지는 것이기 때문이다.

선문은 본래 한 티끌도 일어나지 않는 것을 중용한다. 그런데 풍혈 스님은 '한 티끌이 일어나면 나라가 흥성하고 한 티끌이 일어나지 않으면 나라가 멸망한다'는 말을 했다. 왜 이런 말을 했을까? 이것은 나라의 풍요와 가난과는 관련이 없는 선문의 법문이지만 그렇다고 전혀 관련이 없는 것은 아니다.

원오 평창
말해보라, 한 티끌을 세워야 옳은가, 세우지 않아야 옳은가? 여기에 이르러서는 대용(大用)을 나타낼 수 있는 자라야 한다. 설령 언어 이전에 깨달아도 한 껍질 남아 있는 것이고 경계에 걸리며, 비록 말 떨어지자마자 통달한다 해도 경계에 부딪치고 미친 견해임을 면하지 못하리라.

동산 스님 문하에서는 이를 "몸을 바꾸는 곳[轉變處]"이라 하나, 부처도 중생도 없으며 옳고 그름도 없으며 좋고 나쁨도 없으며 소리와 자취마저도 끊겼다. 그러므로 "황금가루가 아무리 귀해도 눈에 들어가면 눈병을 일으킨다"고 했으며, 또한 "옷 속에 감춰놓은 구슬도 법엔 티끌이다. 자신의 신령함도 중히 여기지 않는데 부처니 조사니 다 뭐하는 것인가!"라고 했다. 종횡자재하고 신통 묘용(神通妙用)이 있다 해도 기특할 게 없다.

여기에 이르러서는 봉두남발한 채 만사를 다 쉬어야 한다. 이때는 산승도 전혀 아는 것이 없다. 만일 또다시 마음을 말하고 성품을 말하며 현미(玄微)함을 말하고 오묘함을 말했어도 모두 필요 없다. 왜냐하면 그의 집안에 스스로 신선의 경계가 있기 때문이다.

남전(南泉) 스님이 대중에게 설법했다.

"황매산(黃梅山) 7백 고승은 모두가 불법을 아는 사람들이었기에 그[五祖]의 의발(衣鉢)을 얻지 못했으나, 노행자(盧行者)만은 불법을 알지 못했기에 의발을 얻었다."

또 말했다.

"삼세의 모든 부처님은 있음[有]을 알지 못하고 이리와 흰 암물소가 도리어 있음[有]을 안다."

가난한 촌 늙은이가 이맛살을 찡그리기도 하고, 때로는 노래를 하기도 한다. 말해보라, 이를 어떻게 이해해야 하는가? 그는 무슨 안목을 갖추었기에 이럴 수 있을까? 그런데 촌 늙은이의 문 앞에는 따로이 조장(條章: 법)이 있음을 알아야 한다.

설두 스님이 "생사를 함께 할 납승이 있느냐?"고 한 것은 출격장부의 모습을 보이라는 것이다. 누가 출격 장부인가? 마조와 설봉이다.

설두 송

촌 늙은이 이맛살이 펴지 않는다 해도
국가의 웅대한 터전을 세우고자 하는데
지모 있는 신하들과 용맹한 장수들은 지금 어디에 있는가?
만 리에 맑은 바람이 부니 자연 알게 되리라.

野老從敎不展眉　且圖家國立雄基　謀臣猛將今何在　萬里淸風只自
知

48
운문주룡 [雲門拄龍]

운문 스님이 주장자를 가지고 대중에게 설법했다.
"주장자가 용으로 변하여 천지를 삼켜버렸다.
산하대지는 어디에 있느냐?"

擧　雲門以拄杖示衆云　拄杖子化爲龍　呑却乾坤了也　山河大地甚
處得來

선사가 주장자를 들면 삼천대천세계를 일으키고 무너뜨릴 수
있다. 구지 스님은 누가 묻기만 하면 손가락을 세워서 지식인들
을 평정했고, 운문 스님은 주장자를 잡고 천지를 삼켜 버렸다.
말해보라. 구지 스님이 손가락을 들은 것과 운문 스님의 화용
(化龍)은 같은가, 다른가? 산하대지를 삼켜버린 곳이 어디인가?
　　석우 착어 "안산은 적당하고 흐르는 물은 주객이 선명하다.
버들강아지 노래는 사람의 혼을 빼앗아간다."

원오 평창
산하대지가 있다고 하면 눈먼 봉사이며, 없다고 하면 죽은
놈이다. 운문 스님이 사람을 지도했던 뜻을 알았느냐? 나에게
주장자를 돌려다오.
　　여러분이 이미 조사의 문하객이 되었는데 오로지 그것만을

전한 마음을 밝힐 수 있겠는가? 가슴속에 한 물건이라도 있으면 산하대지가 들쑥날쑥 눈앞에 나타나겠지만, 가슴속에 한 물건도 없다면 밖으로 실오라기 하나도 없을 것이다. 그런데 그렇게 되면 어떻게 이치와 지혜가 그윽이 합하고, 경계와 정신이 회합한다고 말할 수 있겠는가? 그 이유는 하나를 알면 일체를 알고, 하나를 밝히면 일체가 밝혀지기 때문이다.

장사(長沙) 스님은 말하기를, "도를 배우는 사람들이 진실을 알지 못하는 것은 눈앞에 식신(識神: 아는 정신)에 의지해서 인식하기 때문이다. 무량겁 동안 내려오는 생사의 근본을 가지고 어리석은 사람들은 본래인(本來人)이라 한다"라고 했다.

옛 사람이 말하기를 "한 티끌만 일어나도 온 대지가 모두 생긴다"고 했는데 말해보라, 어느 것이 한 티끌인가? 이 한 티끌을 알 수 있다면 이 주장자를 알 것이요, 주장자를 들 수만 있다면 종횡으로 자재하는 오묘한 작용을 알게 될 것이다. 그런데 이처럼 말하는 것 자체가 벌써 언어문자의 갈등이다. 하물며 용으로 변한다는 등의 말을 하겠는가?

그러므로 경장주(慶藏主)는 이 화두에 대해 "일찍이 5천48권의 모든 불경 어디에 이런 독특한 말이 있더냐?"고 했다. 운문 스님은 주장자를 들어 보이는 곳마다 전기대용(全機大用)으로 생동감 있게 사람을 지도했던 것이다.

파초(芭蕉) 스님은 설법하면서 "납승의 본분은 모두 이 주장자에 있다" 했다.

영가(永嘉) 스님은 "괜히 관직을 버리고[裰] 출가한 것이 아니다. 이는 여래의 보장(寶杖: 보배 지팡이)을 몸소 본받은 것이다"라고 했다.

석가여래께서 지난날, 연등(燃燈) 부처님의 세상에서 머리를 풀어 진흙을 덮고서 연등부처님을 기다리자 연등부처님이 말했다.

"이곳에 범찰(梵刹)을 세우라."
그때에 한 천자가 한 줄기 풀로 표시를 한 뒤에 말했다.
"청정한 가람을 세웠습니다."
여러분은 말해보라, 이것이 무슨 소식인가?
설두 스님이 말하기를, "한 방 얻어맞고 깨침을 얻고, 일할(一喝)에 알아차린다"고 했다. 말해보라, 무엇을 알아야 할까?
그런데도 혹시 어떤 사람이 "어떤 것이 주장자냐?"고 묻는다면 이는 곤두박질치는 것이 아니겠으며, 한 차례 헛손질한 것이 아니겠는가! 모두 정혼(情魂: 妄情)의 희롱이로다. 서로 통하지 않는 것을 즐김이로다.

설두 송
들었든, 못 들었든
깨끗하여 말쑥해야 하니
쉬어서 다시는 어지럽게 하지 말라.
일흔두 방망이도 또한 가벼운 용서이니
1백50 방망이를 쳐도 그대를 용서해주기 어렵다.

聞不聞　直須灑灑落落　休更紛紛紜紜　七十二棒且輕恕　一百五十
難放

49
운문의 황금털 [雲門金毛]

어떤 스님이 운문 스님에게 물었다.
"무엇이 청정법신(淸淨法身) 입니까?"
"꽃나무로 장엄한 울타리니라.[花藥欄]"
"그렇게 갈 때는 어떠합니까?"
"황금빛털 사자니라."

擧 僧問雲門 如何是淸淨法身 門云 花藥欄 僧云 便恁麼去時如
何 門云 金毛獅子

이 공안은 쉬운 듯해도 어려운 화두이다. 2번 3번 물어도
청정법신에 대한 선(禪)적인 설명인 것은 분명하지만, 약간의 지
견이라도 일어나 금방 알 수 있다면 그것이 바로 이 화두의 함
정에 빠진 것이다. 함정을 알아채고 바로 알 수 있는 사람 있는
가?

원오 스님이 평창했다. "여러분은 이 스님이 물은 뜻과 운문
스님이 답한 뜻을 알겠는가? 알 수 있다면 두 사람이 한 말은
모두 언어 이전의 표현이 되겠지만, 몰랐다면 어리석음을 면치
못할 것이다."

어떤 스님이 현사(玄沙) 스님에게 물었다.

"무엇이 청정법신입니까?"

"고름이 뚝뚝 떨어지느니라."

라고 말했는데, 위의 공안과 같은가? 다른가? 가히 금강의 눈 [金剛眼]을 갖춘 사람이라야 같고 다름을 알 것이다.

운문 스님은 어느 때는 거두어들여서 마치 만 길 벼랑에 홀로 서 있어 가까이 할 곳이 없고, 어느 때는 한 가닥 길을 터놓고 생사를 함께 하기도 했다. 운문 스님의 세 치 혀끝은 매우 빈틈이 없다 하겠다.

백장 스님은 **"삼라만상과 모든 언어를 자기에게 귀결시켜, 수레바퀴처럼 매끄럽게 운용해야 한다"**고 했다. 활발발(活潑潑) 한 곳에서 대뜸 이르기를, "만일 여기에서 머뭇거리며 생각한다면 바로 제이구(第二句)에 떨어진다"고 했다.

영가(永嘉) 스님은 "법신을 깨달으니 한 물건도 없다. 본원(本源)의 자성(自性)이 본래의 부처이다"라고 말했다.

암두 스님은 말했다.

"전쟁으로 말한다면 어디에서라도 몸을 비킬 자리에 서 있어야 한다." 또 말했다. "활구(活句)를 참구해야지, 사구(死句)를 참구해서는 안 된다. 활구에서 알면 영겁토록 잊지 않겠지만 사구에서 알면 자신마저 구제하지 못한다."

어떤 스님이 운문 스님에게 물었다.
"불법은 물속에 달과 같다 하는데 그렇습니까?"
"맑은 파도는 뚫고나갈 길이 없느니라.[淸波無透路]"
다가가서 물었다.

"스님께서는 마침내 어떻게 얻으셨습니까?"
"다시 물어 뭘 하겠는가?"
"이럴 때는 어떠합니까?"
"겹겹이 쌓인 관문의 산에 난 길이야.[重疊關山路]"

이 말을 알아듣겠는가? 알아들었다면 본 공안의 뜻을 이해한 사람이라고 할만하다. 반드시 알아야 할 것은 이 일은 언구에 있지 않다는 것이다. 마치 전광석화와 같아 이렇게 하든 저렇게 하든 목숨을 잃어야 정상이다.

설두 송
꽃울타리여!
어리석은 짓 하지 말라.
눈금은 저울대에 있지 받침대에 있지 않다.
이러함이여!
전혀 잡다함이 없나니
황금털빛 사자를 그대들은 살펴보라.

花藥欄莫顢頂 星在秤兮不在盤 便恁麼太無端 金毛獅子大家看

50
병정동자 (丙丁童子)

금릉(金陵) 보은사(報恩寺) 현칙(玄則) 스님은 처음 청봉(靑峰)스님을 찾아뵙고 물었다.
"무엇이 학인 자신입니까?"
"병정동자(丙丁童子)가 불을 찾는구나."
현칙 스님은 그 뜻을 깨닫지 못하고 뒤에 법안 스님을 찾아뵙자 법안 스님이 물었다.
"어디에서 왔느냐?"
"청봉 스님에게서 왔습니다."
"청봉 스님이 무슨 말을 하던가?"
현칙 스님이 지난 이야기를 들려주니 법안 스님이 말했다.
"그대는 이 말을 어떻게 생각하느냐?"
"병정(丙丁)은 불에 속하는 것인데 다시 불을 찾는다는 것은 자신을 가지고 자신을 찾는 것이라 생각합니다."
"그렇게 이해해서야 어떻게 깨칠 수 있겠는가?"
"저는 이렇게밖에는 할 수 없습니다. 스님께서는 어떻게 생각하십니까?"

"그대가 나에게 물어 보아라. 내가 대답해 주겠
다."
현칙 스님이 지난번 물음을 다시 묻자, 법안 스
님이 말했다.
"병정동자가 불을 찾는구나."
이 말에 현칙 스님은 깨달았다.

金陵報恩 玄則禪師 法眼問 曾見什麽人來 恩云 見靑峯和尙 眼
云 有什麽言句 恩云 某甲曾問 如何是學人自己 峯云 丙丁童子
來求火 眼云 上座作麽生會 恩云 丙丁屬火 將火求火 如將自己
求自己 眼云 與麽會又爭得 恩云 某甲只如此 未知和尙尊意如何
眼云 爾問我 我與爾道 恩云 如何是學人自己 眼云 丙丁童子來求
火 恩於言下頓悟

아는 것으로는 고뇌를 끊지 못한다. 깨달아야 고뇌가 끊어진
다. 깨달음은 본인이 궁금하게 생각하고 있어야 얻는 것이지 궁
금하지 않는데 억지로 알려주려고 하면 오히려 아는 것만 키워
주는 것이므로 이것은 깨달음의 종자를 단절하는 것이다. 그래
서 예로부터 선사들은 묻지 않으면 말하지 않았다.

법안 스님(885~958)은 줄탁동시(啐啄同時)의 대기(大機)가
있었고, 또 줄탁동시의 대용(大用)도 갖춘 선사였다. 이른바 소
리와 빛을 초월하고 큰 자유자재를 얻어 주거나 빼앗을 때를
알맞게 하고 죽이고 살리는 것을 자유자재로 했던 선사이다.

줄탁동시란 알에서 새가 충분히 자란 것을 안 어미 새가 밖
에서 알을 탁탁 쪼으면 안에서도 새끼가 알을 톡톡 쳐서 비로

소 새가 세상 밖으로 나오는 것을 말한다. 이를 줄탁동시라고 한다. 선문에서 납자의 공부가 충분히 된 사람이라면 선사는 그 납자의 내면을 알아보고 간단한 말 한마디로 깨닫게 하는 사람을 대기대용을 갖춘 선사라고 한다.

법안 스님의 문하에서 출탁동시가 일어났던 몇 건의 사례가 있다.

귀종 현책(歸宗玄策) 스님은 조주(曹州) 사람으로 원래 이름은 혜초(慧超)였는데 법안 스님을 찾아뵙고 물었다.

"혜초가 스님께 묻사옵니다. 무엇이 부처입니까?"

"그대가 혜초일세."

혜초는 여기서 딱 깨달았다.

혜초의 깨달음을 알음알이로 간단하게 이해하면 안 된다. 법안과 혜초의 이 화두에 대해 설두 스님은 다음과 같이 송을 했다.

강남의 나라에는 봄바람 불지 않는데
두견새는 꽃 속 깊은 곳에서 지저귄다.
세 단계의 거친 폭포를 거슬러 올라간 물고기는 용으로 변했건만85)

---

85) 어화용(魚化龍); 강주(絳州) 용문(龍門)은 황하의 목젖이다. 전설에 우(禹) 임금이 뚫은 곳이라 해서 우문(禹門)이라고도 한다. 이곳부터 강의 너비가 40m 정도로 좁아지면서 세찬 물결이 치기 시작한다. 이렇게 36km를 거슬러 올라가면 호구(壺口) 폭포가 나타나고 이곳에서 다시 또 한 번 세찬 물결이 몸부림을 친다. 황하강 하구에는 많은 잉어들이 살고 있는데 3월이 되면 뛰면서 물결을 거슬러 올라간다. 거칠고 긴 강을 거슬러 올라가 나지막한 폭포까지 넘으면 3단계의 고난을 돌파한 것이다. 고기는 점점 변해서 마치 용처럼 거칠고 날쌔게 된다. 일설에 고기가 이곳을 지나면 몸에서 36장의 용 비늘이 생기고 턱 밑에는 1자나 되는 역

어리석은 사람은 아직도 밤새워 연못물을 퍼내는구나.86)

  수행자는 세 단계의 폭포를 거슬러 올라가야 용이 되는 법이
고 용이 되어야 뭇 영령들의 정상에 올라서는 것인데, 어찌 수
많은 망정 중에 하나인 생각만으로 용이 되겠느냐는 노래이다.
똑같은 말을 듣고도 어리석은 사람은 한 생각이 일어났다 사라
지지만 거친 물결을 거슬러 올라가 몸에 비늘이 돋은 사람은
들은 즉시 활연대오하는 것이다.

  이에 대해서 원오 스님은 『벽암록』에서 다름과 같이 주의를
주었다.

  "이 공안을 여러 총림에서 이러쿵저러쿵하며, 알음알이로 이
해하는 자가 적지 않다. 이는 옛사람은 일언반구(一言半句)를 설
법하더라도 전광석화(電光石火)와 같은 순간에 곧바로 바른길을
열어준 것임을 모른 것이다.

  후인들은 오로지 언구(言句)만을 따져 "혜초가 바로 부처이므
로 법안 스님이 이처럼 대답했다"고 하고, 또 어떤 사람은 "소
를 타고 소를 찾는 것과 꼭 닮았다" 하고, 어떤 사람은 "질문
그 자체가 바로 그것이다"라고 하는데 무슨 관계가 있으랴? 만
일 이같이 이해하면 자기를 저버릴 뿐 아니라 또한 옛사람을
크게 욕하는 일이다.

린이 생겨서 용이 된다는 전설이 있다. 이때 용문을 넘어가지 못하는 잉
  어는 이마에 부딪친 점(상처)만 찍힌 채 아래로 떨어진다 해서 등용문(登
  龍門)이라는 말이 생겼다.
86) 『碧巖錄』 07칙; "江國春風吹不起 鷓鴣啼在深花裏 三級浪高魚化龍
  癡人猶戽夜塘水"

만일 법안 스님의 솜씨 전모를 보려한다면 한 방 쳐도 머리조차도 돌리지 않는 놈이라야 한다. 이 일은 이빨은 칼 숲과 같고 입 속은 시뻘겋고 말 밖에서 귀결처를 알았다 해도 겨우 조금 상응할 뿐이다.

만일 하나하나 알음알이를 지으면 온 누리에 부처의 종족을 멸망시킬 것이다. 다만 혜초(慧超) 선객이 여기에서 깨달았던 것은 그가 평소에 항상 참구했기 때문에 한마디 말에 마치 통 밑바닥이 빠져버린 것처럼 통한 것이다."

원오 스님은 '아는 것'을 통렬히 비판한 것이다. **선문의 일은 이미 갖추어진 것을 깨닫게 하는 일을 한다.** 아는 것은 지금 초심자가 아는 것만으로도 충분하다. 누구든지 이미 부처인데 무엇을 더 알 것이 있겠는가? 부족한 것은 자신이 부처라고 외치고 다녀도 깨달아 가슴에 찍혀지지 않아서 정말 자신이 부처인 것을 모르고 있는 것이다. 때문에 모든 화두의 그 일구는 깨닫는 것에 초점이 맞추어져 있다. 불자를 들고 주장자를 내리치고 손가락이나 주먹을 내 보이는 것도 오로지 내방자가 깨닫기를 희망하고 한 일이지 무엇을 알게 하려고 하는 것은 아니다.

다만 수십 년을 지나도 스스로 깨닫지 못하는 폐해가 있으므로 좀더 빠르게, 예컨대 문답 즉시, 아니면 하룻밤 만에, 늦으면 7일 안에 깨닫는 것은 활구 화두, 즉 살아있는 화두를 참구하기 때문이다. 이렇게 활구 의심을 가지고 참구하면 대개 짧은 시간 안에 해결을 보는 것이 상례이다.

그런데 7일이라 해도 깨어나는 것은 한 순간이다. 때문에 깨달음은 7일이 아니라 그 전후 언제라도 가능하다 다만 의심이 없거나, 시간만을 망연히 기다리면 설봉 스님이나 운암 스님이

20년 만에 깨달은 것처럼 늦을 수밖에 없다. 이렇게 늦는 것은 둔근기라고 한다. 머리 좋은 상근기라면 듣는 즉시 알아채야 정상이다.

본록의 기록은 다음과 같다.

금릉(金陵) 보은사(報恩寺) 현칙(玄則) 스님은 처음 청봉(青峰) 스님에게 물었다.
"무엇이 학인 자신입니까?"
"병정동자(丙丁童子)가 불을 구하는구나."
 현칙 스님은 그 뜻을 깨닫지 못했다.
그 뒤 법안 스님 회상에서 감원 소임을 보았는데, 현칙(玄則) 스님은 입실(入室)해서 법문을 청했던 적이 없었다. 하루는 법안 스님이 그에게 물었다.
"칙 감원아, 어찌하여 입실하지 않느냐?"
"스님은 왜 모르십니까? 저는 청림(青林) 스님의 처소에서 이미 한 소식했습니다."
"네가 그때에 했던 말을 한번 나에게 말해보아라."
"제가 '무엇이 부처입니까?' 하고 물었더니, 청림 스님은 '병정동자(丙丁童子)가 불을 구하는구나.' 하고 말했습니다."
"좋은 말이다만 네가 잘못 알았을까 염려스럽구나, 다시 한번 설명해보아라."
"병정(丙丁)은 불[火]에 해당하니 불로써 불을 구한 것입니다. 이는 마치 제가 부처인데도 다시 부처를 찾은 것과 같습니다."
"감원아, 과연 잘못 알았구나!"
칙 감원은 그 말에 불복하고는 곧장 일어나 홀로 강을 건너가 버렸다. 법안 스님은 "이 사람이 만일 되돌아온다면 구제할 수 있지만, 오지 않는다면 구제하지 못할 것이다"라고 했는데, 칙 감원이 중도에서 스스로 곰곰이 헤아려보니, '그분은 오백 인을 거느리는 선지식이신데 어찌 나를 속이겠느냐'고 뉘우치고 마침내 되돌아와 다시 참방하자, 법안 스님이 말했다.

"네가 나에게 물어라. 내, 너를 위해 답하리라."

"무엇이 부처입니까?"

"병정동자가 불을 구하는구나."

칙 감원은 이 말이 떨어지자마자 완전히 깨달았다.

병정동자가 불을 구하는 도리를 설명해보아라 하니 "병정(丙丁)은 불[火]에 해당하니 불이 불을 구한 것입니다. 이는 마치 제가 부처인데도 다시 부처를 찾은 것과 같습니다."라고 설명을 했는데도 법안 스님은 인정하지 않았으니 도대체 무엇 때문인가? 본 납자라 해도 이런 대답으로는 남은 고사하고 자기 하나도 제도하지 못하는 것이 분명하다고 할 것이다.

만송 노인은 법안 스님의 이 접화에 대해서 "법안은 갈고리와 송곳을 손에 들고서 '버리면 자국이 남고[去則印住], 머물면 자국이 깨진다[住則印破]'는 방편을 가지고 현칙 감원의 망정의 관문을 쳐부수었다"고 평했으니, 만송 노인의 탁월한 선기를 새삼 느껴본다.

여기까지 이 글을 읽고 갑자기 눈이 밝아진 사람은 즉시 선지식을 찾아가서 병정동자가 불을 구하는 도리를 일러보라. 선사에게 무엇이라고 말을 해야 인정을 받겠는가? 제대로 잘 이른 사람이라면 알에서 깨어난 부처의 삶을 살아가리라.

가진 스님

선 시자(善侍者)와 가진 점흉(可眞點胸) 스님은 자명 스님의 법을 이었다. 가진 스님은 자명 스님을 친견했다는 자부심 때문에 천하에 특별히 마음에 새겨둘 만한 인물이 없다고 여기고 있었다. 그런데 선(善) 스님은 가진 스님과 이야기를 해본 후 가진이 깨닫지 못했음을 알게 되었다. 하루는 두 사람이 산길을 걷다가 가진 스님이 불법을 거론하면서 기봉을 발휘하자, 선 스님은 조약돌 하나를 주워 바위 위에 놓고서 말했다.

"그대가 여기에다 일전어(一轉語: 뒤집어 맞추는 말)를 놓는다면 그대가 자명 스님을 친견했다는 사실을 인정하겠다."

가진 스님이 좌우를 두리번거리며 머뭇거리자, 선 스님은 큰 소리로 꾸짖었다.

"머뭇거리며 생각하느라 기봉이 멈췄으니, 알음알이[情識]를 벗어나지도 못했는데 어떻게 꿈엔들 노스님을 친견했겠는가, 가거라!"

이에 가진 스님은 매우 부끄러워하고 두렵게 생각하여 상화산(霜華山)으로 돌아가야겠다는 생각을 하게 되었다. 자명 스님은 가진 스님이 돌아오는 것을 보고 말했다.

자명 "진짜 행각인이란 반드시 때를 알아야 하는데 무슨 바쁜 일이 있기에 여름 해제가 된 지 얼마 되지 않아서 이곳에 왔는가?"

가진 "선형[善侍者]이 독한 마음으로 사람을 절식시키기에 다시 스님을 친견하고자 합니다."

자명 "무엇이 불법의 대의(大意: 큰뜻)인가?"

가진 "구름 한 점 없는 잿마루 위에 달이 떨어지니 마음이
부서집니다.[無雲生嶺上 有月落波心]"
자명 스님은 눈알을 부라리고 소리치며 꾸짖었다.
"머리털이 하얗고 이빨이 엉성히 빠져서까지도 오히려 이러
한 견해를 가지고 있으니 어떻게 생사를 떠날 수 있겠느냐!"
가진 스님은 감히 머리를 바로 들지 못하고 양 볼의 눈물이
턱까지 흘러내릴 뿐이었다. 한참 후 다시 물었다.
"모르겠습니다. 무엇이 불법의 대의입니까?"
자명 스님이 대답했다.
"구름 한 점 없는 잿마루 위에 달이 떨어지니 마음이 부서진
다.[無雲生嶺上 有月落波心]"
가진 스님은 이 말에 크게 깨달았다.

자명 스님이 불법의 큰 뜻을 묻는데 '구름 한 점 없는 잿마
루 위에 달이 떨어지니 마음이 부서진다' 라는 말을 했다. 이
뜻은 **높고 맑은 경지에 있는 고고한 달이 떨어지면 마음이라
할 것도 없어져 버린다**는 것이다. 가진 스님이 불교를 한 마디
로 잘 응축한 말이라고 볼 수 있다.

그런데 스승 자명 스님은 노발대발 화를 내면서 인정하지 않
았다. '어느덧 머리가 그렇게 허옇게 되었는데 아직도 그런 견
해를 가지고 있다면 어느 세월에 생사를 벗어나겠느냐'는 호통
은 고참 수행자에게는 정말 뼈아픈 질책이 아닐 수 없다. 이 말
을 듣고 가진 스님은 눈물이 흘러나올 정도였으니 그 처참한
심경을 가히 알 것이다.

가진 스님은 이것저것 다 버리고 최후로 어린 아이가 되어
묻듯 무엇이 불법의 대의입니까? 하고 물었고, 자명 스님은 가

진 스님의 말을 그대로 일러주었는데, 가진 스님은 그때서야 화들짝 깨달았다. 현재 자신의 심경을 그대로 표현했던 것이고, 자명 스님은 가진 스님을 깨닫게 하는 것에 중점을 두고 말했던 것이다.

"구름 한 점 없는 잿마루 위에 달이 떨어지니 마음이 부서진다.[無雲生嶺上 有月落波心]"

불법의 큰 뜻을 스승에게 보일 때 이 말은 답이 아니다. 그러나 스승이 제자를 깨닫게 할 때는 쓸 수 있는 말이다. 같은 말이지만 받아들이는 사람이 다르기 때문에 가진 스님은 자기가 말한 뜻에 깨달은 것이다. 이런 마지막 일구를 '**동사(同死)가 아닌 말후구**'라고 한다.

여기서 중요한 것은 가진 스님이 선(善) 사형의 질문에 단 한 마디도 개진하지 못한 자신의 무능함을 철저히 반성했다는 것이고, 스승이 있는 상화산(霜華山)으로 돌아가는 그 며칠은 그야말로 '일전어가 무엇인가'라는 활구화두 하나로 가득했던 참구시간이 있었다는 것이고, 그리고 자명 스님의 뼈아픈 질책을 받고 가진 스님은 당시에 참으로 겸허한 마음으로 스승의 일구를 들었다는 것이다. 의심, 분심, 신심이 가득했던 순간에 들은 스승의 일구는 가히 영혼을 때리고 사람을 바꾸는 계기가 된 것이다.

제자가 알고 있는 것을 스승이 재차 말을 함으로 해서 제자가 깨닫는 것에 대해서 원오 스님은 『벽암록』에서 화살과 화살이 맞닿는 기연이라고 했다. 이것은 줄탁동시와 같은 표현이다. 『벽암록』 내용은 다음과 같다.

"오랫동안 참구한 자라면 한 번 말하면 곧바로 요점을 안다. 법안 스님의 회하(會下)에서는 이것을 '화살과 화살이 서로 맞부딪치는 것처럼 절묘한 공안이다'라고 말한다. 결코 (조동종의) 오위군신(五位君臣)과 (임제종의) 사료간(四料簡)을 쓰지 않고 바로 화살과 화살이 공중에서 맞부딪치는 것 같은 절묘한 공안을 주재한 것이다. 그의 가풍이 이와 같아서 (납자가) 한 구절을 바로 보면 그 자리에서 당장 깨닫지만, 끝내 말에서 찾고 생각하면 찾을 수 없다."

어찌되든 순숙해진 공부자들에게 적합한 방법이라 해서 선사들도 이런 방법은 고참 납자들에게나 쓰곤 했다. 그런데 누구나 반드시 순숙된 시간이 필요한 것은 아니다. 중생은 이미 내면이 충분히 순숙되어있다. 중생은 이미 성불했다는 부처님의 말씀을 부정하지 않는다면 중생은 육조 스님처럼 이미 스스로 완전한 상태이다. 중생은 언제라도 알을 깨고 나올 수 있다. 다만 스스로 찾아가서 두드리지 않으면 열리기 힘들 뿐이다.

자, 일러보라. 자명 스님이 '병정동자가 불을 구하는구나'라는 말을 했을 때 현칙 스님은 무엇을 보았는가? 무엇을 보았기에 현칙 스님의 그후 일생은 오로지 평평한 평지에서 바람도 없고 물과 양식이 풍부했단 말인가? 이에 대해 석우는 '여우 굴 속에서 호랑이는 떨고 있고 농부의 괭이 끝에 황금이 가득하다'고 말하리라."

운암과 도오

운암(雲巖)87) 스님과 도오(道吾) 스님은 약산 유엄 스님의 법을 이었다. 두 스님은 약산(藥山) 스님을 참방하고 40년 동안 눕지 않고 정진했다고 알려져 있다. 그렇다고 해서 40년 뒤에 깨달았던 것은 아니다. 도오 스님은 일찍이 깨달았고, 운암 스님은 백장에서 20년 동안 시자로 있다가 백장이 죽자, 그 뒤 도오 스님과 함께 약산(藥山)에 이르렀고 약산 스님이 말했다.

약산 "백장 스님의 회하에서는 무슨 일들을 하고 있었는가?"
운암 "투철하게 생사를 벗어나는 일을 했습니다."
약산 "투철하게 벗어났는가?"
운암 "거기에는 생사가 없습니다."
약산 "20년 동안 백장에 있었으면서도 아직 번뇌[習氣]를 없 애지 못했구나."

운암 스님이 "거기에는 생사가 없습니다"라고 말했는데 이 말은 맞는 말 같아 보여도 맞는 말이 아니다. 이런 말은 그 어 떤 선사에게도 인정을 받지 못한다. 그러나 운암 스님은 20년 간 백장을 모셨던 것을 생각하고는 한편으로 무시를 당한 것이 화가 나고 또 한편으로는 약산을 믿지 못해서 도오 스님과 함 께 약산을 하직하고 남전(南泉) 스님을 찾아갔다.

---

87) 雲巖; 운암담성(雲巖曇晟; 782-841), 당대 승. 종릉 건창(강서 영수) 사람. 속성은 왕이며 어릴 적에 석문에서 출가했음. 처음엔 백장회해를 참알해 20여 년을 지냈으나 현지(玄旨)를 깨치지 못했음. 회해가 시적 한 후 예주의 약산유엄(藥山惟儼)을 참알하고 아울러 그의 법을 이었 음. 후에 담주(호남 장사) 운암산에 거주하며 종풍을 크게 날린지라 고 로 또 칭호가 운암담성임. 무종 회창 원년(일설엔 문종 태화 3년)에 시 적했으니 나이가 60이며, 시호는 무주(無住. 일설엔 無相)대사. 제자로 는 동산양개·신산승밀·행산감홍 등이 있음 [송고승전11. 전등록14. 연등회요19. 불조역대통재16. 석씨계고략3].

　　남전 스님은 처음에 율을 익혔고, 다음에는 화엄과 능가를
듣더니 나중에는 삼론(三論)의 관법에 들어갔고, 마조(馬祖)가 외
도라고 꾸짖는다는 말을 전해 듣고는 자주 문을 두드려 끝내
통발을 버릴 줄 알게 되었던 스님이다.

　　어느날 남전이 죽을 끓이는데 마조가 물었다.
"통 속의 것이 무엇인가?"
"이 노장이 의당 입을 다물어야 할 터인데 무슨 소리를 하는
가?"
남전은 기회를 만나면 마조에게 양보치 않음이 이와 같았지
만, 나중에는 조주의 손아귀에 들어가서는 묵은 빚을 갚고야
말았다.

　　남전이 어느 좌주에게 물었다.
"열반경은 무엇으로 극칙(極則)을 삼는가?"
"여여(如如)로써 극칙을 삼습니다."
"여여라고 부르면 벌써 달라진 것이다. 요즘의 사문들은 모
름지기 이류 가운데 행을 해야[異類中行]88) 비로소 얻으리
라."
조주 스님이 승당 앞에서 남전 스님에게 물었다.
"다르다 함[異]은 묻지 않겠습니다. 어떤 것이 류[類]입니까?"
남전이 두 팔을 벌려 땅을 버티고 엎디었다. 조주가 발로 한
번 짓밟아 쓰러뜨리고는 얼른 연수당(延壽堂)으로 들어가서
외쳤다.

---

88) 異類: 사람 이외의 군생을 말한다. 정상인과 다른 생명체나 축생을
　　말한다.

“원통하다! 원통하다!”
남전이 시자를 시켜 묻게 했다.
“무엇이 그리 원통한가?”
“두 번 거듭 밟아주지 못한 것이 원통하다.”

조주 스님은 남전의 제자이다. 정식으로 법을 묻는 자리에는 계급을 떼고 묻고 답하기 때문에 비록 제자라 해도 선사에 대항해서 자신의 경지를 보일 수 있다. 남전 스님이 이류중행, 즉 축생이 기어가는 것을 직접 보여 주었으나 조주는 스승의 설명을 인정하지 않았다. 그뿐만 아니라 두 번 세 번 거듭 밟아주지 못한 것이 원통하다 했는데도 이후 남전 선원에서는 조주에 대한 그 어떤 징계도 이의도 없었으므로 조주의 이 행동은 선가에서 인정되는 행동이었던 것이다.

이처럼 남전(南泉) 스님은 이류중행(異類中行)을 중시했다. 하루는 대중에게 “3세의 부처님은 알지 못하는데 살쾡이[狸奴]나 암소[白牯]는 알고 있느니라.”라고 설법할 정도였다. 이 이류중행도 선문에서 하나의 화두로 정착했다. 이류가 알고 있는 것이 무엇인가, 이류의 행이란 무엇인가가 참구할 바이다.

운암과 도오가 남전에 도착하자 남전 스님은 도오 스님에게 물었다.
“사리(闍梨: 스님)의 이름은 무엇인가?”
“종지(宗智)입니다.”
“지혜[智]가 이르지 못하는 곳에서는 어떻게 종(宗)을 삼겠는가?”
도오 “결코 말해서는 안 됩니다.”
남진 “과연 그렇다. 말한다면 머리에 뿔이 날 것이다.”

도오는 이미 약산에 있을 때 깨달았기 때문에 남전의 회하에
도착한 첫 대화에서 남전에게도 인정을 받은 것이다.

사흘 뒤에 운암과 함께 후원에서 누더기를 꿰매는데 남전이
지나다가 물었다.

"어제 이르기를 '지혜가 이르지 못하는 곳을 절대로 말하지
말라. 말한다면 머리에 뿔이 날 것이다' 했는데 어떻게 처신
[行李]해야 합당하겠는가?"

도오는 문득 일어서서 승당으로 들어가 버렸고, 남전도 자리
를 떠나버렸다.

운암이 도오 스님에게 물었다.

"사제(師弟)는 어찌하여 아까 화상께 대답을 안했는가?"

"사형은 그렇게 영리하시군요."

운암이 다시 남전에게 가서 물었다.

"아까 보여주신 공안에 대하여 종지 두타는 어찌하여 화상께
아무런 대꾸도 하지 않았습니까?"

남전 "그는 도리어 이류 가운데의 행[異類中行]을 하기 때문
이니라."

운암 "어떤 것이 이류 가운데의 행[異類中行]입니까?"

남전 "듣지 못했는가? '지혜가 이르지 못하는 곳을 절대로
말해서는 안 된다. 말을 하면 머리에 뿔이 난다' 했으니, 모
름지기 이류 중의 행[異類中行]을 해야 하느니라."

운암이 그래도 알지 못하므로, 도오가 생각하되 이 사람은
여기와는 인연이 맞지 않는구나 하고는 곧 그를 데리고 다시
약산(藥山)에게로 돌아갔다.

약산에 이르러 운암이 앞의 일을 이야기하니 약산이 운암에
게 이르되

“그대는 그의 그런 경계[時節]를 어떻게 이해했기에 이렇게 문득 돌아왔는고?”
운암이 대답이 없자, 약산이 크게 웃어버렸다.
이에 운암이 약산에게 물었다.
“어떤 것이 이류 가운데 행입니까?”
“오늘은 고단하니 다음에 오라.”
운암이 이르되
“저는 특별히 이 일을 위해 돌아왔습니다.”
“일단 가거라.”
하므로 운암이 나와 버렸다.
이때 드오는 방장 밖에 있다가 와서 물었다.
“사형께서는 화상에게 그 인연을 물으셨는데 어찌 되셨소?”
“화상께서는 내게 말씀해주시지를 않았소.”
또 하루는 두 사람이 약산을 모시고 서있는데 약산이 말하되
“지혜가 이르지 못하는 곳을 절대로 말하지 말라. 말을 하면 머리에 뿔이 나리라” 하니, 도오는 문득 인사를 드리고 물러갔다.
운암은 이어 약산에게 묻되
“사제 종지[도오 법명]는 어찌하여 화상의 말씀에 대꾸를 하지 않습니까?”
“내가 오늘은 등이 아프구나! 이 도리는 그[도오]가 알고 있으니 그대는 그에게 가서 물으라.”
운암이 다침내 도오에게 묻되
“사제는 아까 어찌하여 화상의 말씀에 대답을 하지 않았는가?”
“나는 오늘 머리가 아프니 사형은 화상[약산]께 가서 물으시

오."

그리고는 더 이상 대담이 없었는데, 여기서 운암은 암묵적으로 무엇인가 깨달은 바가 있었던 것으로 보인다. 얼마 뒤에 다음의 사건이 일어났기 때문이다.

하루는 운암(雲巖)이 마당을 쓰는데 도오(道吾)가 이르되
도오 "매우 부지런하군요!"
운암 "부지런하지 않은 이가 있음을 알아야 합니다."
도오 "그러면 둘째의 달[第二月]이 있군요."
운암이 비를 들어 세우면서
"이건 몇째 달이 되는 거요?"
도오가 그만두었다.

마지막 대화는 운암 스님이 약산과 도오 스님이 말하지 않았던 이유, 즉 이류중행의 이치를 안 것으로 보이는 대담이다. 선서에는 간혹 선사가 깨달았던 기연이 빠져 있고 뒤에 상당해서 설법한 내용만 소개되는 경우가 있는데 선사의 깨달음은 24시 일상사 중에서 일어나는 것이기 때문에 사실상 책에 모두 기록되기는 어렵다. 하지만 그가 하는 말이나 설법을 들어보면 그의 깨달음을 추적할 수 있다.

이 대담에서 운암이 "부지런하지 않은 이가 있음을 알아야 합니다" 라고 말했는데 확신이 없으면 이렇게 말하기 어렵다. 도오가 "그럼 둘째 달이 있군요" 하고 반론을 했고, 운암은 비를 들면서 "이건 몇째 달이요?" 하고 말한 것 역시 쐐기를 뽑는 말이다. 자 말해보라. 비를 세운 이것은 몇째 달인가? 도오가 더 이상 대답하지 못하고 그친 것은 묵연 중에 운암을 인정한

것이다. 도오가 대답하지 못하므로 해서 빈주가 바뀌었으므로, 이 대담에서 운암 스님은 조용(照用)을 제대로 쓰고 있었던 것이다.

나중에 운암이 죽음에 임박해서 사람을 시켜 하직하는 글을 도오에게 보냈는데, 도오가 보고 이르되 "운암은 그때 그에게 말해주지 않았던 일을 후회하지 않는구나. 약산의 아들임이 틀림이 없다." 라고 했다.

도오 스님은 운암이 당시에 '말하지 않는 그 이유'를 운암이 알았다는 것이다. 원오 스님 역시 운암 스님이 다시 약산으로 되돌아와서 깨달음을 얻었다고 했으므로, 운암 스님은 20년 만에 깨달음을 얻었던 것이다. 이에 대해서 원오 스님은 "옛사람을 살펴보면 20여 년 동안 참구하고서도 미숙하여, 살에 달라붙고 뼈에 달라붙어 싹 빠져나오질 못했다."라고 평을 했다.

약산 스님은 조동(曹洞)의 일종(一宗)을 배출했는데 거기에는 3인이 있어 법도가 성행했다. 운암 스님 아래에 동산(洞山) 스님, 도오 스님의 아래에 석상(石霜) 스님, 선자(船子) 스님의 아래에 협산(夾山) 스님이 바로 그 사람들이다.

운암 스님과 도오 스님의 문답 속에는 같은 말을 해서 동감을 표시했던 문답이 있는데 다음과 같다.

운암 스님이 도오(道吾) 스님에게 물었다.
운암 "대비(大悲) 보살이 수많은 손발을 사용하여 무엇을 할까요?"
도오 "사람이 한밤중에 등 뒤의 베개를 더듬는 것과 같습니다."

운암 "나는 알았습니다."

도오 "뭘요?"

운암 "온몸이 손이요, 눈입니다."

도오 "큰 소리는 쳤지만 열에서 여덟을 말했을 뿐입니다."

운암 "사형(師兄: 사제)께서는 어떠합니까?"

도오 "온몸이 손이요, 눈입니다."

운암 스님은 약산에 살면서 항상 사제 도오 스님을 의지하고 묻고 참구하면서 (의문을) 풀었는데, 하루는 도오 스님에게 "대비보살이 수많은 손과 눈으로 무엇을 할까요?" 하고 물어본 것이다. 관자재보살은 손도 천 개이고 눈도 천 개이다. 고통 받는 중생이 관자재보살 이름을 부르면 언제든지 달려와서 구원해주는 보살이다. 그런 그 보살이 눈과 손으로 무슨 일을 하느냐고 질문한 것이다.

도오 스님이 "한 밤 중에 등 뒤 베개를 찾는 것과 같다" 하니 운암 스님은 '온 몸이 손과 발'이라는 것을 안 것이다. 하지만 도오 스님은 이를 두고 운암 스님은 열에서 여덟을 안 것이고 충분하지 못하다면서 운암 스님을 긴장하게 만들었다. 운암 스님은 그럼 '스님은 어떻게 생각하시오?' 하고 물으면서 귀를 세우고 도오 스님 말을 기다렸다. 그런데 도오 스님 역시 "온몸이 손이요, 눈이다"라는 말을 한 것이다. 도오 스님으로서는 여기서 이렇게 말할 수밖에 없었으니 여기서 납자들은 그 이유를 철저히 알아보아야 한다.

그런데 '온 몸이 손이고 눈'이라는 말을 가지고 너무 바빠서 자기가 구해도 구한 것을 모른다거나, 온몸이 손이고 눈이면 어떻게 살라는 말인가? 구해줄 것도 많고 볼 것도 많으니 보통 사람 같으면 일하다 지쳐 쓰러져 죽을 것이다. 그러고도 살아남을 사람이 과연 얼마나 있겠는가? 등등 이런 생각들은 모두 답이 되지 않는다.

선문에서는 구구한 생각이나 말이 일어나면 그건 답이 아니다. 도오 스님이 '온 몸이 손이고 눈'이라고 운암 스님과 같은 말을 했을 때 바로 알아들어야 한다. 이 말은 일체 망상과 분별을 끊어내고 들어야 알 수 있는 말이다.

마음이 이미 완숙된 사람은 도오 스님의 말을 듣자마자 바로 알아챈다. 선문의 대담은 알 속에서 충분히 성장한 병아리가 들으면 알아들을 수 있는 말들이다. 선승의 말 한마디를 듣고 제자가 스스로 최후의 알을 쪼아내고 세상에 나오는 것이다. 만일 알아듣지 못하면 이것을 화두 삼아 알아보면 된다.

그런데 비슷한 말인 듯해도 아주 다른 뜻을 가지고 있는 말이 있다.

조산 스님이 덕 상좌(德上座)에게 물었다.
조산 "사물을 따라 형체를 드러내는 것이 마치 물속에 어린 달과 같을 때는 어떠한가?"
상좌 "노새가 우물을 들여다보는 것과 같습니다."
조산 "대답은 했지만 열 개 중에 여덟을 말했을 뿐이다."
상좌 "스님께서는 어떠하십니까?"
조산 "우물이 노새를 쳐다보는 것과 같다."

조산 스님은 사물을 따라 형체가 드러나는 것이 있는데 마치 달이 물에 비치는 것과 같다면서, 이런 경계에 대해 어떻게 생각하는가 덕 상좌(德上座)에게 물은 것이다. 우선 사물을 따라

나타나는 것이 무엇인가 알아야 대답이 가능해진다. 덕 상좌(德
上座)는 일단 자기의 관점이 있다. 그것은 마치 '노새가 우물을
들여다보는 것과 같다'고 했으니 노새는 물에 비친 달을 진짜처
럼 본다는 것이다. 사물마다 나타나는 무엇이 있기는 하지만 그
것의 참 모습을 누가 알겠는가 라는 뜻이다.

그러자 조산 스님은 그 말을 긍정하지 않고 노새가 우물을
쳐다보는 것이 아니고 우물이 노새를 쳐다보는 것과 같다고 말
했다. 정말 우물이 노새를 쳐다보는 것일까? 조산 스님의 의도
는 무엇인가? 말 떨어지자마자 단숨에 알아야 한다.

선사들은 이처럼 같은 말을 해서 사람을 깨닫게 하기도 하
고, 또 같은 말로 동감을 표시할 수밖에 없기도 하고, 비슷하지
만 다른 말로 사람을 일깨우기도 한다. 선사의 말은 일상사에
일어나기도 하고, 접객실에서 형식을 갖추어 말하기도 한다. 그
들이 쓰는 언어가 따로 있는 것은 아니지만 그들이 쓰는 말뜻
은 따로 있는 것이 분명하다.

수화를 배우기 전에는 벙어리들이 하는 말을 알아듣지 못하
지만 수화를 알고 나면 벙어리들이 말하고 싶은 의사를 손끝에
서 알아채듯 도에 들어가면 선사들이 던지는 말뜻을 모두 알아
들을 수 있는 것이 신비로운 일이다.

51
자복의 일원상 [資福圓相]

상서(尙書) 진조(陳操)가 자복(資福)89) 스님을 알아보러 갔는데, 자복 스님은 그가 오는 것을 보고 일원상(一圓相)을 그렸다.
진조가 말했다.
"제자가 이렇게 와서 아직 앉지도 않았는데 일원상을 그리시어 어찌하자는 것입니까?"
자복 스님은 곧 방장실 문을 닫아버렸다.
설두 스님은 착어했다.
"진조는 겨우 한쪽 눈만 갖추었다."

擧 陳操尙書看資福 福見來便畵一圓相 操云 弟子恁麽來 早是不著便 何況更畵一圓相 福便掩却方丈門 雪竇云 陳操只具一隻眼

상서 진조는 배휴(裵休)·이고(李翶)와 동시대의 사람이다. 진조는 스님을 만나면 먼저 재(齋)를 청하여 삼백 냥을 보시한 후 반드시 그를 시험해보았다. 운문 문언(雲門文偃)스님이 목주 도명(睦州道明)스님을 참례하고 목살을 잡힌 후 대뜸 "일러보라!"

---

89) 자복資福: 여보선사如寶禪師, 서탑광목西塔光穆의 법을 이었다. 광목은 앙산仰山을 이었다.

라는 말에 종지를 깨친 다음 진조 시랑(陳操侍郎)의 집에서 3년을 보낸 적이 있었는데, 운문 스님에게도 행각의 이유를 물어본 적이 있었다. 진조는 운문 스님을 존경했고, 또 목주 스님의 지도를 받아서 어느 정도 선의 안목이 있는 거사였다.

본 공안은 진조 거사가 자복 스님의 법을 알아보기 위해 가서 나눈 대화이다. 선사들의 대담 방식은 여러 가지이므로 하나도 같은 것은 없다. 질문 내용이나 그 당시 상황에 따라 천 가지 만 가지로 다르고, 또 대담은 같아도 내용이 다른 경우가 있으므로 선문답은 천차만별이므로 일괄적으로 말하기 힘들다.

우선 먼저 자복 스님이 진조를 보고 일원상을 그린 것은 자복이 먼저 진조를 시험해보고자 함이다. 진조의 반응에 따라 때로는 차를 같이 마시면서 여담을 나누겠지만, 때로는 딱 잘라 방에 돌아가서 상대도 하지 않는 것이 선사들의 기질이다.

당시 진조가 대응한 말은 "제자가 이렇게 와서 아직 앉지도 않았는데 일원상을 그리시어 어찌하자는 것입니까?" 라는 말이고 이 말이 바로 의심할 사항이다. 당시 좌복의 일원상에 대해 진조의 이 말은 적합한 것이었나? 아니면 적합하지 않는 것인가? 또, 자복 스님이 한마디 말도 없이 방장실 문을 닫아버렸는데, 이것은 또 어떤 의미일까? 긍정인가, 부정인가? 설두 스님은 착어하길 "진조가 한쪽 눈만 갖추었다"고 했는데 왜 한쪽 눈인가? 그렇다면 자복이 일원상을 그릴 때 두 눈[兩眼]을 다 갖춘 자의 말은 어떤 것인가? 라는 것이 본 공안의 참구 거리이다.

일단 자복 스님이 방장실 문을 도로 닫아버린 것은 이것으로 면담을 끝낸 것이므로 여기에서는 아무 일도 없다. 선도 없고 악도 없고 상도 없고 벌도 없다. 때문에 차[茶]도 없고, 차를 마실 두 사람도 없는 평평한 하루가 된 것이다. 그것은 바로 진조의 한 마디 말 때문이었다. 진조의 말에 따라 산사의 하루의 일과가 일어나는 것이기 때문에 누구를 탓할 것도 없고 오직 진조 스스로가 그렇게 만들었을 뿐이고, 자복 스님은 법에 따라 집행을 했을 뿐이다.

이 공안은 철마자우(鐵磨牸牛) 화두와 비슷하나 다르다. 철마자우에서도 위철마가 다가오자 위산 스님은 위철마보다 먼저 "늙은 암소야, 네가 왔느냐!" 하고 시작했다. 그러나 위철마는 위산의 말에 대한 반응은 없고, "내일 오대산에 재가 있는데 가시겠습니까?"라면서 철마가 하고 싶은 말만 던졌다. 위산이 뒤로 벌렁 드러눕자 위철마는 곧 돌아가 버렸다. 여기서도 차[茶]도 없고, 차를 마실 사람도 없었지만 위철마도 위산도 아무 일이 없는 평온한 하루가 지나갔다.

두 대담이 비슷하나 다만 다른 것은 진조의 말은 위철마의 말과 다르다는 것이다. 말이 다른 것은 당연한 것이지만 말도 다르고 뜻도 다르다. 그래서 철마자우 공안과 본 공안은 서로 다른 공안이 되었다.

자, 말해보라. 당시에 일원상을 보고 뭐라고 했어야 설두 스님의 '한쪽 눈'이라는 평을 면할 수 있겠는가?

이에 대해 석우는 '진조는 너무 빨랐고 자복은 너무 늦었다'고 하겠다.

또 당시에 자복 스님에게 차를 얻어 마실 수 있는 한마디가 있는데 다음과 같다.

자복이 일원상을 그리면, 석우는 두 손으로 받아서 싹싹 지우고는 어깨 뒤로 버려서 자복 스님이 무슨 말이든 하게할 것이다.
자복 “어느 스님을 참례했나요?”
석우 “운문 스님을 참례했습니다.”
자복 “운문 스님이 뭐라고 하던가요?”
석우 “비비상천(非非想天)에 지금 몇 사람이나 자리에서 물러났습니까? 하고 물었습니다.”
자복 “그때 어떻게 이해했습니까?”
석우 “운문 스님은 마른 나무에서 난 꽃을 꺾어버립니다.”
자복 “그 지혜가 어디에서 나온 것입니까?”
석우 “두세 평쯤 됩니다.”

만일 이렇게 했다면 자복 스님이 뭐라고 마무리 했을까? 자 말해보라. 과연 차 대접을 받았을까?

52
운문전수 (雲門展手)

운문 스님이 일승에게 물었다.
"요즈음 어디에 있다가 왔느냐?"
"서선사(西禪寺)에서 왔습니다."
"서선사에서 요즈음 무슨 얘기들을 하던가?"
일승이 양 손을 벌리자,
운문 스님이 한 차례 손으로 때렸다.
일승이 말했다.
"제게도 할 말이 있습니다."
운문 스님이 문득 두 손을 펴 보였다.
일승이 말이 없자,
운문 스님이 대뜸 때렸다.

擧 雲門問僧 近離甚處 僧云 西禪 門云 西禪近日有何言句 僧展
兩手 門打一掌 僧云 某甲話在 門却展兩手 僧無語 門便打

원오 수시

생사를 뚫고 나오며 기관(機關)90)도 헤치고 나와 무심히 속
박하는 무쇠를 끊고 못을 자르며, 어느 곳에서나 하늘을 덮고

---

90) 機關: 조사들이 상대의 깨달음을 격발시켰던 관문.

땅을 덮는다. 말해보라, 이는 어떤 사람의 경지인가?

원오 평창

운문 스님이 일승에게 "요즈음 어디에서 왔느냐?"라고 묻자, 일승은 "서선사(西禪寺)에서 왔다"고 말했다. 이는 정면으로 맞대놓고 하는 대화로서 번뜩이는 번갯불과도 같다. 운문 스님의 "요즈음 무슨 말들을 하더냐?"는 말은 지극히 일상적인 것인데도 일승 또한 작가적이라 양 손을 벌리었다. 여느 사람이었다면 이 한 차례 시험을 당하여 허둥지둥 어찌할 바를 몰랐겠지만 운문 스님은 전광석화와 같은 기봉이 있어 바로 한 차례 때렸던 것이다.

일승이 "때리는 것이야 그렇다 치더라도 제게도 할 말이 있습니다" 라는 말은 이 스님이 상대의 공격을 한 번 피한 것이다. 그러므로 운문 스님이 놓아주면서 양 손을 벌렸던 것인데, 일승이 말이 없자 운문 스님이 또 때렸다.

이 공안을 살펴보면 운문 스님은 원래 작가였다. 이 스님이 일보를 나아가면 일보의 낙처를 알아챘으며, 앞을 바라볼 줄도 알고 뒤를 돌아볼 줄도 알면서 근원을 잃지 않았다. 그러나 이 스님은 앞을 바라볼 줄만 알았지 뒤를 돌아보지는 못한 것이다.

나산(羅山道閑) 스님의 말에 "호랑이 머리에 타고서 호랑이 꼬리를 잡아 첫마디에 대뜸 종지를 밝힌다"고 했다. 운문 스님은 호랑이 머리에 탈 줄도 알고 호랑이 꼬리를 잡는 것을 좋아했다.

일승이 양 손을 벌리자 운문 스님이 대뜸 후려쳤던 것은 호랑이 머리에 탄 격이며, 운문 스님이 양 손을 폈는데도 일승이 말이 없자 또다시 후려쳤던 것은 호랑이 꼬리를 잡은 것이다.
일시에 머리와 꼬리를 잡은 안목을 유성(流星)처럼 순식간에 보
여주었다. 자연히 전광석화처럼 늠름한 위엄이 4백 고을에 떨쳤
으며 온 누리에 세찬 바람이 일어난 것이다.

설두 송
일시에 호랑이 머리와 꼬리를 잡으니
늠름한 위엄이 4백 고을[州]에 떨치네.
묻노니 어쩌면 그리도 준험한가!
설두 왈 "한 번은 용서해주노라"

虎頭虎尾一時收　凜凜威風四百州　却問不知何太嶮　師云　放過一
著

53
낙포굴복 [洛浦伏膺]

낙포(洛浦)91)가 협산(夾山)92)을 참문했을 때, 절도 하지 않고 바짝 마주 서니,

협산 "닭이 봉의 둥지에 깃들이나, 같은 종류가 아니다. 나가거라!"

낙포 "먼 곳으로부터 도풍을 듣고 달려왔습니다. 한 번 제접해주소서."

협산 "눈앞에는 그대가 없고 여기에는 노승이 없다."

낙포가 문득 할을 하니,

---

91) 洛浦; 澧州洛浦山 元安禪師(834-898) 당대 승. 낙포(洛浦)는 본래 낙보(樂普)로 지어졌음. [조정사원7]. 20세에 기양(岐陽) 회은사(懷恩寺)에서 출가했으며 일찍이 취미(翠微)와 임제(臨濟)에게 도를 물었으며, 후에 협산선회(夾山善會)의 회하(會下)에서 심요(心要)를 얻었음. 후에 예주(澧州; 호남) 낙포(洛浦; 樂普)에 거주하다가 다시 소계(蘇谿; 호남)로 이주해 사방의 승중을 접화(接化)했음. 임종에 언종상좌(彦從上座)를 접화한 공안은 총림에 회자(膾炙)됨. 65세 시적. [송고승전12. 전등록16. 선림승보전6].

92) 夾山; 澧州 夾山 善會禪師(805-881) 당대 승. 9세에 출가, 20세에 구족계를 받았으며, 윤주(潤州; 강소 진강) 경구(京口)의 학림사(鶴林寺)에서 도오(道吾; 道吾宗智 또는 圓智로 지음. 藥山惟儼을 法嗣)의 권유에 의해 절중(浙中; 江蘇. 浙은 浙과 같음)의 화정현(華亭縣)에 다달아 선자덕성(船子德誠; 藥山惟儼의 法嗣)을 참알해서 사자(師資; 師弟)의 도가 계합하여 드디어 그의 법을 이었음. 협산(夾山)에 거주하면서 선풍(禪風)을 크게 날렸음. 77세 시적. [전등록15. 연등회요21. 불조역대통재17, 동24. 석씨계고략3. 오등엄통5].

협산 "가만히 있어라. 아직 경솔히 굴지 말라. 구름과 달은 같으나 산과 개울은 각각 다르다. 천하 사람들의 혀를 끊어버리는 일은 없지 않지만, **어찌 혀 없는 사람이 말을 하게 할 수 있겠는가?"**
낙포가 말이 없으니
협산이 문득 때렸고
낙포가 이로부터 굴복했다.

擧 洛浦參夾山 不禮拜當面而立 山云 鷄棲鳳巢 非其同類出去 浦云 自遠趨風 乞師一接 山云 目前無闍梨 此間無老僧 浦便喝 山云 住住 且莫草草忽忽 雲月是同 溪山各異 截斷天下人舌頭卽不無 爭敎無舌人解語 浦無語 山便打 浦從此伏膺

풍주(澧州)의 낙포산(洛浦山) 원안(元安) 선사는 오랫동안 임제에게 참문하면서 시자 소임을 보았고, 임제에게 주장자를 맞은 후 제방을 만행한 뒤 협산의 마루턱에 이르러 암자를 하나 세우고 한 해를 보냈다.

협산(夾山) 선사가 이 소식을 듣고 시자승 편에 글을 보냈는데, 시자승이 돌아와서 편지는 보지 않고 '또다시 손만 내밀었다' 하므로, 협산이 이르되 "그 승이 편지를 보았으면 3일 안에 올 것이요, 편지를 보지 않았으면 구제하지 못할 것이다" 했는데 과연 3일 뒤에 낙포가 와서 본칙의 문답이 시작된 것이다.

낙포가 절도 하지 않고 바짝 마주 서고, 협산이 "닭이 봉의 둥지에 끼어들었으나 같은 종류가 아니니 나가라" 한 것은 두 사람이 서로 가지고 있는 담담한 안목을 내보인 것이다.

낙포는 임제에게 주장자를 맞은 바라, 초견성은 했고, 또 어느 정도까지는 법을 보일 줄도 알고 또 볼 줄도 알았지만 확실히 원통하지는 못했는데, 협산의 문정(門庭: 가풍)이 높고 준엄해서 손을 쓸 수 없음을 보고 문득 부드러운 말로 "멀리서 높으신 도풍을 듣고 달려왔으니 한 번 제접해주십시오" 하고 가르침을 청한 것이다.

협산은 따로 노비(鑪鞴: 화로와 풀무)가 있었기에 때문에 "눈 앞에 그대가 없고, 여기에 노승도 없다" 한 것은, 아득한 벼랑을 보여준 첫 번째 가르침이다. 자, 여기에서 그대는 어찌하겠느냐는 의도가 숨어있다. 이에 낙포는 일단 자신이 깨달은 바 일할(一喝)을 해서 협산에게 자기 보따리를 풀어놓았다.

협산은 낙포의 일할에 우선 긍정되는 바가 있어 "가만히 있거라. 아직은 경솔히 굴지 말라" 했으니, 이것은 바삐 떠나갈 필요는 없다는 뜻이다. 이렇게 낙포를 붙잡아두고 몇 마디 말을 흘려보내면서 마지막으로

"혀가 없는 사람으로 하여금 말을 하게 할 수 있겠는가?"

하고 말을 던졌다. 이때 협산은 낙포가 빼어나면서도 서늘한 자수정과 같은 한 마디를 보내기를 바랐지만 낙포는 여기서 더 이상 전진하지 못하고 협산에 항복하고 그의 법을 받은 것이다.

석우 송
임제의 일방(一榜)에 한 꺼풀 벗겨낸 낙포여

고불을 만나 말을 반쯤 잊었구나.
무설자(無舌者)가 말하게 하는 도리여!
해와 달은 규칙이 있으나
나비와 벌은 비상이 자유롭다.
바위 앞 마른 나무에 핀 꽃송이는 항상 봄이로구나.

54
투자대사 (投子大死)

조주 스님이 투자(投子大同)93) 스님에게 물었다.

"크게 죽은 사람이 다시 살아났을 때는 어떠합니까?"

투자 스님이 말했다.

"야간통행은 허락하지 않는다. 날이 밝아야 도착한다."

조주 스님이 말했다.

"나는 이미 후백(侯白)인데 그대는 다시 후흑(侯黑)이구나."94)

擧 趙州問投子 大死底人却活時如何 投子云 不許夜行 投明須到
趙州曰 我早侯白 伊更侯黑

---

93) 投子大同(819~914) 당대 승. 靑原 下 四世, 안휘 회녕 사람. 속성은
유(劉). 어린 나이에 출가했고 처음엔 화엄경을 열람하다가 자못 계발
(啓發)이 있었음. 그 후 취미무학선사(翠微無學禪師)를 참알해 현지(玄
旨)를 대오했음. 제방을 주유(周遊)한 후에 투자산에 숨어 쉬기가 30여
년이었으며 왕래인을 격발(激發)하매 청익하는 자가 방에 가득했음. 무
외(無畏)의 변재로 질문을 따라 그대로 답했음. 건화 4년 미질(微疾)을
보이다가 그대로 곧 좌화(坐化. 앉아 죽음)했음. 나이 96세. 시호는 자
제대사 [조당집6. 전등록15. 석씨계고략3]. 대양스님 법을 이은 投子義
靑(1032~1088)과 다른 스님이다.
94) 傳燈錄十五 投子大同

크게 죽는다는 것은 마음속에 약간의 망상분별이나 미동도 없는 상태에 들어간 것을 말한다. 즉 부모가 죽고 처자식이 죽어도 마음이 아무렇지도 않고, 나를 모함하고 누명을 씌워서 곧 목이 잘라지는 단두대에 엎드려있을지라도 원망이나 두려움 없이 평온한 마음인 것을 말한다. 소위 대무심, 대휴헐처에 들어간 것이다.

하지만, 이러한 무념무심이 곧 최종 도의 단계에 들어간 것은 아니다. 마치 말라빠진 나뭇가지와 같고 산속에 이름 모를 돌덩이와 같이 된 것은 비록 가상하다고는 하겠으나, 그런 정신 상태는 바보나 장애인의 삶이지, 멀쩡한 사람이 도를 행하는 것은 아니다. 부처님은 절대 그런 경지를 원하지 않았다.

크게 죽은 것을 암흑이라고 한다면 암흑에서 벗어나 밝고 명쾌하게 살아있는 경계에서 세상사를 살아가야 가히 도인이라 할 수 있다. 물론 일단 한번 크게 죽어야 하는 것은 분명하다. 그러나 **죽은 뒤에 다시 살아나야 그때부터 도가 시행된다**. 이를 사중득활(死中得活)이라고 한다.

조주 스님이 투자 스님에게 사중득활을 물었는데 투자 스님은 "야간통행은 허락하지 않는다. 날이 밝아야 도착한다."하고 말했다. 이 뜻이 무엇일까? 쉽다는 생각이 들수록 함정이 있으니 조심하라.

서주(舒州) 투자산(投子山) 대동선사(大同禪師 819-914)가 취미(翠微無學)를 참했는데 당시 취미 스님은 법당 위에서 경행(經行)하고 있었다. 투자대동 스님이 묻되
"조사 서래(西來)의 밀지(密旨)를 베풀어주시기를 걸구(乞求)

합니다."

취미가 걸음을 멈추고(駐步) 양구(良久)[95]했다.

투자대동이 이르되

"스님의 방편을 원하옵니다."

취미가 이르되

"다시 두 번째 국자[杓]의 더러운 물을 원하느냐?"

투자가 활짝 깨달아[有省] 절을 하고 물러가자 취미가 이르되

"그대는 퇴타[退墮: 후퇴]하지 말라."

하니, 투자가 대답하되

"때가 되면 뿌리도 싹도 저절로 날 것입니다."

다른 날, 우연히 묻되

투자 "어떤 것이 부처의 이치입니까?"

취미 "부처란 이치가 아니니라."

투자 "공에 떨어지는 것은 아닙니까?"

취미 "참된 공은 공하지 않는다."

그후 취미의 법을 잇고 제방을 다니면서 여러 납자들과 문답을 가진 후 투자산에 들어가서 30여 년간 법을 폈다.

어떤 스님이 투자 스님에게 물었다.

"무엇이 도(道)입니까?"

"도이니라."

"무엇이 부처입니까?"

"부처니라."

---

95) 양구(良久): 잠시 동안 침묵하는 것. 선사만 할 수 있다. 납자가 침묵하면 모르는 것으로 인정 된다.

"자물쇠가 열리지 않았을 때는 어떠합니까?"
"열려 있다."
"천지가 아직 생기지 않았을 때[金鷄未鳴時]는 어떠합니까?"
"그런 소리는 없다.[無]"
"천지가 생긴 뒤에는 어떠합니까?"
"각자 시간을 안다.[各自知時]"

어떤 중이 투자에게 묻되
"범성(凡聖)이 서로 떨어진 거리[相去幾]가 얼마입니까?"
투자가 선상에서 내려와서 섰다.

한 노파가 절에 올라가 투자에게 이르되
"집 속에서 소를 잃어버렸으니 스님의 1복(卜: 점)을 청합니다."
스님이 노파를 불렀다.
노파가 "네" 하고 대답하자, 투자 스님이 이르되
"소가 있구나[牛在]."
노파가 기뻐하면서 떠나갔다.

어느 날 조주 스님이 동성현(桐城縣)에 이르렀는데 투자 스님
도 또한 출산(出山)하여 도중에서 서로 만났다. 이에 맞이하
며(逆) 조주가 묻되
조주 "투자산주(投子山主) 아닌가?"
투자 "다염전(茶鹽錢)을 나에게 보시하라."
조주가 먼저 암자에 들어가서 앉았는데 투자 스님이 뒤에 한
병(瓶)의 기름을 가지고 돌아왔다.
조주 "오랫동안 투자(投子)를 궁금하게 생각했는데, 와서 보

니 단지 기름 파는 늙은이만 보이는구나."

투자 "그대는 단지 기름 파는 늙은이만 알고 투자는 알지 못하는구나."

조주 "무엇이 이 투자인가?"

투자가 기름병을 가리키면서

"기름이야, 기름![油油]"

투자 스님의 평소 문답들이 이와 같았다.

운문 스님은 "아무것도 아닌 데서 죽은 사람이 수도 없이 많다. 가시덤불을 지날 수 있어야만 좋은 솜씨이다"라고 했다. 모름지기 '저곳'을 뚫고 지나가야 하는 것이다.

조주 스님의 물음도 이와 같았으며, 투자 스님은 작가로서 조주의 물음을 저버리지 않았다. 이 공안은 정식(情識)과 자취를 끊어버린 것이니 참으로 알기 어렵다. 그런데 이것은 그저 눈앞에 조금만 내보인 것이다. 옛사람(수산)은 "간절하게 얻으려 한다면 묻지 말라. 물음은 답에 있고, 답은 물음에 있다"라고 했으니 나머지는 스스로 알아야 한다.

설두 송

살아 있는 가운데 안목은 도리어 죽은 것과 같고
약(藥)을 꺼리는데 어찌 작가를 감별(鑑別)할까?
옛 부처도 오히려 이르지 못했는데
어느 누가 티끌 모래를 뿌리는가?

活中有眼還同死　藥忌何須鑒作家　古佛尙言曾未到　不知誰解撒塵沙

55
주고삼문 (廚庫三門)

운문 스님이 법어를 내렸다.
"사람마다 모두가 광명을 가지고 있다.
이를 보려고 하면 보이지 않고 어두컴컴하다.
어떤 것이 여러분의 광명이겠느냐?"
스스로 대신하여 말했다.
"부엌과 삼문(三門)이다.[廚庫三門]"
또 말했다.
"좋은 일도 없는 것만 못하다."

擧 雲門垂語云 人人盡有光明在 看時不見暗昏昏

원오 수시

세계를 꽉 움켜쥐어 실오라기만큼의 번뇌도 생기지 못하게
하며, 모든 물줄기[衆流]를 끊어 물 한 방울도 흐르지 못하게 한
다. 말을 했다 하면 바로 틀리고 사량분별했다가는 곧 빗나간
다. 말해보라, 무엇이 관문을 꿰뚫는 안목인가?

원오 평창

운문 스님이 방장실에서 법문을 하여 사람을 인도했다. "그
대들의 자신 속에 각자 한 광명이 있어 예나 지금이나 빛을 드

날리니, 지견(知見)과는 완전히 관계가 없다. 그런데도 이 광명을 물으면 결코 모른다. 그러니 어둡고 캄캄한 경지가 아니겠느냐? 20년 동안 이처럼 법문했으나 그의 뜻을 아는 사람은 없었다. 향림(香林) 스님이 뒷날 이를 대신 말씀해주시기를 청하자 운문 스님은 '부엌과 삼문(三門)이다' 했고, 또한 '좋은 일도 없는 것만 못하다'고 했다."

그는 평소 대신한 말이 한 구절인데, 어떻게 해서 여기에는 두 구절이 있었을까? 앞의 한 구절은 그대들을 위하여 간단히 한 가닥 길을 터놓고서 그대들이 알도록 한 것이다. 영리한 자라면 이를 듣자마자 눈썹을 치켜세우고 바로 떠날 것이다. 운문 스님은 사람들이 여기에 집착할까 두려워하여 "좋은 일도 없는 것만 못하다"고 말했다. 이는 여전히 그대들을 위하여 자취마저도 쓸어준 것이라 하겠다.

요즈음 사람들은 "광명이 있다"는 말을 듣자마자 곧장 눈을 똑바로 뜨고 "어디가 부엌이며, 어디가 삼문이냐"고 말들 하지만 이와는 전혀 관계가 없다. 그러므로 '그 의도하는 바를 알아차릴지언정 저울 눈금을 잘못 인식하지 말라'고 했다. 이 일은 눈으로 보는 것에도 있지 않고, 또한 경계[境]에도 있지 않다. 모름지기 지견(知見)이 끊기고 득실(得失)을 망각하여, 말끔히 훌훌 벗고 텅텅 비어 말끔한 각자 자기 자신 속에서 알아차려야 한다.

운문 스님은 "밝은 대낮에는 왕래하기도 하며 사람을 분별하기도 하지만, 홀연히 한밤중이 되어 해와 달과 등불이 없을 때, 전에 가봤던 곳은 그만두고 한 번도 가보지 않은 곳에서 어떤 물건을 집으려 한다면 집을 수 있을까?"라고 말했으며, 「참동계

(參同契)」에서는 "밝음 속에 어둠이 있나니 어둡다고 하지 말고 어둠 속에 밝음이 있나니 밝다고 하지 말라."고 했다. 만일 명암(明暗)을 모두 끊어버린다면 말해보라, 이는 무엇이겠는가?

그러므로 「원각경」에서는 "마음의 꽃이 피어나 시방세계를 비춘다"했고, 반산(盤山) 스님은 "광명은 경계를 비추지 않고 경계 또한 존재하지 않는다. 광명과 경계를 함께 잊으면 이는 어떤 물건일까?" 라고 했으며, 또한 이평(二平義忠) 스님의 다음과 같은 말이 있기도 하다. "이 견문(見聞)이란 견문이 아니니 그대에게 보여줄 성색(聲色)은 전혀 없다. 이 속에서 깨친다면 전혀 일이 없으니 체와 용이 나뉘건 말건 무슨 상관이 있으리오."

좋은 일도 없는 것만 못하다는 끝의 구절을 알고서 부엌과 삼문이라는 앞 구절을 맛보아라! 결코 끝 구절에서 살림살이를 하지 않을 것이다.

「유마경」에 "안주함 없는 근본으로써 일체 법을 세운다"고 했다. 여기에서는 지혜의 빛을 희롱하거나 알음알이를 놀려서도 안 되고, 그렇다고 또한 일이 없는 것으로 알아서도 안 된다.

「보운경」에 "차라리 수미산처럼 유견(有見)을 일으킬지언정 겨자씨만큼도 무견(無見)을 일으켜서는 안 된다"고 했다. 성문이나 연각들은 흔히 이런 견해에 떨어져 있다.

설두 송
본래 갖추고 있는 밝음이 홀로 빛나니
그대 위해 한 가닥 길을 열어놓았다.
꽃잎은 시들고 나무는 그늘도 없노니
살펴보면 그 누가 보지 못하랴.

보아도 보이지 않음이여.
도리어 소를 타고 불전(佛殿)으로 들어간다.

自照列孤明 爲君通一線 花謝樹無影 看時誰不見 見不見 倒騎牛
兮入佛殿

56
지문반야 (智門般若)

어떤 스님이 지문 스님에게 물었다.
"어떤 것이 반야의 체[般若體]입니까?"
"조개가 밝은 달을 머금었다."
"무엇이 반야의 용[般若用]입니까?"
"토끼가 새끼를 뱄다."

擧 僧問智門 如何是般若體 門云 蚌含明月 僧云 如何是般若用 門云 兔子懷胎

원오 수시
소리 이전의 한마디는 일천 성인이 전하지 못하고, 면전의 한 실오라기는 긴 시간 끊어지지 않는다. 훌훌 벗고 텅텅 비어 말끔하되 머리는 더부룩하고 귀는 쫑긋하다. 말해보라, 무엇인가?

원오 평창
지문 스님이 말한 "조개는 밝은 달을 머금었고, 토끼가 새끼를 뱄다"는 것은 모두 중추절(中秋節)을 이용한 것이다. 다만 옛사람의 의도는 조개와 토끼에 있지 않다.

지문 스님은 운문 스님 회하의 존숙이다. 한 구절 속에 반드시 세 구절, 즉 하늘과 땅을 덮는 구절[函蓋乾坤句], 중류(衆流)를 끊는 구절[截斷衆流句], 파도를 따르고 물결을 쫓는 구절[隨波逐浪句]을 갖추고 있다. 이것은 꾸며서 그렇게 된 것이 아니고 저절로 훌륭히 이루어졌던 것이다. 준험한 곳에서 일승의 물음에 대답하여 조금 칼날을 드러내니 참으로 기특하다 하겠다.

옛사람은 끝내 그림자를 희롱하지 않고 사람들에게 자그마한 방편의 길을 제시하여 사람들로 하여금 이를 볼 수 있도록 마련해주었다.

"어떤 것이 반야의 체이냐"는 일승의 물음에 지문 스님은 "조개가 밝은 달을 머금었다"고 말했다. 이는 합포현(合浦縣)에서 생산 되는 조개 속에 맑은 진주가 있는데, 중추절이 되면 조개가 수면으로 떠올라 입을 벌리고 달빛을 빨아들여 교감(交感)해서 진주가 생긴다고 한다. 합포주(合浦珠)가 바로 그것이다. 그러므로 중추절에 달이 뜨면 진주가 많이 나오고 달이 없으면 진주가 적게 나온다고 한다.

"어떤 것이 반야의 용이냐"고 묻자, 지문 스님은 "토끼가 새끼를 뱄다"고 했다. 이 뜻은 다름 아니라 토끼는 음(陰)의 동물이다. 중추절에 달이 뜨면 입을 벌려 달빛을 삼키고 바로 새끼를 배어 입으로 낳는다 하니, 이 또한 달이 뜨면 새끼가 많고 달이 없으면 적게 낳는다는 유래에서 기인한 것이다.

그런데 옛사람의 대답은 이런 잡다한 뜻은 없다. 그저 그 의의만 빌려서 '반야의 광채[般若光]'에 대한 답변을 했을 뿐이다. 따라서 그 뜻은 언구에 있지 않다.

옛사람의 말에 "그대들의 육근(六根) 문에서 주야로 큰 광명이 쏟아져 나와 산하 대지를 비추나니, 안근(眼根)에서 광명이 쏟아질 분만 아니라 코·혀·몸·의근(意根) 모두에서 광명이 쏟아져 나온다"고 했다.

여기에 이르러서는 곧바로 6근을 쳐서 하나로 겹쳐버려서 눈곱만큼의 일[一星事]도 없게 해서 말끔하게 훌훌 벗고 텅텅 비어 씻은 듯이 되어야 이 화두의 귀착점을 볼 수 있다.

설두 송

한 덩어리 해맑음에는 언어와 정식[謂情]이 붙을 수 없다.
인간·천상이 이로부터 공생(空生: 수보리)을 보았네.96)
조개는 머금고 토끼는 새끼 배었다는 깊고 깊은 뜻
일찍이 선가(禪家)에서 법전(法戰)을 벌였네.

一片虛凝絕謂情　人天從此見空生　蚌含玄兔深深意　曾與禪家作戰爭

---

96) 수보리가 바위에 한가로이 앉아 있노라니, 하늘에서 많은 꽃비가 내리며 찬탄하니, 수보리가 말했다. "공중에서 꽃비를 내리며 찬탄하는 사람은 누구인가?" "범천(梵天)입니다." "그대는 무엇 때문에 찬탄하는가?" "저는 존자께서 반야바라밀다를 훌륭하게 설하심을 소중히 여겼기 때문입니다." "나는 일찍이 반야에 대하여 한 글자도 설하지 않았는데 그대는 무엇 때문에 찬탄하는가?" "존자께서는 설하심이 없었고 저도 들음이 없었습니다. 설하심도 없고, 들음도 없는 이것이 진실한 반야입니다." 그리고 다시 대지를 진동하며 꽃비가 내렸다.

57
법안강육 (法眼舡陸)

법안(法眼)이 각 상좌(覺上座)에게 물었다.
"배로 왔는가, 뭍으로 왔는가?"
"배로 왔습니다."
"배는 어디에 있는가?"
"배는 강에 있습니다."
하고는 물러갔다.
법안이 다시 곁의 승에게 묻되
"그대 말해보라. 아까 저 중이 안목을 갖추었느
냐, 갖추지 못했느냐?"

擧 法眼問覺上座 舡來陸來 覺云 舡來 眼云 舡在甚麽處 覺云
舡在河裏 覺退後 眼却問傍僧云 爾道適來這僧 具眼不具眼

배를 타고 강을 건넜으면 배를 잊어야 한다는 것쯤은 누구나
알 수 있는 일이지만, '배를 강에다 두었다'고 말한 것을 두고
과연 그가 안목을 갖추었는가, 갖추지 못했는가? 묻는다면 그에
선뜻 대답하기는 어려울 것이다. 그래서 화두가 되었다. 이에
대해서 석우는 "법안 스님은 떠난 뒤의 거름을 좋아하니 거름을
한 보따리 던져주는 것으로 대답을 하겠다." 하리라.
　이 화두에 대해서 만송 노인의 평창과 천동 스님의 송고를

그대로 옮긴다. 만송 노인의 일착자에서 그 의지를 찾아보라.

만송 시중

세상법 안에서 깨달은 이가 몇이나 되며 불법 안에서 미혹한 이가 몇이나 되던가? 홀연히 쳐서 한 조각으로 만든다면[打成一片] 거기에도 미혹과 깨달음이 붙을 수 있겠는가?

만송 평창

법안이 각 상좌에게 배로 왔느냐, 뭍으로 왔느냐 했는데 각 상좌가 배로 왔다 했고, 법안이 다시 배가 어디에 있느냐고 묻는데 이르러서는, 백 명에 아흔아홉 명은 기개를 드러내어 무엇인가를 보이려 하는데, 각 상좌는 차분하게 안정된 속에서 전투를 벌이려는 듯 "배는 강에 있습니다" 했다. 자주(磁州)의 노스님은 이를 두고 말하길 "마치 모래판에다 발 여덟 달린 냄비를 놓은 것 같아서 조그만큼도 흔들림이 없구나" 했다.

각 상좌가 뒤로 물러서자 법안은 다시 곁에 있던 승에게 묻기를 "그대는 일러보라. 조금 전의 그 승이 안목을 갖추었느냐, 갖추지 못했느냐?" 했으니, 이 한 물음에 대단한 수수께끼가 들어 있다. 만일 안목을 갖추었다고 한다면 어떤 기특하고 현묘한 도리가 있으며 만일 안목을 갖추지 못했다고 한다면 무슨 낭패를 당하겠는가?

천동 송고

물로는 물을 씻지 못하고
금으로는 금을 바꾸지 못한다.
털빛을 잃을 때 준마를 얻고,

실도 줄도 없을 때에 거문고를 즐긴다.
노끈을 맺고 획을 그은 뒤로 허다한 일이 생겨서
참되고 순후한 태고의 맘 다 죽였네.

水不洗水 金不博金 昧毛色而得馬 靡絲絃而樂琴 結繩畫卦有許事
喪盡眞淳盤古心

　서주(舒州)의 해회 제거(海會濟擧) 선사가 법을 얻은 뒤 어느 날 낭야 혜각(瑯琊慧覺)에게 갔다. 혜각이 묻되 "상좌는 지금 어디서 오는 길인가?" 제거가 "절강(浙江)에서 옵니다." 혜각이 다시 묻되 "배로 왔는가, 육지로 왔는가?" 제거가 대답하되 "배로 왔습니다." 혜각이 다시 묻되 "배는 어디에 있는가?" 제거가 대답하되 "강에 있습니다." 혜각이 다시 묻되 "길[程途]을 거치지 않는 한 구절은 무엇인가?" 제거가 대꾸하되 "억지 쓰는 장로[杜撰]가 삼대[麻] 같이 좁쌀[粟] 같이 많구나!" 하고는 얼른 물러가버렸다.

　동산 수초(洞山守初) 화상이 어떤 승에게 묻되 "어디서 왔는가?" 승이 대답하되 "여주(汝州)에서 왔습니다." 동산이 다시 묻되 "여기서 얼마나 되는가?" 승이 "칠백 리입니다." 동산이 다시 묻되 "짚신을 몇 켤레나 떨어뜨렸는가?" 승이 대답하되 "세 켤레입니다." 동산이 다시 묻되 "어디서 돈이 생겨서 샀는가?" 승이 대답하되 "삿갓을 짜서 팔았습니다." 동산이 이르기를 "당에 들어가서 참구하라.[參堂去]" 승이 "네!" 했다.

　이에 대해 만송은 이르노니, "온몸이 손과 눈이라도 그를 간파할 수 없구나. 일러보라. 그 승은 눈이 어디에 있는가? 눈썹 밑이로다." 하노라.

58

임제의 참사람 [臨濟眞人]

임제가 대중에게 보이되
"하나의 지위 없는 참사람[無位眞人]이 있어 항상 여러분의 얼굴에서 출입한다.
증거를 잡지 못한 초심자는 살펴보라."
이때 어떤 승이 나서서 묻되
"어떤 것이 지위 없는 참사람입니까?"
임제가 선상에서 내려와 멱살을 움켜잡으니,
다시 그 승이 머뭇머뭇 망설이거늘
임제가 확 밀어놓으면서 이르되
"지위 없는 참사람이라니, 무슨 마른 똥 막대기 [乾屎橛]냐?"

擧 臨濟示衆云 有一無位眞人 常向汝等面門出入 初心未證據者看看 時有僧問 如何是無位眞人 濟下禪床擒住 這僧擬議 濟托開云 無位眞人 是甚乾屎橛

만송 시중
도적을 아들로 여기고 종을 서방님으로 오인한다. 깨진 나무 표주박이 어찌 선조의 해골바가지일 리 있겠으며, 나귀의 안장

역시 아버지의 턱이 아니다. 국토가 쪼개지고 땅[茅土]이 나뉠 때 어떻게 주인을 가려내야 할까?

만송 평창

임제 「광어(廣語)」 본록에서는 "5온의 몸밭[身田: 몸] 안에 지위 없는 참사람이 있어 당당하게 드러나 털끝만치의 간격도 없거늘 어찌하여 알아보지 못하는가? 했다. 마음이란 법은 형상이 없으되 시방에 꿰뚫어 통했나니, 이미 시방에 꿰뚫어 통했다면 5온의 몸밭 안에만 있지는 않을 것이다. 얼굴에서 출입하니 증거를 잡지 못한 초심자들은 살펴보라" 했다.

만송은 이르되 "지위 없는 참사람이 대중을 살펴보는가, 대중이 지위 없는 참사람을 살펴보는가?" 하노라.

설봉이 이르되 "임제는 마치 백주의 날도둑 같다" 했거니와, 만송은 이르노니 "잡혔다" 하노라.

설봉이 한 말에 대해 설두가 이르되 "도대체 능숙한 도적은 귀신도 헤아리지 못해야 되는데 그는 이미 설봉에게 들켰으니, 능숙한 솜씨는 아니다" 했다.

「원각경(圓覺經)」에 이르되 "마치 미혹한 사람이 사방을 바꾸어서 거처해도 실제의 방위는 옮기지 않는 것처럼 깨달았을 때에도 다만 예전 그대로이다" 했다.

「종경록(宗鏡錄)」에 이르되 "그동안은 깨달음을 미혹했기 때문에 미혹한 듯했고, 오늘에 미혹을 깨달음은 깨달음이 아니다" 했으니, 이것이 참으로 묘하게 전하고 간결하게 베풀되 낭비하지 않는 것이다. 이를 알아차리면 붉은 살덩이가 그대로 지위 없는 참사람이요, 알아보지 못하면 참사람이 전과 같이 얼굴을 향해 드나들 것이다.

법안이 우물을 파는데 모래 때문에 샘의 눈(泉眼: 泉孔)이 막히는 일이 생겼다. 이에 곁의 승에게 묻되 "샘눈이 막힌 것은 모래가 막았기 때문이거니와 도의 눈이 트이지 않는 것은 어떤 것에게 막힘을 당해서인가?" 하니, 승이 대답이 없거늘 스스로 대답하되 "눈에 막혀서이니라" 했으니, 말해보라. 그 승이 샘눈을 막았는가, 임제가 샘눈을 막았는가? 또 갑자기 물줄기가 튀어나올 때엔 어떠하겠는가? 주장자를 들었다가 자리에서 내려오다.

천동 송고

미혹과 깨달음은 서로 반대이나

묘하게 전한 것은 간결하다.

봄이 백 가지 꽃봉오리를 터트림은 한 번에 불고,

힘이 아홉 소[97]를 끌어 돌이킴도 한 번에 당긴다.

진흙과 도래는 뚫어도 열리지 않음을 어찌하랴.

감로의 샘눈[泉眼]을 분명히 막아버렸네.

갑자기 샘줄기 터져 넘치면 어지럽다 하리라.

迷悟相返 妙傳而簡 春坼百花兮一吹 力迴九牛兮一挽 無奈泥沙撥不開 分明塞斷甘泉眼 忽然突出肆橫流 師復云 險

---

97) 「열자(列子)」에 말하길, 공의자(公儀子)는 힘이 세기로 알려져서 주나라 선왕(宣王)이 예를 갖추어 초빙했다. 그런데 이르고 보니 나약한 사내였다. 왕이 묻되 "경의 힘은 어느 정도인가?" 하니, 대답하되 "신은 능히 봄 벌레의 다리를 꺾을 수 있고, 가을 매미의 날개를 이길 수 있습니다" 했다. 왕이 얼굴을 붉히고 다시 묻되 "나의 힘은 능히 무소의 가죽을 찢을 수 있고, 아홉 마리 소의 꼬리를 뒤로 끌 수 있는데도 오히려 약해서 유감인데, 그대은 이와 같으면서도 힘이 세다고 알려진 까닭은 무엇인가?" 했더니, 대답하되 "신의 명성은 그 힘을 이기는 데 있지 않고, 그 힘을 활용하는 데 있습니다" 했다.

59
법안호리 (法眼毫釐)

법안(法眼) 스님이 수산주(脩山主)에게 물었다.
"털끝만치 어긋나면 천지보다 아득히 멀어진다 했는데 그대는 어떻게 이해하는가?"
수산 "털끝만치 어긋나면 천지보다 아득히 멉니다."
법안 "그렇게 한들 또 어찌 되겠는가?"
수산 "저는 이것뿐이거니와 화상께서는 또 어찌 하시겠습니까?"
법안 "털끝만치 어긋나면 천지보다 멀리 어긋나느니라."
수산주가 문득 절을 했다.

擧 法眼問脩山主 毫釐有差天地懸隔 汝作麼生會 脩云 毫釐有差天地懸隔眼云 恁麼又爭得 脩云 某甲只如此 和尙又如何 眼云 毫釐有差天地懸隔 脩便禮拜

만송 시중
한 쌍의 외로운 기러기가 슬픈 듯이 높이 날고, 한 쌍의 원앙새가 못가에 외로이 섰다. 화살촉이 서로 만나는 일[箭鋒相拄]

은 그만두더라도 톱으로 저울추를 끊을 때는 어떠할꼬?

만송 평창

수산주는 법안과 함께 지장(地藏)을 참문한 법제자들이다. 아울러 곁으로도 참문하여 깎고 다듬는 힘을 깊이 얻었으니, 이 공안은 현칙(玄則) 감원을 구박해서 깨닫게 한 병정동자 화두와 같다.

법안은 갈고리와 송곳을 손에 들고서 '버리면 도장 문채가 머물고[去則印住], 머물면 도장 문채가 깨진다[住則印破]'는 수단으로 현칙 감원의 망정 관문을 쳐부수고, 또 수산주의 망식의 자물쇠를 활짝 열어주었다.

3조의 신심명(信心銘)에 이르되 "지극한 도는 어려움이 없다. 오직 고르고 가리는 일만을 꺼릴 뿐이니, 미움과 사랑을 여의기만 하면 환하게 명백해지리라. 털끝만치의 차이가 천지보다 멀리 어긋난다" 했는데 법안이 이 도리를 가지고 수산주에게 물을 때 문을 두드리는 기와 조각으로 삼았던 것이다.

요즘 이 도리를 천 명에게 물으면 천 명 모두가 한결같이 이치를 따져 알려고 하거나 아니면 한결같이 일없는 세계[無事界] 속으로 빠져드는데, 수산주는 분별에 떨어지지 않고 그저 이르기를 "털끝만치 어긋나면 천지보다 멀리 어긋난다" 했으니 대단히도 여유가 있었다.

그러나 법안은 허락지 않고 이르기를 "그렇게 한들 또 어찌 되겠는가?" 했으니, 이것이 법안 가풍의 근원이다. 만송은 여기에 이르러 항상 학인들에게 "두 토막으로 나누어보라" 했다. 앞 토막에서는 수산주가 그렇게 말했을 때, 어째서 허락지 않다가 끝 토막에서는 법안이 무엇 때문에 또 그렇게 말했을까?

그 중간에서 수산주가 이르되 "저는 이것뿐이거니와 화상께서는 또 어떠하십니까?" 했으니 참신(斬新)한 세월을 희망하면서도 별다른 거취를 취한 격이다. 이때 법안은 한 올만치도 어기지 않고 전과 같이, 그저 이르기를 "털끝만치 어긋나면 천지보다 멀리 어긋난다" 했다.

동선 제(東禪齊)가 이르되 "수산주가 그렇게 대답했을 때엔 어째서 긍정치 않다가 다시 물음에 이르러서 법안도 역시 그렇게만 이르고 말았으니, 일러보라. 수수께끼가 어디에 있는고? 만일 꿰뚫어볼 줄 안다면 그 상좌(上座)는 근거[來由]가 있다고 이르노라" 했거니와, 만송은 이르노니 "그렇게 한들 또 어찌 되겠는가?" 하노라. 그러기에 이르되 "그저 전부터 다니던 길인데 만나는 사람마다 아리송한 말만 하더라" 했다.

마지막에 수산주가 문득 절을 했으니, 되기는 되었으나 무례함[情理]을 용납키 어렵다. 오조 계(五祖戒)가 법안을 대신하여 이르되 "등줄기를 후려갈길 것이다" 했는데, 만송은 이르노니 "과연(果然)이로구나!" 하노라.

어떤 책에는 끝에 법안이 말하되 "수산주는 끝냈도다!" 했다는데, 만송은 이르노니, "소꿉장난을 하는 첨지들아! 둘 다 틀렸다" 하노라.

만송은 법안이 "그렇게 한들 어찌 될 수 있겠느냐?" 하는 것을 보았을 때 곧 그에게 "화상에게는 그런 솜씨[機要]가 있으시다고 들은 지 오래 되었습니다" 하거나, 아니면 손을 털고 얼른 떠나서 한꺼번에 시비를 멈추고 제자리를 잡도록 해주었을 것이다.

천동 송고

저울대에 파리가 앉으면 곧 기우나니
만세(萬世)의 저울은 불평(不平)을 비춘다.
근(斤)·양(兩)·치(錙)·수(銖)로 분명함을 보나
마침내 나로 하여금 정반성(定盤星)[98]으로 돌아가게 한다.

秤頭蠅坐便欹傾　萬世權衡照不平　斤兩錙銖見端的　終歸輸我定盤
星

60
운문의 흑과 백 [雲門白黑]

운문이 건봉(乾峰)에게 물었다.
운문 "스님께서 대답을 해주십시오."
건봉 "노승에게 이르렀는가?"
운문 "그러면 제가 늦었습니다."
건봉 "그랬는가? 그랬는가?"
운문이 이르되
"후백(侯白)이라 여겼는데 다시 후흑(侯黑)이 있구나."

擧 雲門問乾峯 請師答話 峯云 到老僧也未 門云 恁麼別某甲在遲也 峯云 恁麼那恁麼那 門云 將謂侯白 更有侯黑

만송 시중
스승의 지혜[機輪]가 움직이는 곳에 지혜로운 눈도 어리둥절해지고 보배의 거울이 열릴 때에 가느다란 티끌도 피하지 못한다. 주먹을 펴서 차별의 경지에 떨어지지 않을 때가 사물에 응하매 시기를 잘 안다. 두 칼날이 서로 만날 때엔 어떻게 피할까?

만송 평창
미란왕(彌蘭王)이 나선(那先) 존자에게 묻되 "내가 질문을 하

겠으니, 스승께서 대답을 해주시겠소?” 하니, 나선이 대답하되
“물으소서” 했다. 왕이 이르되 “나는 이미 다 물었소” 하니, 나
선이 이르되 “나도 이미 대답해 마쳤습니다” 했다. 왕이 묻되
“무엇을 대답하셨소?” 하니, 나선이 대답하되 “대왕께서는 무엇
을 물으셨습니까?” 했다. 왕이 이르되 “나는 물은 바가 없소”
하니, 나선도 대답하되 “나도 대답한 바가 없습니다” 했는데,
이것은 금방 찾아 규명할 수 있는 일이다. 하지만 운문이 물은
곳은 마치 맑은 하늘에서 번개가 치는 것 같고, 건봉이 대답한
곳은 마치 가문 땅에 우레가 치는 격이다.

쌍으로 놓고, 쌍으로 거두기에 이르러서는 도리어 머리도 있
고 꼬리도 있음을 보게 되리니, 이것이 납승이 아니면 보지 못
하고 작가가 아니면 보지 못하는 도리이다.

천동 화상은 이 부문에 깊숙이 들어와서 다음과 같이 송했다.

천동 송고

활시위와 화살이 서로 물렸고
그물의 구슬이 마주 대했다.
백 발을 쏘아 백 번 맞추니 화살마다 헛되지 않고,
뭇 경계를 거두니 광채와 광채가 걸림이 없다.
언구(言句)의 총지(總持)를 얻었고
오가는 동작의 삼매에 머물렀다.
그 사이가 묘함이여, 편(偏)과 원(圓)이 엇바뀌고
반드시 이렇게 되어야 가로와 세로에 자재하다.
弦筈相銜　網珠相對　發百中而箭箭不虛　攝衆景而光光無礙　得言句
之總持　住游戲之三昧　妙其間也宛轉偏圓　必如是也縱橫自在

61
파자직거 (婆子直去)

오대산(五臺山) 참배 노상에 한 노파가 있는데 일승이 물었다.
일승 "오대산 가는 길이 어디입니까?"
노파 "곧장 똑바로 가세요."
일승이 걸어가기 시작하자 노파는 곧 말했다.
"또 저렇게 가는군."
조주 스님이 이 말을 듣자 곧 가서 물었다.
조주 스님이 곧 걷기 시작하자마자 노파가 말했다.
"또 저렇게 가는군."
조주 스님은 즉시 돌아와 대중에게 말했다.
"노파는 오늘 나에게 간파(勘破) 당하고 말았어."

臺山路上有一婆子　要問僧　僧問　臺山路向什麼處去　云驀直去　僧
纔行　婆云又與麼去也　師聞便去問　臺山路向什麼處去　云驀直去
師纔行　婆云　又與麼去也　師歸擧似大衆云　婆子被老僧勘破了也

만송 시중
거두기도 하고 놓아주기도 하니, 간짓대[干木]를 몸에 지니고 죽이기도 하고 살리기도 하는 저울대[權衡]가 손아귀에 있다. 진로(塵勞)와 마외(魔外)가 모두 손 튕기는 순간에 있고 대지(大地)와 산하(山河)가 모두 장난감이 되었다. 일러보라. 이 무슨 경계인가?

만송 평창

오대산 길가의 노파는 평소 무착(無着)을 따라서 절에 들고 나고 하면서 문수(文殊)의 전삼후삼(前三後三)의 도리를 배불리 참구한 터였다. 무릇 승이 와서 오대산 가는 길이 어디냐고 물으면 장안(長安) 큰길을 숨김없이 가리키면서 곧장 가라고 했다. 그 승이 의심조차 없이 선뜻 떠나면 노파는 "멀쩡한 스님이 또 저렇게 가는구나!" 했으니, 그 노파는 올가미를 손에 들고 지금까지 얼마나 많은 현량(賢良)들을 속였던가? 그 승도 이미 어쩔 수 없어서 조주 스님에게 들고 와서 이야기 하니, 조주 스님이 이르되 "그대를 위해 감정해주리니 기다려라" 하여 천하 사람들을 바짝 긴장케 했다.

그 노장(조주)은 늙었으면서도 마음을 쉬지 못하고 무엇을 도모했던가? 종안(宗眼)을 확정시키기 위한 것이다. 조주는 전과 같이 걸어갔고 노파도 전과 같이 말했는데 조주는 무엇을 간파한 것일까?

어떤 이는 문득 이 이야기를 두 토막으로 나누어 놓고서 "앞의 토막은 그 승이 노파를 부추겨서 점검[點]하게 했고, 나중 토막은 노파가 조주를 부추겨서 점검하게 했다" 하나, 오직 현각(玄覺)은 이르되 "앞의 승도 그렇게 문답했고, 나중의 조주도 그렇게 문답했으니 일러보라. 어디가 감정한 곳인가?" 했다. 만송은 이르노니 "감정해 마쳤다" 하리라.

또 현각이 이르되 "조주의 감정만 받았을 뿐 아니라 또한 그 승의 감정도 받았다" 했는데, 만송은 이르노니 "누(累)가 현각에게만 미친 것이 아니라 만송에게도 미쳤다" 하리라.

낭야(瑯琊)가 이르되 "알량한 조주가 그 노파의 손아귀에 들어가서 생명을 부지하지 못했다. 그러나 잘못 아는 자가 많도다" 했거니와, 만송은 이르노니 "결코 자신을 남에게 견주지는 말라" 하리라.

위산 철(潙山喆)이 이르되 "천하의 납승(衲僧)들은 단지 노파에게 길을 물을 줄만 알았고, 발뿌리 밑의 진흙이 깊음은 전혀 알지 못했다. 만일 조주 노인이 아니었다면 어찌 땀 흘린 말[汗馬]의 공이 높음을 드러낼 수 있었으랴?" 했다.

천동 송고
나이 먹으면 요정이 된단 말 헛되지 않으니
조주 고불이 남전의 법을 이었네.
늙은거북이의 죽음은 도상(圖象: 갑골 문양) 때문이요.[99]
좋은 말은 바람을 쫓다가 자주 얽매임을 당한다.[100]
노파의 선법을 감정해 마치니
남에게 이야기는 하되 값을 받지는 않더라.

年老成精不謬傳　趙州古佛嗣南泉　枯龜喪命因圖象　良駟追風累纏

---

99) 「장자(莊子)」에 이르되 "송원군(宋元君)이 점을 치니 신비로운 거북을 잡는 괘였는데 과연 어부가 거북을 잡았다. 놓아주려다가 등에 도상이 있는 것을 보고 거북을 잘랐다."
100) 주목왕(周穆王)에게 여덟 마리 준마(駿馬)가 있었는데 구름을 타고 달려서 나는 새를 추월하는 것도 있었으므로 "좋은 준마가 바람을 쫓는다" 했다.

牽 勘破了老婆禪 說向人前不直錢

    참선이란 금과 똥의 법[金屎法]이라 이르나니, 알지 못하면
금과 같고, 감정해 깨뜨리면 똥과 같다. 그러기에 "남에게 이야
기는 하되 한 푼의 값도 받지 않는다" 했다. 그대들이 다만 득
과 실, 승과 부의 분별을 여의기만 하면 자연히 그 노파를 속이
고 조주를 하시(下視)할 수 있으려니와 만일 만송의 문하에 오
거든 가슴을 두드리는 외통수[檐板漢] 노릇은 하지 말지니라.

62

풍혈의 무쇠소 [風穴鐵牛]

풍혈(896~973) 스님이 영주(郢州)의 관아(官衙)에서 법문을 했다.

"조사(祖師)의 마음 도장[心印]은 무쇠소[鐵牛]와 같아서 도장을 떼면 자국이 남고 찍으면 뭉그러진다. 떼지도 못하고 찍지도 못하니 찍어야 옳은가, 찍지 않아야 옳은가?"

때에 노피 장로(盧陂長老)가 대중 속에서 나와 여쭈었다.

"저에게 무쇠소의 기틀[鐵牛之機]이 있습니다. 스님께서는 심인[印]을 내걸지 마십시오."

풍혈 스님이 말했다.

"고래를 낚아 바다를 잠재우는 데는 익숙하지만, 개구리 걸음으로 진흙 속에서 허우적거리는 것을 한탄한다."

노피 장로가 한참 동안 생각에 잠기자

풍혈 스님이 악![喝] 하고 소리를 지른 다음에 말했다.

"장로는 왜 말을 계속하지 못하느냐?"

여전히 노피 장로가 머뭇거리니
풍혈 스님은 불자로 한 번 치고 말했다.
"말할 거리를 생각하느냐? 어서 말해보아라."
노피 장로가 말을 하려고 하자
풍혈 스님이 또다시 한 차례 치니 목사(牧使)가
말했다.
"불법과 왕법(王法)이 한가지군요."
"그대(목사)는 무슨 도리를 보았는가?"
"끊어야 할 것을 끊지 않으면 도리어 재난을 불
러들이게 됩니다."
풍혈 스님은 바로 법좌에서 내려와 버렸다.

풍혈 스님(896~972)의 법명은 연소(延沼)이며, 여항 유씨(餘
杭劉氏) 자손이다. 처음엔 강원에서 지관(止觀)을 익히다가 이를
버리고 처음 5년 동안 설봉 스님에게 참구했다. 그 내용은 다음
과 같다.

'임제 스님이 승당에 들어가자 양당(兩堂)의 수좌가 동시에
악! 소리를 질렀다. 한 스님이 임제 스님에게 빈(賓)과 주(主)가
있습니까?" 라고 물으니 임제 스님은 "빈·주가 분명하다" 하던
것을 가지고 설봉 스님에게 물었다.

풍혈 "도대체 그 뜻이 무엇입니까?"

설봉 "내 지난날 암두·흠산 스님과 함께 임제 스님을 친견
하러 가는 도중에 임제 스님이 이미 돌아가셨다는 말을 들었네.

빈·주에 대한 말을 알고 싶거든 그 의지를 참구한 존숙이어야 알 것이다."

풍혈 스님은 그 뒤, 서암(瑞巖) 스님에게 갔으나 서암 스님이 항상 스스로 "주인공아!" 라고 부른 후 스스로 "네!" 하고 대답하고, 또 다시 "정신차려라. 앞으로는 다른 사람에게 속임을 당하지 마라" 하는 것을 보고서 "스스로 말하고 스스로 대답하는 것에 무슨 어려움이 있겠는가?" 하고 말했다.

경청 도부(鏡淸道怤 : 864~937)스님을 찾아갔는데 경청 스님이 물었다.
"어디서 왔는가?"
"동쪽에서 왔습니다."
"작은 강을 건너온 적이 있는가?"
"큰 배가 홀로 하늘에 떠도니 작은 강은 건널 것이 없습니다."
"경강(鏡江)과 진산(秦山)은 날아가는 새도 건너갈 수 없는데 길바닥에서 주워들은 허튼말을 지껄이지 말아라."
"넓은 바다도 전함의 위세에는 오히려 겁내니 기나긴 강줄기에 돛대 날리며 오호(五湖)를 건널까 합니다."

선사의 따끔한 지적에도 물러서지 않고 한발 더 나아가는 장부의 기개가 있다. 이 서두에서는 일부 긍정되는 바가 있다. 그러나 조심하라. 이런 식으로 자기의 심경을 보이는 사람은 곧 재차 시험이 다가온다.

경청 스님은 불자를 세우며 말했다.
"이것이 무엇인가?[爭奈這箇何]"

“그것이 무엇입니까?[這箇是什麼]”
“과연 모르는구나.[果然不識]”
“나타났다 꺼졌다 폈다 말았다 하는 것을 스님과 함께 운용하겠습니다.”
“별점[星占] 치는 사람은 헛소리를 듣고, 깊이 잠든 사람은 잠꼬대가 심하다.”
“못이 넓으면 산을 감추고 살쾡이는 표범을 굴복시킵니다.”
“죄와 허물을 용서할 테니 얼른 나가거라.”
“나가는 것이 곧 나가는 것입니다.[出去則 得便去]”
많은 말을 던지고 시어를 읊어대도 법에 맞지 않으면 모두 쓰레기이므로 인정받지 못한다.
풍혈은 곧 밖으로 나와 법당에 이르러 혼자서 중얼거렸다.
“대장부가 공안을 깨치지 못했는데 어찌 그만둘 수 있으랴.”
이에 다시 방장실을 찾아가니 경청 스님은 막 앉으려는 참이었는데 대뜸 여쭈었다.
“제가 조금 전에 무지한 견해로 스님을 모독했습니다. 엎드려 바라오니 스님께서 자비로 용서해 주소서.”
“조금 전에 동쪽에서 왔다 했으니, 아마 취암(翠巖)에서 온 것이 아니냐?”
“설두 스님은 보개(寶蓋)의 동편에 계십니다.”
“잃어버린 양을 쫓고 미치광이 견해를 쉬지 않고, 여기 와서도 시편(詩篇)만 외우고 있구나.”
“검객을 만나면 모름지기 칼을 드리고, 시인이 아니면 시를 바쳐서는 안 됩니다.”
“시는 빨리 감춰 두고 칼을 조금만 보여주게.”
“목을 자른 증산(甑山) 땅 사람이 칼을 가지고 가버렸습니다.”
“가르침을 따르지 않을 뿐 아니라, 스스로 어리석음을 드러
내는구나.”
“가르침에 따르면 옛 부처의 마음을 밝힐 수 있겠습니까?”
“무엇이 옛 부처의 마음인가?”
“거듭 용서해 주십시오. 스님께서는 지금 무엇을 가지셨는지
요?”
“동쪽에서 온 납자가 콩과 보리를 분간치 못하는구나.”
“아직 (생사문제를) 해결하지 못 했으나 해결했다고 하는 말
만 들었습니다. 어떻게 하면 정말 해결했다고 할 수 있겠습
니까?[只聞不以而以 何得抑以而以]”
“큰 물결이 천 길이나 용솟음쳐도 맑은 파도는 물을 여의지
않는다.”
풍혈 스님이 “한 구절로 많은 생각을 끊어버리니 일만 기틀
이 고요합니다.” 라고 말하고 절을 올리자,
경청 스님은 불자로 세 번 친 후 말했다.
“준수하구나.[俊哉] 자, 앉아서 차나 마시도록 해라.”

풍혈은 대담을 통해 약간의 깨달음은 얻었으나, 긴 대담 중
에 단 한 번도 때에 맞고 법에 맞는 말을 한 것이 없다. 경청
스님은 풍혈의 기상이 가상해서 제도는 다음으로 미루고 우선
차를 권한 것이다. 이것은 인정이 아니고 앞으로 훌륭한 법기가
될 것임을 격려해주는 차 대접이다.
풍혈 스님은 그곳을 떠나 북쪽으로 양주(襄州) 땅을 돌아다
니다가 화엄 휴정(華嚴休靜) 스님에게 귀의하여 그곳에 머무르자
화엄 스님이 물었다.

"나의 목우가(牧牛歌)를 스님이 화답해 보시오."
"오랑캐 북 치고 채찍을 휘두르니 소와 표범이 뛰는데 머언 마을 매화나무 가지마다 벙긋벙긋.[羯鼓掉鞭牛豹跳 遠村梅樹觜慮都]"

이는 시어가 풍부해도 법에 맞는 시어는 아니다. 자세히 들여다보면 상정常情을 벗어나지 못했다. 옳고 그른 것이 문제가 아니다. 삼림과 구름을 헤치고 들어가서 삼신 할매 배꼽을 툭 치고 돌아와서 읊어대는 시어라야 좀 들어볼만한 것이다.

그 뒤에 양주(襄州)의 녹문(鹿門)에서 곽 시자(郭侍者)와 함께 여름 안거를 지냈다. 곽 시자가 남원(南院) 스님을 참문하라고 알려주자,
"입문(入門)하려면 반드시 그 주인을 알아야 합니다. 단적으로 남원 스님의 사람됨을 말해 보십시오. 제가 어느 날 남원 스님을 뵌 적이 있었는데 앞의 빈주화두를 거량하면서 '제가 이것 때문에 특별히 친견하러 찾아왔습니다.' 하니, 남원 스님이 '설봉이 고불(古佛)이로구나' 라고만 했을 뿐입니다."
곽 시자의 소개를 받은 풍혈 스님은 드디어 남원 스님의 처소에 이르렀고, 문에 들어가서도 절을 올리지 않자 남원 스님이 말했다.
"남의 집에 가면 주인을 알아야지."
"스님께서 단적으로 일러주십시오."
남원 스님이 왼손으로 한 차례 무릎을 치자, 풍혈 스님이 대뜸 일갈(一喝)을 했다.

남원 스님이 오른손으로 다시 무릎을 치자, 풍혈 스님은 또
다시 일갈을 했다.
이에 남원 스님은 왼손을 들고서 "내가 이것을 어떻게 하리
라 생각하느냐?" 하고, 다시 오른손을 들고서 말했다.
"이것은 또 어떠한가….'
"눈이 멀었습니다."
이윽고 남원 스님이 주장자를 집어 들자, 풍혈 스님이 말했
다.
"무엇을 하시렵니까? 제가 주장자를 빼앗아 스님을 칠 것이
니 말하지 않았다고 하시지는 마십시오."
남원 스님은 바로 주장자를 던지면서 말했다.
"오늘은 이 누렁이 절강(浙江) 놈한테 한바탕 바보가 되었구
나."
"스님께서는 바리때도 없으면서 배고프지 않다고 거짓말을
하는 것과 꼭 같군요."
"전에 여기에 온 적이 있었는가?"
"무슨 말씀입니까?"
"참 잘 물었네."
"그래도 그냥 용서해 줘서는 안 되겠군요."
"자, 앉아서 차나 마시게."

풍혈 스님은 행각하면서 하루가 다르게 참구의 경지가 높아
갔다. 비록 원통하지는 못했으나, 일부분 깨달은 것은 있어서
무엇이 본분이고 또 조용(照用)을 어떻게 써야 하는 지도 대략
알게 되었다.
그러나 선사는 두 번 세 번 대담을 통해서 상대의 진의를

파악하고 또 점검한다는 것을 잊지 말아야 한다. 비록 한때 말로써 선사의 기봉을 꺾는 듯해도 본인이 확철(廓撤)하지 않으면 깨달음이 아니다.

그 이튿날 남원 스님은 평상시 그러하듯 물었다.
"올 여름 안거는 어느 곳에서 지냈는가?"
"녹문에서 곽 시자와 함께 지냈습니다."
"참된 작가를 직접 만났군."
이어 또다시 물었다.
"그가 그대에게 무어라 하던가?"
"시종 저더러 한결같이 주인이 되라[一向作主]고 했습니다."
남원 스님이 대뜸 몽둥이로 친 후 방장실 밖으로 밀쳐내면서 말했다.
"이런 패배한 놈을 어디에 쓰겠는가!"
풍혈 스님은 이로부터 마음에 새기고 남원 스님의 회하에서 원두(園頭) 소임을 보았다.

'한결같이 주인이 되라[一向作主]고 했습니다.'라고 한 말을 인정받지 못한 것이다. 이런 말이 어찌 곽 시자의 뜻이겠는가? 그럼 이때 뭐라고 말해야 인정을 받을까? 그런데 뭐라도 알려주지 않고 선사는 부정하고 또 부정해서 납자 스스로 알아내도록 하게 하는 방법이 선가의 지시 방법이다. 선사들은 넌 이미 알고 있어, 스스로 알아봐라 라는 방법을 쓴다.

하루는 남원 스님이 밭에 와서 물었다.
"남방은 일방[一棒: 몽둥이로 치다]을 어떻게 헤아리는가?"

"특별하고 기이[奇特]하게 헤아립니다만 이곳의 몽둥이는 어떻게 헤아립니까?"
이에 남원 스님은 주장자를 옆으로 누이고 어루만지면서[横按拄杖] 말했다.
"몽둥이 아래 무생법인(無生法忍)의 기연이 임할 때는 스승도 보지 않는다."
풍혈 스님은 이 말끝에 크게 깨닫고 세간에 나아갔다.[言下大悟出世] 풍혈은 남원의 법을 이었다.

많은 시간을 부정당하여 오던 풍혈 스님은 최종 '스승조차도 보지 않는다[不見師]'는 말에 기어이 꼭대기를 보고 말았다. 임제의 빈주화두를 깨달은 것이다. 불견사(不見師)는 책에 따라 불양사(不讓師)로 되어있는 곳도 있으나 의미는 같다. 불양사는 '스승에게도 양보하지 않는다'는 말이다. 그런데 주장자를 맞고 깨달은 사람은 많아도 주장자를 어루만지는 것을 보고 깨달은 사람은 풍혈 스님이 유일하다.

한 스님이 풍혈 스님에게 물었다.
"옛 노래는 음률이 없는데, 어떻게 하면 화음을 이룰 수 있습니까?"
"나무 닭[木雞]은 야반삼경에 울고 띠풀로 만든 개[芻犬]는 새벽에 짖는다.[木雞啼子夜　芻狗吠天明]"
"스님의 가풍은 무엇입니까?"
"산이 겹겹 높아서 학은 날갯짓하여 오르기 어렵고 말은 천리를 달릴 수 없어 느릿느릿 바람을 쫓아간다.[鶴有九皋難翥翼　馬無千理謾追風]"

그후 세상에 나아가 교화할 때 영주(郢州) 태수의 청으로 관아에서 법좌에 올라가 설법했는데 본 공안은 그때 기록된 것이다.101)

"조사의 심인[心印]은 무쇠소[鐵牛]의 기틀과 같다. 떼어내면 자국이 남고, 찍으면 자국이 뭉개진다. 다만 떼지도 못하고 찍지도 못할 때에 찍어야 옳은가, 찍지 않아야 옳은가?"
그때 노피(盧陂) 장로라는 이가 앞으로 나서며 물었다.
"나에게 무쇠소의 기틀이 있으니 바라건대 선사는 심인[印]을 내걸지 마십시오.[請師不搭印]"

노피 장로가 심인을 내걸지 말라고 말한 것은 '찍어야 옳은가, 찍지 않아야 옳은가?' 라는 말 자체가 도장을 찍은 것이니, 그것 역시 자국이 남는 허점이 됩니다. 그러하니 그런 말을 올리지 말라는 것이다. 일면 노피 장로의 말이 옳은 듯도 하다. 그러나 심인에 대한 직답이 아닌 이런 둘러가는 말은 명쾌한 정답이 될 수 없다. 이때 선사는 재차 질문을 할 수밖에 없다.

"고래를 잡아 바다를 잠재우는 것에는 익숙하지만 개구리 걸음으로 진펄에서 허위적대는 것을 한탄한다.[慣釣鯨鯢澄巨浸 却嗟蛙步輾泥沙]"

---

101) 선가에서는 서기(書記)라는 소임이 있는데 평상시 선사의 설법을 기록하는 소임이다. 혹 선사가 타지에 설법을 하러 가면 몇 명의 스님들이 같이 가는데 그 중에 시자와 서기는 반드시 대동하게 된다.

큰 틀에서 볼 때는 노피 장로의 말이 일리가 있는 듯하다. 그러나 매사 그렇게 큰 틀에서만 본다만 선사가 무엇을 설법하고 어떻게 법을 보이겠는가? 모든 사람이 다 깨달았는가? 부처님이 8만 장경을 설한 이유가 무엇인가? 노피 장로의 말은 때에 맞고 법에 맞는 말이 아니다. 크게 보면 평평하지만 세밀하게 볼 때는 아직 진흙탕에서 벗어나지 못한 것이 아닌가? 라는 질책이다.

노피 장로가 멍하니 생각에 잠기자 스님이 "악!"하고 할을 하며 말했다.
"장로는 어찌하여 말을 못 하시오."
장로가 무어라 하려는데 풍혈 스님은 불자로 후려친 후 말을 이었다.
"아는 이야기가 있으면 하나 해보시오."
장로가 입을 열려고 하는데 풍혈 스님은 또다시 한 차례 때렸다.

선문답은 전광석화와 같은 한 순간에 문답이 오고가는 것을 원하지, 잠시 생각한 뒤에 나온 말은 사량계교가 붙은 것이라 인정이 되기 어렵다. 예컨대 공양주를 오래 한 사람이라면 이 정도 인원은 가마솥에 얼마의 물을 붓고 불을 때다가 물이 끓어서 뚜껑이 들썩들썩하면 불 때는 것을 멈추고 잔불에 잠깐 뜸을 들인 뒤 밥을 퍼야 밥이 맛있다는 것을 훤하게 안다. 따라서 이런 공양주에게 밥 짓는 것을 물으면 즉시 이러이러하게 하면 된다는 과정을 말할 수 있다. 이때 대답하는 사람이 무엇인가 생각하고 창작해서 하는 말이라면 그것은 금방 표가 나기 때문에 탄로가 난다. 어디에 허점이 나타나도 나타날 것이기 때문이다.

선사의 질문은 때로는 아는 사람에게 던지는 말처럼 들린다. 실제 아는 사람들이 선사의 말을 들으면 구구절절 당연한 말이고 묘한 맛이 있는 말이지만, 모르는 사람들에게는 화두가 되어 알아보려는 마음을 일으키게 된다.

선사들은 누구든지 언하에 깨닫기를 희망하면서 말을 던진다. 선사들은 누구든지 듣는 즉시 알 수 있는 말을 던지지 모를 말을 던진 적은 단 한 사례도 없다. 알 수 있는 말이고 깨달음을 일으키는 말이지만 듣는 순간 깨닫지 못할 뿐이다. 어쩔 수 없이 시간을 보내면서 청자(聽者)의 심경이 무르익을 대로 무르익어 있다가 어느 순간 선사가 어느 한 마디를 하면 그때 언하에 깨닫는 경우도 있다. 언하에 깨닫는 사람은 그리 많지 않지만 그렇다고 아주 없는 것은 아니다.

풍혈 스님이 할을 한번 하고, 또 노피 장로가 입을 열려고 하는 순간 불자로 막는 것을 재차 두 번이나 한 것은 풍혈 스님이 노피 장로를 깨닫게 하려는 의도였다. 말하지 못하게 입을 막는 것은 무슨 의도인가? 그런데 연거푸 두 번 세 번 입을 막아도 깨닫지 못한다면 다음 기회를 기약할 수밖에 없다. 깨달음은 한순간에 일어난다. 그 한 순간에 깨닫지 못한다면 깨달을 수 있는 시간은 이미 지나간 것이다. 청자는 다음 기회를 기다릴 수밖에 없다.

그런데 영리한 납자가 가슴을 풀어헤치고 '조사의 심인을 찍는 것이 옳은가, 찍지 않는 것이 옳은가?' 라고 묻는다면 여기에 대답을 해낼 사람이 과연 몇이나 될까? 혁가 긴 마조 선사라 해도 말하기가 쉽지 않을 것이다.

하지만 구석에 몰려 더 이상 갈 곳이 없는 사람이라면 입을 열어 뭐라고 한마디 해 보겠으나, 입을 열려고 하면 2번 3번 불자로 입을 막아버리므로 제대로 말도 붙이지 못한다. 당연 이러할 때를 당하면 한 줄기 빛을 보아야 한다. 그리곤 사자처럼, 혹은 성난 들소처럼 겹겹이 쌓인 관문을 쳐부수고 내달릴 수 있어야 한다. 선문에서는 그런 자를 기다린다.

석우 송
달 밝은 밤에 도둑을 쫓아간다.
문득 깨진 거울을 들여다보니
음흉하고 간교한 도둑이 거기에 있다.
달빛이 있으면 도둑을 쫓아가지 마라.
실낱같은 빛도 없어야 도둑이 사라진다.

63
대광의 춤 [大光作舞]

어떤 스님이 장경(長慶) 스님에게 묻되
"금우(金牛) 스님이 박수(拍掌)치며 스님들을 불러 긱반(喫飯: 밥먹음)하라 한 뜻이 무엇입니까?"
장경이 이르되 "재(齋)로 인해 축하[慶讚]함과 같다."
어떤 스님이 대광 스님에게 물었다.
"장경(長慶) 스님이 말한 '재(齋)를 올리며 축하한다'는 뜻이 무엇입니까?"
대광 스님이 춤을 추자,
그 스님이 절을 올리니
대광 스님이 말했다.
"무엇을 보았기에 절을 올리느냐?"
그 스님이 춤을 추자
"이, 여우 혼령아!"

擧 僧問大光 長慶道 因齋慶讚 意旨如何 大光作舞 僧禮拜 光云
見箇什麽 便禮拜 僧作舞 光云 這野狐精

원오 평창

서천(西天)의 28대 조사와 당나라의 여섯 명의 조사가 '이것'을 조금 전했을 뿐인데, 여러분 또한 그 귀결점을 알았는가? 알았다면 이 허물을 면할 수 있지만 만일 모른다면 여전히 여우 혼령이다.

어떤 사람은 "대광 스님의 말은 콧구멍을 비틀어서 사람을 속인 것이다"고 하나, 참으로 그러했다면 무슨 이런저런 말이 있을 수 있겠는가?

대광 스님은 훌륭하게 사람을 지도했다. 그의 구절 속에는 몸을 벗어날 길이 있다. 종사라면 반드시 사람들의 못과 쐐기를 뽑아주고, 끈끈한 결박을 풀어줘야 비로소 선지식이라 할 수 있다.

대광 스님이 "이, 여우 혼령아!" 라고 했는데, 그때 이 스님은 전신(轉身)하지 못했다. 결국 정확한 당처를 모른 채 그저 춤을 추기만 한 것이니 어느 때 쉴[休歇] 수 있겠는가?

대광 스님의 "이, 여우 혼령아!" 라는 말은 '금우(金牛)102) 스님의 '끽반(喫飯)하라'는 화두를 절단하기에 충분하다. 그러하니 가히 기특하다고 하겠다. 그러므로 "활구를 참구해야지 사구를 참구해서는 안 된다" 했던 것이다.

말해보라. 이 "이 여우 혼령아! 라는 말이 "지장(智藏)의 머리는 검고 회해(懷海)의 머리는 희다"는 것과 같을까 다를까?

---

102) 진주(鎭州) 금우 화상(金牛和尙). 금우 스님은 스스로 밥을 지어 중승(衆僧)에게 공양했다. 매양(每樣) 재시(齋時)에 이르면 반통(飯桶)을 메고(舁) 당전(堂前)에 이르러 춤추며 가로되 "보살자(菩薩子)야, 끽반(喫飯)하러 오너라" 했다. 날마다 이와 같았다.

설봉 스님의 '이 먹통아!'와 남전 스님의 '좋은 스님아!'라는 말들이 있는데 이들과 서로 같은가, 다른가? 알겠느냐? 가는 곳마다 그 사람의 물줄기를 만나노라.

대광 스님이 춤을 췄던 것은 앞에 쏜 화살이고, 뒤이어 "이, 여우 혼령아!" 라고 한 말은 뒤에 쏜 화살이다. 이는 예로부터 전래된 무기이다.

"이, 여우 혼령아!" 라고 말한 것은 그의 업식을 바꾸려 한 것뿐이다. 이 말에는 권(權)·실(實)이 있으며 조(照)·용(用)이 있으니 여기서 납승의 본분소식을 알 수 있다. 이를 안다면 마치 호랑이에게 날개가 돋친 격이다.

설두 송
앞에서 쏜 화살은 그래도 가벼운 편인데
뒤에 쏜 화살은 깊이 박혔다.
어느 누가 누런 나뭇잎을 황금이라 말하는가?[103]
조계(曹溪)의 물결이 이와 같으면
한량없는 괜한 사람이 침몰 당한다.

前箭猶輕後箭深　誰云黃葉是黃金　曹溪波浪如相似　　無限平人被陸沈

---

103) 앙산 스님의 법문 중에 나오는 대목이다.

64

약산의 고라니 [藥山射塵]

어떤 스님이 약산 스님에게 물었다.
"널찍한 초원에 왕 고라니[塵]와 사슴이 무리를
이루고 있는데, 어떻게 하면 고라니 가운데 왕
고라니를 쏘아 맞출 수 있겠습니까?"
"화살을 보아라."
그 스님이 벌떡 몸을 누이며 거꾸러지자
약산 스님이 말했다.
"시자야, 이 죽은 놈을 끌어내라."
그 스님이 문득 도망치자
약산 스님이 말했다.
"허튼 짓 하는 놈! 어찌 깨달을 날이 있으랴."

擧 僧問藥山 平田淺草塵鹿成群 如何射得塵中塵 山云 看箭 僧
放身便倒 山云 侍者拖出這死漢 僧便走 山云 弄泥團漢有什麼限
雪竇拈云 三步雖活五步須死

원오 수시
깃발을 낚아채고 북을 빼앗는 솜씨는 많은 성인도 알지 못하
고, 어려운 것을 그대로 끊어버리는 것은 어떤 근기라도 하지

못한다. 이는 신통의 오묘한 기용도 아니며, 또한 본체의 여여(如如) 함도 아니다. 말해보라, 어떻게 해야 이처럼 기특할 수 있는가?

원오 평창

이 공안은 동산문하(洞山門下)에서는 차사문(借事問) 또는 변주문(辨主問)이라고 한다. 지금 당면해 있는 문제의 핵심[當機]을 밝히는 것이다. 보통 사슴과 고라니를 구별하여 쏘기는 쉽지만 고라니 가운데 왕 고라니는 사슴 중에서도 왕이므로 가장 쏘기 어렵다. 이 왕 고라니는 항상 가파른 벼랑 위에서 그 뿔을 칼끝처럼 날카롭게 갈아 자기의 몸으로 많은 사슴을 보호하고 아껴주니 호랑이 또한 가까이 하지 못한다. 이 스님도 영리한 척하며 이를 인용하여 약산 스님에게 물어 핵심을 밝혔다.

약산 스님이 "화살을 보아라"고 했으니, 이는 작가종사로서 참으로 번뜩이는 전광석화와 같았다. 이때 안목이 있는 납자라면 선사의 의지를 꿰뚫고 자기의 가슴에서 흘러나오는 기특한 한마디를 했어야 했다. 이 한 구절은 가히 스승을 넘어서는 지견이어야 한다.

보지 못했는가? 삼평(三平) 스님이 처음 석공(石鞏) 스님을 참방하자, 석공 스님은 그가 찾아오는 것을 보자마자 활을 당기는 시늉을 하면서 말했다.

"화살을 보아라."

이에 삼평 스님은 가슴을 열어 제치며 말했다.

"사람을 죽이는 화살입니까, 살리는 화살입니까?"

석공 스님이 활시위를 세 번 튕기자, 삼평 스님이 문득 절을 올리니 석공이 말했다.

"30년 동안 활 한 개와 두 개의 화살을 가지고 있었는데, 오늘에야 반쪽 성인을 쏠 수 있었다."

하고 그는 문득 활과 화살을 꺾어버렸다.

삼평 스님이 그뒤 태전(太顚) 스님에게 이를 말하자 태전 스님이 말했다.

"사람을 살리는 화살이었다면 무엇 때문에 활과 화살을 가지고 상대를 분별했겠는가?"

삼평 스님이 대답이 없자, 태전 스님이 말했다.

"30년 뒤에 이 화두를 남에게 말해주려 해도 하기 어려울 것이다."

석공 스님의 계책은 약산 스님과 똑같았다. 그런데 삼평 스님 역시 정수리[頂門]에 안목을 갖추었기 때문에 "사람을 죽이는 화살입니까, 살리는 화살입니까?" 라는 한마디를 적중시켰던 것인데, 이는 약산 스님이 "화살을 보아라"고 말했던 것과 같다 하겠다.

질문한 스님은 문득 왕 고라니가 되어 벌떡 몸을 누이며 거꾸러졌는데, 이 스님 또한 작가 선지식인 척 했지만 처음만 있었지 끝이 없었다. 그는 올가미를 만들어 약산 스님을 함정에 빠뜨리려고 했으나 약산 스님이 작가인 걸 어쩌랴. 한결같이 상대를 추궁해나갔을 뿐이었다.

약산 스님이 "시자야, 이 죽은 놈을 끌어내라"고 말하자, 이것은 마치 본격적인 싸움을 앞두고 진을 치고 앞으로 나아가려는 것 같은 것이었다. 그런데 이 스님이 도망을 치니, 이는 옳은 듯 해보여도 초탈하여 씻은 듯 말끔하지 못한 것이고, 손발이 꼭꼭 달라붙어 있는 것이니 어쩌겠는가.

법등(法燈) 송
옛날 석공 스님이
활에 화살을 걸어놓고 앉아서
이처럼 서른 해를 지내왔건만
한 사람의 지기(知己)도 만나지 못하다가
삼평이 적중하여 부자가 서로 만났네.
돌이켜 자세히 생각해보니
원래 그는 과녁 받침대를 쏘았더라.

古有石鞏師　架弓矢而坐　如是三十年　知音無一箇　三平中的來　父
子相投和　子細返思量　元伊是射垛

65

마곡진석 [麻谷振錫]

마곡 스님104)이 석장(錫杖)을 지니고 장경(章敬)
스님에게 이르러, 선상(禪床) 주위를 세 바퀴 돈
후 석장을 한 번 내려치고 우뚝 서 있자
장경 스님이 말했다.
"옳다, 옳다![是是]"
마곡 스님이 또다시 남전 스님에게 이르러 선상
을 세 바퀴 돈 후 석장을 한 번 내려치고 우뚝
서 있자
남전 스님은 말했다.
"옳지 않다, 옳지 않다![不是不是]"
당시 마곡 스님이 말했다.
"장경 스님은 옳다고 하는데, 스님은 무엇 때문
에 옳지 않다고 하십니까?"
남전 스님이 말했다.
"장경 스님은 옳았지만 그대는 옳지 않다!
이는 바람의 힘[風力]에서 굴러 나온 바이니 결

---

104) 마곡보철(麻谷寶徹): 당대 승. 출가한 후 마조도일을 참알해 그의 법
을 이었음. 후에 포주(蒲州) 마곡산(麻谷山 또 칭호가 마욕산)에 거주하
면서 선풍을 거양했음. 임제 문하의 마곡(麻谷)과 다른 스님이다.

국 무너지고 만다."

**擧 麻谷持錫到章敬 遶禪床三匝振錫一下 卓然而立 敬云 是是
谷又到南泉 遶禪床三匝振錫一下 卓然而立 泉云 不是不是 谷云
章敬道是 和尙爲什麼道不是 泉云 章敬卽是 是汝不是 此是風力
所轉 終成敗壞**

포주(蒲州) 마곡산(麻谷山) 보철 선사(寶徹禪師)가 어느 날 마
조를 따라가던 차에 물었다.
보철 "무엇이 대열반입니까."
마조 "급(急)이다."
보철 "무엇이 급(急箇)입니까?"
마조 "물을 보라.[看水]"

열반(涅槃)이란 원래 범어로 '니르바나(nirvāṇa)'라 하고 '안
락'이라는 뜻이다. 중국어로 음사한 것이 涅槃인데 열반이라는
한자 뜻은 '갯벌에서 즐긴다'는 뜻이다. 니르바나를 얻은 사람은
시간이 천천히 흐른다. 때문에 늙지 않는다. 그런데 마조 스님
은 '급急'이라고 했으므로 여기에 마조의 뜻이 있었던 것이다.
참구하던 마곡 스님은 이 말에 느끼는 바가 있어 마조의 깨달
은 제자 84명 중 한 명이 되었다.

그 뒤 행각하면서 여러 선사와 문답을 가졌다. 옛사람은 행
각 할 때 두루 총림을 편력하면서 '이 일'만을 생각하고, 선상
(禪床) 위에 앉아있는 큰스님들의 안목이 있는가 없는가를 판정
하고자 했다. 말 한마디에 서로 통하면 머물렀지만 그렇지 못하
면 곧 떠나버렸다.

하루는 마조의 법을 이은 삼각(三角) 총인 선사(總印禪師)가 상당하여 설법하되

"만약 이 일을 논하자면 눈썹을 깜작하면(眨上眉毛) 벌써 이미 지나가 버린 것이다.[蹉過]"

마곡 "눈썹을 깜작함은 묻지 않겠습니다. 무엇이 '지나감'입니까?"

총인 "지나갔느니라.[蹉過]"

마곡이 곧 선상을 번쩍 들어 엎었다.

총인 스님은 곧 마곡을 때렸고, 마곡은 말이 없었다.

이 일에 대해서 두 스님이 다음과 같은 평을 했다.

장경릉(長慶稜)이 대신 말하길 "초연(悄然; 寂然)하구나."

보복전(保福展)이 이르되 "삼각[총인]은 도적이 지나간 후 활을 당겼다."

또 마곡 스님은 일찍이 충 국사(忠國師)에게 가서 선상을 세 바퀴 돌고 석장을 흔들어 세우고 서 있자, 국사가 이르되

"이미 그 정도 되었다면 무엇 때문에 나(貧道)를 보고자 하는가?"

마곡이 다시 석장을 흔드니, 국사가 꾸짖어 이르되

"여우 혼령[野狐精]아, 나가거라!"

마곡 스님은 총인 스님에게도 그러했지만, 혜충 국사에게도 무엇을 배우거나 깨닫거나 인정을 받기 위해서 석장을 잡고 우뚝 선 것이 아니다. 선사들이 어떻게 법을 쓰고 어떻게 중생을 제접하는지 알아보려고 혜충 국사 앞에 서 보았던 것이다. 아닌 게 아니라 혜충 국사의 법은 약간의 틈도 없이 법을 편다는 것을 알게 되었다.

다음은 본 공안에서처럼 장경 스님을 찾아가서 똑같이 우뚝

서 있었을 때는 "옳다, 옳다" 라는 말을 들었다. 그런데 남전 스님에게서는 "옳지 않다, 옳지 않다"라는 말을 들었으므로 마곡 스님은 "장경 스님은 옳다고 하는데, 스님은 무엇 때문에 옳지 않다고 하십니까?" 라고 말을 던져 본 것이다. 그러자 남전은 바로

"장경 스님은 옳았지만 그대는 옳지 않다!
이는 바람의 힘[風力]에서 굴러 나온 바이니 결국 무너지고 만다."

라는 말을 들었다. 장경은 옳은데 그대는 옳지 않다니? 여기서 바로 알아채야 한다. 선사의 대답은 말의 뜻에 답이 있는 것이 아니고 이렇게 말한 선사의 의지를 알아야 한다. 마곡 스님으로 서는 선배 선사들의 이와 같은 활용처에서 얻은 바가 적지 않았을 것이다. 행각을 마친 마곡 스님은 단하 스님하고 마곡산에 이르렀다.

마곡 스님이 이르기를
마곡 "나는 여기에 거주하겠네."
단곡 "거주한다면 곧 따르겠지만 여기에 무엇이 있습니까?"
마곡 "몸 조심해라.[珍重]"

이후 보철 스님은 마곡산에서 오래 거주했으므로 마곡 스님이라고 부르기 시작했다. 뒤에 수주 양수선사(壽州良遂禪師)가 마곡(麻谷寶徹, 馬祖下一世)을 참견(參見)했다. 마곡은 양수가 오는 것을 보고 곧 호미를 가지고 가서 풀을 매었다. 양수 스님이

풀매는 곳에 이르자, 마곡이 특별히 돌아보지도 않고 곧 방장(方丈)으로 돌아가 문을 닫아버렸다.

양수 스님이 다음 날 다시 갔는데 마곡이 또 문을 닫았다. 양수 스님이 이에 문을 두드리자 마곡이 묻되

"누구인가?"

"양수입니다."

이와 같이 세 번 부르고 세 번 응낙하자, 마곡이 가로되

"이 아둔한 스님아!"

양수 스님은 그때서야 바야흐로 깨닫고[省悟]고 말했다.

"화상께서는 양수를 속이지 마십시오. 양수가 만약 와서 화상에게 예배(禮拜)하지 않았다면 일생을 경론(經論)에 속아 지낼 뻔했습니다."

마곡이 곧 문을 열고 상견했다. 그리고 강사(講肆; 經論을 강설하는 곳)에 들어가 대중에게 이르되

"제인(諸人)이 아는 곳은 양수가 다 알지만 양수가 아는 곳은 제인이 알지 못하느니라.[諸人知處良遂總知　良遂知處諸人不知]" 하고 인가[可之]했다. [宗鑑法林卷二十]

이렇게 주인과 손이 만나는 모습을 살펴보면 여기에는 비춤[照]도 있고 용(用)도 있으며, 머리도 있고 꼬리도 있었다. 이 공안은 남전의 말후구가 참구할 사항이다. '장경은 옳지만 그대는 옳지 않다'고 말한 뜻이 과연 무엇일까? 마곡 스님은 과연 남전의 말에 대한 낙처를 알았을까?

이에 대해서 대위 철(大潙喆) 스님이 이르되 "장경이 옳다고 했으나 마곡의 함정 속에 빠졌고, 남전이 틀렸다고 했으나 역시 마곡의 함정에 떨어졌다. 대위는 그러지 않으리니 갑자기 어떤

사람이 석장을 가지고 와서 선상을 세 번 돌고 우뚝 섰거든 그
에게 이르기를 '여기에 이르기 전에 벌써 30방망이를 주었어야
했을 것이다'라고 해줄 것이다" 했으니 여기에서 잘 살펴보라.

　　원오 스님이 평창하며 말하길 "만일 장경 스님의 말에서 이
해하려 한다면 자신마저 구제하지 못하겠지만, 남전의 말에서
알아차린다면 불조와 함께 스승이 될 것이다. 비록 그러하기는
하나 납승이라면 모름지기 스스로 알아야 한다. 절대 남의 말을
가지고서 분별해서는 안 된다. 그가 물은 것은 매한가지였는데
왜 한 사람은 "옳다"하고, 한 사람은 "아니다"라고 말했을까?
통달자재한 작가[通方作家]로서 완전한 해탈을 얻은 사람이라면
반드시 또 다른 생애가 있겠지만, 기틀[機]과 경계[境]를 버리지
못한다면 결코 양쪽에 막힐 것이다."라고 했다.

> 등봉(鄧峰) 영암주(永庵主)가 심기(審寄)라는 승에게 묻기를
> 영암 "그대는 오랜 동안 보이지 않았는데 무엇을 했던가?"
> 심기 "요즘 위장주(偉藏主)를 만났는데 안락처가 있었습니
> 다."
> 영암 "시험삼아 나에게 말해보라."
> 심기가 자기의 얻은 바[所得]를 진술했다. 이에 영암주가 이
> 르되
> "그대는 옳았지만 위장주는 틀렸다."
> 심기가 헤아리지 못하고, 돌아가서 위장주에게 이 사실을
> 이야기했는데, 위장주가 크게 웃으면서 이르되
> "그대는 틀리고 영암주는 틀리지 않았다."
> 심기가 달려가서 적취(積翠) 남 선사(南禪師)에게 물으니, 남
> 선사도 크게 웃었다.
> 영암주가 이 소식을 전해 듣고 다음과 같이 읊었다.

밝음과 어둠이 뒤섞인 죽이고 살리는 기개여!
큰 사람의 경계런가, 보현이 알리로다.
같은 가지에 태어났으되 같은 가지에 죽지는 않으니
암자 안의 노장[老古錐]을 웃다가 쓰러지게 하도다.

모름지기 작가종사라면 끈끈한 속박을 벗겨주고 못과 쐐기를 뽑아주어야 한다. 한 곳만을 국집하지 말고, 종횡무진 자재(自在)해야 한다.

보녕 용(保寧勇) 송
얼굴빛과 규모는 흡사 참된 듯하나
사람들 앞에서
월광(越光: 광채)과 염롱(拈弄)함이 새롭다 할지라도
불에 넣어 다시 한 번 단련함에 이르러선
마침내 가짜 은으로 돌아간다.

顔色規模恰似眞　人前拈弄越光新　及乎入火重烹鍊　到了終歸是假銀

66

위산병각 (潙山併却)

위산(潙山)·오봉(五峰)·운암(雲巖) 스님이 함께 백장(百丈) 스님을 모시고 서 있자, 백장 스님이 위산 스님에게 물었다.

"목구멍과 입을 닫아버리고 어떻게 말할 수 있을까?"

"스님께서 말해보십시오.[却請和尙道]"

"나는 사양치 않고 그대에게 말해주고 싶지만 훗날 나의 자손을 잃을까 염려스럽다."

백장 스님이 다시 오봉 스님에게 묻자, 오봉 스님은 말했다.

"스님도 막아버려야 합니다.[和尙也須併却]"

"사람이 없는 곳에서 이마에 손을 얹고 멀리 있는 그대를 바라본다."

또다시 운암 스님에게 묻자, 운암 스님은 말했다.

"스님은 할 수 있습니까?[和尙有也未]"

"나의 자손을 잃었구나.[傷兒孫]"

擧 潙山五峰雲巖 同侍立百丈 百丈問潙山 併却咽喉唇吻 作麽生道 潙山云 却請和尙道 丈云 我不辭向汝道 恐已後喪我兒孫 百

丈復問五峰　峰云　和尙也須併却　丈云　無人處斫額望汝　百丈又問
雲巖　巖云　和尙有也未　丈云　喪我兒孫

원오 수시

사람을 통쾌하게 하는 한마디 말이요, 말[馬]을 날째게 달리
게 하는 하나의 채찍이며, 만 년이 한 생각[一念]이요, 한 생각
이 만 년이다. 단박에 깨치는 길을 알려고 하는가? 말하기 이전
에 있다. 말해보라, 말하기 이전에 어떻게 찾아야 하는가?

원오 평창

세 사람은 각기 일가(一家)를 이룬 사람들이었다. 운문 스님
이 이르기를 "평지에 죽은 사람이 무수하다. 가시덤불을 지나가
는 자라야 좋은 솜씨이다" 라고 했다. 그러므로 종사(宗師)들은
가시덤불로 사람을 시험했던 것이다. 왜냐하면 상정(常情)의 언
구(言句)로써는 사람을 시험할 수 없기 때문이다.

납승이라면 반드시 구절 속에 기연을 드러내고 말[言] 가운
데에서 핵심을 알아야 한다. 판때기를 짊어진 자[擔板漢: 외통
수]들은 흔히들 언구 속에서 살아남지 못하고는 "목구멍과 입을
벌리지 않으니 다시는 입을 뗄 곳이 없다" 하고 말아버린다. 그
러나 변통할 줄 아는 자는 역공격할 줄 아는 기상이 있다. 물음
속에 한 가닥 길이 있어서 칼끝도 상하지 않고 손도 다치지 않
는다.

위산 스님은 자기의 영역을 굳건히 지켰다. 위산 스님이 "스
님께서 말씀해보십시오." 라고 말했는데, 그의 뜻은 무엇인가?
여기에 번뜩이는 전광석화처럼 백장을 찌른 것이다. 묻자마자
바로 답하여 빠져나갈 길이 있어 한 오라기의 힘도 쓰지 않았

다. 그래서 "그는 활구를 참구하고 사구를 참구하지 않았다"고 말한 것이다.

백장 스님도 그를 그냥두지 않고 "사양치 않고 그대에게 말해주고 싶지만 훗날 나의 자손을 잃을까 염려스럽다"고 말했다. 대체로 종사가 사람을 지도하는 것은 못과 쐐기를 뽑아주는 것이다. 그런데 요즈음 사람들은 "백장의 이 답변은 위산 스님이 말뜻을 깨닫지 못해서 인정하지 않은 것이다"고들 말한다. 그러나 이것은 백장스님의 말 속에 하나의 쌩쌩한 기연이 있어 천 길 벼랑처럼 우뚝하고, 빈(賓)·주(主)를 서로 교환하여 팔팔한 것이 있음을 전혀 모른 것이다.

오봉 스님의 '스님도 막아버려야 합니다.'는 많은 말을 꽉 끊어버렸다. '이 일'은 요컨대 이러한 자만 그 자리에서 대뜸 드러낼 수 있다. 마치 달리는 말 앞에서 승부를 겨루는 것처럼 머뭇거림을 용납하지 않고 대뜸 긴급하고 신속하고 드높게 처리했다. 이것은 드넓으며 도도한 위산 스님의 경지와는 다르다.

요즈음 선객들은 상대의 기합소리에 눌려 상대의 기봉으로부터 벗어나길 못한다. 그러므로 "자기 스스로 간절히 얻고자 하면 물음을 가지고 묻지 말라"고 했다.

오봉 스님의 답은 그 자리에서 대뜸 끊어버려 통쾌하고 준수했다. 백장은 "사람이 없는 곳에서 이마에 손을 얹고 그대를 바라보겠다"고 했는데, 말해보라. 이는 그를 긍정한 것인가, 아닌가? 이는 죽인 것인가, 살린 것인가? 매끄럽게 굴러가는 그를 보고서 그에게 밝혀준 것이다.

운암 스님은 백장에서 20년 동안 시자로 있었으나 깨닫지 못하고, 도오(道吾) 스님과 함께 약산(藥山)과 남전(南泉)을 참문

했고, 남전에서도 깨닫지 못하자 또 다시 약산으로 되돌아와서
야 깨달음을 얻었다.

운암 스님이 "스님은 할 수 있습니까?[和尙有也未]"라고 답을
할 당시는 운암이 아직 깨닫지 못하고 있을 때였다. 옛사람을
살펴보면 20여 년 동안 참구하고서도 미숙하여, 살에 달라붙고
뼈에 달라붙어 싹 빠져나오질 못한 것이다. 이는 옳기는 옳으나
앞으로 나아가도 마을을 만나지 못하고, 뒤로 돌아가자니 주막
도 없는 것처럼 오도 가도 못하는 격이다.

이 때문에 "가시덤불을 뚫고 지나야 한다"고 했다. 만일 가
시덤불을 뚫고 지나가지 못한다면 결국 가느다란 실오라기에 걸
려서 끊어버리지 못하는 것이다.

설두 송

스님이 말해보십시오.
뿔 돋힌 호랑이가 울창한 풀 속에서 나왔네.
십주(十洲)에 봄이 저무니 꽃잎이 시들한데
산호 가지마다 햇살이 빛나는구나.

却請和尙道 虎頭生角出荒草 十洲春盡花凋殘 珊瑚樹林日杲杲

스님도 막아버리소서.
용사진(龍蛇陳) 진법을 무찌르는 재주를 보았네.
사람들로 하여금 길이 이광(李廣) 장군을 생각게 하노니
만 리 하늘가에 독수리 한 마리 날아간다.

和尙也併却 龍蛇陣上看謀略 令人長憶李將軍 萬里天邊飛一鶚

스님은 할 수 있습니까?
황금빛털 사자는 땅에 쭈그리고 앉아 있지 않네.
삼삼오오 옛길로 가는데
대웅산(大雄山) 아래에서 부질없이 손가락을 튕긴다.

和尙有也未　金毛獅子不踞地　兩兩三三舊路行　大雄山下空彈指

67
명백함도 없다 [趙州不在明白]

조주(趙州: 778~897) 스님이 대중에게 법문을 했다.

"지극한 도는 어렵지 않다. 오직 간택을 하지 않으면 된다하나 말하는 순간 간택에 떨어지거나 명백함에 떨어지리니, 나는 명백한 속에도 있지 않느니라.

자, 이런데도 그대들은 이를 보호하고 아끼려느냐?"

그때 어떤 스님이 물었다.

"명백한 속에도 있지 않다면 무엇을 보호하고 아껴야 합니까?"

조주 스님이 말했다.

"나도 모른다.[我亦不知]"

그 스님이 말했다.

"스님께서 모르신다면 무엇 때문에 '명백한 속에도 있지 않느니라'고 말씀하십니까?"

조주 스님은 말했다.

"묻는 일이 끝났으면 절 올리고 물러가라."

擧 趙州示衆云 至道無難 唯嫌揀擇 纔有語言 是揀擇是明白 老僧
不在明白裏 是汝還護惜也無 時有僧問 旣不在明白裏 護惜箇什麼
州云 我亦不知 僧云 和尙旣不知 爲什麼却道不在明白裏 州云
問事卽得 禮拜了退

조주 스님이 3조 승찬 스님의 『신심명』 앞 구절을 끌어와서
설법한 것이다. 원래 본문에는 "至道無難 唯嫌揀擇 但莫憎愛 洞
然明白"까지 있으나 "다만 미움과 사랑을 버리면 확연히 명백하
리라[但莫憎愛 洞然明白]"는 생략되었다. 생략되었으나 조주 선
사는 '명백'이라는 단어가 있는 것을 전제하고 설법했다. 핵심은
'간택하지 않으면 명백해진다. 그러나 나는 명백함 속에도 없다'
는 것이다.

한 스님이 "명백한 속에도 있지 않다면 무엇을 보호하고 아
껴야 합니까?"라고 물은 것은 나름 명쾌한 질문이다. 공자는
'예의'를 말했고, 소크라테스는 '너 자신을 알라' 했고, 부처님은
'자비'를 말했는데, 그럼 스님이나 저나 무엇을 보호해야 합니
까? 라는 질문이다.

조주 스님은 '방'과 '할'을 쓰지 않고 일상적인 말로 교화하
지만 내방자는 조주 스님의 말 한마디에 쩔쩔 매는 경우가 많
았다. 이 질문에도 조주 스님은 "나도 모른다."고 대답했다. 이
얼마나 황당한 말인가, 80세 이상 된 수십 년 수행 노상에 있
는 노승이, 도대체 그럼 무얼 안단 말인가? 라는 의문이 하늘같
이 높이 솟아날만한 대답이다. 그래서 이 스님은 물러서지 않고
집요하게 추적했다.

"스님께서 모르신다면 무엇 때문에 '명백한 속에도 있지 않느니라' 라고 말씀하십니까?"라며 화살을 날린 것이다. 이런 질문을 받으면 보통의 선사들 같으면 반대로 선사가 쩔쩔 맬 수도 있겠지만 다행히 조주 선사는 자유자재로 몸을 비낄 줄 알았기에 "묻는 일이 끝났으면 절 올리고 물러가라." 라고 한 마디로 잘라서 끝낸 것이다. 이제 남은 것은 조주 스님이 왜 '나도 모른다'고 말했는지 그 뜻을 알아내는 일이다. 선사의 뜻을 안다면 곧 도를 아는 것이기 때문이다.

설두 송
지극한 도는 어려울 게 없다.
하는 말마다 모두 바르다[端].
하나지만 많은 종류가 있고
둘이지만 서로 모순되지[兩般] 않는다.
하늘에 해 뜨고 달 지며
난간 앞의 산은 깊고 물은 차갑네.
알음알이[髑髏識]가 없어지니 감정인들 있을소냐.
고목에 용의 울음 사라졌어도
아직 마르진 않았네.
어렵고 어려움이여!
간택이니 명백이니 하는 것은
그대 스스로 보아라.

至道無難言端語端　一有多種二無兩般　天際日上月下○　欄前山深水寒一　髑髏識盡喜何立　枯木龍吟銷未乾　難難　揀擇明白君自看

하는 말마다 모두 바르고[端], 하나지만 많은 종류가 있고, 둘이지만 서로 모순되지[兩般] 않는다는 말이 무슨 뜻인가? 안목을 갖추지 못했다면 어찌 이를 알 수 있을까? 이 두 구절을 깨쳤다면 옛 사람이 말한 "깨닫고 나서도 여전히 산은 산, 물은 물, 긴 것은 길고, 짧은 것은 짧고, 하늘은 하늘, 땅은 땅이로다" 한 경지와 같다. 그러나 어떤 때는 하늘을 땅이라 하고, 어떤 때는 땅을 하늘이라 하며, 어떤 때는 산은 산이 아니라 하고, 물은 물이 아니라고 한다. 필경 어떻게 해야 평온할 수 있을까?

고목에서 용(龍)이 운다는 말에 대한 출처는 다음과 같다
어떤 스님이 향엄(香嚴) 스님에게 물었다.
"무엇이 도(道)입니까?"
"고목 속에서 용이 우느니라."
"어떤 것이 도(道) 가운데에 있는 사람입니까?"
"해골 속의 눈동자니라."
그 스님이 훗날 석상(石霜) 스님에게 물었다.
"무엇이 고목 속에서 용이 우는 것입니까?"
"감정에 얽매여 있구나."
"무엇이 해골 속의 눈동자입니까?"
"아직도 알음알이[識]에 얽매여 있구나."
그 스님은 또다시 조산(曹山) 스님에게 물었다.
"무엇이 고목 속에서 용이 우는 것입니까?"
"혈맥이 끊기지 않았다."
"무엇이 해골 속의 눈동자입니까?"

"바싹 바르지 않았다."
"어떤 사람이 그 소리를 들을 수 있습니까?"
"온 누리에 듣지 못하는 사람이 없다."
"모르겠습니다. 용의 울음은 무슨 글귀입니까?"
"어떤 글귀인지는 모르겠으나 들은 사람은 모두 목숨을 잃는다."

조산스님에게 이런 송(頌)이 있다.

고목에서 용이 우니 참으로 도가 드러났고
알음알이 없을 때 비로소 눈이 밝았네.
감정이 다할 때 소식(消息)도 다하니
당사자가 혼탁한 속의 맑음을 어찌 알랴!

석우 착어 "용의 울음소리는 수백 년 이상 된 고목나무에서 난다. 해인사 사천왕 문 앞에 가면 천년 이상 된 고목나무가 있다. 한 나무는 죽어서 삐죽삐죽 나무 조각만 서 있지만 예전에는 적어도 용울음 소리가 날만 했다. 서울 외곽 연산군 묘 앞에 6백년 된 은행나무가 있다. 그 나무 앞에 가서 서면 용울음 소리가 난다. 직접 고목나무 앞에 가서 들어보라."

68

건봉의 한 획 [乾峰一畫]

어떤 승이 건봉(乾峰)105)에게 물었다.
일승 "시방의 박가범(薄伽梵)은 한길[一路]로 열
반문이라 했는데 그 길이 어디에 있습니까?"
건봉이 주장자로 한 획을 긋고 이르되
"여기에 있느니라."
승이 이 사실을 들어 운문에게 물으니,
운문 "부채가 뛰어 33천에 올라가서 제석천왕의
콧구멍을 쥐어질렀고, 동해의 잉어를 한 방망이
때리니, 빗줄기가 동이를 쏟는 것 같느니라. 알겠
는가, 알겠는가?"

擧　僧問乾峯　十方薄伽梵　一路涅盤門　未審　路頭在甚麼處　峯以
拄杖一畫云　在這裏　僧擧問雲門　門云　扇子跨跳上三十三天　築著
帝釋鼻孔　東海鯉魚打一棒　雨似盆傾　會麼會麼

만송 시중

---

105) 건봉乾峯; 월주(越州) 건봉(乾峰) 선사, 당말 조동종 승. 생졸한 해
　　는 상세하지 않음. 동산양개(洞山良价)를 법사했으며 월주(절강)에 거주
　　했다. 건봉일로(乾峰一路)의 공안과 건봉의 2광3병(二光三病)의 법어로
　　써 선림에 이름이 알려짐 [전등록17. 연등회요23. 오등회원13].

굽은 말씀은 알기가 쉬우니 한 손으로 전해주고, 곧은 말은 이해하기 어려우니 십자 네거리에다 활짝 펴놓는다. 그대에게 권하노니, 분명한 말을 하려고 하지 말라. 말을 분명히 하면 벗어나기가 더욱 어려우니라. 믿지 못하겠거든 말해보라.

만송 평창

어떤 승이 월주(越州) 건봉(乾峰) 선사에게 "시방의 박가범은 한길로 드신 열반문이라 했는데 그 길이 어디에 있습니까?"라고 물은 이 질문은 본래 「능엄경(楞嚴經)」 제5권에 나온 것이다. 만일 경에 의해 이 뜻을 풀이한다면 여래께서 직접 말씀하신 부분과 원통(圓通)을 설하신 제6권에서 문수가 직접 가려낸 것이 있지만, 선문의 입장에서 말한다면 천동이 일찍이 이르기를 "시방에 벽[壁落]이 없고 본래부터 난간도 없으며 사면에는 문도 없으니, 이것이 그대로 들어올 곳이다" 한 것이로다.

건봉이 한 획을 긋고 이르되 "여기에 있느니라" 했는데, 모르는 이는 간혹, 건봉이 그 승에게 길을 가르쳐준 것이라 하거나, 아니면 그 승에게 경계를 그어서 확정해준 것이지 결코 다른 유희가 아니라고 하는데 결단코 그런 도리는 아니다.

그대 듣지 못했는가? 운문의 주해(注解)는 여덟 알의 쌀에 아홉 조각의 겨를 밝혀내듯 분명한데, 황룡 남(黃龍南)은 이르기를 "건봉은 한 번에 길을 가르쳐주어 간곡히 초심자들을 위했는데 운문은 그 변화를 틔워줌으로써 후인들로 하여금 게으르지 않게 했다"고 했으니, 이에 대해 만송은 이르노니 "조계의 파도가 이와 같다면 끝없는 평지에 사람들이 다 묻혀버리리라" 하노라.

운문은 오랫동안 건봉·조산(曹山)·소산(疎山)에 있었던 적이 있으므로, 그 승은 반드시 건봉의 능력[用處]을 알고 와서 물었을 것이다. 만일 건봉의 바늘과 실을 써서 물었다 해도 이는 나귀 매는 말뚝[繫驢橛]일 것이요, 별안간 목주(睦州)의 가풍을 드러낸다 해도 진시황의 송곳[秦時轐輅鑽]106)일 것이다. 다만 잔(盞)을 떨어뜨려 접시가 일곱 조각 난 것에 불과할 뿐이다.

그 승은 건봉의 뜻을 알지 못했으면서 운문에게 한 가닥의 살 길을 터주라고 했으니, 이것은 마치 기름을 뿌려서 불을 끄려는 것 같고, 부채질을 해서 얼음을 녹이려는 것 같다.

죽암(竹庵)이 일찍부터 낌새를 채고 송하되 "건봉은 지적해줄 필요가 없었고 운문은 골동품이나 뒤지는 일을 안 했어야 했다. 그랬더라면 자연히 동해의 잉어가 제석천왕의 콧구멍을 쥐어질렀을 것이다" 했는데, 죽암을 다시 운문에게 견주에 보건대 죽암은 자비가 지나쳐서 사람들의 분수를 넘어가므로 되레 알기 어렵게 했다고 하겠다.

천동 송고
손에 닿으면 죽은 말을 고치는 의원[死馬醫]이 되어
반혼향(返魂香)107)으로서 그대를 위태로움에서 일으킨다.
한바탕 온몸에 땀이 나게 한 뒤에야
비로소 저 집안의 수고로움[不惜眉]을 믿으리.

---

106) 진시탁력찬(秦時轐轢鑽); 수레를 돌게 해서 물건을 뚫는 큰 송곳. 진시황이 오-방궁(阿房宮; 일설엔 만리장성)을 건립할 때 일찍이 거대한 송곳을 만들었는데 그 후에 이 큰 송곳이 쓸 데가 없었음. 선림에서 진시탁력찬은 쓸데없는 사람이나 일에 비유함.
107) 반혼향(返魂香); 「습유전(拾遺傳)」에 나오는 죽은 지 3일이 되지 않은 자를 살리는 향단.

入手還將死馬醫　返魂香欲起君危　一期拚出通身汗　方信儂家不惜
眉

69

미호의 깨달음 부정 [米胡悟否]

미호(米胡)108)가 승으로 하여금 앙산(仰山)에게 가서

"지금 사람[今時人 : 本分人의 對]도 깨달음을 의지해야 합니까?"

하고 묻게 하니, 앙산이 대답하되

"깨달음은 없지 않으나 둘째 것[第二頭]에 떨어지는 것을 어찌하랴?"

했다. 승이 돌아와서 미호에게 사뢰니

미호가 깊이 수긍했다.

擧 米胡令僧問仰山 今時人還假悟否 山云 悟卽不無 爭奈落第二頭何 僧迴擧似米胡 胡深肯之

만송 평창

경조 미(京兆米) 선사는 미칠사(米七師), 미호(米胡)라고 했는데 속가의 일곱째로서 수염이 가장 아름다웠으므로 이렇게 두 가지 이름이 생기게 되었다. 팔방에서 그를 주옥(珠玉)으로 여겼

---

108) 미호米胡; 당대승. 위산영우를 법사함. 참학한 후 경조부(지금의 섬서 서안) 수업사(受業寺)로 귀환했음.

다. 그는 설봉(雪峰)의 법을 이었다고 하는데 지금의 화두에 의
거해보면 앙산과 함께 참문하여 위산의 법을 이었음을 알겠다.

불과(佛果)는 미호를 일러 "큰 선지식이다. 이름이란 헛되게
전하지 않는 법이다" 라고 했다.

일승이 바야흐로 미호에게 묻되
일승 "예로부터의 여러 현인들이 진정한 이치를 통달했습니
까?"
미호 "통달했다.[達]"
일승 "그 진정한 진리를 어떻게 통달했습니까?"
미호 "옛날에 곽광(霍光)이 가은성(假銀城)을 선우(單于)에게
팔 때 계약서[契書]는 누가 만들었겠는가?"
일승 "저는 당장 입이 닫혀서 할 말이 없습니다.[某直得杜口
無言]"
미호 "평지(平地)에서 담보를 짓게 하는구나![平地教人作保]"

이렇듯 미호는 "통달한다" 했고 앙산은 "깨달음은 없지 않으
나 둘째 것에 떨어지는 것을 어찌하겠는가?" 했으니, 만일 깨달
음을 의지하지 않는다면 또 다른 곳에서 이르기를 '스스로를 긍
정해야 바야흐로 친해진다' 한 것은 어찌하겠는가.

승묵(勝默) 화상이 항상 이르되 "투자(投子)는 옛 화두를 들
되 안으로 수려해서 예사롭지 않고[俏措] 꾸밈이 없다[無賽]" 했
다. 일찍이 이 화두를 들고는 이르되 "앙산의 이런 말이 자기의
허물에서 벗어날 수 있을까? 만일 면할 수 있다면 다시 누군가
는 대단히 불평을 할 것이다. 만일 면할 수 없다면 역시 둘째
것에 떨어지게 된다. 미호도 비록 앙산을 긍정했으나 자기의 벗

어날 길은 알고 있던가? 여러분은 점검해보라. 만일 점검해낸다면 두 사람은 사라지겠지만, 만일 점검해내지 못하면 아직 경솔히 굴지 말라" 했다.

남양 충 국사께서 자린 공봉(紫璘供奉)에게 묻되 "부처란 무슨 뜻인가?" 하니, 자린이 대답하되 "깨닫는다는 뜻입니다" 했다. 국사께서 다시 묻되 "부처가 일찍이 미혹했었던가?" 하니, 자린이 대답하되 "미혹하지 않았습니다" 했다. 국사가 다시 묻되 "그렇다면 깨달아서 무엇에 쓰겠는가?" 했는데, 자린이 대답이 없었으니, 이것 역시 본래 미혹도 깨달음도 없다는 뜻이다.

나는 "본래 미혹도 깨달음도 없다는 말이 삼대같이 많으나 영운(靈雲)109)만이 작가임을 인정하노라" 한 설두(雪寶)의 시구를 항상 사랑했다. 깨달았다면 둘째 것에 떨어지고 깨닫지 못했다면 누가 스스로를 긍정해줄 것인가?

승묵(勝默) 화상 송
푸른 산봉우리 위에서 그대에게 이르노니
산이 끝난 데 이르러도 머물지 말라.
비록 9월의 서릿발은 면할 수 있다 해도
어찌 신령한 싹은 봄에 나지 않는 것과 같겠는가!

碧岫峯頭借問人　指山窮處未安身　雖然免得重陽令　爭似靈苗不犯春

---

109) 장경혜릉이 선원(禪苑)을 역참(歷參)한 후에 영운을 참알하여 묻되 무엇이 블법의 대의입니까? 영운이 가로되 "나귀의 일이 가지 않았는데 말의 일이 도래한다(驢事未去 馬事到來)" 했다.

70
청림의 죽은 뱀 [靑林死蛇]

어떤 승이 청림(靑林)에게 물었다.
일승 "학인이 지름길로 질러서 갈 때는 어떠합니까?"
청림 "죽은 뱀이 길에 있으니, 그대 나서지 말기 바란다."
일승 "나설 때엔 어떠합니까?"
청림 "그대 목숨을 잃으리라."
일승 "나서지 않을 때엔 어떠합니까?"
청림 "그래도 피할 곳이 없느니라."
일승 "바야흐로 그러할 때는 어떠합니까?"
청림 "도리어 잃어버리느니라."
일승 "어디로 갔습니까?"
청림 "풀숲이 깊어서 찾을 수 없다."
일승 "화상께서도 조심해야 비로소 얻으시겠습니다."
청림이 손뼉을 치면서 이르되
"일등 독기(毒氣)로다."

擧 僧問靑林 學人徑往時如何 林云 死蛇當大路 勸子莫當頭 僧云
當頭時如何 林云 喪子命根 僧云 不當頭時如何 林云 亦無迴避
處 僧云 正恁麼時如何 林云 却失也 僧云 未審向甚麼處去也 林
云 草深無覓處 僧云 和尙也須隄防始得 林拊掌云 一等是箇毒氣

만송 시중

떠나는 것이 머무는 것이요, 머무는 것이 떠나는 것이다. 떠
나지도 않고 머무르지도 않으니, 도랑(渠)은 국토가 없다. 어디
서 도랑(渠)을 만날 것인가? 재재처처(在在處處)에서 일러보라,
이 어떤 물건이기에 그토록 기특한가?

만송 평창

균주(筠州) 동산(洞山)의 제3세 청림(處虔: 靑林, 또는 師虔)
선사가 처음 협산(夾山)으로부터 와서 동산 오본(洞山悟本)에게
참문했다. 오본이 묻되 "어디서 떠났는가?" 하니, 청림이 대답하
되 "무릉(武陵)에서 떠났습니다" 했다. 다시 묻되 "무릉의 도법
(道法)이 이곳과 견주면 어떠한가?" 하니, 청림이 대답하되 "오
랑캐 땅에는 겨울에도 죽순[笋]이 납니다.[胡地冬抽笋]" 했다. 오
본이 좌우에게 이르되 "딴 솥에다 향기로운 밥을 지어 이 사람
을 공양하라" 했는데 그냥 나와 버리니, 오본이 이르되 "이 사
람이 뒷날 천하 사람을 모두 밟아 죽일 것이다" 했다.

청림이 동산(洞山)에 있으면서 소나무를 손질하고 있는데 유
옹(劉翁)이라는 이가 와서 청림 선사에게 게송을 구하니, 청림이
보여주되 "뾰쪽뾰쪽하기로는 석 자 남짓하고 울창하기로는 잡초
를 덮는다. 뒷날 어떤 사람이 이 노송(老松)을 볼 수 있을
까"110) 했다. 유옹이 이 게를 오본에게 바치니, 오본이 이르되

"유용의 기뻐함을 축하하오. 이 사람이 동산의 제3세요" 했다.

청림이 오본을 하직하고 산남부(山南府)의 청좌산(靑銼山)에 가서 암자에 머무르기 십 년 만에 홀연히 오본의 유언이 떠올라 이르되 "뭇 중생을 이롭게 하려면 어찌 작은 절개에 구애되리요?" 하고는, 수주(隨州)로 갔다가 회중들이 토문(土門)의 소청림난야(小靑林蘭若)에 머무르기를 청하므로 이로 인해 청림이라 불리게 되었다.

어느 날, 대중에게 이르되 "그대들 모두는 심(心)·의(意)·식(識)을 떠나서 참구하여 범부와 성인의 길을 벗어나야 비로소 보임(保任) 할 수 있을 것이다. 만일 그러지 않으면 나의 자식이 아니다" 했다.

이때 어떤 승이 나서서 묻되 "학인이 지름길로 질러서 갈 때는 어떠합니까?" 하고 물었으니, 이것은 그 승이 대비각(大悲閣)을 떠나 중도(中都)에 가서 자기의 지견을 다시 자랑하려고 곧장 가는 길을 물은 것이나, 그것이 벌써 크게 돌아가는 것인 줄은 전혀 알지 못했다.

청림이 '죽은 뱀이 한길에 놓였다' 하고 길을 막았으나, 그 승은 위험을 돌아보지 않고 이르되 "나설 때엔 어찌 됩니까?" 하니, 이미 독에 맞은 것이다. 어떤 이는 이르되 "어찌하여 방(棒)이나 할(喝)로써 정령(正令: 바른 영)을 행하지 않았을까?" 하거니와, 청림 역시 놓칠세라 이르되 "그대 목숨을 잃으리라" 했다. 그 승이 아픔과 가려움을 조금 느낀지라 벗어날 길을 찾아 이르되 "길에 나서지 않으면 어떻습니까?" 하니, 청림이 이

---

110) 『종용록』 제59칙; "尖尖三尺餘 矗矗覆荒草 不知何代人 得見此老松"

르되 "그래도 피할 곳이 없느니라" 했다. 그리하여 청림 또한 모면할 길이 없어졌고, 그 승도 힘줄이 풀리고 힘이 다하여 이르되 "정히 그러할 때에 여하튼 어쩔 수가 없으니, 어찌해야 옳습니까?" 했는데, 청림이 이르되 "도리어 잃었느니라" 했으니, 사람을 살리는 솜씨를 여기서 볼 수 있다. 불러들이기도 하고 내치기도 하고 사로잡기도 하고 놓아주기고 한다. 상대에게 몽땅 넘겨주었으나 따내서 가져가지 못하는 수가 있고 상대를 위해 들어 올려 주었어도 놓쳐 떨어뜨리는 경우가 있다.

승이 다시 이르되 "어디로 갔습니까?" 하니, 청림이 이르되 "풀이 깊어서 찾을 수가 없느니라" 했으니, 없다는 것이 아니라 볼 수 없다는 것뿐이다. 결국 그 승은 괴이하게도 "화상께서도 방제(隄防)를 해야 비로소 얻을 것입니다" 했는데, 청림은 한 마리의 죽은 뱀으로 그 승을 불렀고, 마지막에는 드디어 허리에 붙고 다리에 감긴 것을 보고는 손뼉을 치면서 "일등 독기구나!" 하고 감긴 것을 풀어주는 일구로 마무리한 것이다. 만송은 이르노니 "(독기가) 하늘을 그을리고 땅을 달군다[熏天炎地]" 하리라.

무진등(無盡燈)은 이르되 "청림의 듬직한 기개가 급하고 험준하여 한 세상의 빛일 뿐 아니라 여러 대의 표준이 될 것이다" 했는데, 만송은 이르노니 "봄바람에 휘날리어 끝내 쉬지 않으리라" 하노라.

천동 송고

도사공[三老]111)이 가만히 키[柁: 배의 키]를 잡으니,

---

111) 三老; 노젓는 사람, 고수(篙手), 「고금시화(古今詩話)」에 이르기를 천협(川峽)에서는 삿대잡이와 키잡이를 일러서 장년(長年), 도사공[三老]이라 한다 했다.

외로운 배는 한밤에 머리를 돌리네.
갈대꽃은 양쪽 언덕의 눈빛[雪]이요,
안개 같은 물은 강의 가을 풍경이네.
바람이 돛을 도우니 노를 젓지 않아도 가고
피리소리가 달을 부르니, 창주(滄州)에 내려와 비춘다.

三老暗轉柂 孤舟夜迴頭 蘆花兩岸雪 煙水一江秋 風力扶帆行不
棹 笛聲喚月下滄洲

이 일은 마치 배를 모는 것과 같아서 양쪽 언덕에 붙어도
안 되고, 중간에 머물러도 안 된다. 단하는 "밤에 갈대밭에 묵
는다" 했고, 천동은 "바람결에 맡겨버린다" 했으니 일러보라. 키
를 잡고서 뱃머리를 돌릴 때는 어떠한가? 밤이 깊었는데 갈대밭
에 가서도 묵지 않으면 중간도 양쪽도 아득히 벗어나야 하리라.

71

흠산일촉 (欽山一鏃)

거양 선객(巨良禪客)이 흠산(欽山)112) 스님에게
물었다.

"한 화살촉[鏃]으로 세 관문을 격파했을 때는 어
떠합니까?"

"관문 속에 있는 주인공을 내놔보아라."

"잘못이 있으면 반드시 고치겠습니다."

"당장에 고쳐봐라!"

"화살은 잘 쏘았지만 맞지는 않았습니다."

하고는 거양 선객이 바로 나가버리자,

흠산 스님이 말했다.

"잠깐, 스님!"

거양 선객이 머리를 돌리자,

흠산 스님이 멱살을 움켜쥐고 말했다.

---

112) 欽山; 흠산문수(欽山文邃; 834-896)니 당대 조동종 승. 복주(지금
복건에 속함) 사람. 젊었을 적에 항주 대자산 대자환중(大慈寰中; 백장
회해의 법사)에게 의지해 수업(受業)했는데 당시에 암두와 설봉이 대중
에 있다가 흠산의 토론(吐論)을 보고 법기임을 알았으며 서로 인솔하여
유방했다. 처음엔 덕산을 참했고 후에 동산양개(洞山良价)를 참문 언하
에 발해(發解)하고 이에 법사(法嗣0함. 나이 57세에 호남 예주 흠산(欽
山)에 머물렀음 [전등록17. 연등회요22. 통요속집15. 교외별전15].

"한 화살로 세 관문을 격파하는 것은 그만두고
이 흠산에게 화살을 쏘아보아라."
거양 선객이 말을 할 듯 말 듯 망설이자,
흠산 스님이 일곱 방망이를 치면서 말했다.
"이놈은 앞으로도 30년은 더 헤매야 할거야!"

擧 良禪客問欽山 一鏃破三關時如何 山云 放出關中主看 良云 恁
麽則知過必改 山云 更待何時 好箭放不著所在 便出   山云 且來
闍黎 良回首 山把住云 一鏃破三關卽且止 試與欽山發箭看 良擬
議 山打七棒云 且聽這漢疑三十年

원오 수시

모든 부처님은 일찍이 세상에 출현했으되 사람에게 한 법도
전해준 적이 없으며, 조사도 일찍이 서쪽에서 오셨으되 마음을
전해주지 않았다. 그런데도 사람들은 이를 알지 못하고 밖으로
치달리면서, **자기 자신에게 있는 일대사 인연(一大事因緣)은 일
천 성인도 어찌하지 못한다**는 것을 모르고 있다.

지금 보아도 보지 못하고, 들어도 듣지 못하며, 말하면서도
말하지 못하고, 알면서도 알지 못하는 것을 가히 어디에서 얻을
수 있을까? 만일 통달하지 못했다면 갈등의 소굴 속으로 들어가
서 알아차리도록 하라.

원오 평창

이 공안은 한 번 나오고 한 번 들어가며 한 번 사로잡고 한
번 놓아주면서, 상황에 직면해서는 정면에서 보여주기도 했다.

정면에서 보여주면서도 상황에 신속했으니 이는 모두 유무 득실에 떨어지지 않는다. 이를 현묘한 기틀[玄機]이라고 말한다. 여기서는 조금이라도 역량이 부족하면 바로 엎어지고 거꾸러진다.

석우 착어

흠산스님이 "지금 당장 고쳐봐라!"했을 때 거양선객이 "화살은 잘 쏘았지만 맞추지는 못했습니다"라고 말한 것 까지는 일부 긍정되는 부분이 있다. 이 정도 말을 할 줄 아는 선객이라면 선에 대한 이해가 어느 정도 있는 스님이다.

그런데 흠산 스님이 멱살을 쥐고서 "이 흠산에게 화살을 쏴보아라" 라고 했을 때 바로 내놓지 못한 것이 아쉬운 부분이다. 이것은 천길 벼랑에서 발을 내디딘 사람만이 할 수 있는 대답이므로 여기서 말할 수 있는 사람은 그리 많지 않다.

이 화두에 대해서 동안(同安) 스님이 말하길,
"양공(良公: 巨良)은 훌륭하게 화살을 쏘았지만 과녁을 적중시키진 못했다."
어떤 스님이 말했다.
"어떻게 해야 과녁을 적중시킬 수 있습니까?"
"관문 안의 주인공은 어떤 사람인가?"

그 후 이 승이 이 일을 흠산 스님에게 말하니 흠산 스님이 말했다.

"양공(良公: 거양)이 만일 동안스 님처럼 이해했다면 흠산의 질문은 면했을 것이나, 비록 그렇기는 하지만 동안 스님도 옳다고는 할 수 없다. 스스로 보아야 비로소 얻는다."

쉬운 화두처럼 보이는 것이 어려운 화두이다. 함정이 있기 때문이다. **스스로 보아야 비로소 얻는다[自看始得]**는 것이 핵심이다. 스스로 보고 선사를 넘어갈 수 있는 지견이 열려야 선사에게 인정을 받는다.

흠산 스님이 일곱 방망이를 친 후 "이놈이 앞으로도 30년은 더 헤매야 정신을 차리겠군."이라고 한 것은 이런 자들은 장래 사기꾼이 될 가능성이 높기 때문에 또한 혹독하게 지도한 것이다.

원오 스님이 말했다.

"요즈음의 선객들이 '무엇 때문에 여덟 번 치지도 않고 여섯 번 치지도 않고서 일곱 번만 쳤을까?' 하거나, 그렇지 않으면 '이 흠산스님에게 화살을 쏴보아라'고 말할 때 바로 쳤어야지! 라고 다들 말하는데, 이는 비슷하기는 하지만 옳지는 않다.

이 공안은 가슴속에 조금이라도 이러니 저러니 하는 도리와 계교를 품지 않고 언어 밖으로 뛰어나야만, 일구로써 세 관문을 타파할 수 있으며 화살을 쏠 수 있다. 만일 옳으니 그르니 하는 마음이 있다면 끝내 찾을 수 없다. 당시 거양 선객이 그러한 사람이었다면 흠산 스님 또한 매우 위험했을 것이다. 거양이 이 법령을 시행하지 못했기에 거꾸로 당했던 것이다.

참선하는 사람들이 만약 이 '마음[心]'을 조종(祖宗)으로 삼는다면 미륵 부처님이 내려오도록 참구해도 모를 것이다. 대장부의 마음을 으뜸으로 해도 오히려 아손(兒孫: 손자)이며, 천지가 나뉘기 이전을 으뜸으로 해도 벌써 두 번째에 떨어진다. 말해보라, 그렇다면 어떤 것이 천지보다도 먼저인가?"

설두 송

그대에게 관문 속의 주인공을 내보내노니
활을 쏜 무리들은 거칠게 굴지 말라.
눈을 보호하자니 반드시 귀먹을 것이오.
귀를 버리자니 두 눈이 멀게 될 터이다.
아아! 한 화살이 세 관문을 타파함이여!
화살이 지난 뒷길은 또렷또렷 분명하다.
그대는 듣지 못하였느냐?
현사(玄沙) 스님이 말하길
"대장부는 천지가 개벽되기 이전에 이미 마음으로 조종을 삼
는다."

與君放出關中主 放箭之徒莫莽鹵 取箇眼兮耳必聾 捨箇耳兮目雙
瞽 可隣一鏃破三關 的的分明箭後路 玄沙有言 大丈夫先天爲心祖

72
남전의 뜰에 핀 꽃 [南泉庭花]

육긍 대부(陸亘大夫)가 남전(南泉) 스님과 대화할 때, 육긍 대부가 말했다.
"조 법사(肇法師)가 '천지는 나와 한 뿌리며, 만물은 나와 한 몸이라'고 했는데, 매우 이해하기 어렵습니다."
남전 스님이 뜨락에 핀 꽃을 가리키며 대부를 부르면서 말하길
"요즘 사람들은 이 한 포기의 꽃을 보고 마치 꿈처럼 여기느니라.[見一株花如夢相似]"라고 했다.
원오가 착어했다.
"원앙 자수는 보여주되. 금바늘은 사람에게 주지 말라."

擧 陸亘大夫 與南泉語話次 陸云 肇法師道 天地與我同根 萬物與我一體 也甚奇怪 南泉指庭前花 召大夫云 時人見此一株花 如夢相似 圓悟著語 : 鴛鴦綉了從君看 莫把金針度與人

육긍 대부는 남전 스님을 오래 참례했다. 평소 이치의 세계에 마음을 두고 깊이 「조론(肇論)」을 연구했다. 하루는 앉아 있

다가 이 두 구절이 의심스러워 남전 스님에게 물은 것이다.

조 법사는 후진(後晋) 시대의 고승으로서 도생(道生)·도융(道融)·도예(道叡) 스님과 함께 구마라집(鳩摩羅什) 문하의 사철(四哲)로 일컬어진다. 어린 시절엔 「장자」와 「노자」를 탐독하고 그 뒤 고본(古本) 「유마경(維摩經)」을 베껴쓰다가 깨달은 바 있어 「장자」와 「노자」에는 참된 진리가 없음을 알고, 여러 경전을 종합하여 네 편의 논(論)을 저술했다.

「장자」·「노자」에서는 천지란 큰 형체를 갖고, 나의 형체도 또한 그와 같아, 모두 허무(虛無)의 한가운데서 태어났다고 한다. 「장자」의 대의(大意)는 만물이란 본질적으로 똑같다[齊物]는 것을 논했을 뿐이지만, 조공(肇公: 조법사)의 대의(大意)는 **만물의 자성이란 모두가 자기에게로 귀결된다**는 점을 논했다.

「반야무명론」에서는 "지극한 사람[至人]은 텅텅 비어 형상이 없어서 만물이란 '나'에 의해 만들어지지 않는 것이 없다. 만물을 모두 모아 자기로 삼는 자가 어찌 성인뿐이겠는가?" 라고 했다.

법안(法眼) 스님은 "그는 그가 그이고, 나는 내가 나이다. 동서남북이 모두 옳다고 하건 옳지 않다고 하건, 다만 나만이 옳지 않은 것이 없다"고 했다. 그러므로 "천상천하에 나 홀로 존귀할 뿐이다"라고 말한 것이다.

석두(石頭) 스님은 「조론」을 보다가 "만물을 모두 모아 자기로 삼는다"는 구절에 이르러 크게 깨닫고 그 뒤 「참동계(參同契)」를 저술했는데, 그 또한 이 뜻에서 벗어나지 않았다.

육긍 대부의 이 물음은 매우 기특하기는 하지만 교학의 이치에서 벗어나지는 못했다. 만일 교학의 이치를 최고의 법[極則]이라고 한다면, 세존께서는 무엇 때문에 영산회상(靈山會上)에서 꽃을 들어 보이셨으며, 또한 달마 조사는 왜 서쪽에서 왔겠는가?

남전 스님은 납자의 급소, 아픈 곳을 끄집어내어 그의 집착을 타파해주었다. 대부를 부르면서, 뜨락에 핀 꽃을 가리키며 "요즈음 사람들은 이 한 포기의 꽃을 보면서 마치 꿈처럼 여긴다"고 했던 것이다.

이는 마치 만 길 벼랑 위에서 사람을 떨어뜨려 목숨을 잃어버리게 하는 것과 같다. 사람이 만약 벼랑이 아닌 평지에서 거꾸러진다면 미륵 부처님이 하생(下生) 한다 해도 암흑[闇鈍]을 면치 못할 것이다. **남전의 말은 꿈속에서 꿈을 깨려 해도 깨지 못하다가 곁의 사람이 부르는 소리에 깨어나는 것과 같다.**

남전 스님이 안목이 바르지 못했다면, 분명 육긍에게 휘말렸을 것이다. 남전 스님의 이러한 말을 살펴보면 매우 이해하기 어렵다. 하지만 만약 안목이 살아 움직이는 자가 듣는다면 으뜸가는 제호(醍醐)의 맛과 같을 것이다. 다만 안목이 없는 자가 듣는다면 도리어 독약이 된다.

옛사람의 말에 "만일 사(事)의 측면에서 이해하면 상정(常情)에 떨어지고, 생각[意根]으로 헤아리면 끝내 찾을 수 없다"고 했다.

암두 스님은 다음과 같이 말했다. "이는 향상인(向上人)의 살림살이이다. 눈앞에 조금만 내보여도 마치 번갯불이 스치는 것과 같다."

남전 스님의 뜻 또한 이와 똑같다. 남전은 호랑이를 사로잡고 용과 뱀을 가려낼 줄 아는 솜씨가 있는 선사이다.

여기서는 반드시 스스로 알아야 한다. 벗어나는 한마디 듣기를 원하는가? 향상일로(向上一路)는 일천 성인이 전하지 못했는데, 배우는 이들이 애쓰는 꼴은 마치 물속에 어린 달그림자를 잡으려는 원숭이와 같다 하리라.

설두 송
듣고 보고 느끼고 아는 것은 개별이 아니다.
산과 물은 거울 속의 경관에 있지 않다.
서리 내린 하늘에 달은 지고 밤은 깊은데
누구와 함께 하랴.
맑은 연못에 비치는 차가운 그림자를

聞見覺知非一一　山河不在鏡中觀　霜天月落夜將半　誰共澄潭照影寒

73

세존승좌 (世尊陞座)

하루는 세존이 법좌에 오르자,
문수보살이 백추(白槌)를 치면서 말했다.
"법왕의 법을 자세히 살펴보니, 법왕의 법이 이
러하군요."
세존은 그만 법좌에서 내려왔다.

擧 世尊一日陞座　文殊白槌云　諦觀法王法　法王法如是　世尊便下
座

말하기 전에 소식이 있고 행동하기 전에 결과가 있다. 말했
다 하면 벌써 늙어서 추잡해진 것이고 설사 행동이 나오기 전
이라고 해도 제2류에 떨어짐을 면하지 못한다. 때문에 법좌에
올라가기 전에 법문은 마친 것이고, 부처님이 태어나기 전에 일
체 중생은 성불을 마쳤다. 그런데 무엇 때문에 세존은 굳이 법
좌에 올라가고 또 문수의 말을 듣자마자 바로 하좌한 것일까?

원오 평창

향상인(向上人)의 경지에서 살펴보면, 일찍이 사람들이 몇 번
이나 귀신 굴속에 들어가 살림살이를 했을까? 어떤 사람은 "묵
묵히 했던 곳에 뜻이 있다" 하기도 하고, 어떤 사람은 "한참 동

안 말없이 앉아 있는[良久] 곳에 있다. 말이 있는 것은 말 없는 일을 밝힘이며, 말이 없는 것은 말 있는 일을 밝힌 것이다. 영가 스님도 '침묵할 때가 말하는 것이며 말할 때가 침묵한 것이다'고 말했다” 고들 한다. 그러나 모두 이처럼 이해한다면 3생 60겁(三生六十劫)이 지난다 해도 꿈속에서도 이 뜻을 알지 못할 것이다.

그대들이 바로 이를 알아차린다면 다시는 범부와 성인을 나누지 않을 것이다. 이 법은 평등하여 높고 낮음이 없으며 날마다 삼세의 모든 부처님들과 손을 잡고 함께 갈 것이다.

장로색(長蘆賾) 염(拈)
대각세존(大覺世尊)은 천기를 누설했고
문수노자(文殊老子)는 풀을 때려 뱀을 놀라게 했다.
이미 그렇게 화살이 신라(新羅)로 날아갔으니
제2의문(第二義門)에서 그대와 상견하리라.

大覺世尊 天機漏洩 文殊老子 打草驚虵 旣然 箭過新羅 第二義
門 與君相見

74

앙산삽초 (仰山插鍬)

위산(潙山)이 앙산(仰山)에게 물었다.
위산 "어디에서 오는가?"
앙산 "밭에서 옵니다."
위산 "밭에는 몇 사람이나 있던가?"
앙산이 삽을 땅에 꽂고 합장하고 섰다.
위산 "남산에는 많은 사람들이 띠풀을 깎더라."
앙산이 삽을 뽑아 들고 가버렸다.

舉 潙山問仰山 甚處來 仰云 田中來 山云 田中多少人 仰插下鍬
子 叉手而立 山云 南山大有人刈茆 仰拈鍬子便行

만송 시중

말하기 전에 아는 것을 **묵론(默論)**이라 하고, 밝히지 않아도
스스로 드러나는 것을 **암기(暗機)**라 한다. 산문[三門] 앞에서 합
장하면 양쪽 복도[兩廊] 밑에서 경행[行道]하는 것은 그런 대로
의미가 있거니와, 안마당[中庭]에서 춤을 추는데 뒷문 밖에서 곤
대짓[搖頭]113)을 하는 것은 또 어떤 일인가?

---

113) 곤대짓; 나이 먹은 사람이 젊은 사람의 행동이나 다른 사람의 말이
　　불가(不可)하다면서 고개를 좌우로 흔들면서 "거, 이래서야 나 원 참"
　　하는 말 등.

만송 평창

스승과 제자가 도에 부합했고, 아버지와 아들이 기개가 맞았다. 위산과 앙산의 가풍은 천고의 귀감이련가.

위산이 앙산에게 "어디서 오는가?" 했는데, 위산이 앙산이 밭에서 오는 줄 어찌 몰랐겠는가만 이 질문 하나를 던져서 앙산과 만나려 했던 것이다. 앙산 또한 윗분의 물음을 저버리지 않고, 그저 "밭에서 옵니다" 했으니 일러보라. 여기에 도리가 있는가, 없는가?

위산이 범의 굴속으로 깊숙이 들어가서 다시 묻되 "밭에는 몇 사람이나 되던가?" 하매 앙산이 삽을 땅에 꽂고 합장하고 섰으니 납승들의 만나는 격식이 갖추어진 것이다. 하지만 현사(玄沙)는 말하되 "내가 그때 보았더라면 삽을 걷어차서 쓰러뜨렸을 것이로다" 했는데, 이에 대해 만송은 이르노니 "더 이상 쓴웃음을 참을 수 없구나!" 하노라.

투자 청(投子靑)이 송하되 "위산이 온 곳을 물었는데 아는 이가 없어서 땅에다 삽을 꽂아 답했으나 불조(佛祖)가 땅에 묻혔다. 걷어차서 쓰러뜨림은 현사는 곁에서 긍정치 않아 먼 산봉우리에 봄빛 시들어짐을 면하게 했다" 했는데, 만송은 이르노니 "풀이 마르니 새매114)가 안질(眼疾)이로다" 하노라.

남악(南嶽) 법륜사(法輪寺) 평(平) 선사가 송하되 "좁은 길에서 만났으니 피할 길 없어 삽을 내리꽂고 합장하고 섰구나. 다리[橋]를 지나서 언덕 위로 걸어갈 제 비로소 온몸이 진흙 물투

---

114) 새매(Accipiter nisus, Eurasian sparrowhawk)는 수리목 수리과의 한 종의 새이다. 한국에서는 겨울철새이자 텃새이다.

성이임을 깨달았네" 했는데, 만송은 이르노니 "차마 달 밝은 쪽으로 고개를 돌리지 못한다" 하노라.

두 노숙(老宿)의 송에는 다만 천 자[尺]나 되는 쓸쓸한 솔[松]만 있구나. 다시 죽죽 가지를 뻗은 돌 죽순[石笋] 같은 천동의 송을 보라.

천동 송고
늙은 스승이 자손 걱정이 지나쳐서
지금껏 가문만 일으킨 일을 부끄러워하네.
남산에서 띠풀 벤단 말 꼭 기억할지니
뼈에 새기고 살에 새겨 은혜에 보답하소서.

老覺情多念子孫 而今慚愧起家門 是須記取南山語 鏤骨銘肌共報恩

75

삼성의 황금 물고기 [三聖金鱗]

삼성(三聖) 스님이 설봉(雪峰) 스님에게 물었다.
"그물을 뚫고 나온 황금빛 물고기는 무엇을 먹습니까?"
"그대가 그물에서 빠져나오면 말해주겠다."
"1천5백 인이나 거느리는 선지식이 화두(話頭)도 모르는군요."
"노승은 주지의 일이 바쁘다."

擧 三聖問雪峰 透網金鱗 未審以何爲食 峰云 待汝出網來 向汝道 聖云 一千五百人善知識 話頭也不識 峰云 老僧住持事繁

삼성 스님은 임제 스님의 가르침을 받고서 여러 총림을 두루 편력했는데 어디를 가나 그를 큰스님으로 대접했다. 앙산 스님이 그에게 종지를 전해주려고 했다가, 임제를 사법한 것을 알고 아쉬워했었던 적이 있었다.

삼성 스님이 임제 스님에게 있을 때 원주(院主) 소임을 맡았는데, 임제 스님이 입적하려는 즈음에 말했다.

"내가 떠난 뒤에 나의 정법안장(政法眼藏)을 잃지 말라."
삼성 스님이 나오더니 말했다.

"어찌 감히 스님의 정법안장을 잃겠습니까?"

"이후에 어느 사람이 너에게 묻는다면 어떻게 하겠느냐?"

삼성 스님이 대뜸 "악" 일갈(一喝)을 하자, 임제 스님은 말했다.

"나의 정법안장이 이 눈먼 비구 대에서 사라지게 될 줄이야."

삼성 스님이 곧 절을 올렸다.

삼성 스님은 참다운 임제 스님의 아들이기에 감히 이처럼 주고받을 수 있었다. 말해보라. 임제의 이 말은 칭찬인가, 나무람인가? 이것을 아는 사람은 무엇이 미끼이고 무엇이 참다운 먹잇감인지 아는 사람이다.

본 공안은 작가 대 작가가 만나서 저것을 논한 것이다. 말은 평범한 말이지만 주거니 받거니 하는 가운에 자신의 기량을 자연스럽게 내 품어서 빛과 빛이 만나 무지갯빛을 연출한 것이다. 이기고 지는 것이 없이 서로의 빛을 확인하고 그쳤으므로 일반적인 승부 게임과는 다른 향상인의 화두이다.

여기서 황금빛 물고기는 선문에 떠다니는 자유로운 유빙(遊氷)과 같은 물고기이다. 언듯 보면 황금색이지만 또 다른 측면에서 보면 푸른색 물고기이고, 또 다른 측면에서 바라보면 붉은색이고, 심지어 투명한 색을 보이기도 한다. 총림에서 영리한 자가 미끼를 잘 던지면 덥석 물어 삼키기 때문에 그때라야 황금 물고기의 본색을 잠깐 확인 할 수 있다.

삼성 스님이 '무엇이 황금물고기의 먹이입니까?' 물은 것은 작가 설봉에게 조금의 인정도 없이 바로 찔러 들어간 것이다. 납자들은 스승을 넘어가는 견해가 있어야 한다는 말을 수없이 들어왔기 때문에 질문도 명쾌하고 또 분명하지 않으면 안 된다.

그런데 설봉도 산전수전 다 겪은 노작가이고 게다가 정수리에 제3의 눈인 안목도 갖춘 선지식이기 때문에 머뭇거림 없이 바로 대답했다. "그물에서 나온 후 말해주겠다"는 이 말은 가히 삼성의 입을 꽉 막은 것이다. 보통 사람이라면 여기서 더 이상 말을 못하고 말았을 터이지만, 삼성은 이미 그물에서 나온 금빛 물고기이고 작가이기 때문에 바로 할 말이 있었다. "1천5백 인이나 거느리는 선지식이 화두도 모르는군요." 하고 던진 것이고, 설봉 역시 주인의 깃발을 놓치지 않고 바로 "노승은 주지의 일이 바쁘다." 하고 바로 응수한 것이다.

삼성 스님이 '무엇이 황금물고기의 먹이입니까?' 라고 물은 것은 아무나 할 수 있는 질문이 아니다. 한 차원 높은 질문이고 선사들도 답하기 어려운 질문이다. 이런 질문에 대해서 분양(汾陽) 스님은 '해답을 드러낸 물음[呈解問]'이라 평했고, 조동종에서는 이것은 현상을 빌린 물음[借事問]이라 했으므로 두드러진 질문이다. 또 삼성 스님이 "1천5백 인이나 거느리는 선지식이 화두도 모르는군요."라고 말함으로써 이 또한 거침없는 향상의 지혜를 보인 것이다.

두 사람이 조금의 양보함이나 위축된 것 없이 잘 토해냈다. 만일 여기서 더 나아가면 작가들의 분쟁이라는 의혹을 사기 쉽다. 선문에서 분쟁은 2위, 3위에 떨어진 것이고 있을 수 없는 일이다. 분쟁하는 두 사람 다 틀려진 것이기 때문이다. 두 사람이 두 마디씩 해서 기승전결 쌍무지개를 세우고 끊어야할 자리에서 잘 그친 것이므로 그래서 이것이 선문의 공안으로 올라선 것이다.

　이 공안은 이기고 진 것이 없고 누구를 제도하고 가르치는 것도 없는 상승인들의 대담이다. 그렇다면 이제 납자들의 과제만 남았다. 이 두 스님들은 도대체 무엇을 가지고 황금빛 물고기를 유혹했을까? 과연 황금빛 물고기가 미끼를 물었을까?

석우 송

그물을 뚫은 황금빛 물고기
들여다보면 보이지 않고
방·할과 직절구를 던지면 무지갯빛을 낸다.
옛 사람들은 아무 일 없는 곳에다 그물을 쳤다.
누가 알랴! 일두양안(一頭兩顔)115)인 것을.

---

115) 한 머리에 두 개의 얼굴이 있는 것,

76

혜적과 혜연 [惠寂惠然]

앙산(仰山) 스님이 삼성(三聖) 스님에게 물었다.
"그대의 이름은 무엇인가?"
"혜적(慧寂)입니다."
"혜적은 바로 나다."
"저의 이름은 혜연(慧然)입니다."
앙산 스님은 껄껄대며 크게 웃었다.

擧 仰山問三聖 汝名什麼 聖云 惠寂 仰山云 惠寂是我 聖云 我
名惠然 仰山呵呵大笑

원오 수시
하늘로 통하는 관문을 뒤흔들고 지축(地軸)을 뒤엎으며, 범과
물소를 사로잡고 용과 뱀을 가려내는 팔팔한 놈이어야 구절마다
투합되고 기틀마다 상응할 수 있다. 예로부터 어떤 사람이 이렇
게 했을까.

원오 평창
앙산 스님의 법명은 혜적(慧寂)이고, 삼성 스님의 법명은 혜
연(慧然)이다. 삼성(三聖) 스님은 임제(臨濟) 스님 문하의 존숙이
다. 어려서부터 많은 사람 가운데 뛰어난 지략이 있었으며 큰

기틀[大機], 큰 작용[大用]이 있어, 대중 가운데 우뚝 솟아 짱짱했고 사방에 명성이 자자했다. 임제 스님을 하직하고 회해(淮海) 지방을 두루 행각했는데, 이르는 총림마다 모두 그를 큰스님으로 대접했다. 맨 먼저 설봉(雪峰) 스님을 참방하고 다음 앙산 스님을 찾아갔을 때는 수좌로 있었다. 수좌로 있으면서도 앙산 스님은 삼성 스님을 매우 좋아했다.

하루는 어떤 관리가 찾아와 앙산 스님을 참방하자, 앙산 스님이 물었다.
"무슨 관직에 계시오?"
"추관(推官: 감찰관리)에 있습니다."
앙산 스님이 불자를 곧추세우면서 말했다.
"이것을 감찰할 수 있겠오?"
관리가 대답이 없자, 여러 대중들에게 물어보았으나 모두 앙산스님의 뜻에 맞지 않았다. 때에 삼성 스님은 몸이 불편하여 연수당(延壽堂)에 머물러 있었는데, 앙산 스님이 시자(侍者)를 보내어 이 말을 그에게 물어보도록 했고 삼성 스님은 말했다.
"화상께서 일삼고 계시는군요."
다시 시자를 보내어 무슨 말인지 모르겠다고 다시 묻자,
"재범을 용서하지 않는다."
라고 했다. 이에 앙산 스님은 그를 깊이 수긍했다.

그러므로 앙산 스님은 이미 삼성의 이름을 알았지만, 작가를 시험하려고 일부러 이름을 물은 것이다. 그런데 무엇 때문에 삼성스님은 자기 이름 '혜연'이라 하지 않고 앙산의 이름 '혜적'이라고 말했을까? 살펴보면, 안목을 갖춘 사람은 자연인 같지 않다. 삼성 스님이 이처럼 말한 것은 전도된 것이 아니고, 대뜸

적군의 깃발을 빼앗고 북을 빼앗은 것이다. 본뜻은 앙산 스님의 어구(語句) 밖에 있었기 때문이다.

이 공안은 상정(常情)에 떨어진 것이 아니므로 찾아내기가 어렵다. 그러나 이러한 놈의 솜씨가 있어야 사람을 살릴 수 있다. 그러므로 "활구를 참구해야지, 사구를 참구해서는 안 된다"는 것이다. 만일 상정(常情: 알음알이)을 따른다면 사람을 쉬게 하려 해도 쉬지 못한다.

살펴보면, 옛사람들은 이처럼 도를 생각하며 정신을 다한 후에야 비로소 크게 깨달을 수 있었다. 이미 깨친 뒤 이를 활용할 때에도 결국은 깨닫기 이전의 시절과 흡사하여, 상황에 딱딱 들어맞아 일언반구(一言半句)도 상정에 떨어지지 않았다.

설두 송
쌍으로 잡아들이고 쌍으로 놓아주니, 이 무슨 종지인가?
호랑이를 타는 목적은 공(功: 인위적인 조작)을 끊는 데 있다.
실컷 웃어 제치고 어디로 갔을까?
천 년이 지나도록 자비의 바람 진동하리.

雙收雙放若爲宗　騎虎由來要絶功　笑罷不知何處去　只應千古動悲風

이 문답은 두 스님이 잡아들이고 놓아줌을 잘 활용한 것이다. 앙산 스님이 "그대 이름이 무엇인가?" 물었던 것은 앙산 스님이 덫을 놓아 삼성스님을 잡아들이려고 했던 것인데, "저의 이름은 혜적입니다" 하므로 거꾸로 삼성 스님이 앙산 스님을 잡아들인 것이 되었다. 앙산 스님은 완전히 당하여 벌거숭이가 되어 말하기를 "혜적은 바로 나라네" 했다. 이는 상대를 놓아준 것이며, 삼성 스님이 "나의 이름은 혜연입니다" 한 것 또한 놓아준 것이다.

이를 보고 설두 스님은 "쌍으로 잡아들이고 쌍으로 놓아주니, 이 무슨 종지인가?"라고 했다. 잡아들이고 놓아주고 자유자재로 하여 서로서로 빈(賓)이 되기도 하고 주(主)가 되기도 한 것이다.

옛사람이 말하길 "그대가 서면 나는 앉고 그대가 앉으면 나는 서버린다. 함께 앉고 함께 서게 되면 둘 다 눈뜬장님이다"하고 말했다. 질문이 평범하면 기상천외한 것으로 대답하고, 대답이 기상천외하면 평범한 것으로 종결하는 것이다. 이것이 바로 "쌍으로 잡아들이고 쌍으로 놓아주니, 이 무슨 종지인가?"의 뜻이다.

설두 스님이 "호랑이를 타는 목적은 공(功)을 끊는 데 있다"고 한 것은, 이처럼 고고한 풍채야말로 으뜸의 솜씨[機要]이므로 타려거든 단박에 타고 내리고 싶으면 문득 내리면서 호랑이 머리에 올라타기도 하고 호랑이 꼬리를 잡기도 해야 한다는 것이다.

77
정주의 법도 [定州法道]

어떤 스님이 정주(定州) 스님의 회하에 있다가 오구(烏臼) 스님을 찾아오자, 오구 스님이 물었다.

"정주 스님의 가르침은 이곳과 무엇이 같으냐?"

"다르지 않습니다."

"다르지 않다면 다시 그에게로 가거라."

하고서 대뜸 때리자,

"방망이 끝에 눈이 있습니다. 경솔하게 사람을 치면 안 됩니다.[不得草草打人]"

"오늘은 한 놈만 친다."

라고 말하고서 또다시 세 차례를 때리니,

일승이 나가버렸다.

"억울한 방망이를 얻어맞는 놈이 있기는 있구나.[屈峰元來有人喫在]"

일승은 몸을 돌리면서 말했다.

"국자 자루가 스님의 손아귀에 있는데 어떡합니까?"

"그대가 필요하다면 그대에게 돌려주겠다."

일승이 앞으로 가까이 다가와서 오구 스님의 손
에 있던 방망이를 빼앗아 세 차례 때리니,
오구 스님은 말했다.
"빗나간 매로군, 빗나간 매야.[屈棒屈棒]"
"맞은 사람이 있습니다.[有人喫在]"
"생짜배기의 휘두름이로다.[草草打着箇漢]"
일승이 문득 절을 올리자, 오구 스님이 말했다.
"화상이   도리어   그렇게   가는구나.[和尙却恁麽
去]"
일승이 큰 소리로 웃으면서 밖으로 나가자,
오구 스님이 말했다.
"이처럼 할 수 있다니, 이처럼 할 수 있다니.[消
得恁麽消得恁麽]"

원오 평창

여러분들이 여기서 이 두 스님이 한번은 나오고 한 번은 들어
가는 것을 알 수 있다면 천 개 만 개가 모두 똑같다는 것을 알
것이다. 주인이 되는 것도 이러하며 손님이 되는 것도 이와 같아
두 스님이 결국은 한 식구가 되었다. 한 차례 감파(勘破: 간파)하
고 분별한 빈·주의 문답이 처음부터 끝까지 작가다웠다.

일승이 "방망이 끝에 눈이 있습니다. 사람을 함부로 쳐서는
안 됩니다"라고 한 것은 스스로 작가다움을 보인 것이다. 하지
만 오구 스님은 한결같이 법령을 집행하면서 "오늘은 한 놈만
친다"하고서 또다시 세 차례를 치자, 일승은 바로 나가버린 것

이다.

　두 사람의 매끄럽게 주고받는 경지를 살펴보면, 모두 작가답게 ‘이 일’을 해결했다. 이는 반드시 흑백을 분별하고 길흉을 알아야 가능한 일이다. 일승이 나가기는 했지만, 이 공안은 여기서 끝난 것이 아니다. 오구 스님은 시종일관 그의 실다운 경지를 시험하고자 그가 어떻게 하는가를 살펴보았고, 이때 일승 역시 일을 하러 갔다가 마무리하지 못한 사람처럼 미적지근했다.

　오구 스님이 “억울한 방망이를 얻어맞는 놈이 있기는 있었구나”라고 한 것은 재차 납자를 시험한 것이다. 일승은 곧 몸을 돌리면서 “국자 자루가 화상의 손아귀에 있는데 어떡합니까?”하고 자신의 한 경지를 드러내본 것이다.

　그런데 오구 스님은 정수리에 외알 눈을 갖춘 종사였다. 그래서 감히 사나운 호랑이 입 속으로 몸을 눕히면서 말했다. “그대가 필요하다면 그대에게 돌려주겠다.”라고 한 것이다. 한편 일승도 팔꿈치 밑에 호신부(護身符)가 있는 사람이었다. 이른바 의(義)로움을 보고 행하지 않는다면 용기가 없는 자이다. 일승이 머뭇거리지 않고 앞으로 가까이 다가가서 오구 스님의 손아귀에 있는 방망이를 빼앗아 세 차례 때리자, 오구 스님이 말했다.

　“빗나간 매로군, 빗나간 매야.”

　자, 말해 보라, 이 상황에서 빗나간 매인가, 아닌가? 일승이 “맞은 사람이 있습니다”라고 하자, 오구 스님은 “생짜배기의 휘두름이로다.’ 했다. 서두에 “빗나간 매로다” 했는데 끝에 가서 방망이를 맞으면서는 무엇 때문에 “생짜배기의 휘두름이로다”라고 말했을까? 당시 이 일승이 영리하지 않았더라면 오구 스님은 이렇게 말하지 않았을 것이다.

일승이 문득 절을 올렸는데, 이 절은 최후의 독(毒)이다. 좋은 마음이 아니다. 오구 스님이 아니었다면 그것을 간파하지 못했을 것이다. 오구 스님은 "도리어 이렇게 가는구나" 했고, 그러자 일승은 큰 소리로 웃으면서 나가버렸다.

두 작가들이 서로를 알아본 곳을 살펴보면, 처음부터 끝까지 빈·주가 분명했으며 끊겼다가 또 이어지곤 했다. 실로 이는 서로 기봉을 주고받은 것이다. 그는 저곳에 이르러서도 주고받은 당처를 말하지 않았다. 서로 마찬가지였다.

이 어른들은 정진(情塵)과 의상(意想)이 끊겨 둘 다 모두 작가로서 누가 잘했다 잘못했다를 말할 수 없다. 이는 비록 한 기간에 한 말이긴 하나 두 분 다 활기찬 경지가 있고, 모두가 혈맥과 면밀함이 있었다. 만일 여기에서 알 수 있다면 하루 종일 분명할 것이다.

설두 송
부르기는 쉬워도 보내기는 어렵다.
주고받은 기봉을 자세히 보라.
견고한 겁석(劫石)도 오히려 부서지고
푸른 바다 깊은 물도 디디자마자 곧 마른다.
오구 늙은이여, 오구 늙은이여.
몇 번이나 이와 같았을까?
그에게 준 국자 자루는 올바름을 잃었다.

呼卽易 遣卽難 互換機鋒子細看 劫石固來猶可壞 滄溟深處立須乾 烏臼老烏臼老 幾何般 與他杓柄太無端

78
수산의 세 구절[首山三句]

수산(首山)이 대중에게 보였다.
"제 일구(第一句)에서 깨달으면 불조(佛祖)의 스승이 되고
제 이구에서 깨달으면 인천(人天)의 스승이 되고
제 삼구에서 깨달으면 자기 자신도 구제하지 못한다."
일승 "화상께서는 몇째 구절에서 깨달으셨습니까?"
수산 "달은 삼경(三更)116)에 져서 도시[市]를 뚫고[穿] 지나간다."117)

擧　首山示衆云　第一句薦得　與佛祖爲師　第二句薦得與人天爲師　第三句薦得自救不了　僧云　和尙是第幾句薦得　山云　月落三更穿市過

만송 평창
삼구(三句)의 시초는 백장 대지(百丈大智) 선사가 「금강반야」

---

116) 삼경(三更); 자시, 밤 11시부터 1시 사이.
117) 상현달은 낮 12시에 동쪽에서 떠서 서쪽으로 가다가 삼경[0시]에
　　진다.

에 근거해서 제창함으로써 비롯되었다. 백장은 다음과 같이 말했다.

"대체로 교가의 말씀은 모두가 삼구(三句)로 이어졌으니 처음과 중간과 나중의 선(善)함이다. 초선(初善)이란 그들로 하여금 선한 마음을 일으키게 하는 것이요, 중선(中善)은 그 선함을 깨뜨리는 것이요, 후선(後善)이 비로소 좋은 선이라 할 것이니 '보살은 곧 보살이 아니므로 이름하여 보살이라 한다' 한 것과, '법과 법 아님과 법 아님도 아닌 것'이 모두 그것이다. 만일 다만 일구만을 말하면 중생들을 쏜살같이 지옥에 빠뜨릴 것이요, 만일 삼구를 동시에 말해도 자신이 지옥에 들리라."

교주의 일에 관계없이 '지금 분별하는 지각[鑑覺]이 곧 자기의 부처라' 하면 이는 초선이요, '지금의 분별하는 지각에 머물러 지키지 않는다' 하면 중선이요, '머물러 지키지 않는다는 생각도 하지 않는다' 하면 후선이다.

운문이 언젠가 이르되 "천중(天中)에서 함(函)으로 건(乾)과 곤(坤)을 덮고[盖] 눈대중[目機]으로 수(銖: 무게)와 양(兩)을 가린다. 봄날의 인연에 관계치 않는 것이 있으니 어떻게 이해하는가?"하고는, 스스로 대신 말하되 "한 화살이 세 관문을 뚫는다" 했다.

비록 이런 뜻이 있기는 하나 일찍이 삼구(三句)를 세우지는 않았는데 나중에 정주(鼎州) 덕산(德山)118)의 제9세 법손인 원명(圓明) 대사 연밀(緣密)이 상당하여 이르되 "나에게 삼구(三句)의

---

118) 德山圓明; 연밀(緣密), 오대 초승(楚僧). 호는 원명(圓明)이며 운문문언을 법사하고 정주 덕산(德山)에 거주했음 [오등회원15. 전등록22. 연등회요26].

말이 있으니 일구(一句)는 하늘과 땅을 덮음[函盖乾坤]이요, 일구(一句)는 파도를 따르고 물결을 좇음[隨波逐浪]이요, 일구(一句)는 뭇 흐름을 끊어 멈춤[截斷衆流]이다.” 했다.

나중에 정주 보안산(普安山) 도(道) 선사가 위의 세 구절을 가지고 송했다.

“첫째, 하늘과 땅을 덮는다는 송은 ‘건곤과 그리고 만상이여 지옥과 내지는 천당이라 물건마다가 모두 진실한 견(見)이요. 일거리마다 작용이 손상됨이 없다.’

둘째, 모든 흐름을 끊는다는 송은 ‘산이 쌓이고 산줄기가 쌓였더라도 낱낱이 모두가 가느다란 먼지뿐이라 다시 현묘함을 헤아리자면 얼음 녹듯 날기와 풀리듯 하리라.’

셋째, 파도를 따르고 물결을 좇는다는 송은 ‘변재의 입과 날카로운 혀로 물으니 높고 낮게 응대함에 모자람이 없도다. 마치 병에 맞추어 약을 주고 진단[診候]은 때에 따라 내리는 것과 같다.’

이 삼구 외에 어떤 사람이 설사 ‘들고 제창’할 수는 있어도 삼구의 소식을 어찌 갖추었다 하겠는가? 어떤 이가 ‘무슨 일인가?’ 하고 물으면 남악과 천태라고 하리라” 했다.

간혹 어떤 사람들은 이 게송을 운문이 지은 것이라고 하나 이는 모두가 자세히 열람해 보지 않았기 때문이다. 도(道) 선사는 덕산 연밀(德山緣密)을 이었고 연밀은 운문을 이었다. 운문에게 비록 “천중에서 함이 건곤을 덮는다”는 게송과 “한 활촉이 세 관문을 뚫었다”는 말이 있으나 밀공(密公)을 통해 드러났고 도공(道公)이 송했으니 3대를 이어가면서 삼구(三句)가 비로소 밝혀진 것이다.

이는 대양(大陽)의 세 구절[三句], 세 현묘함[三玄], 세 요긴함
[三要]과 대체로 같고 조금만 다르다.

승이 다시 묻되 "화상께서는 몇째 구절에서 깨달으셨습니
까?" 했으니, 이 물음은 '진흙 속에 가시가 있다'는 격이요, 수
산이 대답하되 "달이 삼경에 지지만 도시를 뚫고 지나간다" 했
으니, 이것은 '행인(行人)은 다시 청산 밖에 있다'는 격이다.

석우 송
일구(一句)가 삼구(三句)를 밝히고
삼구가 일구를 밝힌다.
셋과 하나에 관계되지 않아야
향상로(向上路)가 분명하다.
말해보라. 어떤 일구가 우선인가?
달은 삼경에 떨어지지만
도시는 폐허처럼 적막하지 않다.

79

앙산의 원상 [仰山圓象]

어떤 승이 앙산에게 물었다.

일승 "화상께서는 글자[字]를 아십니까?"

앙산 "조금[隨分]."

일승이 오른쪽으로 한 바퀴 돌고 이르되

"이게 무슨 글자입니까?"

앙산이 땅 위에다 십(十)자를 썼다.

승이 왼쪽으로 한 바퀴 돌고 이르되

"이게 무슨 글자입니까?"

앙산이 십자를 고쳐서 만(卍)자로 만들었다.

승이 원상(圓相) 하나를 그리고, 아수라가 손바닥

으로 해와 달을 가리는 시늉을 하고 묻되

"이것은 무슨 자(字)입니까?"

앙산이 원상을 그려 만자를 둘러쌌다.

승이 다시 우는 흉내[樓至勢]119)를 하니

앙산 "그렇다, 그렇다. 그대가 잘 보호해 가져

---

119) 樓至; 현겁천불 중 최후에 성불하는 자. 또 로지불(盧至佛)·로지불
(魯支佛)로 지음. 고역(古譯)은 루지(樓至)니 당나라에선 이르되 애요(愛
樂)다. 곧 이 현겁 중 1천 번째의 부처다. 겁말후(劫末後)에 성불하나
니 지금의 집금강신(執金剛神)이 이것이다. 또 이름이 밀적금강(密迹金
剛)이다.

라.”

擧　僧問仰山　和尙還識字否　山云　隨分　僧乃右旋一匝云　是甚麼
字　山於地上書箇十字　僧左旋一匝云　是甚麼字　山改十字作卍字
僧畫一圓相　以兩手托如　修羅掌日月勢云　是甚麼字　山乃畫圓相
圍却卍字　僧乃作樓至勢　山云　如是如是　汝善護持

만송 시중

어떤 사람이 허공에다 그림을 그린다면 붓을 대자마자 틀렸
거늘 어찌 모(模)를 세우고 본[樣]을 짓겠는가? 그래서 무엇을
만들자는 것인가? ○ (원상 하나를 그리고) 만송이 이미 전삭(栓
索: 말뚝과 줄)을 드러냈으니 조항이 있거든 조항을 따르고 조
항이 없거든 관례에 준하라.

만송 평창

자각(慈覺)의 권효문수편송(勸孝文首篇頌)에 “부모가 태어나기
전에 응연(凝然)히 한 모습이 둥글었다. 석가도 능히 알지 못하
거늘 가섭이 어찌 능히 전하랴?”[120] 한 것을 들고 행수 선사가
말했다.

“14조 용수(龍樹)가 법좌(法座) 위에서 몸을 숨기고 ○상만을
나타내니, 제바(提婆)가 이르되 ‘이 존자께서 부처님의 체상을
나투시어 우리들에게 보여주셨다’ 했다. 이 무상삼매(無相三昧)
는 형상이 보름달 같으니 불성의 이치가 확연하고 텅 빈 것에
견주었을 뿐이다.”

---

120) 『종용록』 제77칙 ; “父母未生前　凝然一相圓　釋迦猶不會　迦葉豈能
　　傳”

원상이 동토에서 일어난 것은 혜충(慧忠) 국사가 시자 탐원
(耽源)에게 전하고 탐원은 참기(讖記)와 함께 받아서 앙산(仰山)
에게 전할 때부터이다. 그러므로 요즘 그것을 위앙의 가풍121)이
라고 했다.

옛날에 어떤 승이 항상 한가하게 세월을 보냈는데, 다른 어
떤 승이 권하되 "상좌여, 세월을 아껴야 되거늘 시간을 헛되이
보내는군요" 하니, 승이 대답하되 "그대는 내가 무엇을 하기를
바라는가?" 했다. 권하던 승이 말하되 "어째서 경을 보지 않는
가?" 하니, 승이 이르되 "글자를 모릅니다" 했다. "어째서 남에
게 묻지 않았는가?" 하니, "이것은 무슨 글자입니까?[是甚麽字]"
했다. 이어 권하던 이가 대답이 없으니, 가히 말하기를 '글에는
점이 필요치 않고 풍악에는 소리를 보태지 않는다' 했다.

범어의 누지(樓至)는 번역하면 제읍(啼泣: 운다)이다. 현겁(賢
劫) 천(千) 불(佛)은 천(千) 왕의 아들인데, 1천 번째 최후에 성
불하고 울면서 이르되 "나는 어찌하여 복이 얇아서 맨 끝의 차
례를 만났을까?" 했고, 이어 웃으면서 이르되 "내가 구백구십구
부처님의 법을 모두 받들어서 방편으로 장엄하리라" 했다. 지금
호법신장 중 손에 방망이를 든 집금강이 그이다. 이제 승이 마
지막에 누지불의 우는 모습을 지었던 그 뜻은 족히 알 수 있을
것이다.

천동 송고
도(道)의 원[○]은 비어서 가득 찰 때가 없고
허공에 찍은[印] 글자는 형상이 없다.

---

121) 본칙 외게도 『위앙록』에는 앙산 스님의 원상 공안이 여러 개 나온
   다. 자세한 것은 『종용록』 77칙을 보라.

천륜(天輪)과 지축(地軸)을 묘하게 운전하고
무의 씨[武緯]와 문의 날[文經]을 비밀하게 벌려놓았다.
풀어놓았다 걷어 모으고, 홀로 서서 두루 다닌다.
기미[機]가 현추(玄樞)를 발함이여, 푸른 하늘에 번개가 치고
눈에 자색 빛을 머금음이여, 밝은 낮에 별을 본다.

道環之虛靡盈 空印之字未形 妙運天輪地軸 密羅武緯文經 放開揑
聚 獨立周行 機發玄樞兮靑天激電 眼含紫光兮白日見星

80

곽시과다 (廓侍過茶)

곽시자(廓侍者)122)가 덕산 스님에게 물었다.
곽시 "옛부터 성현들은 어디로 가셨습니까?"
덕산 "무엇? 무엇?"
곽시 "비룡마(飛龍馬)를 대령하랬더니 절름발이
자라말[跛鼈]이 나서는군요!"
덕산이 문득 그만두어버렸다.
다음날 덕산이 욕실에서 나오자 곽시자가 차를
달여다가 덕산에게 건네주니, 덕산이 곽시자의
등을 한 번 어루만져주었다.
곽시 "저 노장이 이제야 비로소 반짝하는구나!"
덕산이 또 그만두어 버렸다.

擧　廓侍者問德山　從上諸聖向什麽處去也　山云　作麽作麽　廓云
勅點飛龍馬　跛鼈出頭來　山便休去　來日山浴出　廓過茶與山　山撫
廓背一下　廓云　這老漢方始瞥地　山又休去

만송 시중

---

122) 廓侍者; 수곽시자(守廓侍者) 송대 임제종 승. 세칭 수곽시자니 흥화
　　존장(임제를 法嗣) 법을 이음. [연등회요11. 오등회원11].

탐색하는 간짓대[探竿]는 손에 있고, 그림자는 몸을 따른다. 때로는 무쇠로 솜뭉치를 싸기도 하고 때로는 비단으로 몽돌을 싸기도 한다. 굳센 것으로 부드러운 것을 결딴낸다면 본래 옳은 것이지만 강한 자를 만났을 때 약해지는 일은 어떤 경우일까? 본칙을 보라.

만송 평창

덕산은 평소에 바람을 일으키고 비를 때리는 솜씨로 부처를 꾸짖고 조사를 나무랬거늘 곽시자[廓侍者]의 허물이 하늘을 덮는 데도 어찌하여 도리어 놓쳐버렸는가? 소를 때리는 데는 채찍이 필요치 않고, 사람을 죽이는 데는 칼이 필요치 않은 줄을 전혀 몰랐도다. 몇 차례나 놓쳐버렸던가?

노황룡(老黃龍)이 이르되 "덕산은 귀머거리, 벙어리가 되었으나 소리 없이 편의(便宜)를 얻었는데 곽공(廓公)은 귀를 가리고 방울을 훔쳤으되 곁에서 보는 이가 추하게 여기는 것이야 어찌하랴" 했다.

만송은 이르노니 "어찌 방울 훔치는 일에 그치겠는가? 아홉 길[九重]되는 연못 밑에서 여룡(驪龍)의 턱밑 여의주를 파낼 때 때마침 용이 깊은 잠에 들었을지라도 용이 깨어나면 반드시 깨보숭이처럼 부서지리라" 하노라.

대위 철(大潙喆)이 이르되 "만일 용문에 오르지 않으면 어찌 바다의 넓음을 알리요? 설사 파도가 천 길을 솟구치더라도 용왕은 뒤도 돌아보지 않음에야 어찌하리요?" 했으나 만송은 이르노니, "작은 고기[纖鱗]·작은 조개[片甲]인들 괴이할 것이 못 된다" 하노라.

불과(佛果)가 이르되 "덕산은 진짜 험악한 솜씨를 가진 스승이었던가? 그 승이 방망이[鈷錘]를 받은 적이 없는 사람임을 보고는 그만두어버렸다" 했는데 만송은 이르노니, "옛사람이 사람을 대하고 기연에 임할 때 각각 방편이 있었다" 하리라.

덕산이 암두(巖頭)에게 이르기를 "너는 뒷날 내 머리에다 똥을 쌀 것이다" 했는데, 암두는 뒷날 과연 이르기를 "알량한 덕산이여, 마지막 구절을 알지 못했다" 했으니, 옛사람이 억눌렀다 부추겼다 하거나 놓아주었다 빼앗았다 함에 있어 어찌 득과 실, 승(勝)과 부(負)에 따라 구애되었겠는가?

황룡과 대위는 그 개요만을 들추어냈거니와 다시 살펴보라. 천동은 더욱 깊고 세밀하게 송했다.

천동 송고

마주 보면서 올 때에 작가(作者: 눈 밝은 종사)를 아나니,
그 도리는 돌 불[石火]과 번갯빛도 더디다.
기회를 잃고 반격을 꾀하는 왕은 깊은 뜻이 있는데
적을 속인 장수[李廣]는 멀리 생각함이 없다.
쏘면 반드시 맞나니, 다시 누구를 속이랴.
뒤통수[腦後]에서 뺨[腮]을 보니 사람들이 범접키 어려우나
눈썹 밑에서 착안하면 그 뜻을 알 것이다.

覷面來時作者知　可中石火電光遲　輪機謀主有深意　欺敵兵家無遠思　發必中　更誷誰　腦後見腮兮人難觸犯　眉底著眼兮渠得便宜

81
남전참묘 (南泉斬猫)

하루는 동서 양편 승당에서 고양이를 가지고 다투자,
남전 스님이 이를 보고서 마침내 고양이를 잡으며 말했다.
"말할 수 있다면 베지 않겠다."
대중들이 대답이 없자,
남전 스님이 고양이를 두 동강으로 베어버렸다.
남전 스님이, 외출에서 돌아온 조주 스님에게 낮에 있었던 이야기를 들려주면서
"그대라면 어떻게 하겠느냐?" 하고 묻자,
조주 스님은 문득 짚신을 벗어 머리에 이고 밖으로 나가버렸다.
남전 스님이 말했다.
"네가 그때 있었더라면 고양이를 살릴 수 있었을 텐데."

擧　南泉一日　東西兩堂爭猫兒　南泉見遂提起云　道得卽不斬　衆無
對　泉斬猫兒爲兩段　南泉復擧前話　問趙州　州便脫草鞋　於頭上戴
出　南泉云　子若在　恰救得猫兒

원오 수시

생각[意路]으로는 이르지 못하니 반드시 끊어져 없어야 하고, 말이나 설명으로도 미치지 못하니 대뜸 깨달아야 [宜急着眼] 한다. 번개가 치고 별똥이 튀는 듯하며, 폭포를 쏟아 붓고 산악을 뒤집는 것 같다. 대중 가운데 이것을 아는 사람이 없느냐? 본칙을 보라.

원오 평창

종사 작가구나! 한 번은 움직이고 한 번은 쉬고 한 번은 나아가고 한 번은 들어갔다가 한 것을 보아라. 그 대의가 무엇인가?

고양이를 베어버린 이 화두를 천하 총림에서는 많이들 알음알이로 헤아리고 있다. 어떤 사람은 "고양이를 잡은 것에 대의가 있다"고 하며, 어떤 사람은 "베어버린 것에 대의가 있다"고 하나 모두가 전혀 관계가 없다.

남전 스님이 고양이를 들지 않았을 때에도 곳곳에서 이러쿵저러쿵 말들 하겠느냐? 그런 사람들은 남전 스님에게 하늘과 땅을 구별하는 안목이 있었고, 하늘과 땅을 구별하는 칼이 있었음을 모른 것이다.

그대들은 말해보라, 결국 고양이를 누가 베어버렸는가? 남전 스님이 고양이를 들고서 "말할 수 있다면 베지 않겠다" 했다. 그 당시 혹 어떤 사람이 말을 했다면 남전 스님이 베어버렸을까? 아무도 없었기 때문에, "올바른 법령을 시행하여 모든 사람들을 꼼짝 못 하게 하네"가 된 것이다. 하늘 밖으로 머리를 내

밀어 살펴보라, 누가 그런 경지에 있는 사람인가? 실은 애초부터 원래 벨 것이 없었다.

이 공안은 베느냐, 베지 않느냐에 있지 않다. 여기서 확연히 알아야 한다. 생각의 티끌[情塵]이나 의견[(意見)에 있지 않다. 만약 생각의 티끌이나 의견으로 찾는다면 남전 스님을 저버린 것이다.

창을 마주한 칼날 위에서 살핀다면, 있다 해도 옳고 없다 해도 옳으며, 있지도 않고 없지도 않다 해도 옳을 것이다. 그러므로 옛사람의 말에 "궁하면 변하고 변하면 통한다"고 했다. 요즘 사람들은 변과 통은 모르고서 오로지 말만 가지고 따진다.

남전 스님이 이처럼 고양이를 들어 보인 것은 사람으로 하여금 당장에 무슨 대답을 하도록 하는 데 있지 않다. 오직 스스로가 깨닫고서 제각기 스스로 작용하고 스스로 알게 하려는 데 있다. 만일 이처럼 이해하지 못한다면 끝내 본뜻을 찾을 수 없을 것이다.

조주 스님이 짚신을 벗어 머리에 이고 밖으로 나가버린 것은 조주 스님이 활구(活口)를 참구하고 사구(死口)를 참구하지 않았기 때문이다. 이 자리는 날마다 새롭고 시각마다 새로워 일천 성인도 한 실오라기만큼도 바꾸지 못한다. 모름지기 자기 자신 속에 있는 보배에서부터 우러나와야 조주 스님의 온전한 기틀과 큰 작용[全機大用]을 알 수 있다.

조주 스님은 "나는 법왕이 되어 모든 법에 자재하다"라고 했는데도 불구하고 이 공안을 모두 잘못 이해하고서 "조주 스님은 방편으로 짚신을 가지고 고양이를 대신했다"고 하고, 또 어떤 사람은 "그가 '말할 수 있다면 고양이를 베지 않겠다'는 말을 할 때 대뜸 짚신을 이고 나갔어야 했다. 이것은 그(남전 스님)가 고양이를 벤 것이지 나의 일과는 상관이 없다"라고 해석을 하는데, 전혀 관계가 없는 것이며 오로지 망상분별일 뿐이다. 옛 사람들의 뜻은 널리 하늘을 덮고 두루 땅을 떠받들어주는 것과 같음을 모른 것이다.

이들 스승과 제자는 서로 의기투합하여 기봉(機鋒)이 일치되므로 저쪽에서 처음을 거량하면 바로 끝을 알았는데, 요즈음의 학자들은 옛사람의 몸 돌렸던 곳[轉身處]을 모르고 부질없이 생각의 길[意路]에서 헤매고 있다.

설두 송
공안을 조주에게 물으니
장안성 안에서 마음껏 한가로이 노닌다.
짚신을 머리에 이었으나 아는 사람이 없구나.
고향 산천에만 갔다 오면 모두가 쉬는데.

公案圓來問趙州　長安城裏任閑遊　草鞋頭戴無人會　歸到家山卽便休

82

진산이 성품을 묻다 [進山問性]

진산주(進山主)가 수산주(脩山主)에게 물었다.
진산주 "생과 불생의 성품을 분명히 아는데 어찌해서 생[生] 때문에 지체되는가?"
수산주 "죽순[笋]은 끝내 대가 되겠지만 지금은 대껍질[篾]로 사용할 수 있겠는가?"
진산주 "그대가 뒷날 스스로 깨닫게 되리라."
수산주 "나는 그렇다 치고 상좌의 뜻은 어떤가?"
진산주 "여기는 감원(監院)123)의 방이지만 어떤 것이 전좌(典座)124)의 방인가?"
수산주가 문득 절을 했다.

擧 進山主問脩山主云 明知生不生性 爲甚麼爲生之所留 脩云 筍畢竟成竹去 如今作篾使還得麼 進云 汝向後自悟去在 脩云 某甲只如此 上座意旨如何 進云 這箇是監院房 那箇是典座房 脩便禮拜

---

123) 감원(監院); 감사監寺, 감원監院, 주수主首라고도 일컫는다. 원주院主라고도 한다. 선종사찰의 육지사六知事 가운데 하나로서 한 사찰의 사무를 종합적으로 관리한다.
124) 전좌(典座); 선종에서 식사를 담당하는 소임자. 공양주.

만송 시중

향상(香象)125)이 강을 건너는 소리를 들은 이는 벌써 강물에 쓸려 내려갔고 나는 성품과 나지 않는 성품을 안 이는 벌써 남[生] 때문에 장애가 된 자이다. 다시 앞뒤를 따져서 정한다거나 죽순과 죽순껍질을 가린다면 검(劍)을 잃은 지 오래되었는데 이제야 뱃전에 칼 잃은 자리를 새기는 꼴이다. 기륜(機輪)을 되돌려 굴리려면 어떻게 딴 길을 따로 걸어야 하겠는가? 한번 일러 보라.

만송 평창

양주(襄州) 청계산주(淸溪山主) 홍진(洪進: 進山主) 선사가 지장 계침(地藏桂琛) 화상의 제일좌(第一座)로 있을 때였다. 어떤 두 승이 함께 지장에게 절을 하자 지장이 이르되 "모두가 틀렸다" 하니, 두 승은 말없이 내려가서 수산주(脩山主)에게 물었다. 이에 수산주가 말하되 "그대 스스로가 외외당당(巍巍堂堂)하거늘 도리어 남에게 절을 했으니 그 어찌 틀리지 않았겠는가?" 하니, 이를 들은 홍진(洪進)이 이 말을 긍정치 않으면서 말하되 "그대 스스로도 미혹하고 어두우면서 어찌 남을 가르치려 하느냐?" 했다. 이에 수산주가 분연히 상당하여 물으니, 지장이 마루 아래쪽을 가리키면서 이르되 "전좌(典座: 공양주)가 광[庫]으로 들어

---

125) 향상(香象); 살 쪽의 뿔에서 향기 있는 액체를 분비하는 큰 코끼리. 곧 교배기의 큰 코끼리를 가리킴. 대비바사론30; 이 시기의 코끼리는 그 힘이 특히 강하고 성질이 매우 광포(狂暴)하여 제복(制伏)하기 어려우므로 열 마리의 범상한 코끼리의 힘을 합쳐야 겨우 가히 한 향상의 힘에 저항한다 했음. 주유마힐경1; 향상보살(香象菩薩) 라집이 가로되 푸른 향상(靑香象)이다. 몸에서 향풍을 낸다. 보살신(菩薩身)의 향풍도 또한 이와 같다.

가는구나” 하니, 수산주가 허물을 깨달았다.

어느날 홍진이 수산주에게 묻되 “나는 성품과 나지 않는 성품을 분명히 아는 이가 어찌하여 남 때문에 걸림을 받는가?” 한 말은 경전에 있는 말이다. 암제차녀(菴提遮女)는 바라문의 종족이니 사위성(舍衛城) 서쪽 20여 리에 있는 장제촌(長提村)의 바사이(婆私膩) 장자의 딸이었다. 그 집에서 부처님과 스님들을 청하는 큰 모임을 열었던 것이 인연이 되어 제차(提遮: 암제차)가 좋은 명성을 얻게 되었다. 문수대사가 묻되 “혹시 나는 모습과 나지 않는 모습[相: 전에는 성품이라 했음]을 분명히 아는 이도 남[生] 때문에 장애를 받는 경우가 있을까요?” 하니, 재차녀가 “있습니다. 비록 분명하게 보나 그 힘이 아직 충실치 못하므로 남 때문에 장애를 받는 것이 그런 경우입니다” 했다. 그래서 수산주는 대답하되 “죽순이 마침내는 대가 되지만 지금에 대껍질로 사용할 수가 있겠는가?” 했던 것이다.

진공(進公: 진산주)이 마지막에 수산주의 질문을 받고, 분연히 일어나려면 반드시 한 가닥의 활로(活路)가 따로 있어야 했다. 그래서 마침내 손을 들어 지적하면서 이르되 “여기는 감원의 방이니 어떤 것이 전좌의 방인가?” 했던 것이다.

일러보라. 나는 성품과 나지 않는 성품을 밝힌 것인가, 밝히지 못한 것인가? 또 남 때문에 장애를 받은 것인가, 남 때문에 장애를 받지 않은 것인가?

수산주가 문득 절을 했으니 그는 활구를 참[參究: 참구]한 것이요, 사구를 참한 것이 아니다. 천동도 이 화두의 격조가 특별한 점을 보았다. 그러므로 충정을 다하여 송했다.

천동 송고

활짝 트여서 의지한 데가 없고
드높고 한가하여 얽매이지 않았다.
집안이 평온하니 이르는 사람이 드물고
조금씩 역량을 따라 계급을 나누도다.
탕탕한 몸과 마음에는 시비가 끊겼으니
시비가 끊어짐이여,
홀로 우주에 섰으되 궤철(軌轍: 바퀴자국)이 없도다.

**豁落亡依　高閑不羈　家邦平怗到人稀　些些力量分階級　蕩蕩身心
絶是非　是非絶　介立大方無軌轍**

이것은 "이것은 감원의 방이니 어느 것이 전좌의 방인가?"
한 진산주의 말을 송한 것이다. 의지할 곳이 없을 때에 자연히
활짝 트이고 얽매이지 않는 곳에 으레 드높고 한가롭다. 평화스
러운 나라에 몇 사람이나 이를 수 있던가?
　모름지기 끊을 번뇌가 없고 참구할 선도도 없어야 하나니 하
루 24시간 가운데 옷 입고 밥 먹는 것을 제외하고는 바로 그것
이 한가로이 마음을 쓰는 곳이다.

83
소당의 가사자락 [小塘裂角]

현사(玄沙)가 포전현(蒲田縣)에 이르니 갖가지 연극[百戲]으로 마중했다. 다음날 소당 장로(小塘長老)에게 물었다.

현사 "어제의 그 숱한 시끄러움은 어디로 갔는가?"

소당이 가사자락을 들어보이자,

현사 "드러냄(齎挑)이 교섭(交涉)이 없다."

擧 玄沙到蒲田縣 百戲迎之 次日問小塘長老 昨日許多喧鬧 向甚麽處去也 小塘提起袈裟角 沙云 齎挑沒交涉

만송 시중

움직이면 그림자가 나타나고 깨달으면 티끌이 생긴다. 들어 일으킬 때는 분명하게 하고 놓아버릴 때는 은밀하게 하는 본색도인(本色道人)과 마주대했을 때는 어떻게 이야기를 하겠는가? 본칙을 보라.

만송 평창

복주(福州) 현사 종일(玄沙宗一) 대사의 휘는 사비(師備)이다. 짚신과 누더기에 소식[菲食]으로 태연히 지내니 설봉(雪峰)이 그의 수행을 소중히 여겨 항상 '비두타(備頭陀)'라 불렀다.

세상에서 전하는 말에 현사는 영(嶺)을 나오지 않았다고 했고, 보수(保壽)는 강을 건너지 않았다는 말이 있다. 현사가 영을 나오다가 돌뿌리를 차서 발가락을 다치고는 이르되 "이 몸이 있지 않거늘 아픔은 어디서 오는가? 이 몸은 고통이지만 끝내는 태어남이 없다. 그만두리라. 달마가 동토에 오지 않았고 2조도 서천에 간 적이 없다" 하고는 다시 돌아와서 「능엄경(楞嚴經)」을 열람하다가 깨달았다.

현사는 근기에 따라 민첩하게 대응하는 수단이 수다라와 늘 부합되었다. 설봉과 토론할 때에도 옳은 주장은 양보치 않으니 [當仁不讓] 설봉이 이르되 "비두타는 다시 온 사람[再來人來人]이라" 했다. 민(閩) 땅의 태수인 왕심지(王審知)와 영공(令公)인 왕연빈(王延彬)이 모두 스승의 예로써 대했고 대중은 항상 8·9백 명이었다.

현사가 포전현에 이르니 갖가지 연극으로 마중했는데 다음 날 소당 장로에게 "어제의 그 숱한 시끄러움은 어디로 갔느냐?"고 물으니, 이에 소당이 가사자락을 들어 올려 가파른 산[緊峭]을 보인 것은 무방한 일이다 하겠다. 무엇보다도 시끄러움, 고요함, 어제, 오늘, 아침이란 곳에 눈을 돌려서 빤히 보이는 한 토막의 큰일[一大事]을 그르치지 말아야 한다.

소당이 심력(心力)을 쓰지 않고 믿음의 손[信手]으로 가사자락을 들어보였는데 현사가 이르되 "드러냄이 교섭이 없다" 했으니 소당의 어느 곳이 교섭할 수 없는 곳인가? 현사는 그를 긍정한 것인가, 긍정치 않은 것인가?

대위 철(大潙喆)이 이르되 "대위는 그렇게 하지 않았을 것이다. 어떤 이가 물으면 다만 손가락을 한 번 튕겼을 것이다. 만일 어떤 사람이 말하길, '드러냄이 교섭이 없다 한 것은 도리어 그를 긍정한 것이니 무슨 까닭이겠는가? 대장부가 범의 수염을 끄집는 일은 또한 본분의 일이기 때문이다'라고 한다면, 일러 보라. 여기에 이로움과 해로움이 어디에 있겠는가?" 했다. 또 이르되 "소당은 품에다 지극한 보배를 품었고 다른 사람을 만나서 빛을 더한 것이고, 현사는 본분의 망치로 한 번 치매 빛이 천고(千古)에 흘렀다" 했다.

이에 대해 법안은 다르게 이르되 "어제 얼마나 시끄러웠는가 했어야 했다" 했고, 법등(法燈)은 이르되 "오늘에 다시 웃음이 터진다" 했다.

두 존숙(소당·현사)을 살피건대 같은 종파의 후손이다. 현사의 용처(用)를 깨트려보면 한결같이 밖의 장막은 넉넉히 막아버리고 도리어 안으로 파고들어 어둠 속에서 화살을 서로 쏜 것이다.

이 두 노숙의 경지를 알고자 하는가? "의기(意氣)가 있을 때 의기를 더하고 풍류(風流)가 아닌 곳에 스스로 풍류롭다.[要識二老麼 有意氣時添意氣 不風流處也風流]"

만송 송고
야밤 골짜기에 배를 감추고126)
맑은 물에 돛을 올린다.
용과 고기는 물이 생명인 줄 알지 못하고

---

126) 「장자(莊子)」 대종사편(大宗師篇)에 골짜기에 배를 감추어 두고 안심했지만 힘센 자가 짊어지고 가버렸다면서 도망갈 곳이 어디 있겠느냐고 했다.

부러진 저(箸)로 한 번 저어도 무방하다.
현사 스님과 소당 장로여,
함(函)과 뚜껑이요, 화살과 칼끝이며
탐색하는 장대요, 그림자를 겸한 풀 덩이로다.
잠겨 움츠림은 늙은 거북이가 연잎에 숨은 것이고
활기차게 노니는 화려한 물고기는 마름[藻: 수초]을 희롱한다.

夜壑藏舟　澄源著棹　龍魚未知水爲命　折筋不妨聊一攬　玄沙師　小塘老　函蓋箭鋒探竿影草　潛縮也老龜巢蓮　游戱也華鱗弄藻

84

운문의 빛과 소리 [雲門聲色]

운문(雲門)이 대중에게 보였다.

"소리를 들어 도를 깨닫고 색(色: 물질)을 보고 마음을 밝힌다.

관세음보살이 돈을 가지고 와서 호떡을 샀는데 손을 떼고 보니 도리어 만두(饅頭)더라."

擧 雲門示衆云 聞聲悟道 見色明心 觀世音菩薩將錢來買餬餠 放下手却是饅頭

만송 시중

빛[色]과 소리를 끊지 못하면 간 곳마다 그릇되니, 소리로 구하고 색으로 보면 여래를 보지 못한다. 길을 따라 집으로 돌아갈 자가 있는가?

만송 평창

천동(天童)이 이 화두를 들고 말하되 "신기로운 준마를 설명하되 그 얼룩덜룩[玄黃]한 빛깔은 빼놓은 것 같다"고 했다.

본록(本錄)에서는 운문이 대중에게 보이되 "소리를 들어 도를 깨닫고 색을 보아 마음을 깨닫나니, 어떤 것이 소리를 들어 도를 깨닫고 색을 보아 마음을 밝히는 것인가?" 하고는 손을 들고 이르되 "관세음보살이 돈을 가지고 와서 호떡을 샀는데 손을 떼고 보니 도리어 만두더라"했다.

원통(圓通) 국사가 이르되 "소양(韶陽: 운문) 노인의 노래는 격조가 매우 높아 화답하는 이가 매우 드물다. 지금 연성(延聖: 원통국사)의 불자(拂子) 위에서 4방망삼매(方網三昧)에 들어갔으니 동쪽에서 선정에 들었다가 서쪽에서 일어나고 내지 남자의 몸으로 선정에 들어갔다가 여자의 몸으로 깨어난다. 도리어 알겠는가? 들판의 경치는 산이 없어 막히는 일이 없고 달빛은 곧장 물을 통과하느니라" 했다.

만송은 이르노니 "바다에서는 찾아도 만나지 못하더니 언덕 위에서 도리어 만나게 되더라" 하노라. 또 이르되 "홀연히 만일 근진(根塵)이 모두 법계에 가득 찼다면 또 어쩌겠는가? 만두라 여겼더니 도리어 호떡이구나!"

만송 송고
문을 나서서 뛰는 준마는 재앙을 쓸어내고
만국(萬國)의 연기와 티끌이 저절로 맑아진다.
6근6진에서 부질없는 그림자와 메아리가 사라지고
삼천세계에서 맑은 광명을 뿜는다.

出門躍馬掃攙搶　萬國煙塵自肅淸　十二處亡閑影響　三千界放淨光明

85

운문의 보배 [雲門一寶]

운문 스님이 대중 설법을 했다.
"하늘과 땅 사이, 우주지간(宇宙之間)에 그 가운
데 하나의 보배가 있는데 형산(形山)에 감춰져
있다.
등롱(燈籠)을 들고 불전(佛殿)으로 향하고,
삼문(三門)127)을 가지고 등롱 위에 올라간다."

擧 雲門示衆云 乾坤之內 宇宙之間 中有一寶 祕在形山 拈燈籠向
佛殿裏 將三門來燈籠上

원오 수시

스승에게 배우지 않고 얻은 지혜[無師智]로 작위(作爲) 없는
묘용(妙用)을 발휘하며, 조건 없는 자비로써 초대하지 않아도 훌
륭한 벗이 되며, 한 구절에 죽이기도 하고 살리기도 하며, 한
기연 속에 놓아주고 사로잡기도 한다. 말해보라, 어떤 사람이
일찍이 이처럼 했는가?

---

127) 삼문(三門): 공문(空門), 무상문(無相門), 무작문(無作門). 혹은 사찰
　　의 일주문(一柱門), 천왕문(天王門), 누문(樓門)을 3문이라고 하기도 한
　　다.

원오 평창

운문 스님이 말하기를 "하늘과 땅 사이 우주 사이에, 그 가운데 하나의 보배가 있어 형산(形山)에 감춰져 있다" 했는데, 말해보라, 운문 스님의 뜻은 그 말에 있는 것일까, 등롱 위에 있는 것일까?

이 공안은 승조 법사(僧肇法師)의 「보장론(寶藏論)」에 있는 몇 구절인데, 운문 스님이 이를 들어 설법한 것이다. 승조 법사는 후진(後秦)시대에 소요원(逍遙園)에서 논(論)을 지었다. 그는 「유마경(維摩經)」을 베껴 쓰다가 장자와 노자가 오묘함을 다하지 못했음을 알고, 이에 구마라집(鳩摩羅什)에게 예배를 하고 스승으로 삼았다. 또한 와관사(瓦棺寺)에서 발타바라(跋陀婆羅) 법사를 참방했는데, 그는 서천(西天) 27조(二十七祖: 般若多羅)에게 심인(心印)을 전수받은 스님이었다. 승조 법사는 27조 스님의 깊은 경지에까지 이르렀는데 어느날 난을 만나 사형을 당하게 되었을 때 7일간의 여가를 얻어 「보장론」을 지었다.

운문 스님은 「보장론」 가운데에서 네 구절[四句]을 들어 그 대의를 설법하기를 "무엇 때문에 값으로 매길 수 없는 보배[無價之寶]가 음계(陰界) 속에 숨겨져 있느냐?"고 했다. 「보장론」의 내용은 종문(宗門)의 말들과 일치 된다.

경청(鏡淸) 스님이 조산(曹山) 스님에게 물었다.
경청 "맑고 비어[淸虛]있는 이치, 결국 몸이 없을 때는 어떻게 됩니까?"
조산 "이치[理]는 이[淸虛]와 같지만, 현상[事]은 어떠한가?"
경청 "이치와 같고 일과 같습니다.[如理如事]"
조산 "나 조산 한 사람은 속일 수 있겠지만 많은 성인의 눈은 어떻게 하려느냐?”

경청 “많은 성인의 안목이 없었다면 그 사실을 화상께서는 어떻게 알았겠습니까?”

조산 “공적으로는 바늘 하나 용납할 수 없지만 사적으로는 수레도 통할 수 있다.”

그러므로 “하늘과 땅 사이 우주의 사이에, 그 가운데 하나의 보배가 있어 형산(形山)에 감춰져 있다”고 하니, 「보장론」의 대의는 사람마다 모두 갖추어져 있고 낱낱이 뚜렷하게 드러나 있다는 사실을 밝힌 것이다.

운문 스님이 자비로써 다시 그대들에게 주해를 붙여 말하기를 “등롱(燈籠)을 들고 불전으로 향하고, 삼문(三門)을 가지고 등롱 위로 왔노라” 했다. 말해보라, 운문 스님이 이처럼 말했던 의도가 무엇인가?

영가 스님이 말하기를 “무명(無明)의 참 성품이 바로 불성(佛性)이요, 환화(幻化)의 빈 몸[空身]이 큰 법신(法身)이다”라고 했고, 또한 청량의 「화엄경대소」의 서문에서는 “범부의 마음속에서 부처의 마음을 본다”고 했다. 형산(形山)은 사대 오온(四大五蘊)을 말한다. 그 가운데 보배 하나가 형산에 감춰져 있다는 것이다.

그러므로 고인들은 다음과 같이 말했다.

“모든 부처님이 마음에 있는데도 미혹한 사람은 바깥에서 구하느라 자신에게 값으로 매길 수 없는 보배가 간직되어 있는데도, 일생 쉴 줄을 모른다.”

“불성은 당당하게 뚜렷이 나타나 있으나 모양[相]에 집착하는 중생은 보기 어렵다. 중생 그 자체가 무아(無我)라는 사실을 깨닿는다면 나의 얼굴이 어찌 부처의 얼굴과 다르리요!"

"마음은 본래의 마음이며, 얼굴은 어머니가 낳아주신 얼굴이다. 겁석(劫石: 시간)은 옮길 수 있어도 그 가운데 있는 것은 변함이 없다."

어떤 사람은 밝고 밝으며 신령하고 신령[昭昭靈靈]한 것을 보배로 여기면서도 그 묘용을 얻지 못하고 있다. 그 묘용을 체득하지 못하므로 꼼짝달싹 하지 못하며 그 보물을 들추어내지 못한다.

옛사람은 "궁하면 변하고 변하면 통한다[窮則變變則通]"고 말했다. 등롱을 들고 불전으로 향하는 것은 일상의 알음알이로도 알 수 있으나, 삼문(三門)을 가지고 등롱 위에 온다는 것도 알 수 있겠느냐? 운문 스님이 일시에 그대들의 정(情)·식(識)·의(意)·상(想)과 득실 시비를 쳐부숴버렸다.

설두 스님은 "나는 소양(韶陽: 운문) 스님의 참신한 공안을 좋아한다. 일생 동안 사람들이 집착한 못을 빼고 쐐기를 뽑아주었다"고 했으며, 또한 "법상에 앉은 선지식들이 얼마인지를 아는가? 날카로운 칼날로 얽매임을 끊어주어 사람들의 사랑을 받았다"고 말했다.

운문 스님은 "등롱을 들고 불전으로 향한다"라고 말함으로써 이 한 구절로 모두를 절단해버리고, 또다시 "삼문을 가지고 등롱 위로 왔노라"고 하니 이는 말하자면 전광석화와 같은 것이다.

운문 스님이 말했다.
"그대가 이 경지와 같아지려거든 먼저 깨닫도록 하라. 티끌처럼 많은 부처님이 그대의 발아래 있으며, 삼장(三藏)의 말씀이 그대의 혀끝에 있으니 이를 깨닫는 것보다 더 좋은 것은 없다. 좋은 화상들이여, 망상을 부리지 말라. 하늘은 하늘, 땅은 땅, 산은 산, 물은 물, 스님은 스님, 속인은 속인이니라."

말없이 한참 있다가 말을 이었다.

"나의 앞에 앞산을 가져와보아라."

문득 어떤 스님이 나오더니 물었다.

"제가 산은 산, 물은 물이라고 말한다면 이는 어떻습니까?"

"삼문(三門)이 무엇 때문에 여기를 지나가느냐?"

그리고 또 손으로 한 획을 그린 후에 말했다.

"이를 안다면 으뜸가는 제호(醍醐)의 맛이겠지만, 알지 못한다면 도리어 독약이니라."

그러므로 말하길 "요달(了達)하고 요달하고 또 요달했을 때는 요달 할 것도 없고, 현묘하고 현묘하고 또 현묘한 것은 곧바로 껄껄대고 웃어야 한다"라고 했다.

설두 스님은 또다시 말했다.

"하늘과 땅 사이, 우주의 사이에, 그 가운데 하나의 보배가 있는데, 벽 위에 걸려 있다. 9년 면벽을 한 달마의 정안(正眼)으로도 이를 보지 못했다. 오늘날의 납승들이 보려 한다면 등줄기를 바로 후려치겠다."

살펴보건대, 본분종사들은 결코 실제의 법을 가지고 사람들을 얽어 묶지는 않았었다. 현사(玄沙) 스님은 말하기를 "잡아 가두어도 머물지 않으며 불러도 되돌아보질 않는다"라고 하지 않았는가. 그렇긴 하나 이 말도 신령한 거북이 꼬리를 끄는 것처럼 자취를 남기는 일이다.

신찬(古靈神贊)[128] 선사 법어

신령한 빛은 홀로 드러나
아득히 근(根)·진(塵)을 벗어났다.
진상(眞常)이 통째로 드러나
문자에 얽매이지 않고
심성(心性)은 물듦이 없어
본래 스스로 뚜렷하게 이루어졌다.
허망한 반연(攀緣) 여의기만 하면
바로 여여(如如)한 부처라네.

靈光獨耀　逈脫根塵　體露眞常　不拘文字　心性無染　本自圓成　但離
妄緣　卽如如佛

---

128) 복주(福州) 고령신찬(古靈神贊) 선사. 본주(本州) 대중사(大中寺)에서
　　수업(受業)한 후 행각하다가 백장을 만나 개오(開悟)했다.

86

화산의 북 두드림 [禾山打鼓]

화산(禾山) 스님이 법어를 했다.
"익히고 배우는 것을 들음[聞]이라 하고, 배움을
끊는 것은 가까움[鄰]이라고 한다."
이 두 가지를 초월해야 참된 초월이다.
한 스님이 다가와서 물었다.
"어떤 것이 참된 초월[眞過]입니까?
"북을 칠 줄 안다.[解打鼓]"
"무엇이 참다운 이치[眞諦]입니까?"
"북을 칠 줄 안다.[解打鼓]"
"마음이 바로 부처[卽心卽佛]라는 것은 묻지 않
겠습니다. 마음도 아니고 부처도 아니다[非心非
佛]라는 것은 무엇입니까?"
"북을 칠 줄 안다.[解打鼓]"
"향상인(向上人)이 찾아오면 어떻게 하시겠습니
까?"
"북을 칠 줄 안다.[解打鼓]"

擧 禾山垂語云 習學謂之聞 絕學謂之鄰 過此二者 是爲眞過 僧

出問　如何是眞過　山云　解打鼓　又問　如何是眞諦　山云　解打鼓
又問　卽心卽佛卽不問　如何是非心非佛山云　解打鼓　又問　向上人
來時如何接　山云　解打鼓

원오 평창

이 칙(則)은 「보장론(寶藏論)」에서 나왔다. 학문이 더 배울 것이 없는 데[無學]에 이른 것을 학문을 끊었다[絕學]하고, 익히고 배우는 것을 다했을 때 그것을 일러 더 배울 것이 없는 한가한 도인[無爲閑道人]이라 한다. 배움을 끊어야 바야흐로 도에 가까워진다. 바로 이 이학二學(問·隣)을 벗어나야 참된 초월이다.

그 스님이 "무엇이 참된 초월입니까?"하고 화산 스님에게 묻자 화산 스님은 "북을 칠 줄 안다"고 했다. 이는 이른바 '아무 맛도 없고 아무 의욕[欲]도 없는 말'을 한 것이다.

공안을 밝히려면 반드시 끝없이 초월해가는 사람[向上人]이어야 한다. 바야흐로 이런 말을 보면 이치와도 관계없고 따져볼 수도 없는 곳에서 직하에 문득 알아야 한다. 마치 통 밑바닥이 빠져버린 것과 같아야, 바야흐로 비로소 납승의 안온처(安穩處)에서 '조사가 서쪽에서 온 뜻'을 계합하여 얻는다.

그러므로 운문스님은 말했다.

"설봉 스님의 공 굴림[輾毬]과 화산 스님의 북 두드림[打鼓]과 혜충 국사의 수완(水碗)과 조주 스님의 차 마심[喫茶]은 모두가 향상을 제창한 것이다."

또 "어떤 것이 참다운 이치[眞諦]입니까?" 라고 묻자, 화산 스님은 "북을 칠 줄 안다"라고 했다. 참다운 이치는 결코 하나의 법도 세우지 않지만, 세속의 이치[俗諦]에는 만물이 모두 갖춰져 있다. **참다운 이치와 세속의 이치가 서로 다르지 않음을 아는 것이 으뜸가는 뜻[聖諦第一義]이다.**

또다시 "마음이 곧 부처라 함은 묻지 않겠습니다. 마음도 아니고 부처도 아니라는 것은 무엇입니까?"라고 묻자, "북을 칠 줄 안다"했다. 마음이 곧 부처라 함은 알기 쉬워도 마음도 아니고 부처도 아닌 경지에 이르기는 어렵다. 여기에 이른 사람은 적다.

또다시 "향상인이 찾아왔을 때는 어떻게 하시렵니까?"라고 묻자, "북을 칠 줄 안다"했다. 향상인이란 곧 사무치게 초탈하여 말끔한 사람이다.

이 네 구절의 말을 총림에서는 종지(宗旨)로 여겼다. 이를 화산스님의 네 차례 북 두드림[禾山四打鼓]이라고 한다.

어떤 스님이 경청(鏡淸) 스님에게 물었다.
"새해에도 불법이 있습니까?"
"있느니라."
"무엇이 새해의 불법입니까?"
"정월 초하룻날이 되니 만물이 모두 새롭다."
"대답해주셔서 고맙습니다."
"노승이 오늘은 손해를 보았군."
이 대답은 마치 18종의 손해[129]를 본 것과 같다.

또 어떤 스님이 정과(淨果) 스님에게 물었다.

---

129) 18종의 손해[十八般失利]: 「경덕전등록」에는 '일실리(一失利)', 「오등회원」에는 '육실리(六失利)'로 되어 있다.

"높은 소나무에 학이 서 있을 때는 어떠합니까?"
"수치스런 곳에 발이 빠진 꼴이지."
"모든 산에 눈이 뒤덮였을 때는 어떠합니까?"
"해가 돋아 난 뒤에는 한바탕 수치니라."
"회창(會昌) 연간의 불법 사태를 겪을 때 호법선신(護法善神)
은 어디로 가버렸습니까?"
"삼문(三門) 밖 두 놈이 창피를 당했다."
이를 총림에서는 "세 번의 창피[三懺懼]"라고 말한다.

또 보복(保福) 스님이 어떤 스님에게 물었다.
"이 법당 안에는 어떤 부처님이 모셔져 있는가?"
"스님께서 직접 보십시오."
"석가부처님이구먼."
"사람을 속이지 마십시오."
"도리어 그대가 나를 속인 것이다."
다시 그 스님에게 물었다.
"그대의 이름은 무엇인가?"
"함택(咸澤)입니다."
"혹시 바싹 메말랐을 때는 어떠한가?"
"누가 마르게 합니까?"
"내가 말리지."
"스님은 사람을 속이지 마십시오."
"도리어 그대가 나를 속였다."
다시 그 스님에게 물었다.
"그대는 무슨 업을 지었기에 그처럼 덩치가 큰가?"
"스님께서도 작지 않습니다."

보복 스님이 몸을 웅크리는 시늉을 하자, 스님은 말했다.
"스님께서는 사람을 속이지 마십시오."
"도리어 그대가 나를 속였다."

한번은 보복 스님이 목욕탕 소임을 보는 스님에게 물었다.
"목욕탕 가마솥 크기가 얼마나 되는가?"
"스님께서 직접 재보십시오."
보복 스님이 재보는 시늉을 하자, 목욕탕 소임을 보는 스님
이 말했다.
"스님께서는 사람을 속이지 마십시오."
"도리어 그대가 나를 속였다."
총림에서는 이를 보복 스님의 네 번 속임[四瞞人]이라 말한
다.

이와 함께 설봉 스님의 네 개 칠통[四漆桶]의 경우도 모두가
예로부터 큰스님이 각각 심오하고 오묘한 종지를 드러내어 수행
인들을 제접한 기연들이다.

설두 송
한 사람은 연자방아를 끌고130)
또 한 사람은 흙을 나른다.131)
대기(大機)를 드러내려면 천 균(鈞)짜리 활이어야만 한다.
일찍이 상골산(象骨山) 노스님(설봉 스님)이 공을 굴렸다지만
화산(禾山) 스님의 '북을 칠 줄 안다'는 것만 같겠느냐.

---

130) 귀종(歸宗) 스님과 유나(維那)의 대담에 나온다.
131) 목평(木平) 스님과 일승의 대담 중에 나온다.

그대에게 알리노니, 제멋대로 해석하지 말라!
단 것은 달고 쓴 것은 쓰다.

一拽石　二般土　發機須是千鈞弩　象骨老師曾輥毬　爭似禾山解打鼓　報君知　莫莽鹵　甜者甜兮苦者苦

87
소산의 유구무구 [疎山有無]

소산(疎山)이 위산(潙山)에 이르러 물었다.
"듣건대 스님께서 말씀하시기를 '있음의 구절과 없음의 구절은 등나무가 나무를 의지한 것 같다' 했다는데, 홀연히 나무가 쓰러지고 등나무가 마르면 구절[句]은 어디로 돌아갑니까?"
위산이 깔깔대고 크게 웃었다.
소산 "제가 4천 리 길을 포단(布單)을 팔아서 왔는데 화상께서는 어찌하여 조롱을 하십니까?"
위산이 시자를 불러서 이르되,
"돈을 갖다가 저 상좌(上座)에게 돌려주라."
이어 부촉[囑]하되
"뒤에 외눈박이 용[獨眼龍]이 있어 그대를 점파(點破: 인가)하리라."
나중에 명소(明昭)에게 이르러 앞의 일을 이야기하니,
명소 "위산은 가히 머리와 꼬리가 반듯하지만 단지 지음자(知音者)를 만나지 못했을 뿐이로다."
소산 "나무가 쓰러지고 등나무가 마르면 구절은

어디로 돌아갑니까?"

명소 "다시 한 번 위산으로 하여금 크게 웃게 하는구나!"

소산이 당장에 깨닫고 이르되

"위산이 원래 웃음 속에 칼이 있었구나!"

擧 疎山到潙山便問 承師有言 有句無句如藤倚樹 忽然樹倒藤枯句歸何處 潙山呵呵大笑 … 昭云 更使潙山笑轉新 疎於言下有省乃云 潙山元來笑裏有刀

무주(撫州) 소산(疎山) 광인(光仁) 선사는 동산(洞山), 향엄(香嚴), 위산(潙山)을 참문했었다. 운암(雲岩)이 위산에 왔을 때 위산이 벽을 바르고 있다가 운암에게 물었다. "유구(有句) 무구(無句)가 나무를 의지한 등나무(藤)와 같은데 나무가 쓰러지고 등나무가 마를 때는 어찌 되겠는가?" 운암이 대답을 못 하고 도오(道吾)에게 가서 이야기하니, 도오가 당장 위산에게 갔다. 위산이 같은 질문을 하자 물음이 채 끝나기도 전에 도오가 말을 가로막고 물었다. "나무가 쓰러지고 등나무가 마를 때는 어찌 됩니까?" 위산이 대답을 않고 방장실로 들어가 버린 것이 이 화두 발생 인연이다.

소산이 그 화두를 듣고 4천 리를 걸어와서 위산에게 물었으나 위산이 껄껄 웃고 돌아갔는데, 여기서 깨닫지 못한 소산이 한마디도 듣지 못한 억울함을 따지자 위산은 포단 값을 돌려주고 "뒷날 외눈박이 용이 그대를 점파해주리라" 하고 보낸 것이다.

이것은 제1구에서 깨닫지 못하면 2구, 3구에 떨어지게 되므로 공연히 여기서 세월을 보내지 말고 뒷날을 기약하라고 보낸 것인데, 과연 명소를 만나 점파를 얻은 것이다. 위산은 소산에게 궁금한 알을 준 것이고 명소가 알을 두드리자 소산이 스스로 알을 깨고 나온 것이다. 황벽과 대우도 그러했듯 선사들의 이런 협력역정은 마치 부와 모가 자식을 길러내는 것과 같다 할 것이다.

소산은 평소 납자를 제접할 때 손에 나무뱀[木蛇]을 쥐고 있었는데, 어떤 승이 묻되 "손에 든 것이 무엇입니까?" 하기만 하면, 소산은 뱀을 들어 올리면서 이르되 "말라빠진 집안의 딸[燥家女]이다" 했다. 운문 소(雲門韶) 국사 등이 모두가 소산을 참문했었으므로 난쟁이 사숙(소산)의 명성은 마침내 고금에 뛰어나게 되었다.

천동 송고
등나무가 마르고 감긴 나무가 쓰러진 도리를 위산에게 물었는데
깔깔대고 크게 웃으니 어찌 예사로운 일일런가?
웃음 속에 칼이 있음을 눈치 챘으니
말과 생각은 길이 없고 기관(機關: 관문)도 끊어진다.

藤枯樹倒問潙山 大笑呵呵豈等閑 笑裏有刀窺得破 言思無路絶機關

88

경청의 불미 [鏡淸不迷]

경청 스님이 한 스님에게 물었다.
"문 밖에 무슨 소리가 나느냐?"
"빗방울 소리입니다."
"중생이 전도되어 자기를 미혹하고 외물을 쫓는
구나."
"스님께서는 뭐라고 하시렵니까?"
"하마터면 자신을 미혹할 뻔했다.[洎不迷己]"
"자신을 미혹할 뻔 하다니 무슨 뜻입니까?"
"몸을 빠져 나오기는 그래도 쉽지만 그것[脫
體]132)을 말하기란 어렵다."

擧 鏡淸問僧 門外是什麽聲 僧云 雨滴聲 淸云 衆生顚倒迷己逐
物 僧云 和尙作麽生 淸云 洎不迷己 僧云 洎不迷己意旨如何 淸
云 出身猶可易 脫體道應難

원오 평창
여기에서 잘 알아야 한다. 옛사람이 말한 한 기틀[一機] 한
경계[一境]는 수행자를 지도하고저 함이지 다른 뜻이 없다.

---

132) 脫體: 脫 全部, 脫體卽全體

하루는 경청 스님이 한 스님에게 물었다.

"문 밖에 무슨 소리인가?"

"빗방울 소리입니다."

"중생이 전도(顚倒)되어 자신을 미혹하고 외물을 좇는구나."

다시 물었다.

"문 밖에 무슨 소리인가?"

"비둘기 울음소리입니다."

"무간지옥(無間地獄)의 업을 부르지 않으려거든 여래의 바른 법륜[正法輪]을 비방하지 말아라."

다시 물었다.

"문 밖에 무슨 소리인가?"

"뱀이 두꺼비를 잡아먹는 소리입니다."

"중생에게 고통이 있으리라고 짐작은 했는데 고통 받는 중생이 정말 있었구나."

이 대담은 앞의 공안과 크게 다르지 않다. 경청 스님이 같은 상황에서 여러 번 사람을 깨우치는 방편을 보인 것이다. 납승이 만일 여기에서 깨칠 수 있다면 현상의 세계 속에서도 자유롭겠지만 깨닫지 못한다면 현상의 세계에 구애(拘礙)를 받는 자이다.

본칙처럼 여러 번 묻고 답해서 깨닫게 하는 공안을 총림에서는 '단련어(煅煉語)'라고 한다. 만일 이렇게 단련된다면 '마음의 분별 [心行]'을 이룰 뿐, 옛사람이 사람을 위했던 참다운 뜻은 알지 못하는 경향이 있다.

또 이것을 **소리와 색을 벗어나게 한다[透聲色]**고도 말하는데, 첫째는 도안(道眼)을 밝힘이요, 둘째는 현상세계[聲色]를 밝힘이요, 셋째는 심종(心宗)을 밝힘이요, 넷째는 망정(忘情)을 밝힘이요, 다섯째는 교화 제도함[展演]을 밝힘이라는 것이다. 이것은 자세하기는 하지만 납작 달라붙어[窠臼] 있는 걸 어찌하겠는가.

경청 스님이 방편을 써서 그 스님에게 "자신을 미혹할 뻔했네"라고 말했다. 이것은 납자를 깨닫게 하려는 수단을 살짝 보인 것이다. 그 스님이 깨닫지 못하고 다시 묻기를 "자기를 미혹할 뻔하다니 무슨 뜻입니까?"라고 했다. 이때 덕산 스님과 임제 스님의 문하였다면 방(棒)·할(喝)을 했으련만, 경청 스님은 한 가닥 길을 터 주어 그에게 설명을 하느라 "몸을 빠져 나오기는 그래도 쉽지만 그것[脫體]을 말하기란 어렵다."라고 한 것이다.

자, 이제 말해보라. 밖에 나는 소리는 무엇인가?

석우 "주장자를 집고 다니던 할매가 툇마루 끝에서 방귀를 뀐다."

설두 송
빈 집의 빗방울 소리여!
작가 선지식도 대답하기 어려워라.
만일 성인의 무리에 들어갔다[入流]면
여전히 모르리라.
알건 모르건
남산·북산에 도리어 세찬 비가 쏟아진다.

虛堂雨滴聲 作者難酬對 若謂曾入流 依前還不會 曾不會 南山北山轉雰霈

89

동산의 풀 없음 [洞山無草]

동산(洞山)이 대중에게 보였다.
"첫가을 늦여름에 여러분은 동쪽이건 서쪽이건
모름지기 바로 만 리에 한 치의 풀도 없는 곳을
향해 떠나야 한다."
양구한 후 이르되 "만 리에 한 치의 풀도 없는
곳을 어떻게 가야 할까?"
석상(石霜)이 이르되 "문을 나서기만 하면 그대
로가 풀밭이다." 했고,
대양(大陽)은 이르되 "설사 문을 나서지 않는다
해도 역시 풀이 끝없이 무성하다." 했다.

擧　洞山示衆云　秋初夏末兄弟　或東或西　直須向萬里無寸草處去
又云　只如萬里無寸草處　作麽生去　石霜云　出門便是草　大陽云
直道　不出門亦是草漫漫地

만송 시중
움직이면 천 길 구덩이에 몸이 묻히고, 움직이지 않으면 제
자리에서 싹이 난다. 바로 모름지기 양쪽 끝을 흔들어 열고 중
간도 놓아버린 뒤에 짚신을 사서 신고 행각을 나서야 한다.

만송 평창

석상이 회창(會昌: 845)의 법난法難을 만나 속인의 복장으로 장사(長沙) 유양(瀏陽)의 도가방(陶家坊)에 지내노라니, 대중(大中: 847~859) 연초에 어떤 승이 동산에서 여름을 지내고 지나다 들렀다. 이때 석상이 묻되 “어디서 오는 길인가?” 승이 대답하되 “동산에서 옵니다” 했다. 석상이 다시 묻되 “화상께서 어떤 말씀[言句]으로 제자들을 지도하시던가?” 하고 물으니, 승이 대답하되 “동산화상께서 해제가 가까운 어느날 상당하여 본칙처럼 말했습니다.” 했다.

이에 석상이 이르되 “문득 문을 나서기만 하면 그대로가 풀밭이니라” 했다. 그 승이 다시 동산으로 가서 이 일을 동산에게 사뢰니 동산이 이르되 “이는 천오백 명을 제접할 선지식의 말씀이다. 이 대당국 안에 그런 이가 몇 사람이나 될까?” 했다.

때가 되어 주머니 속의 송곳이 저절로 삐져나오고 과일이 익어 향기가 바람에 날리자 대중(大衆)이 다시 승복을 입고 석상 도량에 머무르기를 권하니 과연 오본(悟本: 洞山)의 수기대로 되었다.

석상은 이 공안으로 인하여 도가 천하에 퍼졌는데, 나중에 대양 연(大陽延) 선사가 이르되 “지금 당장 문을 나서지 않는다고 해도 역시 풀이 끝없이 우거졌다. 일러보라, 합당히 어느 쪽을 향하여 행각을 떠나야 되겠는가?” 하고, 양구했다가 이르되 “싸늘한 바위에 이상한 풀 푸르다고 좋아하지 말라. 백운 위에 앉았더라도 종지[宗]는 묘할 것 못 되느니라” 했다.

석우 송

문 앞도 없고 문 이전도 없는데
풀 없는 평지는 또 무슨 말인가?
오세 동자가 발우에 바늘을 받고
관세음보살이 손가락을 튕기니
바늘은 원래 국수였다.
강남에서는 근심을 부르지 말고
강북에서는 풍악을 울리지 말라.

90
장사의 진보[長沙進步]

장사 경잠(長沙景岑)이 어떤 승을 시켜 회(會) 화상에게 가서 묻게 했다.

일승 "남전(南泉)을 보기 전에는 어떠했습니까?"

회(會)가 양구(良久)했다.

일승 "본 뒤에는 어떠합니까?"

회주 "딴 것이 있을 수 없다."

승이 돌아와서 장사에게 아뢰니

장사 "백 자 장대 끝에 앉은 사람이여, 비록 들어가기는 했으나 참되다고는 못하나니 백 자 장대 끝에서 한 걸음 내디뎌야 시방세계가 온통 자기 몸이리라."

일승 "어떻게 해야 백 자 장대 위에서 한 걸음 내딛습니까?"

장사 "낭주(郎州)의 산이고 풍주(澧州)의 물이니라."

일승 "알지 못하겠습니다."

장사 "사해와 오호가 왕의 감화 속에 있느니라."

擧 長沙令僧問會和尙 未見南泉時如何 會良久 僧云 見後如何 會
云 不可別有也 僧迴擧似沙 沙云 百尺竿頭坐底人 雖然得入未爲
眞 百尺竿頭須進步 十方世界是全身 僧云 百尺竿頭如何進步 沙
云 朗州山澧州水 僧云 不會 沙云 四海五湖王化裏

만송 평창

호남(湖南)의 장사(長沙) 초현(招賢) 대사의 휘는 경잠(景岑)이
다. 각범(覺範)이 이르되 "선사는 대적(大寂: 마조)의 손자이며
남전의 아들이며 조주의 형이다. 그때의 납자들 중 앙산 같이
억센 이들도 오히려 자신을 낮추어 그를 잠대충(岑大蟲: 호랑이
경잠)이라 불렀다" 했다.

그가 어느날 상당하여 이르되 "내가 만일 한결같이 종교(宗
敎: 선법)를 선양한다면 법당 앞에 풀이 한 길이나 되겠기에 사
세에 어쩔 수 없어서 그대들에게 이르노니, **시방세계 그대로가
사문의 눈이며 온몸이요, 온 시방세계가 온통 자기의 광명이요,
온 시방세계가 자기의 광명 속에 있으며, 온 시방세계가 어느
한 사람도 자기 아님이 없노라.** 내가 항상 여러 사람들께 이르
기를 '**삼세의 부처님들과 법계의 중생 모두가 마하반야의 광명
이다**' 했는데, 광명이 일기 전에는 그대들 중생이 어디서 이해
하며, 광명이 일기 전에는 부처도 없고 중생의 소식도 없거늘
어디서 신하와 국토가 생겼겠는가?" 했다.

회 암주(會庵主)는 남전의 문하로 출세하지는 못했으나, 가만
히 터득하고 남모르게 증득한 무리 중의 한 분이었다. 기록[燈
錄]에는 기연(機緣: 입도 사연)도 어구(語句: 법어)도 없이 맨 뒤
에 이름만 나열되어 있다.

일승이 특별 사자의 자격으로 가서 "남전을 본 뒤엔 어떠합니까?" 하니, 회 암주가 이르되 "딴 것이 있을 수 없다" 했는데, 만송은 이르노니 "한 번 죽으면 다시 살아나지 못하는구나" 하노라.

승이 돌아와서 장사에게 고하니, 장사가 게송을 읊되 "백 자 장대 끝에 앉은 사람이여, 비록 그 경지에 들어가기는 했으나 참되지는 못하다" 했다. 이는 암두(岩頭)가 이르되 "설봉(雪峰)과 덕산(德山)은 마지막 구절을 이해하지 못했다" 한 것과 병통이 같다.

석우 착어 "죽었다가 살아난 사람이라면 풀잎을 들고 개똥참외를 들어도 싱싱하게 살아 있는 법문으로 만드는 기봉이 갖추어지는 법인데 가느다란 실에 매여 있으면 수갑 차고 수갑 찬 사람을 지적하는 꼴이 된다."

만송이 항상 사람들에게 이르되 "예컨대 어떤 사람이 조상 전래의 가문과 재산, 그리고 권속과 자신까지 몽땅 팔아서 수정으로 만든 병 하나를 사다 놓고 종일토록 몸에 지니고 다니면서 수호하기를 마치 눈동자를 아끼듯 하는데, 만송은 몽땅 두드려 깨서 그를 손을 털고 팔을 흔들어 꺼릴 것이 없는 쾌활한 사람으로 만드노라" 했다.

승묵(勝默)이 이르되 "벼랑에서 손을 놓으니 몸이 만상(萬象)으로 나뉜다" 했으니, 그러한 뒤에야 "낭주(郞州)의 산과 풍주(澧州)의 물", "사해와 오호가 왕의 교화 속에 있다" 한 경계이다.

천동 송고

한마디 닭 울음소리에 옥인[玉人]이 꿈을 깨서
눈길 돌려 살펴보니 살림살이 구족하네.
바람과 우레는 개구리의 잠을 깨웠고
말없는 복사꽃·오얏꽃은 저절로 꽃길을 만든다.
시절이 이르면 힘써 밭갈이를 하노니
누가 봄두렁[春疇]에서 무릎까지 빠지는 진창을 두려워하랴?

玉人夢破一聲雞　轉眄生涯色色齊　有信風雷催出蟄　無言桃李自成
蹊　及時節力耕犁　誰怕春疇沒脛泥

91
덕산의 행각 [德山挾複]

덕산(德山·780~865)이 위산에 이르러 바랑을 멘 채로 법당에서 동쪽에서 서쪽으로, 서쪽에서 동쪽으로 왔다 갔다 하더니 뒤돌아보며 "없다, 없어!" 말하고는 곧바로 나가버렸다.

덕산이 문 앞에 이르러 말했다.

"경솔하면 안 되지."

그리고는 몸가짐을 가다듬고 다시 들어가 뵈었다.

위산이 앉으려 하니, 덕산이 좌구(坐具)를 집어들면서

"스님!"하고 불렀다.

위산이 불자(拂子)를 잡으려 하자,

덕산이 갑자기 '할[喝]'을 하고는 소맷자락을 떨치며 나갔다.

덕산은 법당을 뒤로 하며 짚신을 신고 곧바로 떠나버렸다.

설두 착어 "간파해버렸다."

위산이 저녁나절에 수좌에게 물었다.

"아까 새로 찾아온 스님은 어디 있는가?"
"그 당시 법당을 등지고 짚신을 신고 떠나버렸습
니다."
"이 사람은 훗날 고봉정상(孤峰頂上)에 암자를
짓고서 부처를 꾸짖고 조사를 욕할 것이다."
설두 착어 "설상가상(雪上加霜)이로군."

이 화두는 덕산이 방석을 들면서 "스님!" 하고 한마디만 했
고 위산이 불자를 든 순간 덕산이 다시 '할'을 하고 뒤도 돌아
보지 않고 산문을 빠져 나간 것이 핵심이다. 찾아간 사람은 빈
(賓)인데 위산을 만나면서부터는 덕산이 주(主)가 되어 시작하고
마무리 역시 덕산이 끝내었으므로 덕산은 철저히 주인을 잃지
않았다. 번개와 같은 이 속에는 조(照)도 있고 용(用)도 있으니
납자들은 철저히 캐내어 보라.

원오 수시
청천백일하에 동쪽을 가리키고 서쪽을 가로 긋는 것은 불가
하고, 시절 인연 또한 병에 따라 약을 쓸 뿐이다. 말해보라, 놓
아주는 것[放行]이 좋은가, 잡아들이는 것[把定]이 좋은가?

원오 평창
덕산 선감(德山宣鑑)133) 스님은 본디 강사로서 서촉(西蜀) 땅
에서 「금강경」을 강의했다. 남방의 승려들이 "마음이 바로 부처
이다"라고 한다는 말을 듣고, 마침내 남방으로 찾아가 그 마구

---

133) 德山宣鑑, 혹은 德山見性 780~865

니 무리들을 부수어버리려고 마음먹었다.

처음 풍주(灃州)에 도착하여, 길거리에서 기름에 튀긴 떡을 파는 노파를 만나, 「금강경」의 주석서를 내려놓고 떡을 사서 점심(點心)을 하려고 했는데 노파가 물었다.

"등에 지고 있던 것은 무엇이오?"

"「금강경」의 주석서요."

"내가 한 가지 물을 게 있는데 만일 그대가 답한다면 이 떡을 그냥 보시하여 점심을 드리겠지만, 대답하지 못할 경우엔 다른 곳을 찾아가 먹도록 하시오."

"묻기만 하시오."

"「금강경」에 '과거의 마음도 얻지 못하며, 현재의 마음도 얻지 못하고, 미래의 마음도 얻지 못한다' 했는데, 스님은 어느 마음에 점(點)을 칩니까?" 덕산 스님이 말을 못 하자, 노파는 용담(龍潭) 스님을 찾아가라고 알려주었다.

덕산 스님이 용담에 도착해서 늦도록 이야기를 하다가 절을 올리고 물러나왔는데 바깥이 캄캄했다. 다시 돌아와 "문 밖이 어둡습니다"라고 말하니, 용담 스님이 종이에 불을 붙여서 덕산 스님에게 건네주었다. 덕산 스님이 이를 받아들려는 찰나에 용담이 '후'하며 바람을 불어 꺼버렸다. 순간 사방이 칠흑처럼 캄캄해지자 덕산 스님이 활연대오 하고 절을 올리니, 용담 스님이 물었다.

"그대는 무엇을 보았기에 갑자기 절을 하는가?"

"저는 지금 이후부터 다시는 천하 선지식의 말을 의심하지 않겠습니다."

그 이튿날 용담 스님이 상당(上堂)하여 법문을 했다.

"만일 이빨은 칼로 된 숲과 같고 입은 시뻘겋게 크게 벌리며 한 방망이 얻어맞고도 뒤도 안 돌아보는 놈이 있다면, 후일 그는 고봉정상에서 나의 도를 세울 것이다."

덕산 스님은 「금강경」 주석서를 법당 앞에 가져다 놓고 횃불을 들고 태워 버린 후 위산 스님의 교화가 성대하다는 말을 듣고 곧바로 위산 스님을 찾아가 작가 선지식의 솜씨로 상대해보려 했던 것이다.

전해오는 말에 "무리 가운데에서 뛰어나려면 모름지기 영특한 놈이라야 하며, 뛰어난 놈에게 필적할 만한 것이 바로 사자이다. 부처를 선발하는데 이같은 안목이 없다면 설령 천 년을 지낸들 또한 무엇 하랴!"라고 했다.

원오 스님은 "여기에 이르러서는 사방으로 통달한 도인[作家]이라야 비로소 이를 알아차릴 수 있다. 왜냐하면 불법에는 잡다한 것[許多事]이 없는데 어디에다가 정견(情見)을 붙일 수 있을까? 마음의 움직임[心機]에 어찌 허다한 번거로움이 있겠는가?"라고 했다.

현사(玄沙) 스님은 말했다.

"마치 가을 연못에 어린 달그림자와 같고 고요한 밤에 울리는 종소리와 같아서, 두드리더라도 이지러짐이 없고 파도에 부딪쳐도 흩어짐이 없는 상태에 이를지라도, 이는 오히려 생사 언덕 위의 일이다."

위산이 불자를 들어 세운 것은 높기는 하늘과 같고 두텁기는 땅과 같았다. 위산 스님이 천하 사람의 혀를 꼼짝 못 하게 할 수 있는 솜씨가 없었다면 그때에 덕산을 시험하기가 몹시 어려웠을 것이다. 1천5백 대중을 거느리는 선지식(善知識)이 아니었더라면 여기에 이르러 대꾸하지도 못했을 것이다. 위산 스님은 장량처럼 방안에서 작전을 세워 천 리 밖의 승부를 결정지었다.

덕산 스님이 법당을 등지고 짚신을 신은 채 곧바로 나가버렸는데 말해보라, 그 뜻이 무엇인가? 덕산 스님이 이겼는가, 졌는가? 위산 스님이 이렇게 한 것이 이긴 것인가, 진 것인가?

설두 스님이 "간파해버렸다"고 한 착어 또한 범상치 않다. 이것은 그가 애써 고인들의 어려운 말의 핵심을 꿰뚫어 보았기에 이처럼 할 수 있었다. '간파해버렸다'는 착어는 이 공안을 두 동강을 내어 밝힌 것이니 이는 마치 제삼자가 두 사람을 단안 내려주는 것과 같다"고 하겠다.

위산 스님이 "이 사람은 후일 고봉정상에 암자를 짓고서 부처를 꾸짖고 조사를 욕할 것이다"했다. 말해보라, 그 뜻이 무엇인가? 위산 스님이 좋은 뜻으로 그런 것은 아니다. 실제 덕산 스님이 그후로 부처를 꾸짖고 조사를 욕하기를 비바람치듯 했는데 이것은 위산스님의 소굴(예언)에서 나오질 못한 것이고 또 위산 늙은이에게 솜씨를 간파당한 것이다.

설두 송

간파하고 간파함이여
설상가상 위험할 뻔했다.
비기장군(飛騎將軍)이 오랑캐의 조정에 들어가니134)

---

134) 이광(李廣)은 활쏘기를 좋아했는데, 천자[漢 孝文帝]가 그를 비기장군(飛騎將軍)에 봉했다. 그는 오랑캐의 나라 깊숙이 들어갔다가 선우(單于: 匈奴族의 왕)에게 사로잡혔지만, 훌륭한 말을 타고 지나가는 한 오

다시 살아나올 수 있는 사람이 몇이나 될까?
급히 달아났지만
위산 스님이 놓아주지 않으니
고봉정상 풀 속에 앉아 있도다.
돌(咄)!

一勘破 二勘破 雪上加霜曾嶮墮 飛騎將軍入虜庭 再得完全能幾箇
急走過 不放過 孤峰頂上草裏坐 咄

설두 스님은 무엇 때문에 "고봉정상 풀 속에 앉아 있도다"라
고 하면서 또 다시 돌(咄)하고 소리친 것인가? 말해보라, 핵심
이 어디에 있는가? 다시 30년을 참구하라.

랑캐를 밀쳐 떨어뜨리고 말을 타고 그곳을 벗어났다.

92

염관서선자 (鹽官犀扇子)

염관 스님이 하루는 시자를 불러 말했다.
"무소뿔 부채[犀牛扇]를 가져오너라."
"부채가 다 부서져버렸습니다."
"부채가 부서졌다면 나에게 무소를 돌려다오."
시자는 아무런 대꾸가 없었다.

擧　鹽官一日喚侍者　與我將　犀牛扇子來　侍者云　扇子破也　官云
扇子旣破　還我犀牛　侍者無對

투자(投子) 스님이 말했다.
"사양치 않고 가져다 드리겠습니다만 뿔이 온전치 못할까 염
려스럽습니다."
설두 스님은 이에 대해 염(拈)했다.
"나는 온전치 못한 뿔을 필요로 한다."

석상(石霜) 스님이 말했다.
"스님에게 되돌려줄 것은 없다."
설두 스님은 이에 대해 염했다.
"무소는 아직 그대로 있다."

자복(資福) 스님이 일원상(一圓相)을 그리고 그 가운데에 소 우(牛)자를 썼다.
설두 스님이 이에 대해 염했다.
"조금 전엔 무엇 때문에 가지고 나오지 않았느냐?"

보복(保福) 스님이 말했다.
"스님께서는 춘추 높으시니 따로이 사람에게 청하는 것이 좋 겠습니다."
설두 스님은 이에 대해 염했다.
"고생을 했지만 공로가 없는 것이 안타깝다."

원오 수시

알음알이와 견해를 초월하여 끈끈한 집착의 결박을 풀어버리 고 향상의 종지를 일으키고 정법안장을 세우려면 반드시 시방이 일제히 호응하고 팔방이 영롱하여야만 이러한 경지에 이를 수 있다. 말해보라, 함께 도를 깨쳐 얻고 생사를 함께 할 수 있겠 는가?

원오 평창

염관 스님이 하루는 시자를 불러 "무소뿔 부채를 가져오라" 고 했다. '이 일'은 언구상에 있지 않으나 사람의 평소 생각과 행동거지를 시험하려면 또한 반드시 말을 빌려 나타내야 한다.

섣달그믐[끝]에 이르러 힘을 얻고 주인공 노릇을 하면 갖가 지 경계에 부딪쳐도[觥] 전혀 흔들리지 않는다. 이를 작용이 없 는 작용, 힘이 없는 힘이라고 한다.

염관 스님은 바로 제안(齊安) 선사이다. 예전에는 무소의 뿔로 부채를 만들었는데 당시 염관이 무소뿔 부채가 부서져버린 것을 모를 턱이 없었지만, 고의로 시자에게 물었던 것인데, 시자는 "부채가 부서져버렸다"고 말한 것이다. 저 옛 분들을 보면 하루 종일 항상 자기의 본분과 관계시켰던 것이다.

염관 스님이 "부채가 부서졌다면 나에게 무소를 돌려다오"라고 말했는데 말해보라, 그는 무소를 가지고 무얼 하려고 했던가? 그저 상대가 귀착점을 알고 있는가를 시험하려고 한 말일까?

요즈음 사람은 물었다 하면 그저 이러쿵저러쿵 계교를 지을 뿐이다. 이 때문에 하루 종일 언구를 되씹으면서 끊임없이 증오처(證悟處)를 구하려고 한다. 그런데 그렇게 해서 들어갈 수 있다면 무엇 때문에 집을 떠나 걸식하면서 노숙하는 수고로움을 마다하지 않았겠는가?

공안 후미는 여러 스님들이 견해를 낸 것이다. 모두 선문의 종장들이다. 여러 번 읽다보면 무엇을 말하는지 알 것이다.

설두 송
무소뿔 부채[犀牛扇]를 오랫동안 써왔건만
물으면 원래 아무도 모르네.
무한한 맑은 바람과 뿔이
구름비가 지나간 것과 같아 뒤쫓기 어려워라.

犀牛扇子用多時　問著元來總不知　無限淸風與頭角　盡同雲雨去難追

설두 스님이 다시 말했다.

"맑은 바람 다시 되돌리고 뿔을 다시 돋아나게 하려거든 선객(禪客)들이여, 각각 획 뒤집어놓는 한마디[一轉語]를 해보라."

다시 말했다.

"부채가 부서졌다면 무소를 되돌려다오."

이때에 어떤 스님이 나오면서 말했다.

"대중들아, 좌선하러 가자."

설두 스님이 "악!" 일갈(一喝) 한 후

"낚시를 던져 고래를 낚으려 했더니, 겨우 새우를 낚을 줄이야"라는 말을 마치고 문득 법좌에서 내려왔다.

"무소뿔 부채를 오랜 동안 써왔는데도 물으면 의외로 아무도 모른다"는 것은 사람마다 무소뿔 부채를 지니고 하루 종일 모두 그의 힘을 받고 있으면서도 왜 묻기만 하면 모두가 모르는 것일까라는 것이다. 시자 스님, 투자 스님, 나아가서는 보복 스님까지 모두가 몰랐었다. 말해보라, 설두 스님은 알았을까?

무착(無着) 스님이 문수보살을 예방하여 차를 마실 무렵 문수가 파리(玻璃) 찻잔을 들고서 말했다.

"남방에도 이런 게 있느냐?"

"없습니다."

"평소에 무얼 가지고 차를 마시지?"

그러자 무착은 아무런 답이 없었다.

이 공안의 귀결점을 알 수 있다면 무소뿔 부채에 한량없는 맑은 바람이 담겨 있고 무소의 뿔이 우뚝우뚝 솟아 있는 것을 보게 될 것이다.

네 늙은이가 이처럼 말한 것은 마치 아침에 피어오르는 구름과 저녁에 내리는 비처럼 한 차례 스쳐 가버리면 다시 쫓기 어려운 것과 같다.

설두 스님이 뒤집는 한 마디[一轉語]를 해보라고 했을 때 한 선객이 "대중들아, 좌선하러 가자."라고 말했는데, 이 스님은 주인의 권한[權柄]을 빼앗아 대뜸 말하기는 했지만 열중에 여덟만 말했을 뿐이다. 온전히 말하려 한다면 곧 선상을 번쩍 들어 뒤엎어버렸어야 할 것이다.

여러분은 말해보라, 이 스님은 무소를 알았을까, 몰랐을까? 몰랐다면 이처럼 말할 수 있었을까? 아니 알았다면 설두 스님은 무엇 때문에 그를 긍정하지 않고서, "낚시를 던져 고래를 낚으려 했더니 겨우 새우를 낚을 줄이야"라고 말했겠는가?

말해보라, 결국 이 무엇일까? 여러분이 일없는 가운데 참구해보라.

93
노조의 알지 못함 [魯祖不會]

노조(魯祖)가 남전(南泉)에게 물었다.

"'마니주(摩尼珠)를 아는 이가 없으나 여래장(如來藏) 안에서 친히 거두어 얻을 수 있다' 했는데, 어떤 것이 장(藏)입니까?"

남전 "내[王老師]가 그대와 왕래하는 것이 바로 그것이니라."

노조 "왕래하지 않는 것은 무엇입니까?"

남전 "역시 장(藏)이니라."

노조 "무엇이 구슬입니까?"

남전이 "사조(師祖)여!"

노조가 '네'하고 대답하니

남전 "가거라, 그대는 내 말을 알지 못한다."

사조가 이로부터 믿어 들어갔다.

擧 魯祖問南泉 摩尼珠人不識 如來藏裏親收得 如何是藏 泉云 王老師與汝往來者是 祖云 不往來者 泉云 亦是藏 祖云 如何是珠 泉召云 師祖 祖應諾 泉云 去 汝不會我語 師祖從此信入

만송 시중

형산(荊山)의 옥으로 까치를 좇고 늙은 쥐가 금을 물어온다. 그 보배를 알지 못하면 그 쓰임새를 얻지 못하나니 옷 속의 구슬을 활짝 깨달을 자가 있는가?

만송 평창

종남산(終南山) 운제(雲際)의 사조(師祖) 선사는 남전의 법을 이었는데 천동이 잘못 알고 노조(魯祖)라고 한 것이다. 여기서 가려보겠으니, 학자들은 알아야 한다. 우선 지주(池州)의 노조산(魯祖山) 보운(寶雲) 선사는 마조의 법을 이었으니 남전의 형이 된다. 그런데 남전이 사조라고 이름을 불렀으니 이 공안으로 살피건대 남전의 제자 사조임이 틀림없다.

사조의 마니주 질문은 본래 영가(永嘉) 선사의「증도경(證道經)」에서 나온 것이다. 범천 기(梵天琪) 화상의 주에 이르되 "범어의 마니(摩尼)는 번역하면 여의(如意) 또는 무구광(無垢光) 또는 증장(增長)이다" 했다.

여래장(如來藏)은 여래가 들어가 있는 마음을 말한다.「승만경(勝鬘經)」에서는 두 가지 여래장을 설했다. 첫째는 공여래장(空如來藏)이니 온갖 번뇌를 벗어나 여의었기 때문이요, 둘째는 불공여래장(不空如來藏)이니 항하사보다 많은 불사(不思)의 불법을 구족했기 때문이다.

종남산 운제사의 사조 선사가 "무엇이 구슬인가?" 물었는데 남전이 이르되 "가거라, 너는 내 말을 알지 못한다" 하자, 사조가 이로부터 믿어 들어간 것이다.

원통(圓通) 국사가 이르되 "요즘에도 믿어 들어가는 자[信入]가 있는가? 만일 있다면 망상(罔象)135)이 올 때 빛이 찬란하고,

만일 없다면 이루(离婁)[136]가 찾는 곳에는 파도가 충천할 것이다" 했다.

석우 착어 "부처님 재세시는 믿음으로 들어가는 것[信入]만으로도 충분했고, 천년 후에는 오입(悟入)이나 성입(省入)이 있어야 깨달음이라 할 만하고, 스승이 없으면 득입(得入)은 힘들고 자오자득(自悟自得)해야 한다."

불과(佛果)가 이르되 "온 땅덩이가 그대로 여래장이거니 어디에다 마니주를 둘 것이며, 온 땅덩이가 그대로 마니주이거니 무엇을 일러서 여래장이라 하겠는가?" 했다.

설두(雪竇)는 다르게 이르되 "험한 백 자 장대 끝에서 광대놀이를 하는 것은 좋은 솜씨가 아니다. 거기에서 눈길을 돌려 손과 주인을 엇바꿀 수 있어야 능히 범의 굴에 깊이 들어갈 수 있다. 만일 그렇지 않다면 설사 사조가 깨달았다 해도 역시 용두사미(龍頭蛇尾)이다."

석우 송
사조여! 하고 부르니
백 개 천 개의 우주가 답을 해서
대천세계가 환하게 빛을 낸다.
황제가 얻은 구술은 하나이지만

---

135) 황제(黃帝)가 적수(赤水)에 노닐다가 구슬을 빠뜨렸다. 이주(離朱)를 시켜 그것을 찾게 했으나 보지 못했고 끽후(喫詬)를 시켜 그것을 찾게 했으나 또한 얻지 못했다. 후에 상망(象罔)을 시켜 그것을 찾게 하자 비로소 얻었다.
136) 이루(离婁)는 황제(黃帝) 때 사람이니 백 리 밖의 가을 털끝을 볼 수 있었다.

이 여의주는 무량수이다.
누가 빛을 따라가지 말라 하는가.
눈 밝은 납자라면 길팡질팡하지 않는다.

94
서원의 두 번 틀림 [西院兩錯]

천평종의(天平從漪)137) 스님이 행각할 때, 항상 말하길 "불법을 안다 말하지 말라. '그것'을 말하는 사람은 찾아보아도 없다"라고 했다. 천평 스님이 서원사명(西院思明) 스님을 참방했다.

하루는 서원 스님이 멀리서 천평 스님을 바라보고 부르며 말했다.

"종의(從漪)야!"

천평 스님이 머리를 들자,

"틀렸어[錯]" 라고 말했다.

천평 스님이 두세 걸음을 걸어가자, 서원 스님은 또다시

"틀렸어[錯]"라고 말했다.

천평 스님이 앞으로 가까이 다가서자

서원 스님이 말했다.

"조금 전에 두 번 '틀렸어'라고 말했는데 서원이 틀렸느냐, 상좌(천평)가 틀렸느냐?"

---

137) 天平; 천평 종의(從漪) 송대 승. 청계홍진(현사를 이은 승)에게서 득법했고 상주(지금의 하남 안양) 천평산에 거주했음 [전등록26. 오등회원8].

"제[從漪]가 틀렸습니다."
서원 스님은 또다시 "틀렸어"라고 했다.
천평 스님이 그만두려 하자,
서원 스님은 말했다.
"우선 여기에 머물며 여름 결제를 지내면서 상좌와 함께 이 두 번 틀렸다는 것을 헤아려보도록 하자."
천평 스님은 그 당시 곧바로 떠나버렸다.
그뒤 천평산[天平山]에 주석하면서 대중들에게 말했다.
"내가 처음 행각할 때 업풍(業風)에 끌려 사명장로(思明長老)의 처소에 찾아갔더니, 연이어 두 번이나 '틀렸어'라고 말한 뒤 스님은 나에게 그곳에 머물면서 여름 결제를 보내며 함께 헤아려보자고 했다. 나는 그때는 틀렸다는 것을 몰랐지만 내가 그곳을 떠나 남방으로 떠날 때 비로소 틀려버린 것을 알았다."

擧 天平和尙行脚時參 西院 常云 莫道會佛法 覓箇擧話人也無 一日西院遙見召云 從漪
平擧頭 西院云 錯 平行三兩步 西院又云 錯 平近前 西院云 適來這兩錯 是西院錯 是上座錯 平云 從漪錯 西院云 錯 平休去 西院云 且在這裏過夏 待共上座商量這兩錯 平當時便行 後住院謂

衆云 我當初行脚時 被業風吹 到思明長老處 連下兩錯 更留我過
夏 待共我商量 我不道恁麽時錯 我發足向南方去時 早知道錯了也

　　서원사명(西院思明) 스님은 보수(寶壽)스님 법을 계승했다. 하루는 서원 스님이 보수 스님에게 물었다.
　　"화성(化城: 방편)을 짓밟아버릴 때는 어떠합니까?"
라고 묻자, 보수 스님이 말했다.
　　"날카로운 칼은 죽은 자를 베지 않는다."
　　서원 스님이
　　"벱니다" 라고 말하자, 보수 스님은 대뜸 후려쳤다.
　　서원 스님이 열 번이나 "벱니다"라고 계속 말하자,
　　보수 스님도 열 번 치면서 말했다.
　　"이놈아, 무엇이 그렇게 다급하여 죽은 시체를 지키려다 뼈아픈 방망이에 얻어맞느냐?"
하고는 큰 소리[喝]를 지르더니 나가버렸다.
　　그때 한 스님이 보수 스님에게 물었다.
　　"조금 전에 대화했던 스님이 무슨 말을 했기에, 스님께서는 방편으로 제접하셨습니까?"
　　보수 스님은 또다시 후려친 후 이 스님을 밀쳐내었다.
　　그뒤 이들은 다 함께 보수 스님의 법을 계승했다.

　　천평 스님은 일찍이 진 산주(進[138]山主)를 참방한 바 있다. 그는 총림에서 나복두선(蘿蔔頭禪)[139]을 참구하여 뱃속에 담아두고 이르는 곳마다 "나는 선(禪)도 알고 도(道)도 안다"고 큰 소리를 쳤으며, 항상 "불법을 안다고 말하지 말라. '이것'을 말

---

138) 삼성본에는 '進'자가 '焦'자로 표기되어 있다.
139) 무우처럼 물렁한 재료로 만든 도장으로 멋대로 인가를 주고받은 선.

하는 사람은 찾아보아도 없다"고 말하곤 했다. 이 말은 맞는 말인 듯해도 선문에서 이런 말은 남에게 구린내나 풍기는 방자하고 경박하기 이를 데 없는 말일 뿐이다.

서원 스님이 천평 스님을 부르자, 고개를 돌린 천평 스님에게 일차 '틀렸다'고 했고, 틀렸다는 말을 듣고도 천평 스님이 두세 걸음 간 것은 일단 납자의 기상을 보인 것이다. 서원 스님은 이를 놓치지 않고 두세 걸음 나아간 천평에게 다시 한 번 더 '틀렸다'고 했고, 그럼에도 불구하고 서원 스님 앞 가까이까지 다가갔다. 여기까지만 보면 천평 스님은 나름 납자의 기백이 있다. 선사와 납자의 주고받는 기봉이 비등해서 마치 화살과 화살이 만난 듯하고, 용과 호랑이가 만난 것과 같다.

이 일전에서 먼저 말을 꺼낸 사람은 서원 스님이었다.

"조금 전에 두 번 '틀렸어'라고 말했는데 서원이 틀렸느냐, 상좌(천평)가 틀렸느냐?"

'서원이 틀렸느냐, 천평이 틀렸느냐' 라는 질문이 떨어지면 행각승은 바로 상대를 제압할 만한 자기의 빼어난 기량을 보여야 한다. 이 순간은 계급장을 떼고 서로의 비기를 보이는 시간이므로 다소 거칠어도 좋다. 법에 맞는 일구만 나오면 선사는 그의 그릇을 바로 알아보고 일단 기뻐하는 마음으로 재차 삼차 시험을 해서 행각승을 알아본다.

이때 천평 스님은 자기가 아는 '이것'에 의거하면 '고개를 돌린 것' 그리고 '두세 걸음 나간 것'은 흠이 된다는 생각을 할 수밖에 없다. 그래서

"제[從漪]가 틀렸습니다."

라고 말한 것이다. 그런데 이것은 법에 맞는 일구를 보인 것이 아니고 되레 자신의 미숙한 공부를 고백한 것이나 마찬가지이다. 이론적으로는 맞는 말인 듯해도 이것은 인정되지 못하는 말이다. 투철하게 벗어난 사람은 이렇게 말하지 않는다. 서원 스님은 비로소 행각승의 밑바닥을 보고 곧바로 "틀렸어"하고 3차 시정을 해준 것이다.

본래 도를 아는 사람이라면 남이 불러도 고개를 돌리지 않는 대범함이 있어야 하고, 입이 시뻘건 나찰이나 아귀와 같아서 남이 무어라고 짖어대는 대도 불구하고 한 입에 몸이나 팔 다리를 가리지 않고 물어뜯을 듯한 기상이 있어야 한다.

그러나 도를 논하는 자리도 아니고 혹 불을 끄는 급한 일이 있어서 도와달라고 이름을 부를 때도 있는데 매번 고개를 돌리지 않는 것은 참다운 도인이라 해도 어려운 일이다. 그래서 1차 고개 돌림은 틀릴 수밖에 없다 해도 "제가 틀렸습니다"라는 말은 정말 틀린 말이다. 이렇게 무분별한 견해로는 남은 고사하고 자기조차 구원하지 못한다. 선사는 곧바로 "틀렸어!"하는 말이 나올 수밖에 없다.

그런데 이때 영리한 사람이거나 공부가 목까지 차올라온 사람이라면 세 번째 '틀렸어'라는 말에는 즉시 깨달아야 정상이다. 그러나 천평 스님은 여기서도 아무런 깨우침도 없이 대담을 그쳤고, 서원 스님이 여기서 3개월간 나와 지내면서 무엇이 틀렸는지 알아보자고 잡았는데도 뿌리치고 사원을 떠나갔다. 어찌

보면 이 뿌리침도 납자의 기상이 엿보이는 듯한 행동이다. 만일 천평 스님이 뒷날 고백하지 않았다면 천평이 속으로 깨달음을 얻고 깨달은 심경을 이렇게 단도직입적으로 보인 것이라고 오해할 수도 있는 행동이었다.

그러나 천평 스님은 '이것'에 대한 이해는 가지고 있는 사람이었고, 초견성은 했다고 평가할 수는 있다. 다만 확철대오 하지 못해서 전후좌우 끊어내고 멈출 때와 드러낼 때를 아는 것, 그리고 조용(照用)과 빈주(賓主)를 자유롭게 사용하지 못했을 뿐이었다.

남쪽은 원래 선도가 발생한 곳이다. 천평 스님은 서원 스님의 '틀렸어[錯]'라는 화두가 머리에 계속 머물러 있었다. 이것을 활구(活口) 화두라고 한다. 생생한 경험에 기반한 화두는 걸어가나 밥을 먹으나 앉으나 서나 오직 그 의심 하나만 남아있게 된다. 이런 활구 화두를 의심하면 오래지 않아서 깨닫게 되어있다.

천평 스님은 남방으로 가던 도중에 비로소 서원 스님이 '틀렸어'라고 했던 선사의 의지를 알아내고 말았다. 그리고 훗날 천평산 주지를 할 때 후학을 위해서 자신의 어리석었던 납자 시절의 공부 일화를 아낌없이 제공해 준 것이다.

여기까지 본 화두의 전후 사정을 대강 알았으니까 이제 남은 것은 납자들이 서원 스님의 '틀렸어'라고 말했던 선사의 의지를 알아내는 것이다. 여기서 틀렸다고 말한 이치를 알아챈다면 나머지 1천7백 공안 역시 108 염주가 하나의 실에 꿰어있듯 모든 이치가 한 눈에 들어올 것이다. 조심해야 하는 것은 온갖 세속적 알음알이나 논리적인 것으로 화두를 알려 해서는 안 된다는 것이다.

원오 스님은 사람들이 화두에 대해서 이러니저러니 해석하고 평하는 것을 보고 한 말이 있다.

"불법이란 그러한 이야기가 아니다. '이 일'을 논하는데 어찌 많은 말이 있을 수 있겠는가? 그대 역시 만일 나는 아는데 그는 모른다고 말하면서 한 짐의 선(禪)을 짊어지고 천하를 두루 달리다가 눈 밝은 사람에게 시험을 당하면 (아는 것을) 한 점도 써보지 못할 것이다. 평소에 하늘을 바라보며 말하기를 선을 조금 안다고 말은 하나 불꽃이 이글거리는 풀무 속에다 잠깐 녹여보면 결코 한 점도 쓸 수 없다는 것을 금방 알 것이다."

또 오조(五祖) 법연 스님이 말하길

"대부분 사람들이 하는 참선은 유리병 속에서 떡가루를 찧듯 한다. 결코 굴려보려 해도 되지 않으며, 흔들며 털어보아도 나오지 않고 툭 건드리면 바로 깨져버린다. 생동감 있는 경지에 이르고자 한다면 터지지 않는 가죽 포대의 선[皮殼漏子禪]으로 참구하라. 이는 높은 산에서 굴려내려도 부서지지 않을 것이다."

풍혈風穴 스님이 말했다.

"설령 말하기 이전에 안다 해도 한 껍질 막힌 것이고 집착하여 매인 것이며, 언구에 정통한다 해도 언제나 미친 견해를 면하지 못하리라."

또 원오 스님이 말했다.

"이 두 번의 '틀렸어'라는 말은 전광석화처럼 번뜩이는 것이었는데 참으로 몰랐다 하겠다. 이는 향상인의 경지이다. 마치 칼을 잡고 사람을 베려거든 똑바로 목줄기를 잘라야만 숨통을 끊어놓을 수 있는 것과 같다. 만약 이 칼날 위에서 행할 수 있다면 바로 종횡무진 자재할 수 있다.”

이 화두만 그러한 것은 아니고 모든 화두가 그렇듯이 질문에 이미 답이 있다. 선사가 질문을 던졌을 때 전광석화와 같이 바로 알아채야 다음 대담이 진행될 수 있다. 선사의 질문에 마음이 아득해지거나 아는 것이 생각나서 그것으로 답변을 만들면 그것은 답이 되지 않는다.

선사가 던지는 화두는 ‘영리한 자’와 ‘공부가 꼭대기에 이른 자’를 위해서 하는 말처럼 들린다. 그래서 향상인[向上人: 한 단계 올라간 것]의 경지라고 말하는 것이다. 현장에서는 주로 여러 사람을 위해서 하는 말이지만 유독 이 두 사람에게만은 선사의 말이 정밀하게 느껴지고 선명한 정신으로 들린다. 또 참으로 누구에게든지 이익 되는 말이라는 것에 동감하고 선사가 다음에 나올 말을 미리 예측할 수 있다.

때문에 선사에게 질문을 받았을 때 전광석화와 같이 알을 깨고 즉시 나오는 말이 없으면 그 화두를 알 때까지 참구해야 한다. 활구 화두를 참구해야 시간도 절약하고 올바른 도에도 진입할 수 있다.

열재거사(悅齋居士) 송
3착(錯: 틀림)을 평분(平分)하면 양가(兩家)에 속한다.
중간의 1착(錯)은 교차(交叉)점이다.
마음으로 밝히면 모두 막힘을 이루나니
믿음의 손[信手]으로 집어 와야 모두 어긋나지 않는다.

三錯平分屬兩家　中間一錯互交叉　將心明去都成滯　信手拈來摠不
差

석우 착어 "지각(智覺) 스님이 이르되 '마음과 짝을 하지 말
라. 마음이 없으면 마음이 스스로 편안하다. 만일 마음으로 짝
을 삼으면 움죽하자마자 마음에게 속으리라' 했으니, 짝한다면
망심(忘心)과 짝하는 것이요, 없다면 망심도 없다."

95
전삼삼후삼삼 (前三三後三三)

문수가 무착(無著)에게 물었다.
"요즈음 어디에 있다 왔느냐?"
"남방에서 왔습니다."
"남방에서는 불법을 어떻게 수행하느냐?"
"말법시대의 비구가 계율을 조금 받드는 정도입니다."
"대중이 얼마나 되는가?"
"삼백 명 또는 오백 명 정도입니다."
무착이 도리어 문수에게 물었다.
"여기에서는 어떻게 수행합니까?"
"범부와 성인이 함께 있고 용과 뱀이 뒤섞여 있다."
"대중이 얼마나 되는가요?"
"앞도 삼삼[前三三] 뒤도 삼삼[後三三]이야."

擧 文殊問無著 近離什麼處 無著云 南方 殊云 南方佛法 如何住持 著云 末法比丘 少奉戒律 殊云 多少衆 著云 或三百或五百 無著問文殊 此間如何住持 殊云 凡聖同居龍蛇混雜 著云 多少衆 殊云 前三三後三三

무착이 오대산을 유람하는 도중 황량하고 외딴 곳에 이르렀다. 문수가 하나의 절을 화현(化現)시켜 그를 맞이하여 자고 가라고 하면서, 문수가 위 공안을 말한 것이다. "앞도 삼삼[前三三] 뒤도 삼삼[後三三]이야"라는 말을 듣고도 무착이 말이 없자, 차를 마신 후 문수는 파리(玻璃) 찻잔을 들고서 말했다.

"남방에도 이런 물건이 있느냐?'
"없습니다."
"평소 무엇으로 차를 마시느냐?"
무착은 아무 말도 못했다.
그리고는 하직하고 떠나려 하자, 문수가 균제동자(均提童子)에게 문 밖까지 전송해주도록 했다. 무착이 동자에게 물었다.
"'조금 전에 앞도 삼삼, 뒤도 삼삼'이라고 말했는데, 얼마나 되는가?"
"대덕이여."
무착이 "네!" 하고 대답을 하자, 동자는 말했다.
"이것은 얼마나 됩니까?"
무착이 또 물었다.
"여기가 무슨 절인가?"
동자가 금강력사(金剛力士)의 뒤를 가리켰다.
무착이 머리를 돌리는 찰나에 동자와 화현으로 나타난 절까지 하나도 보이지 않고 오로지 텅 빈 산골짜기만 있을 뿐이었다. 그곳을 후세에 금강굴(金剛窟)이라고 불렀다.

그후 무착이 오대산에 전좌(典座: 공양주)로 있었는데, 문수가 늘 죽 끓이는 솥 위에 나타났지만, 무착이 휘젓는 죽 주걱에 맞아 없어지곤 했다.

투철히 참구하여 무심하게 실제의 경지를 밟고자 한다면 무착의 언구(言句)에서 알아야 한다. 그러면 자연히 확탕(鑊湯)·노탄(爐炭)의 지옥에서도 뜨겁지 않고, 차가운 얼음 위에서도 추위를 느끼지 않는다. 만일 투철히 참구해 홀로 높이 금강왕 보검(金剛王寶劍)처럼 준엄하려면 문수의 말에서 알아야 한다. 그러면 자연히 물에 떠내려 보내지도 못하고 바람으로 날려 보내지도 못한다.

장주(漳州)의 지장(地藏)이 어떤 스님에게 물었다.
"요즈음 어디에 있다 왔느냐?"
"남방에서 왔습니다."
"그곳의 불법은 어떠한가?"
"이루 다 헤아릴 수 없습니다."
"내가 여기에서 밭에 씨앗을 뿌리며 주먹밥을 먹는 것만 하겠느냐?"

말해보라, 이것이 문수가 대답했던 것과 같은가, 다른가?
이에 대해 원오가 말하길
"앞에 쏜 화살은 그래도 가벼운 편인데, 뒤에 쏜 화살은 깊숙이 박혔다. 여기에서 깨칠 수 있다면 천 구절, 만 구절이 다만 한 구절일 뿐이다. 이 한 구절 속에서 끊어버리고 잡아둘 수 있다면, 잠깐사이에 이러한 경계에 이를 것이다."

어떤 스님이 법안(法眼) 스님에게 물었다.
"무엇이 조계(曹溪) 근원의 한 방울 물입니까?"

"이것이 조계 근원의 한 방울 물이니라."

또 어떤 스님[子璿]이 낭야 각(瑯琊覺) 스님에게 물었다.
"본래가 깨끗하거늘 어찌하여 홀연히 산하대지가 생겼습니
까?"
"본래가 깨끗하거늘 어찌하여 홀연히 산하대지가 생겼는가?"
애꾸눈 명초 덕겸(明招德謙) 스님이 그 뜻에 대해서 노래했는
데, 하늘과 땅을 덮는 기봉이 있었다.

사바세계가 두루두루 훌륭한 가람
어디를 보아도 문수가 대담(對談)하네.
언하에 부처의 눈 열 줄 모르고
돌아서서 그저 푸른 산 바위만 바라보네.

廓周沙界勝伽藍　滿目文殊是對談　言下不知開佛眼　回頭只見翠山
巖

96
임제의 한 획[臨濟一畫]

임제(臨濟)가 원주에게 물었다.
임제 "어디서 오는가?"
원주 "고을에 가서 황미(黃米)를 사가지고 왔습
니다."
임제 "살 것을 다 샀느냐?"
원주 "다 샀습니다."
임제가 주장자로 한 획을 긋고는 이르되
"이것도 샀느냐?"
원주가 문득 '할'을 하매
임제가 문득 때렸다.
다음에 전좌(典座)가 오자, 앞의 일을 이야기하니
전좌 "원주는 화상의 뜻을 몰랐습니다."
임제 "그러면 그대는 어떠한가?"
전좌가 문득 절을 하자,
임제가 또 때렸다.

擧 臨濟問院主 甚處來 主云 州中糶黃米來 濟云 糶得盡麼 主云
糶得盡 濟以拄杖一畫云 還糶得這箇麼 主便喝 濟便打 次典座至
擧前話 座云 院主不會和尙意 濟云 爾又作麼生 座便禮拜 濟亦打

만송 시중

부처가 와도 때리고 마구니가 와도 때린다. 이치가 있어도 삼십 방망이요. 이치가 없어도 삼십 방망이다. 이는 원수를 잘못 안 것인가, 아니면 양민을 가려낼 줄 몰라서인가? 일러보라.

만송 평창

본록(本錄)에는 공양주(供養主)에게 묻되 "어디서 왔는가?" 하니, 공양주가 대답하되 "고을에 가서 황미를 사가지고 왔습니다" 했다. 임제가 이르되 "살 것을 다 샀는가?" 하니, 공양주가 이르되 "다 샀습니다" 했다. 임제가 주장자로 한 획을 긋고 이르되 "이것도 샀는가" 하니, 공양주는 문득 절을 하매, 임제가 이르되 "그래도 좀 모자란다"고 했다고 되어 있다.

만송은 이르노니 "아무런들 어떠리요? 원주가 방망이를 맞은 것은 상(賞)에는 원수를 피하지 않는다는 도리요, 공양주가 칭찬을 받은 것은 벌[誅]에는 골육도 가리지 않는다는 도리이다" 하노라.

천동 송고

임제의 온전한 기개는 격조가 높아서
방망이 끝에 눈이 있어 가을 터럭을 알아본다.
여우와 토끼의 자취를 쓸어버리니 가풍이 준엄하고
고기가 변하여 용이 되니[140] 번갯불이 튄다.

---

140) 변화어용(變化魚龍); 강주(絳州) 용문(龍門)은 황하의 목젖이다. 전설에 우(禹) 임금이 뚫은 곳이라 해서 우문(禹門)이라고도 한다. 이곳부터 강의 너비가 40m 정도로 좁아지면서 세찬 물결이 치기 시작한다. 이

사람을 살리는 검이요
사람을 죽이는 칼이니,
하늘에 기대어 눈발에 번득이는 취모검이로다.
일등 영(令)을 행하나 재미는 각각이다.
100% 아픈 곳을 누가 만날 것인가?

**臨濟全機格調高　棒頭有眼辨秋毫　掃除狐兔家風峻　變化魚龍電火
燒　活人劍　殺人刀　倚天照雪利吹毛　一等令行滋味別　十分痛處是
誰遭**

임제가 때로는 사람은 빼앗고 경계는 빼앗지 않고, 때로는
사람과 경계를 모두 빼앗았는데, 만일 거기에 해당하는 사람을
만나면 문득 온몸으로 작용했으므로, 그래서 임제의 격조가 높
다는 것이다. 손 위에서 나오면 손 위에서 치고, 눈 위로 나오
면 눈 위에서 치고 4방 8면에서 오면 돌개바람으로 친다는 식
이다.

렇게 36km를 거슬러 올라가면 호구(壺口) 폭포가 나타나고 이곳에서
다시 또 한 번 세찬 물결이 몸부림을 친다. 황하강 하구에는 많은 잉
어들이 살고 있는데 3월이 되면 뛰면서 물결을 거슬러 올라간다. 거칠
고 긴 강을 거슬러 올라가 나지막한 호구 폭포까지 넘어서 3단계의 고
난을 돌파하면 고기는 변해서 마치 용처럼 거칠고 날쌔게 된다. 일설에
고기가 호구를 넘으면 몸에서 36장의 용 비늘이 생기고 턱 밑에는 1
자나 되는 역린이 생겨서 용이 된다는 전설이 있다. 이때 용문을 넘어
가지 못하는 잉어는 이마에 부딪친 점(상처)만 찍힌 채 아래로 떨어진
다 해서 등용문(登龍門)이라는 말이 생겼다.

97
구봉의 긍정치 않음 [九峰不肯]

구봉(九峰) 스님이 석상(石霜)의 회상에서 시자(侍者) 소임을 보는데 석상이 입적[遷化]했다. 나중에 대중이 당중의 수좌(首座: 상위 자리)를 천거해서 주지의 소임을 잇게 하고자 했다. 그러나 구봉이 인정치 않으면서 이르되 "내가 물어보아서 스승[先師]의 뜻을 분명히 알았으면 스승에게 하던 대로 시봉을 하겠다." 하고는 수좌에게 묻되, 석상 선사께서 이르시기를
"쉬고 쉬어라. 한 생각이 만 년을 가게 하라. 식은 재나 마른 나무 같게 하라. 한 가닥의 베를 희게 도련하라." 했는데,
구봉 "일러보라, 어떤 쪽의 일을 밝힌 것인가?"
수좌 "하나로 귀착[一色]되는 일[邊事]을 밝히신 것이오."
구봉 "그것은 스승의 뜻을 알지 못한 것이오."
수좌 "그대는 나를 긍정치 않지만 향을 가지고 와서 제자의 예를 드리려 하는 것은 어쩌겠는가?"

하고는 향을 사르고 이르되

수좌 "내가 만일 스승의 뜻을 알지 못했다면 향 연기가 솟을 때 앉은 채로 열반에 들지 못하리라."

말을 끝내자 앉아서 입적[坐脫]했다.

이에 구봉이 그의 등을 어루만지면서 이르되

"앉아서 죽고 서서 벗어나는 길이 없지는 않으나 스승의 뜻은 꿈에도 보지 못했다."

석상 스님의 '쉬고 쉬어라'라는 법문을 수좌는 '한 빛'을 밝히기 위한 설법이라고 말한 것인데, 수좌의 말은 맞는 말처럼 보이나 이 말은 석상 스님의 뜻을 전혀 모른 것이다. 구봉뿐만 아니라, 역대 조사들도 수좌의 말이 잘못되었다는 것을 이구동성으로 말하고 있다. 그렇다면 이때 뭐라고 했어야 구봉 선사와 조사들의 뜻에 부합할까?

만송 시중

운거(雲居)는 계주(戒珠)의 사리(舍利)를 신빙하지 않았고, 구봉(九峰)은 앉아서 죽고 서서 떠나는 기적을 사랑하지 않았고, 우두(牛頭)는 백 가지의 새들이 꽃을 물어오는 것을 바라지 않았고, 황벽은 잔[杯]을 띄워 강을 건너는 신통을 부러워하지 않았다. 자 일러보라. 이밖에 무슨 뛰어난 곳이 있던가?

만송 평창

균주(筠州)의 구봉(九峰) 도건(道虔) 선사는 석상의 법을 직접 이어받아 사람을 죽였다 살렸다 하는 주장자를 전해 받고 납자의 면목을 갖추었다. 그러나 수좌는 외통수[擔板漢]여서 겨우 한 토막의 막대기를 얻었을 뿐이다. "그것은 스승의 뜻을 알지 못한 것이오" 했을 때, 차라리 그저 이르되 "내가 형에게 졌소."라고 했더라면 문득 구봉이 몸 돌릴 곳이 없게 만들었을 뿐만 아니라, 정성을 다해 수좌에게 귀의했을 것이다. 듣지 못했는가. "다투면 부족하고 겸양하면 남음이 있다" 하지 않았는가. 요즘에 참학하는 사람들은 그저 옛사람들이 앉아서 입적하고 서서 죽은 것을 말하면서 자신들은 떠날 때 허망하게 손발을 허우적거릴 뿐이다.

또 보건대 구양(歐陽) 문충공(文忠公)이 숭산(崇山)의 노승을 찾아뵈었을 때 노승이 이르되 "요즘 사람들은 생각생각을 어지러운데 두니 임종할 때에 어떻게 안정을 얻으리오?" 했건만, 요즘[這廻]은 한결같이 속히 태어나고 속히 죽는 법만을 구한다.

각범(覺範)이 송하되 "죽을 때에 응당 다해야 할 것은 문득 응당 다할 것인데, 앉아서 입멸하고 서서 죽는 것은 아이들에게나 자랑할 거리다. 수락(酥酪)은 우유에서 나오는 것이고 별다른 것이 없나니 죽을 때를 무엇 하러 미리 알려하는가?" 했다.

이조 사(二朝士)가 보봉 조(寶峰照) 화상에게 묻되 "옛사람이 임종할 때 가고 옴이 자유자재하니 무슨 도리로 그렇게 됩니까?" 하니, 보봉이 이르되 "노승은 장차 스스로 목을 매어 죽을 것이니라141)"라고 했는데도 불구하고, 임종할 때 대중이 모여서 또 (근사한) 유훈(遺訓)을 구하므로 보봉이 욕설 두어 마디를 퍼붓고 끝내었다. 석상의 그 수좌가 이런 경지에 이르렀다면 구봉

---

141) 평범하게 죽으리라. 또는 험악하게 죽을 것이라는 뜻

의 우격다짐에 몰려 죽는 꼴은 면할 수 있었을 것이다.

불과 스님이 고(杲) 상인에게 다음과 같은 법어를 내렸다. "애달프다. 요즘 맹치[盲: 장님]를 두드리는 한 무리의 여우 종족들은 자신은 꿈에도 조사를 본 적이 없으면서 도리어 달마의 법을 전하노라 하면서 태식법(胎息法)을 전하고는 이르기를 '법을 전해서 미혹한 무리를 구제한다'고 한다. 나아가서는 예전에 최고로 장수하신 종사, 즉 안(安) 국사나 조주(趙州)를 이끌어서 모두가 이 술법을 썼다 하고, 더 나아가서는 달마의 외짝 신과 보화(普化)의 빈 관까지도 모두가 이 수법에 영험이 있어 마침내는 전신이 벗어나 떠났으니, 이것이 몸과 정신이 모두 묘하게 된 소식이라 하므로 사람들은 자기의 몸을 몹시 사랑하다가 납월 30일[사망 시점]이 되어서야 두려움을 가지고 창황히 참[眞]으로 돌아가는 법을 앞 다투어 구한다.

제야(除夜)에 그림자[影]를 바라보면서 주인공(主人公)을 불러서 (죽을) 날과 달을 점치고, 누고(髏鼓: 해골을 두드려 보는 의식) 소리를 들어서 옥지(玉池: 정신)를 징험하고, 눈빛을 지켜보는 등의 법으로 생사를 벗어나는 법이라 여기니 실로 세상[閭閻]을 속여 거짓으로 거푸집[窠]을 만들어서 높은 사람들의 비웃음을 사는구나.

또 어떤 무리는 초조의 태식설(胎息說)이나 조주의 십이시별가(十二時別歌)나 방(龐) 거사의 전하거송(轉河車頌)을 빌어다 번갈아 전수하면서 수행의 덕목으로 은밀히 전하여 장수하기를 구하거나 온몸이 벗어나기를 바라거나 혹은 3백·5백 세 살기를 바라지만 이것 그대로가 망상애견임은 전혀 알지 못한다."

이에 만송은 이르노니 "요즘 제방을 하대[下視]하는 사람들이

대체로 떠나려 할 때 남들이 잘 보아주기를 바라면서 종기[瘡]
위에다 연지를 찍지만 무슨 기쁠 일이 있으랴?"

석상 스님은 한평생 동안 고목당(枯木堂)을 마련하고 고목 같
은 대중을 두어서 장좌불와(長坐不臥)하는 사람이 예사로 있었고
앉아서 입멸하거나 서서 죽는 이도 매우 많았다. 그러나 오직
구봉만이 수좌를 긍정치 않았다. 요즘 앉아서 입멸하고 서서 죽
기를 좋아하는 이들은 어찌하여 '구봉의 긍정치 않는 곳'을 터
득하지 못할까? 일러보라. 구봉은 어떤 작용을 갖추었는가? 천
동의 송을 들어보라.

석상의 한 종(宗)이 구봉에게로 친히 전해졌다.
향 연기 따라 벗어났으나 바른 법맥은 통하지 못했다.
달 비친 둥지 속의 학은 천 년의 꿈을 꾸고142)
눈 덮인 초가 속의 사람은 일색(一色)의 경관에 홀렸네.
앉아서 시방을 끊어도 오히려 이마에 점(點)이고
한 걸음 은밀히 옮겨야 비룡(飛龍)을 볼 것이다.

石霜一宗親傳九峯　香煙脫去正脉難通　月巢鶴作千年夢　雪屋人迷
一色功　一坐斷十方猶點額　密移一步看飛龍

천동 스님은 "의리는 가난한 집부터 끊어지고 세상 인정은
돈 있는 집으로 치우쳐 향한다" 했지만, 만송은 이르기를 "문정
門庭 시설은 구봉보다 가난하지만 진리에 들어가서 깊이 이야기
하는 것은 수좌보다야 백 걸음이나 앞섰다" 하겠다.
승묵(勝默) 화상이 조정영사시(祖庭詠史詩)에서

---

142) 천년 동안 사는 꿈을 꾸고

"수좌는 공연히 향 한 개비만 낭비했고
구봉은 덕 높은 현인을 억누른 사람이 아니다.
만일에 일색(一色) 되는 것만으로 법을 잇는다고 여기면
스승께서 인연 빌리지 않은 것을 저버리리라."

석상 스님이 평소 법문에 이르되 "비추는 공부를 일찍이 잊지 않았더라도 역시 밖으로 이음[外紹]이며 신하의 종자[臣種]이며, 빌려옴[借]이라고도 하거니와, **만일 탄생할 때 왕자같이 실한 올도 걸리지 않으면 태어나자마자 곧 왕위를 계승하리니 이는 안으로 이음[內紹]이며, 왕의 종자[王種]이며, 말을 빌리지 않음[句不借]이라** 한다. 빌리면 일색(一色)에 치우친 일이니 부득이해서 근기에 응하여 중생을 이롭게 할 때에는 겨드랑이에 끼고 이끈다[挾帶]" 했다.

98

광제의 복두건 [光帝幞頭]

동광제(同光帝)가 흥화(興化)에게 말했다.

광제 "과인이 중원의 보배 하나를 얻었는데 아무도 값을 매기는 이가 없소."

흥화 "폐하의 보배를 보여주소서."

광제가 두 손으로 복두건 꼬리를 끌어당겨 보이자

흥화 "군왕의 보배를 누가 감히 흥정하겠습니까?"

擧 同光帝謂興化曰 寡人收得中原一寶 只是無人酬價 化云 借陛下寶看 帝以兩手引幞頭脚 化云 君王之寶 誰敢酬價

동광(同光)은 연호이다. 대중천자(大中天子)가 곧 선종(宣宗)인 것과 같다. 후당(後唐)의 장종(莊宗)이 즉위한 지 3년, 계미(癸未)에 동광 원년이라고 기원을 고쳤다.

위부(魏府)의 흥화 존장(興化存奬) 선사는 임제 스님이 은사이고 임제의 법을 이었다. 어떤 승이 묻되 "4방과 8면에서 올 때엔 어찌합니까?" 하니, 흥화가 대답하되 "중간의 것을 치느니라" 했다. 승이 절을 하니, 흥화가 이르되 "대중아, 흥화가 어제

동네의 재에 갔는데 도중에서 폭풍과 폭우를 만나 신묘(神廟) 속으로 들어가서 피했느니라” 했다.

당의 장종(莊宗)이 하북(河北) 지방으로 행차한 일이 있었는데 위부의 행궁(行宮)으로 들어와서 흥화를 불러 자리와 차를 권한 뒤에 위 공안처럼 물은 것이다. 황제가 두 손으로 복두건의 끝을 끌어 보인 것은 비록 황제가 공안을 참구하지는 않았으나 스님들이 말 이전의 소식을 중히 여기는 정도는 알고 있으므로 자신의 복건을 끌어와 보인 것이고, 이유야 어떻든 말없이 복건 자락을 잡아든 것을 본 흥화 선사에게는 하나의 숙제가 주어진 것이다. 하나는 일반인이 알아들을 수 있게 불법을 설명해야 하는 것이고, 또 하나는 선사에게 질문이 떨어졌으므로 선법을 보여서 중생제도의 의무를 이행해야 하는 것이다.

흥화 스님은 이 두 가지에 충족하는 대답을 한 것이 바로 “군왕의 보배를 누가 감히 값을 매기겠습니까?”라고 한 것이다. 군왕의 보배라고 말은 했지만 사실은 개개인의 보배를 말하기도 하고 또 선문답의 주제인 ‘이것’에 대한 설명을 간략하게 한 것이다. 하지만 왕의 입장에서는 나라의 보배가 ‘황제’라는 것에 만족해서 황제가 크게 기뻐하면서 자의(紫衣)와 사호(師號)를 하사하려 했으나 흥화가 모두 받지 않자 황제는 다시 어마(御馬) 한 필을 하사했다.

그런데 평범한 말인 듯한 이 화두가 스님들의 공안으로 부상한 것은 선문에서도 가히 참구할만한 공안이 되기 때문이었다.

현각(玄覺)이 징(徵)하되 “일러보라. 흥화는 동광제를 긍정한 것인가, 긍정치 않은 것인가? 만일 긍정했다면 흥화의 안목이 어디에 있으며 만일 긍정치 않았다면 동광제의 허물이 어디에 있는가?" 했으므로, 홍화가 동광제를 인정했는가에 대한 주제가 올라왔다. 이제 대해서 만송은 "공생(空生: 수보리)이 「금강경」의 취지를 이해하지 못하여 의심나는 점을 물은 것이 천하에 가득하다" 했으므로 그냥 평범한 일상적 질문과 답변이었다고 한 것이다.

취암 지(翠岩芝)가 이르되 "홍화가 그때에 쓴 한 수는 가히 명정(酩酊: 술 취함)이라 하리니, 지금 누가 어떻다 판단할 것인가?" 했는데, 선사의 일구가 선사로서 선명하지는 않았지만 누구라도 더 잘하기 어렵다는 것이다.

황룡 심(黃龍心)이 이르되 "홍화가 한때 기미를 보고 움직였던 것인데 한 조정의 천자를 어떻게 짓밟을 수 있겠는가? 만일 그때 그저 이르기를 '방합(蚌蛤) 속의 구슬을 얻기는 했으나 아무 쓸모도 없소' 했더라면, 그에게 뒷날 다른 살길이 있게 되어서 서로서로 둔하게 만드는 폐단을 면할 수 있었을 터이다. 지금에 누군가가 또 그렇게 묻는다면 무엇이라 대답할꼬?" 했는데, 황룡은 달마 대사처럼 '공덕이 없다'고 말하고 이웃 나라로 훌쩍 떠나는 방법이 있었다고 한 것인데, 그렇다고 그 방법이 반드시 옳다고만 할 수는 없다.

오히려 설두(雪竇) 스님은 말하길 "지존(至尊)이 얻은 바는 다만 곁에서 넘겨다볼 뿐인데 만일 본분작가 홍화가 아니었더라면 가끔 지나치게 비싼 값을 매겼을 것이다" 했다. 홍화이기에 이 정도이지 다른 사람이라면 황제에게 더 심한 아부도 했을 것이라면서 홍화의 고충을 조금 이해한 것이다.

운봉 열(雲峰悅)이 이르되 "참됨은 거짓을 가리지 못하고 굽은 것은 곧은 것을 갈무리하지 못하나니, 눈 있는 자는 가려내보라" 했는데, 이 말은 무엇을 기준하여 옳고 그른 것을 판단하겠는가? 비가 내리고 눈이 내리는 자연의 이유에 대해 왈가왈부하지 말라는 식으로 말했다.

어찌되든 공안을 참구해서 외눈을 뜬 사람이라면 황제와 같은 신분의 사람을 만났을 때 어떻게 하는 것이 가장 이상적인 대답일까에 대한 질문으로 이 화두가 공안이 된 것이다. 본색 종장은 참구해보라.

천동 송고
군왕이 속마음으로 지음자(知音者)와 대화하니
천하가 정성을 기울이기 해바라기 같도다.
중원의 값 매길 수 없어 비싼 보배 끄집어내니
조벽(趙璧)이나 연금(燕金)과143)는 비길 바 아니네.
중원의 보배를 흥화에게 내어주니
한 떨기 광명은 값을 정하기 어려워라.
황제의 업적이여, 만세의 스승이 될 만하니
금수레가 4천하를 밝게 비치도다.

君王底意語知音　天下傾誠葵藿心　掇出中原無價寶　不同趙璧與燕金　中原之寶呈興化　一段光明難定價　帝業堪爲萬世師　金輪景耀四天下

어떤 관리가 귀종(歸宗)을 뵙고 물었는데 귀종이 모자의 양

---

143) 조국(趙國)에 화(和)씨의 구슬[璧]이 있었는데 연(燕)의 소왕(昭王)이 대를 쌓고 천금을 그 위에 쌓아놓은 뒤 천하의 선비를 불러 연회했던 일이 있으므로 천금대(千金臺)라 한다.

쪽 끈을 당겨 보이면서 이르되 "알겠는가?" 했다. 관리가 대답
하되 "모르겠습니다" 하니, 귀종이 이르되 "노승이 머리에 풍병
이 있어서 그러니 모자를 벗지 않는다고 수상하게 여기지 말아
주시오" 하니, 관리가 말이 없었다.

99

동산의 항상 간절함 [洞山常切]

어떤 승이 동산(洞山)에게 물었다.
일승 "삼신(三身) 가운데 어느 몸이 수효에 떨어
지지 않습니까?"
동산 "내가 항상 이것에 대해 간절했느니라."

擧 僧問洞山 三身中 那身不墮諸數 山云 吾常于此切

수효에 떨어지지 않는 것은 1명, 2명, 3명, 4명이라는 숫자
에 떨어지지 않는 분이 누구냐는 뜻이다. 절(切)은 끊다, 정성스
럽다, 절절(切切)하다, 간절(懇切)의 뜻이 있다. 옛사람의 대답을
참고해보면 간절하다는 뜻으로 쓴 것이다. '그것'에 대해 말하려
고 하면 길이 끊어진 절벽 앞에서 일구[一句]를 구하는 듯 간절
한 상태에 들어간다는 것이다. 동산이 굳이 그러한 심경을 드러
내 보인 것은 이 일을 위하고 후대를 위하는 마음이 있었기 때
문이다.

만송 평창
본록(本錄)에는 "삼신 가운데 어느 한 몸이 설법합니까?" 하
고 물으니, 동산이 이르되 "내가 항상 이것에 대해 간절했느니
라"라고 했다고 되어 있다.

소산 광인(疎山匡仁) 선사가 처음 동산에게 묻되 "아직 있지 않은 말을 스님께서 보여주소서" 하니, 동산이 이르되 "인낙(認諾)할 수 없는 것은 긍정하는 사람이 없기 때문이다" 했다. 소산이 다시 묻되 "도리어 간절함이 있습니까?[還可切也無]" 하니, 동산이 이르되 "그대는 지금 간절한가?" 했고, 소산이 대답하되 "간절할 수가 없다면 숨길 것도 없습니다" 하니 동산이 긍정했다.

나중에 승이 조산에게 묻되 "선사(先師)가 이르시되 내가 항상 여기에 대하여 간절했다 하신 뜻이 무엇입니까?" 하니, 조산이 이르되 "내 머리가 필요하거든 쪼개어 가거라" 했다. 승이 또 설봉(雪峰)에게 물으니, 설봉이 주장자로 입을 쥐어질러 때리면서 이르되 "나도 일찍이 동산에 간 적이 있느니라" 했다.

승천 전종(承天傳宗)이 이르되 "일전어[一轉語]는 바다와 강이 평온하고 맑아졌고, 일전어[一轉語]는 바람은 높고 달이 싸늘해졌고, 일전어[一轉語]는 도적의 말을 타고 도적을 쫓는다. 시험삼아 가려내보라. 홀연히 어떤 납승이 나서서 이르기를 '모두 그렇지 않다' 해도 그가 한쪽 눈은 갖추었다고 허락하리라" 했다.

약산 문하의 자손들은 겉으로는 보호하고 숨기는 법을 지키면서도 근본을 좋아하기로는 대체로 같았다. 듣지 못했는가? 어떤 승이 석상에게 묻되 "어떤 것이 조사께서 서쪽에서 오신 뜻입니까?" 하니, 석상이 이를 악물어 보였다.

승이 알아듣지 못한 채 석상이 천화(遷化)하자 구봉에게 가서 묻되 "선사께서 이를 악무신 뜻이 무엇인가요?" 하니, 구봉이 대답하되 "내가 차라리 혀를 끊을지언정 제왕의 이름[國諱]을 범하지 않겠노라" 했다. 승이 다시 운개(雲蓋)에게 물으니, 운개가 이르되 "나와 스승과 무슨 원한이 있다고 여기느냐?" 했다.

보령 인용(保寧仁勇) 화상이 송하되 "이 간절함은 밖을 향해 구하는 모습을 슬퍼하노니, 지극히 친한 이를 어찌하여 원수같이 여기리오. 처음부터 끝까지 온 얼굴에 부끄러움이 없더니 다시 조산에게서 머리를 달라는 소리를 들었네" 했다.

천동 송고

세상에 들어가지도 않고 인연을 따르지도 않나니
겁호(劫壺: 시간)가 비는 곳에 가문에 전할 보배가 있다.
백빈(白蘋: 흰미나리) 밭에 바람이 섬세하고 가을 강이 저물고
오래된 항포에 고깃배 돌아오니 저녁 연기 올라온다.

不入世 未循緣 劫壺空處有家傳 白蘋風細秋江暮 古岸舡歸一帶煙

100
낭야의 산하 [瑯琊山河]

어떤 승이 낭야 각(瑯琊覺) 화상에게 물었다.
일승 "본래 청정한데 어찌하여 홀연히 산하대지가 생겼습니까?"
낭야 "본래 청정한데 어찌하여 홀연히 산하대지가 생겼는가?"

擧 僧問瑯琊覺和尙 淸淨本然 云何忽生山河大地 覺云 淸淨本然 云何忽生山河大地

만송 시중

한 마디에 나라를 일으키기도 하고, 한 마디에 나라를 망하게도 하거니와 이 약은 사람을 죽이기도 하고 사람을 살리기도 한다. 어진 이가 보면 어질다 하고 지혜로운 이가 보면 지혜롭다 하나니 일러보라, 이익과 해로움이 어디에 있는가?

만송 평창

저주(滁州) 낭야산 개화(開化) 광조(廣照: 瑯琊覺의 諡) 선사의 휘는 혜각(慧覺)이니, 서락(西洛) 사람이었다. 아버지는 형양(衡陽)의 태수였다. 낭야각이 관직을 버리고 포대기[襁]를 안고 서락으로 돌아오다가 풍주(澧州)를 지날 때 약산(藥山)의 옛 절에 올라가 참배했다. 도량을 구경하노라니 완연히 옛집과 같이 느껴지므로 이로 인해 출가하여 분양에게 법을 얻고 저수(滁水) 지방에서 교화에 힘썼다. 설두 명각(雪竇明覺)과 동시에 도를 폈으므로 천하 사람들은 두 감로문(甘露門)이라 불렀으니 지금도 회남(淮南) 지방에 남은 유적이 옛날과 같다.

호남(湖南)의 기림(祇林) 화상은 매양 납승이 오는 것을 보면 문득 이르되 "마(魔: 마군)가 온다, 마(魔)가 온다" 하고는 목검(木劍)으로 휘두르고는 방장으로 숨어들어갔다. 이렇게 하기를 12년 동안 하고는 목검을 놓아두고 다시는 말이 없으니, 어떤 승이 묻되 "12년 전에는 어찌하여 마를 항복시키셨습니까?" 하니, 기림이 이르되 "도적은 가난한 집을 털지 않느니라" 했다. 승이 다시 묻되 "12년 뒤에는 어찌하여 마를 항복시키지 않으십니까?"하니, 기림이 이르되 "도적은 가난한 집을 털지 않느니라" 했으니, 이를 일러 한 검 밑에 몸을 나누는 것이라고 한다.

「수능엄경」 제4권에 부루나(富樓那)가 묻되 "만일 **세간의 온갖 근(根)·진(塵)·음(陰)·처(處)·계(界) 등이 모두가 여래장이어서 본래 청정하다**면 어찌하여 홀연히 산하대지와 모든 유위(有爲)의 모습이 생겨서 차례로 변천하며 마쳤다가 다시 시작합니까?' 했다.

이에 대해 어떤 이는 말하되 "만일 이해했다면 **각(覺)의 바탕은 본래 묘하고 무명은 본래 공하며, 산하대지는 허공의 꽃 같음**을 이미 알았을 것이요, 만일 미혹했다면 능과 소를 허망되게 나누고 억지로 깨달음이 일어나자 3세(三細)가 생겨 세(世)를 이루고 4륜(輪)이 생겨 계(界)를 이룬다" 했는데,

낭야는 이르되 "나는 그렇지 않으니, '본래 청정하거늘 어찌

하여 갑자기 산하대지가 생겼는가?' 한다면, 이는 도적의 말을 타고 도적을 따라가서 도적의 창을 빼앗아 도적을 죽인다 하리라" 했고,

천복 신(薦福信)은 이르되 "먼저 간 이는 아직 이르지 못했고 나중에 온 이는 너무 지나쳤다" 했거니와,

만송은 이르노니 "서씨(徐氏)에 여섯, 아들이 제각기 널[板]을 메고 가는데 제각기 한쪽만 보는구나" 하노라.

천동 송고
있다고 해도 보고 없다고 해도 보며
손을 엎기도 하고 뒤집기도 하니
낭야산 안의 사람들
구담(瞿曇: 聖賢)에게 뒤떨어지지 않는다.

見有不有　翻手覆手　瑯琊山裏人　不落瞿曇後

101

파릉의 취모검 (巴陵吹毛)

일승이 파릉(巴陵顥鑑) 스님에게 물었다.
"무엇이 취모검(吹毛劍)입니까?"
파릉 스님이 말했다.
"산호의 가지 끝마다 달이 달려있다."

擧 僧問巴陵 如何是吹毛劍 陵云 珊瑚枝枝撑著月

원오 평창

칼날 위에 솜털을 올려놓은 후에 입으로 불어 솜털이 잘리면 매우 예리한 칼이므로 이를 취모검(吹毛劍)이라 한다. 막야(莫耶)의 보검과 같다. 파릉 스님이 승의 물음에 바로 답변하니, 승의 머리가 떨어졌는데도 그는 몰랐었다.

파릉 스님은 창칼을 쓰지 않았는데도 온 세상 적잖은 사람들의 혓바닥이 땅에 떨어졌다. 운문 스님이 사람을 제접하는 법이 이와 같았는데, 파릉 스님은 운문 스님의 적자였으며, 또한 각기 책략을 갖추고 있기에 설두 스님은 "나는 소양(韶陽: 운문) 스님의 참신한 공안[新定機]을 좋아한다. 일생 동안 사람들이 집착한 못을 빼고 쐐기를 뽑아주었다"라고 했는데, 이 화두가 바로 이러한 경지이다.

이 한 구절에는 자연 세 구절 즉, **하늘과 땅을 뒤덮는 구절**

[函蓋乾坤], 모든 사량분별을 끊는 구절[截斷衆流], 상황에 맞추어 설명하는 구절[隨波逐浪]을 갖추고 있다. 대답 또한 기특했다.

부산(浮山)의 원록공(遠錄公)이 말했다.

"깨치지 못한 사람이 어구[句]를 참구하는 것은 뜻[意]을 참구하는 것만 못하나, 깨친 사람은 뜻을 참구하는 것이 어구를 참구 하는 것만 못하다."

운문 스님 회하의 세 큰스님은 모두 취모검에 대하여, "요(了)!"라고 했는데, 파릉 스님의 대답은 '요(了)'자를 능가하니 이것이 바로 훌륭한 어구이다. 말해보라, '요(了)'자와 '산호의 가지마다 달이 달려 있다'는 말은 같은가, 다른가?

이 화두를 알고자 한다면 반드시 알음알이[情塵]와 의식[意想]을 말끔히 끊어 없애야만 비로소 산호의 가지 끝에 매달린 달을 알 수 있다. 만일 이러쿵저러쿵 말을 한다면 더더욱 찾으려 해도 찾을 수 없을 것이다.

본 공안은 선월(禪月) 스님이 벗을 그리며 읊은 시에서 인용된 말이다.

두껍기로는 철위산 위의 무쇠와 같고
얇기로는 쌍성선(雙成仙)의 몸에 걸친 비단 같아라.
촉 지방의 비단 위에 수놓은 봉황 무늬, 사르르 움직이고
산호의 가지마다 달이 달려 있구나.
왕개(王凱) 집안 숨긴 보물 찾기 어렵고
굶주린 안회(顔回)는 눈이 올까 걱정하네.
고회(古檜)의 곧은 붓은 우레에도 꺾이지 않고

설의석녀(雪衣石女)는 하늘 복숭아 반쪽을 쪼개어서
반쪽 복숭아 몸에 차고 느릿느릿 용궁으로 가고
비단 주렴 은(銀) 자리는 왜 그리 들쑥날쑥 인가.
모르겠구나!
검은 용이 여의주 잃은 것을 아는지 모르는지.

禪月懷友人詩曰　厚似鐵圍山上鐵　薄似雙成仙體綃　蜀機鳳雛動蹴
蹩　珊瑚枝枝撐著月　王凱家中藏難掘　顔回飢漢愁天雪　古檜筆直
雷不折　雪衣石女蟠桃缺　佩入龍宮步遲遲　繡簾銀簟何參差　卽不知
驪龍失珠知不知

「조정사원(祖庭事苑)」에 기재된 효자전(孝子傳)에서는 다음과
같은 이야기가 있다.

초왕(楚王)의 부인이 여름에 시원한 곳을 찾아서 쇠기둥을
껴안았는데 이에 교감(交感) 된 바 있어 임신을 했다. 그후 하나
의 무쇳덩이를 낳았다. 초왕은 간장(干將: 벼슬 이름)에게 칼을
만들도록 했고, 3년 만에 두 자루의 칼이 완성되니 하나는 암
컷, 하나는 수컷이었다. 간장은 수칼은 몰래 숨겨두고 초왕에게
암칼단을 올렸다. 초왕은 이를 칼집에 잘 넣어두었는데, 항상
슬피우는 울음소리가 들려오자 왕이 여러 신하들에게 이를 물으
니, 어느 신하가 말했다.

"검에는 암수가 있는 법인데, 우는 이유는 수놈을 그리워해
서 그러는 것입니다"라고 했다. 왕은 크게 성을 내어 간장을 잡
아 죽였다. 간장은 이를 미리 알고서 칼을 기둥 속에 숨겨두고
아내 막야(莫耶)에게 유언을 남겼다.

해가 떠오르는 북쪽 창가   日出北戶
남산의 그 소나무   南山其松
소나무는 돌에서 나고   松生於石
칼은 그 가운데에 있다   劍在其中

그뒤 그의 아내[莫耶]는 사내아이를 낳고 미간적(眉間赤)이라 이름 했다. 아이의 나이 열다섯이 되자, 어머니 막야[莫耶]에게 물었다.

"아버지는 어디에 계십니까?"

어머니가 지난 일을 말해주자, 오랜 동안 유언을 생각하더니 나무기둥 사이에 있는 칼을 찾아내어 밤낮으로 아버지의 원수를 갚으려 했다. 초왕 또한 그를 찾고자 미간적을 잡는 자에겐 후한 상을 내리겠다는 현상금을 내걸어서 미간적은 마침내 도망자 신세가 되었다. 얼마쯤 지나가자 어느 길손이 말했다.

"그대는 미간적이 아닌가?"

"그렇습니만…"

"나는 증산(甑山) 땅 사람인데, 그대를 위해 아버지의 원수를 갚아줄 수도 있다."

"아버님은 지난날 허물이 없었는데 억울하게 형벌을 당했습니다. 선생이 그처럼 은혜를 베풀어 준다 하니 무엇이 필요합니까?"

"그대의 머리와 칼이 있어야 한다."

미간적이 칼과 자기 머리를 잘라주자, 객은 이를 가지고 초왕에게 올리니 초왕은 몹시 기뻐했다. 이에 객이 "그의 머리를 기름어 삶으십시오"라고 하여, 마침내 가마솥에 머리를 던져 넣었는데, 객이 거짓[詭]으로 "머리가 문드러지지 않는다!"라고 하니 왕이 몸소 가서 살피려 하자, 객이 뒤에서 칼을 들어 왕의 머리를 베어 가마솥에 던져 넣었다.

그러자 두 개의 머리가 솥 안에서 서로 물어뜯으며[囓] 싸웠다. 객은 미간적이 이기지 못할까 염려하여 미간적을 돕고자 자신의 목을 찔러 솥으로 던지니 세 개의 머리가 서로를 물어뜯다가 한참 후에 모두 문드러졌다.

석우 송
왕비마마의 무쇠라 이름 붙여진 쇠
암컷 수컷 두 개의 칼을 낳고
칼은 원한을 낳고 원한은 원수를 낳았다.
한 티끌조차도 남은 것이 없는 곳에서
진인(眞人)이여,
지켜보지만 말고 앞으로 나아감이 옳다!

팽금록 (무쇠를 삶다)

1판 1쇄 펴낸 날 2025년 7월 4일

저자 석우스님
발행인 김재경 **편집·디자인** 김성우 **마케팅** 권태형 **제작** 현진기획인쇄
펴낸곳 도서출판 비움과소통
　　　　서울 금천구 가산디지털2로 43-14 한화비즈2차 7층 702호
　　　　전화 010-6790-0856 팩스 0505-115-2068
　　　　이메일 buddhapia5@daum.net

© 석우스님 2025
ISBN 979-11-6016-173-1 03220

* 경전을 수지독경하거나 사경하거나 해설하거나 유포하는 법보시는
　한 사람의 붓다를 낳는 가장 위대한 공덕이 되는 불사입니다.
* 전법을 위한 법보시용 불서는 저렴하게 보급 또는 제작해 드립니다.
　다량 주문시에는 표지·본문 등에 원하시는 문구(文句)를 넣어드립니다.